JOURNAL

DE

E. J. F. BARBIER

Un autre exemplaire dans la Salle de travail
Casier O. 233-236

A PARIS

DE L'IMPRIMERIE DE CRAPELET
RUE DE VAUGIRARD, 9

M. DCCC. XLIX

JOURNAL HISTORIQUE

ET ANECDOTIQUE

DU RÈGNE DE LOUIS XV

PAR E. J. F. BARBIER

AVOCAT AU PARLEMENT DE PARIS

PUBLIÉ

POUR LA SOCIÉTÉ DE L'HISTOIRE DE FRANCE

D'APRÈS LE MANUSCRIT INÉDIT DE LA BIBLIOTHÈQUE NATIONALE

PAR A. DE LA VILLEGILLE

SECRÉTAIRE DU COMITÉ POUR LA PUBLICATION DES MONUMENTS ÉCRITS DE L'HISTOIRE DE FRANCE

TOME DEUXIÈME

A PARIS

CHEZ JULES RENOUARD ET Cⁱᴱ

LIBRAIRES DE LA SOCIÉTÉ DE L'HISTOIRE DE FRANCE

RUE DE TOURNON, Nº 6

M. DCCC. XLIX

EXTRAIT DU RÈGLEMENT.

Art. 14. Le Conseil désigne les ouvrages à publier, et choisit les personnes les plus capables d'en préparer et d'en suivre la publication.

Il nomme, pour chaque ouvrage à publier, un Commissaire responsable, chargé d'en surveiller l'exécution.

Le nom de l'Éditeur sera placé à la tête de chaque volume.

Aucun volume ne pourra paraître sous le nom de la Société sans l'autorisation du Conseil, et s'il n'est accompagné d'une déclaration du Commissaire responsable, portant que le travail lui a paru mériter d'être publié.

Le Commissaire responsable soussigné déclare que l'Édition préparée par M. A. DE LA VILLEGILLE *du* JOURNAL HISTORIQUE ET ANECDOTIQUE DU RÈGNE DE LOUIS XV, *par* E. J. F. BARBIER, *lui a paru digne d'être publiée par la* SOCIÉTÉ DE L'HISTOIRE DE FRANCE.

Fait à Paris, le 1er juillet 1849.

Signé RAVENEL.

Certifié,

Le Secrétaire de la Société de l'Histoire de France,

J. DESNOYERS

JOURNAL

DE

E. J. F. BARBIER.

ANNÉE 1733.

Janvier. — Les jansénistes ont joué un mauvais tour aux jésuites. Ils ont fait paraître un almanach, surnommé jésuitique[1], orné de planches, pour chaque mois, représentant douze des plus vilaines aventures qui leur soient arrivées depuis leur établissement, et accompagné d'un petit précis de leur morale politique. Je l'ai eu par hasard, car il est très-rare et ne se trouve plus.

— Jeudi, 29, était la révolution de l'année de la fermeture du cimetière Saint-Médard. Il y avait, le matin, cinquante carrosses, et deux duchesses qui y étaient en dévotion. En fait de religion la prévention atteint gens de tous états!

— Il y a eu, au commencement de ce mois, de nou-

[1] *Le Véritable almanach nouveau pour l'année 1733, ou le nouveau calendrier jésuitique*, etc. Les *Nouvelles ecclésiastiques* condamnent cet ouvrage qu'elles qualifient « de libelle dont l'indécence et l'irréligion font le caractère. »

velles querelles entre M. l'archevêque et quelques curés de Paris. Le parlement a aussi supprimé plusieurs thèses qui avaient été soutenues en Sorbonne et aux Cordeliers. Le sieur de Romigny, syndic de Sorbonne, a été mandé à cette occasion par le cardinal de Fleury, par l'archevêque de Paris et par le premier président. C'est un homme original, très-vif, qui leur a répondu qu'il était syndic en vertu de lettres de cachet, qu'il ne voulait point de cet embarras, et qu'il n'y avait qu'à en faire nommer un autre; qu'autrement il les avertissait qu'il signerait toutes les thèses qu'on lui présenterait sans en lire aucune.

Février. — Il s'est vendu et distribué dans les rues, sans crier, car ce n'est plus la mode, un arrêt du conseil, du 10 de ce mois, qui supprime une thèse soutenue en Sorbonne le 9, et fait défense de rien admettre à l'avenir dans les thèses qui ait trait aux disputes du temps. Cette précipitation semblerait montrer que la thèse a été soutenue d'intelligence avec le ministre, pour déranger le parlement dans la connaissance de ces affaires.

— Le 5 et le 6 de ce mois, il a fait, depuis les cinq heures du soir, un brouillard si épais et si noir, qu'on ne voyait point les lanternes allumées. Tout le monde, dans les rues, marchait avec des flambeaux, des chandelles et bougies à la main, encore avait-on beaucoup de peine à retrouver son chemin et sa porte. Ces brouillards s'étaient arrêtés sur Paris, et nous ont été amenés par des vents d'Allemagne remplis de malignité, car dans chaque ville du royaume il y a eu un rhume épidémique dont tout le monde a été attaqué. On mande de Strasbourg, Besançon et autres villes où il y a grosse garnison, qu'on ne laisse qu'une porte de la ville ouverte, parce qu'il manque d'officiers et de soldats pour monter la garde et faire le service. Il y a ici plus d'un tiers des habitants dans le lit atteint par ce rhume, qui prend par la gorge et ensuite à la tête, et les chirurgiens ne font que saigner toute la journée. A Paris il n'est pas dangereux, mais on dit qu'à Reims il est mort beaucoup de personnes. Presque tout le monde en a été attaqué successivement, de façon qu'à l'Opéra, au lieu d'offrir des liqueurs fraîches et des truffes, comme à l'ordinaire, le limonadier offre et vend de la pâte de guimauve. Peu d'individus ont échappé à la contagion; cependant j'ai été de ce nombre.

— Il y a ici une grande nouvelle. Le roi de Pologne[1] est mort subitement le 1er de ce mois, après avoir régné vingt-six ans. C'est lui qui a détrôné et chassé de Pologne le roi Stanislas, beau-père de notre roi. Sur cette nouvelle Samuel Bernard, qui prête à tous ceux qui ont de grandes charges, a pensé qu'il ne lui manquait plus que de faire des rois, et il a prêté 4 millions[2] au roi Stanislas, à qui les fermiers généraux ont aussi fait une grosse somme. D'ailleurs tout le monde convient que ce prince a huit cent mille livres de rente en Pologne, dont les revenus sont séquestrés depuis vingt-six ans, parce qu'il n'a pas voulu renoncer au titre de roi, ni remettre la couronne et le sceptre qu'il a emportés avec lui lors de sa fuite.

[1] Frédéric-Auguste (Auguste II), grand-duc de Lithuanie, électeur de Saxe, né le 12 mai 1670.

[2] Suivant l'auteur du *Journal de la cour et de Paris en* 1732-33 (*Revue rétrosp.*, t. V, 1re série), ce serait le duc de Bourbon qui aurait fait à Stanislas un prêt de cinq millions.

24. — La troisième fille de France[1] est morte le 19. Cela n'intéresse pas beaucoup, et on ne portera pas le deuil. Il faut pour cela que les princesses de France aient sept ans. On dit que c'était la plus jolie, et que le roi et la reine ont été très-touchés de cette mort. Hier soir, le corps a été conduit à Saint-Denis, accompagné de M. le cardinal de Rohan, de madame la princesse de Conti[2] la jeune, et autres dames. Il y avait des détachements de gardes du corps, de mousquetaires, de gendarmes et de chevau-légers portant des flambeaux. Le convoi a traversé Paris sur les onze heures du soir, et, de Saint-Denis, le même cortége a apporté le cœur au Val-de-Grâce.

— Les jansénistes fanatiques continuaient de faire parade de leurs prétendus miracles de M. Pâris, par des convulsionnaires, plus en femmes qu'en hommes, à qui l'on faisait des choses qui semblaient surnaturelles pendant leurs convulsions. Ainsi, étant couchées par terre, on leur montait sur l'estomac à trois ou quatre personnes, et on leur mettait les pieds sur la gorge, pour faire voir que rien ne pouvait les blesser, qu'ensuite elles étaient tranquilles comme auparavant. Cela les soulageait même. Il y en avait qu'on étranglait presque en apparence. D'autres prophétisaient sur les personnes présentes, et faisaient des exhortations magnifiques pendant leurs convulsions. On n'entrait dans ces maisons que par amis de la clique; mais la curiosité y amenait des gens de toute robe. Le premier président de la cour des aides[3]

---

[1] Louise-Marie, née le 28 juillet 1728.
[2] Voir page 391.
[3] Nicolas Le Camus.

a eu l'indiscrétion d'y aller deux fois. La présence et l'étonnement d'un tel magistrat à ces spectacles, autorisent l'abus et confirment la crédulité des ordres inférieurs. Par une ordonnance du 17 février, ces assemblées viennent d'être défendues à peine de désobéissance.

— Le 23, il a été rendu un arrêt fulminant, par la grand'chambre seule, contre un imprimé dans lequel on a rassemblé une lettre du doyen de la Sorbonne, une de M. de La Fare, évêque de Laon, à ce doyen, et un formulaire de M. de Brancas, archevêque d'Aix. Cet arrêt[1] renouvelle les quatre propositions de l'assemblée du clergé, en 1682, touchant les droits du pape et les libertés de l'Église gallicane. Il rappelle, presqu'en forme de règlement, les anciennes maximes du royaume, ce qu'on n'aurait pas permis de faire l'an dernier. Il autorise même l'appel au futur concile de la constitution *Unigenitus*, et, par là, il renverse tout ce qui a été fait dans les deux derniers lits de justice, et tous les arrêts du conseil rendus au sujet de la constitution. On n'entend rien à cette variation, car il est certain que cet arrêt a été fait de concert avec la cour, et que M. le chancelier y a travaillé. Depuis cet arrêt, les charges de conseiller au parlement sont remontées à plus de soixante mille livres. Elles deviendront comme les actions de la compagnie des Indes. Elles monteront ou baisseront, sur la place, suivant les événements.

— Le rhume, qui a été si général, commence à diminuer; mais il n'a pas laissé que d'emporter bien du monde, et le commencement de cette année a été

---

[1] Il est imprimé textuellement dans le *Mercure de France* du mois de février 1733, p. 404 et suiv.

d'une très-bonne récolte pour les médecins, les chirurgiens et les prêtres.

Mars. — On a répandu, dans le public, une lettre imprimée, supposée écrite par Louis XIV à son petit-fils[1], qui vient d'être condamnée au feu par arrêt du parlement du 20 de ce mois. Cet imprimé coûte à présent douze livres, et même ne se trouve plus, par le risque qu'il y aurait à le débiter. On a déjà mis quelques personnes à la Bastille à ce sujet, et entre autres M. Robert[2], beau-frère de Moreau, procureur du roi au Châtelet, parce qu'il en avait chez lui quatre exemplaires. Le lieutenant général de police vient d'épouser[3] une Moreau, fille de M. Moreau de Séchelles, intendant de Maubeuge; mais le crédit n'a pas pu garantir M. Robert qui est un bon janséniste. On m'a prêté cette lettre pour la lire : Louis XIV y reproche au roi, son petit-fils, le ministère du cardinal de Fleury. Ce pauvre cardinal y est traité avec le dernier mépris sur sa basse naissance, son peu d'esprit et son incapacité pour le gouvernement. Le garde des sceaux Chauvelin y est peint comme un ambitieux, livré aux jésuites, qui veut d'avance s'emparer de l'esprit du roi pour gouverner seul après la mort du cardinal. On reproche au duc d'Orléans son silence sur les affaires publiques et sa dévotion de simple moine. L'article du premier président commence par cette phrase : « Portail, indigne premier président; » enfin les seigneurs n'y sont point épargnés.

[1] *Lettre de Louis XIV à Louis XV*, 18 pages in-4°.

[2] On trouve, comme cause de détention, dans la *Bastille dévoilée*, première livraison, année 1733, à la suite du nom de Claude-Guillaume Robert d'Espevils, écuyer : « Auteur de la lettre de *Louis XIV à Louis XV*.

[3] Le 30 décembre 1732.

— L'affaire de M. Robert devient très-sérieuse. On dit qu'on a trouvé chez lui, non-seulement une assez grande quantité d'exemplaires de cette lettre, mais aussi une copie écrite de sa main, avec des ratures et des notes. Il arrive, par contre-coup, que M. Hérault et M. Moreau qui, par leurs recherches chez les imprimeurs, dans les colléges et les maisons particulières, tourmentent tout Paris depuis longtemps, se trouvent dans l'embarras et obligés d'aller aux ministres supérieurs en qualité de suppliants.

— M. Chrétien, marchand de dorures, rue Saint-Honoré, bon bourgeois et bon janséniste, s'est avisé, par la commodité de sa maison qui avait une porte de derrière, de recevoir chez lui une convulsionnaire [1] et des spectateurs. L'assemblée se tenait la nuit. Un de ces soirs on a arrêté M. Chrétien et dix ou douze personnes, et on les a conduits à la Bastille. De plus, on a nommé une commission dont M. de Balosre, maître des requêtes, est rapporteur, pour leur faire leur procès. Cette commission se tient à l'Arsenal; mais jusqu'ici on ne voit aucune exécution émanée de ce tribunal.

— L'affaire de Pologne fait ici du bruit; l'empereur et la czarine [2] se déclarent ouvertement pour faire élire l'électeur de Saxe [3]. Indépendamment de l'événement, *Dieu sur tout!* [4] comme disent les devins, je sais

---

[1] Nommée Nizette. Entre autres choses extraordinaires, elle mangeait journellement jusqu'à vingt charbons ardents.

[2] Anne Ivanowna, née en 1693, proclamée impératrice en 1730.

[3] Frédéric-Auguste (Auguste III), fils d'Auguste II, né le 7 octobre 1696. Il avait épousé, en 1719, Marie-Josèphe, fille aînée de l'empereur Joseph, et se trouvait ainsi neveu de l'empereur régnant.

[4] Pour dire que Dieu est au-dessus de toutes les choses de la terre sur lesquelles on fait des prédictions.

un fait fort singulier, connu de tous ceux qui sont à Chambord[1], mais qui, de plus, a été dit et confirmé par le roi lui-même, en 1731, à un de mes amis qui prêchait à la cour de Stanislas.

On sait qu'après la déroute de Charles XII[2], le roi Auguste étant rentré en Pologne, Stanislas se retira dans le duché de Deux-Ponts qui appartenait au roi de Suède. Il avait avec lui le comte de Tarlo, son parent, qui avait tout abandonné en Pologne pour le suivre, et qui a été ici son ambassadeur lors du mariage de la reine. Un jour ce comte, étant à cheval, rencontra dans les champs une femme qui, après l'avoir bien envisagé, lui parla de différentes choses qui s'étaient passées en Pologne. Le comte de Tarlo fut surpris qu'une femme du commun parlât si pertinemment de faits de guerre et de politique, et il lui demanda comment elle savait cela. Elle lui répondit qu'elle en savait bien davantage. Et, en effet, elle raconta au comte des choses qui lui étaient arrivées et qui ne pouvaient être sues que de lui. Enfin elle ajouta qu'il arriverait un grand événement qui était ce qu'il souhaitait le plus au monde, mais qu'il n'aurait pas la consolation de le voir. Le comte de Tarlo pensa aussitôt que ce ne pouvait être que le rétablissement de Stanislas sur le trône, et il demanda à la femme si elle voulait voir le roi. Elle dit qu'oui, et il s'en retourna à Deux-Ponts. Son premier soin fut de conter son aventure au prince et de le prier de le laisser lui présenter cette femme. Le roi, qui est fort religieux, répondit d'abord

[1] Résidence qui avait été affectée à Stanislas depuis le mariage de sa fille avec Louis XV.
[2] A la bataille de Pultawa, le 11 juillet 1709.

que ces sortes de curiosités n'étaient pas permises. Cependant, sur les instances du comte, il finit par consentir à parler à cette femme.

Un matin le comte de Tarlo fit entrer cette dernière dans le cabinet du roi, qui était alors avec les deux princesses ses filles; car la reine de France avait une sœur aînée [1] que son père aimait éperdument. Lorsque le roi eut fait retirer les princesses, il dit à cette femme qu'il croyait l'avoir vue quelque part. Elle lui répondit que c'était à la bataille de Pultawa [2], et, après quelques compliments qui lui furent faits touchant sa science, elle commença à babiller et dit à Stanislas qu'il aimait fort sa fille, qu'il caressait quand elle était entrée, mais qu'il aurait le malheur de la perdre dans peu. Elle ajouta que sa seconde fille le consolerait de la perte de la première, et qu'elle serait un jour une grande reine. Cela étonna le roi : il questionna cette femme, qui répondit qu'elle serait reine de France. Enfin elle finit sa prédiction en annonçant au roi qu'en 1733, il remonterait sur le trône de Pologne. Cette femme sortie, Stanislas fit convenir le comte de Tarlo que c'étaient de pures visions.

Peu de temps après le roi perdit sa fille, mais cela ne lui donna pas plus de croyance pour le reste, et il a avoué, dans le récit qu'il a fait à mon ami, qu'il ne pouvait jamais s'imaginer comment sa fille deviendrait reine de France. Il dut y compter encore bien moins après la mort du roi de Suède [3], quand étant obligé de

[1] Anne, née le 25 mai 1699, morte à Deux-Ponts, à l'âge de dix-huit ans, en 1717.
[2] Barbier doit commettre une erreur de nom, car Stanislas n'assista pas à la bataille de Pultawa.
[3] Charles XII fut tué le 30 novembre 1718, au siége de Frederikshall.

s'enfuir de Deux-Ponts, le roi de France lui accorda une retraite dans Weissembourg, où il manquait de tout et ne vivait que des libéralités qu'on lui faisait.

Lorsque Stanislas faisait cette confidence, trois choses étaient déjà arrivées : la mort de sa fille aînée, sa seconde fille reine de France, ce qui est l'événement le plus surprenant, et la mort du comte de Tarlo[1]. Il avouait qu'il était quelquefois tenté de se flatter de la dernière : que cependant il n'y avait pas d'apparence, parce que le roi Auguste se portait bien, et que le primat, qui était son grand ami, sur lequel il pouvait compter, était bien âgé[2]. Nous voici en 1733 : le roi Auguste est mort, le primat est en place, le roi Stanislas est beau-père du roi de France ; il y a grande apparence que la prédiction aura son effet.

Avril. — Le 7 de ce mois, M. le duc d'Anjou[3], âgé de deux ans sept mois, est mort à Versailles, ce qui a encore plus chagriné le roi et la reine que la mort de mesdames de France, ne restant plus de mâles que le Dauphin qui a trois ans et demi. Le corps a été transporté le même jour aux Tuileries, et le 9 au soir à Saint-Denis.

15. — Aujourd'hui, jour des mercuriales[4], le parlement est resté assemblé jusqu'à près d'une heure. Le jeudi de la semaine sainte, une femme du faubourg Saint-Marcel, la demoiselle Tavignot, étant malade, a

---

[1] Michel Tarlo, comte de Melsztyn et de Zakliczyn, mourut à Blois, le 24 novembre 1727, âgé d'environ cinquante ans.

[2] Potocski, archevêque de Gnesne.

[3] Voir p. 326.

[4] Les mercuriales avaient lieu, dans les cours souveraines, deux fois par an, les premiers mercredis après l'ouverture des audiences de la Saint-Martin et de Pâques.

envoyé chercher les sacrements. M. Coiffrel, curé de Saint-Médard, grand moliniste, est venu et lui a demandé si elle recevait la constitution comme règle de foi. La malade ne lui ayant pas répondu à son gré sur cet article, il a refusé les sacrements. Sommation au curé, et requête de la fille d'appel comme d'abus du refus. Après avoir délibéré sur cette requête, on a reconnu qu'avant de faire juger son affaire, les chambres assemblées, il fallait que cette femme s'adressât aux premiers juges. Mais pour ne pas perdre une aussi belle occasion, M. de Montagny, conseiller à la première des enquêtes, et zélé janséniste, s'est constitué dénonciateur du fait. Il y a eu aussi dénonciation, par M. Titon, d'un livre[1] déjà condamné par un arrêt du conseil.

— M. le duc de Villars est venu au parlement, en qualité de duc et pair, pour entendre les mercuriales, et encore plus pour paraître avec l'appareil de tous ses gardes dont il se fait accompagner quelquefois dans Paris, comme doyen de messieurs les maréchaux de France[2], et représentant, en cette qualité, le connétable. Il fut ensuite présent aux opinions de Messieurs sur les affaires dont il est parlé ci-dessus. Quand ce fut son tour à opiner, il se défendit de le faire, sur ce qu'il n'était pas assez au fait de ces matières-là. Il dit seulement qu'il avait été bien aise d'assister aux délibérations; qu'il était persuadé que le parlement ne pren-

---

[1] *Traité de l'amour de Dieu tiré des livres saints*, etc. Paris, 1732, in-12. Cet ouvrage, par l'abbé Pelletier, chanoine à Reims, avait été supprimé par arrêt du conseil du 31 août 1732.

[2] Depuis le 18 juillet 1730, époque de la mort du maréchal de Villeroi. La compagnie de la connétablie était composée de quarante-huit gardes à cheval.

drait jamais que des partis très-sages ; qu'il avait l'honneur d'assister aux conseils du roi, et qu'il pouvait assurer la compagnie que le roi accorderait toujours sa protection au parlement, lorsqu'il ne se servirait de son autorité qu'avec modération. Je ne sais comment le parlement a pris ce compliment, mais il était assez déplacé dans la bouche d'un duc et pair, qui n'a là d'autre qualité que celle de conseiller. Le duc de Villars n'avait aucune mission pour tenir ce discours, dans lequel on a dû trouver un air d'ostentation et de hauteur peu convenable devant un parlement assemblé.

25. — Le parlement s'est réuni ce matin au sujet des dénonciations faites dans l'assemblée du 15. M. Gilbert, avocat général, a conclu pour qu'on laissât en repos le frère Coiffrel (il est religieux de Sainte-Geneviève), d'après l'offre qu'il avait faite d'administrer les sacrements à la demoiselle Tavignot; il a proposé ensuite que M. le premier président fût chargé de supplier le roi de vouloir bien employer son autorité pour prévenir des abus qu'on voudrait porter jusqu'à troubler les consciences, en privant les fidèles de la participation des sacrements. Mais, sur l'avis de M. Pucelle, qui fut appuyé par MM. Titon, de La Fautrière et le président Ogier, le parlement a supprimé les livres en question, et ordonné qu'il serait informé contre l'auteur et contre le frère Coiffrel.

Mai, 1ᵉʳ. — Aujourd'hui est l'anniversaire de la mort du bienheureux Pâris, ce qui cause un renouvellement de dévotion à l'église de Saint-Médard. Il y avait cette année, à neuf heures du matin, plus de cinquante carrosses, plus de trois cents personnes de toutes sortes d'états, et des cierges à toutes les chapelles.

— Le conseil du roi a trouvé mauvais que le parlement se fût ingéré de condamner des livres qu'il avait déjà proscrits, et il a rendu un arrêt, le 1ᵉʳ de ce mois, qui déclare nul l'arrêt du parlement du 25, et réserve au roi la connaissance de l'affaire du curé de Saint-Médard.

6. — Ces jours-ci on s'est aperçu qu'un homme rôdait continuellement autour de la maison de M. Titon. On en avait averti celui-ci, et son frère, conseiller au grand conseil, qui m'a conté l'histoire, m'a dit qu'on s'attendait dans la famille à ce qu'il allait encore être arrêté.

Hier, 5, cette mouche ayant malheureusement bu, entra dans la maison et demanda M. Titon, qui l'ayant reconnu, fit fermer les portes et dit d'aller chercher un commissaire. L'homme tout tremblant se jeta alors à ses genoux, lui demanda pardon, et lui avoua qu'il était employé par Vanneroux et Dubut, deux exempts de la police, pour le suivre ; que depuis trois jours il le faisait, et il lui montra son registre dans lequel M. Titon était inscrit à la tête d'une feuille, confondu avec une p..... et deux particuliers soupçonnés de sodomie, ce qui est assez déshonorant pour un conseiller au parlement. M. Titon fit enfermer la mouche dans son jardin à la garde du commissaire, et alla sur-le-champ conter son aventure à M. le premier président. Celui-ci convint que cela était impertinent, mais que, dans les circonstances où l'on était, il ne fallait pas user de son droit et punir cet homme comme il le méritait. Dans ce moment-là on travaillait de petits commissaires [1]

---

[1] On appelait *petits commissaires* quatre juges anciens qui examinaient

chez M. le premier président, et il y avait chez lui MM. les abbés Pucelle et Lorenchet, et MM. de Vienne et Delpech. M. Titon leur ayant aussi conté l'affaire, ils la trouvèrent grave et pensèrent qu'il ne convenait pas que, dans Paris, des magistrats fussent espionnés. Ils décidèrent qu'il fallait faire mettre cet homme en prison, et, en conséquence, M. Titon envoya chercher deux huissiers qui conduisirent la mouche à la Conciergerie.

M. Hérault a été fort intrigué de cette aventure. Il devait y avoir le lendemain assemblée du parlement, et il appréhendait que la compagnie ne le mandât et ne prît contre lui quelque parti violent. Il a vu plusieurs fois à ce sujet M. le premier président, qui a prié M. Titon d'accommoder l'affaire. M. Titon a répondu qu'il voulait très-volontiers oublier l'injure personnelle, et qu'il ferait toutes les démarches possibles auprès de ses confrères pour faire sortir la mouche de prison.

6. — L'assemblée du parlement a eu lieu. L'arrêt du conseil du 1er mai a été le sujet des dissertations. M. l'abbé Pucelle, après avoir montré les conséquences de cet arrêt dans un très-beau discours, a donné lecture d'un projet d'arrêté qui a été adopté par toute la compagnie, et par lequel M. le premier président est chargé de faire des remontrances au roi. On a parlé ensuite de l'affaire personnelle de M. Titon qui a prononcé un fort beau discours. Il a dit que cela ne regardait que lui et non le magistrat, et a engagé ses confrères à assoupir cette affaire, dont l'examen les détournerait de donner leurs soins à d'autres affaires plus

les pièces d'un procès avec le président, pour en faire ensuite le rapport en pleine chambre.

importantes pour le public. Sur les instances de M. Titon, on lui a permis d'aller mettre lui-même la mouche hors de prison.

— Le 5 de ce mois est mort l'abbé de Courtenay, âgé de quatre-vingt-six ans, dernier mâle de cette maison [1].

— On a arrêté le même jour, et conduit à la Bastille, M. le comte de Lévis, sous-lieutenant des gendarmes de la garde du roi. On dit qu'il avait eu quelque dispute avec le prince de Rohan, son parent, commandant des gendarmes. On dit aussi qu'il avait parlé très-vivement à M. le cardinal de Fleury sur le refus que lui faisait depuis quelque temps ce ministre, d'un bénéfice pour son frère [2]. Le comte de Lévis est un homme très-vif, peu circonspect et très-capable de l'un et de l'autre; mais, avant que ces motifs fussent connus, le public voulait attribuer la lettre de cachet à quelque contravention du comte aux ordonnances contre les convulsionnaires.

19. — M. le premier président et les présidents de Maupeou et de Blancmesnil ont été, le 15, porter les remontrances du parlement au sujet de l'arrêt du conseil du 1er mai. Le roi a répondu qu'il les ferait examiner dans son conseil. Hier M. Portail et un certain nombre de députés du parlement sont retournés à Versailles pour y entendre la réponse du roi, dont ils n'ont pas

[1] Barbier avait déjà dit cela à l'occasion de la mort de Charles-Roger de Courtenay (voy. page 324), neveu de celui-ci, mais il se trompait alors : la maison de Courtenay ne s'est réellement éteinte que dans la personne de Roger, abbé d'Eschalis, etc.

[2] Le comte de Lévis est porté sur la liste des prisonniers de la Bastille avec la note : « par correction. » (*Bastille dévoilée*, première livraison, année 1733.) Il sortit de prison le mois suivant.

eu lieu d'être très-contents[1]. Aujourd'hui le premier président a rendu compte à la compagnie de cette réponse, et le parlement a fait un nouvel arrêté pour marquer qu'il ne cessera jamais de s'opposer au titre de règle de foi que les partisans de la bulle veulent donner à la constitution.

— Le 11, la reine est accouchée d'une fille[2], à sept heures et demie du soir. Les douleurs ne lui prirent qu'à sept heures. Cette nouvelle a jeté bien de la tristesse en cour, car la mort de M. le duc d'Anjou ne pouvait être réparée que par la naissance d'un garçon. Tout roule à présent sur M. le Dauphin qui, à la vérité, est en bonne santé et est très-aimable.

— Jeudi, 28, la Loire a débordé et fait une inondation considérable dans la ville d'Orléans et aux environs ; la rivière a crû de vingt-sept pieds, en trois heures. Il y a eu un petit pont renversé, des maisons détruites, des bestiaux noyés et les campagnes couvertes d'eau. On dit cependant que les vignes n'en souffriront pas beaucoup; elles sont aussi ordinairement sur les coteaux.

Ce malheur a été causé par un grand vent qui a jeté les neiges des montagnes d'Auvergne dans la Loire; celle-ci a fait les mêmes ravages dans tout son cours.

---

[1] Le roi maintenait la cassation de l'arrêt du parlement du 25 avril. Les *Arrêtés du 6 et du 19 mai*, les *Remontrances du parlement*, la *Réponse du roi* et le *Discours de M. le chancelier du 18*, ont été imprimés en une feuille et demie in-4. On peut aussi consulter, pour le détail de ce qui s'est passé dans les assemblées du parlement, les *Nouvelles ecclésiastiques* des 14, 20, 26 mai et 1er juin 1733, pages 73 et 80 à 88, où les discours des divers membres du parlement qui ouvrirent des avis sont longuement rapportés.

[2] Marie-Louise-Thérèse-Victoire de France, morte à Udine, en 1799.

On se doute que la perte a été très-considérable. Il y avait nombre de gens réfugiés dans le haut des maisons de la campagne, qui ne pouvaient plus sortir et qui n'avaient pas de provisions. Les intendants de Tours et Orléans ont donné des ordres pour leur porter du pain et de la viande dans des bateaux plats. A Blois, les mariniers ont refusé de conduire les bateaux, malgré les ordres des magistrats, disant qu'il y avait trop de danger. Le lieutenant général, le procureur du roi et autres, ont eu le courage de monter dans un bateau pour déterminer les bateliers, et secourir leurs concitoyens. Il y a eu beaucoup de pertes dans tous les villages de l'Orléanais, sur les bords de la Loire. L'un a perdu six chevaux, l'autre son troupeau, l'autre du fourrage. M. le duc d'Orléans a envoyé des ordres pour faire des états de toutes ces pertes particulières et, en même temps, pour remplacer à chacun ce qu'il a perdu, en chevaux et en bestiaux plutôt qu'en argent, afin de les mettre en état dans l'instant de cultiver les terres. On croit que cette charité lui coûtera quatre cent mille livres.

Juin. — Le mardi, 9, pendant l'octave de la Fête-Dieu, il est arrivé une chose très-singulière au salut, dans la chapelle de Versailles. Le roi y étant avec toute la cour, une femme s'est levée et a crié à haute voix, les mains jointes : « Mon Dieu, guérissez le roi ! il a un sort sur la langue ; il a été marié par un sort, et ses enfants ne sont pas légitimes ! » Tout le monde a été très-surpris. On a arrêté cette femme comme folle. On dit qu'elle est de Versailles, et on ne sait ce qu'elle est devenue ; on a même assoupi cette histoire qui est très-vraie.

— Ce mois-ci a fourni quelques histoires assez plaisantes. Deux capucins de la rue Saint-Honoré [1], sont partis de Paris avec chacun une fille de seize et dix-sept ans, de leur quartier. L'un d'eux avait une tante à Londres, qui lui a envoyé tout l'argent nécessaire pour se retirer et changer de religion.

— Le procureur de la maison des Feuillants [2] est aussi parti de Paris, muni de l'argent du couvent, avec une veuve.

— Ces jours passés, le chevalier de Brève, gentilhomme de M. le comte de Clermont, et le marquis de Laigle, colonel-lieutenant [3] du régiment d'Enghien, tous deux étourdis et débauchés, dînaient chez le marquis de Saint-Suppli, homme de Normandie, qui demeure dans le faubourg Saint-Germain. Madame de Saint-Suppli se plaignit de ce que madame Hatte [4], sa voisine, n'était pas venue lui rendre sa visite, et de ce qu'elle ne la saluait pas. Nos jeunes gens étant ivres, dirent : « Il faut aller faire tapage chez cette carogne-là ! » On dit : « C'est fort bien fait, » et ils sortirent de chez M. de Saint-Suppli qui, par la fenêtre, leur montra la porte. Madame Hatte n'y était pas. Ils ne laissèrent pas de monter à son appartement, trouvèrent la femme de chambre seule et la violèrent. Cette fille [5]

---

[1] La rue Mont-Thabor traverse une partie de l'enclos qui en dépendait.

[2] Ce couvent touchait celui des Capucins. La rue Castiglione a été ouverte sur son emplacement.

[3] On appelait ainsi celui qui commandait un régiment dont un prince était colonel. Le régiment d'Enghien avait été créé en 1706 pour la maison royale de Bourbon-Condé, et appartenait au comte de Clermont.

[4] Anne-Catherine Miotte, mariée au fermier général Hatte, mais qui ne vivait point avec lui, et menait une conduite peu régulière.

[5] Nommée Marie Viart, femme Boiron.

se mit à crier de toutes ses forces, cela assembla du monde, et les jeunes gens sortirent l'épée à la main. La fille alla rendre plainte chez le commissaire Charles[1], avec les témoins qui avaient vu sortir les quidams, et fit constater, par un chirurgien, l'état dans lequel elle se trouvait. On prétend que cette affaire est accommodée avec la fille, à qui ils donnent trois mille livres d'argent comptant; mais on dit aussi que le procureur général a donné ordre au procureur du roi du Châtelet de poursuivre pour la cause publique.

Juillet. — L'affaire du marquis de Laigle fait grand bruit, quoique la partie civile se soit désistée de sa plainte. M. le cardinal de Fleury a envoyé une lettre de cachet à l'hôtel de Condé, au prince dont dépend le régiment d'Enghien, pour qu'il fît donner la démission du marquis de Laigle, et nommât un autre colonel sous quinze jours, sinon que le roi y pourvoirait. On dit effectivement qu'ils ont fait des choses affreuses à cette femme de chambre, qui est mariée.

— La règle est au Châtelet, dans des affaires publiques, que, dans les vingt-quatre heures, le commissaire porte au greffe criminel une expédition de sa plainte, son procès-verbal et l'information qu'il a faite sur-le-champ. Cela se met dans un portefeuille que le greffier remet au procureur du roi, sans que celui-ci donne de récépissé. Aujourd'hui le procès-verbal et l'information se trouvent perdus. Jeudi, 2, on a mandé à ce propos, à la Tournelle criminelle du parlement, M. Moreau, procureur du roi au Châtelet, un des greffiers criminels et le commissaire Charles. On a tancé cruel-

---

[1] Commissaire du quartier Saint-Germain des Prés.

lement le procureur du roi, qui s'est mal défendu, disant qu'il avait été incommodé, qu'il était allé à Asnières, et qu'il ne savait point comment ces pièces pouvaient être égarées. Auparavant on avait interrogé le commissaire Charles qui a représenté la minute de sa plainte, et que le président Portail, fils du premier président, qui est très-roide, a complimenté en disant : « La cour vous loue de votre exactitude, vous exhorte à continuer et vous assure de sa protection. » De façon que tout roule à présent sur le procureur du roi qui, d'ailleurs, n'est pas trop bien famé. Arrêt de la Tournelle qui, attendu la négligence des officiers du Châtelet, retient la connaissance de cette affaire, et ordonne qu'il sera informé du crime ainsi que de la soustraction des pièces.

— On dit que M. le comte de Clermont a été voir M. le procureur général pour le prier d'assoupir cette affaire; que le magistrat lui ayant répondu que le ministère de sa charge ne lui permettait pas de demeurer dans le silence, le comte le prit sur le haut ton, et lui dit que les prières d'un homme comme lui devaient être des ordres. M. le procureur général, qui n'est pas homme à se déferrer, répliqua qu'il était plein de respect pour messieurs les princes du sang, mais qu'il ne recevait des ordres que du roi.

— M. le comte de Clermont, qui est abbé, et jouit de deux cent mille livres de rentes de bénéfices[1], ne mène pas une conduite bien régulière. Il est sans épée, mais les cheveux en bourse, et en habit brodé

---

[1] Le comte de Clermont possédait les abbayes du Bec, de Saint-Claude en Franche-Comté, de Marmoutier, de Chalis et de Cercamp; il n'était que tonsuré.

et galonné; il doit deux millions dans Paris, et change tous les jours de maîtresse. Il en avait une nommée mademoiselle Quoniam, jeune et jolie, qu'il avait reprise pour la troisième fois : dernièrement, il prit mademoiselle Camargo, fameuse danseuse de l'Opéra, et, dans un souper, il donna la Quoniam au jeune prince de Conti, son neveu, nouvellement marié avec une princesse d'Orléans[1]. On se doute bien que cela ne conviendra point à la duchesse d'Orléans, douairière, ni au duc d'Orléans, qui sont dans la grande dévotion; aussi, avait-on dit qu'on avait enfermé la jeune Quoniam dans un couvent. Cette nouvelle était générale dans le beau monde de Paris; cependant elle n'était pas vraie. Dimanche, 5, mademoiselle Quoniam alla à l'Opéra, dans une loge, et aussitôt qu'elle fut aperçue des jeunes gens du parterre, ils claquèrent des mains pour marquer la joie publique sur la fausseté de la nouvelle. Le soir, elle alla aux Tuileries, où étaient toutes les princesses de la maison de Condé, ce qui faisait faire une haie quand elles passaient. On en faisait une pareille sur le passage de mademoiselle Quoniam, à qui l'on faisait compliment général par gaieté. C'est la fille d'une belle rôtisseuse à la porte de Paris[2], qui était plus belle que sa fille, quoique très-jolie, et qui, sous la régence de M. le duc d'Orléans, eut le crédit de faire conduire son mari aux îles, pour pouvoir profiter ici plus librement de ses talents.

— Lundi, 27, la Tournelle a décrété de prise de corps le marquis de Laigle et le chevalier de Brève,

---

[1] Voir tome Ier, page 391.
[2] On donnait ce nom au grand Châtelet.

qui ont pris les devants; la femme de chambre, plaignante, que l'on a arrêtée par la raison que, dans sa déposition, elle a dit le contraire de ce qui est dans sa plainte, à cause des trois mille livres qu'elle a reçues; Lambert, secrétaire du procureur du roi, et enfin, dit-on, le frotteur du procureur du roi. Lambert s'est constitué prisonnier à la Conciergerie. On dit que c'est lui qui retire du greffe les affaires sur lesquelles le procureur du roi doit donner des conclusions, et on ajoute que quand M. Moreau est à sa maison de campagne, c'est son frotteur qui est chargé de lui porter ses paquets.

Août. — Mercredi, 12, on a travaillé à la Tournelle à l'affaire du marquis de Laigle. Sur le rapport de M. Symonnet, qui est un juge très-exact et très-intègre, M. Titon, qui est de la Tournelle, a ouvert l'avis de décréter le procureur du roi d'assigné pour être ouï. Cela a suffi pour arrêter, parce que M. Moreau est conseiller honoraire au parlement, et l'affaire a été remise à l'assemblée de toutes les chambres pour mardi, 18. En sorte que c'est M. Titon, grand janséniste, qui en veut toujours aux officiers vendus à la cour, qui a rendu ce service à M. le procureur du roi, contre lequel le public déclame fort.

— Le 16, il y a eu ici un grand mariage du marquis de Mirepoix, de la maison de Lévis[1], avec la fille du président Bernard de Rieux[2], petite-fille de Samuel Bernard, qui lui donne huit cent mille livres en ma-

---

[1] Charles-Pierre-Gaston de Levis de Lomagne, marquis de Mirepoix, etc., colonel du régiment de Saintonge; il était âgé de trente-trois ans.

[2] Anne-Gabrielle-Henriette.

riage : elle n'a que douze ans et demi. Il y a eu une fête magnifique[1]. Bien des gens blâment le marquis de Mirepoix, qui a près de trente mille livres de rente, de s'allier avec un nom aussi bas et aussi décrié que celui-là; mais on ne connaît ici présentement que l'argent.

Ce Samuel Bernard est incompréhensible pour la fortune; il y a trois mois qu'il a marié la fille de son fils aîné, le maître des requêtes, à M. de Lamoignon, président à mortier, avec huit cent mille livres; et dans un mois, on doit faire le mariage de sa propre fille, du second lit, avec M. Molé, président à mortier, à qui il donne pareille dot. Il a établi ses fils richement, et a, depuis peu, payé leurs dettes qui se montaient à cinq ou six millions; il a donné à madame Fontaine[2], sa maîtresse, la seigneurie de Passy, où il a fait faire un bâtiment de plus de trois cent mille livres; il a marié et bien établi trois filles de madame Fontaine; sa table lui coûte cent cinquante mille livres par an, pour dîner seulement, et, à quatre-vingt-deux ans, il est à la tête de toute cette famille. Où peut-on trouver des sommes d'argent aussi considérables!

— Il y a une nouvelle qui fait plus de bruit. Dimanche, 16, le roi est parti de Compiègne, et au lieu d'aller voir la reine, après deux mois d'absence[3], il va

---

[1] La description de cette fête, accompagnée de deux gravures, occupe dix pages dans le *Mercure de France* du mois de septembre 1733.

[2] Marie-Anne Carlon, femme de Jean-Louis-Guillaume de Fontaine, conseiller du roi, ancien commissaire de marine et des galères de France. C'est à ce dernier que l'on attribue communément la construction du château bâti en 1678.

[3] Il était à Compiègne depuis le 12 juin.

passer trois jours à Chantilly, chez M. le Duc. Le cardinal de Fleury y est venu d'abord, et est parti pour Versailles, laissant le roi seul à Chantilly, où il ne doit pas compter avoir des amis, après l'insulte qu'il a faite, il y a quelques années, à M. le Duc[1]. Cela fait raisonner les politiques.

22. — Le roi Stanislas est venu passer deux jours à Versailles pour voir sa fille et prendre congé du roi, son gendre. On dit qu'il est parti jeudi, 20, pour aller s'embarquer à Brest.

— Aujourd'hui, samedi, M. Billard de Laurière, conseiller au grand conseil, dont le fils est aussi dans la même compagnie, a été déshonoré par un arrêt de La Tournelle, qui l'a condamné en trois mille livres de dommages et intérêts envers son fermier, et en six mille livres envers un bourgeois de Paris, qu'il avait fait conduire dans les prisons de sa terre, en vertu d'une sentence de son juge. C'est un homme extrêmement processif et habile en procédure, qui, originairement, faisait les affaires de la branche cadette de la maison de Saint-Simon. Par ses intrigues, il a épousé l'héritière de cette branche, et il a si bien suivi tous les procès, qu'il a fait revenir à sa femme plus de trente mille livres de rente; mais il s'est gâté dans cette dernière affaire.

23. — Le commissaire de Lespinay, du quartier de Saint-André-des-Arts, s'est avisé, ce matin, en faisant sa visite dans la rue d'Enfer, d'entrer en robe dans le Luxembourg, et de trouver mauvais que le Suisse donnât à boire dans le jardin. Il a demandé à parler

---

[1] Sa disgrâce en 1726. (Voir tome I*er*, page 238.)

à l'écuyer de la reine d'Espagne, qui a le Luxembourg pour son logement; mais au lieu de le conduire à l'appartement de l'écuyer, le Suisse l'a fait entrer et l'a enfermé dans une espèce de prison qui est dans la cour. Il y est resté deux heures et n'en est sorti que par ordre de la reine, avec les huées de deux cents personnes qui s'étaient assemblées. Cela est bien impudent pour un officier qui doit savoir qu'il n'a point de police à faire dans une maison royale.

31. — Samedi, 29, pendant l'audience de la grand'chambre, un particulier s'avisa de voler un mouchoir dans la poche de son voisin. Cela fit du bruit, il fut arrêté, on lui fit son procès, et il a été condamné à faire amende honorable, à être marqué de trois lettres, et en trois années de galères. Étant ainsi pris en flagrant délit, le juge civil a droit de faire le procès, pourvu que ce soit tout de suite. Il y a eu trois voix pour le pendre. Ceux qui commettent de pareils vols dans l'église, pendant les messes, sont envoyés à Bicêtre, ou tout au plus condamnés au fouet; mais on compte que le manque de respect pour le tribunal de la justice et les magistrats est bien plus grave.

Septembre. — L'affaire de Pologne a été conduite avec toute la prudence et le secret imaginables. On disait à Paris, et dans les gazettes, que le roi Stanislas était arrivé à Brest et embarqué pour aller à Dantzik. Le fait est que M. le commandeur de Thiange était parti de Paris en chaise de poste, avait arboré le cordon bleu, et était arrivé ainsi à Brest où il avait été reçu sur le pied du roi Stanislas. Pendant ce temps-là ce dernier est parti incognito de Versailles, sans suite, et a pris la route de Pologne par terre. Il était dans une chaise avec le chevalier d'Andelot, son gentilhomme, qui avait un passe-port comme marchand et dont il passait pour être le commis. M. le marquis de Monti, qui était prévenu de la marche, a envoyé son neveu les attendre à deux lieues de Varsovie[1], où le prince est entré le 8, à ce que l'on prétend, dans les équipages de l'ambassadeur. Sa présence a déterminé en sa faveur, en sorte que, le 12, il a été proclamé roi d'une voix unanime. Le même jour il a envoyé un courrier qui est arrivé à Versailles dimanche 20, entre onze heures et minuit. Il est descendu chez le garde des sceaux qui était encore à table; ils ont été chez le cardinal qui se couchait, et ensuite chez le roi qui était déjà retiré. Celui-ci, après avoir ouvert le paquet, s'est jeté au cou de la reine, laquelle l'a embrassé aussi de son côté avec des démonstrations de joie parfaites. Après quoi la reine a été rendre grâce à Dieu dans la chapelle.

— On regarde comme fort extraordinaire la course de ce courrier, qui a fait cinq cents[2] lieues par terre du 12 au 20. C'est un gentilhomme suédois qui était attaché au roi Stanislas, et qui, de Chambord, faisait très-souvent des voyages en Pologne, uniquement pour lui rendre compte de ce qui s'y passait.

— Lundi, 21, a été célébré le fameux mariage de M. Molé[3], président à mortier, avec la propre fille[4] de

[1] M. de Monti, ambassadeur de France, envoya son neveu au devant de Stanislas jusqu'à Francfort sur l'Oder, à cinquante-deux myriamètres de Varsovie.

[2] La distance de Paris à Varsovie est de cent soixante-sept myriamètres et demi, ce qui fait environ quatre cent vingt lieues.

[3] Mathieu-François Molé, né le 30 mars 1705, qui devint premier président du parlement de Paris en 1757.

[4] Bonne-Félicité Bernard, fille du second mariage du financier avec mademoiselle de Saint-Chamans.

Samuel Bernard, qui lui a apporté en dot douze cent mille livres, et il y a eu une fête superbe dans la maison[1] de Bernard. Il avait fait élever, dans le jardin, un grand salon qui était orné de peintures, de glaces et de lustres : on dit que cette décoration a coûté trente-cinq mille livres. L'après-midi il y a eu concert de tout ce qu'il y a de plus habile à Paris. Il y avait une table en fer à cheval, pour soixante couverts, qui a été servie magnifiquement et avec beaucoup d'ordre ; il y a eu aussi des danses. Après minuit on s'est rendu à Saint-Eustache pour la cérémonie. L'église était ornée de même, et il y avait six cents bougies tant en lustres que girandoles et bras, cent hommes du guet au portail, et des Suisses. Malheureusement M. le prince de Guise, parent, par sa femme, de M. Molé, du côté des Nicolaï, a reçu un coup d'un Suisse dans le tumulte. Ce Suisse a été mis sur-le-champ en prison.

Tout ce grand fracas et cette dépense excessive ne laissent pas que d'indisposer le public, et avec raison. Les noces des princes n'ont rien de semblable. On dit même, par plaisanterie, qu'on a retenu le modèle de la salle pour servir un jour au mariage de monseigneur le Dauphin. Il est certain que cela est impertinent dans la personne du fils d'un peintre[2] et après avoir fait de très-fortes banqueroutes. Cela a donné lieu à des chan-

---

[1] Son hôtel étoit situé rue Notre-Dame-des-Victoires, vis-à-vis le couvent des Augustins déchaussés, connus sous le nom des Petits-Pères. La description de la fête se trouve dans le *Mercure de France* du mois d'octobre 1733, page 2310.

[2] Samuel Bernard, professeur à l'Académie royale de peinture de Paris, mort en 1687. Il s'était acquis une certaine célébrité comme peintre en miniature.

sons et à des vers qui ne font pas honneur aux alliés de la famille Bernard.

> O temps, ô mœurs, ô siècle déréglé !
> Où l'on voit déroger les plus nobles familles.
> Lamoignon, Mirepoix, Molé,
> De Bernard épousent les filles,
> Et sont les recéleurs du bien qu'il a volé.

J'ai su que cette fête n'avait pas été du goût ni de l'avis de M. Molé; mais Bernard qui est homme entier et insolent, et qui se croit tout permis, l'a voulu absolument.

Octobre. — La guerre se prépare plus que jamais, et nos princes du sang servent cette campagne en Allemagne, où il n'y a pourtant pas apparence que l'on fasse grande expédition cette année. M. le comte de Charolais part. M. le comte de Clermont, qui devrait s'occuper à visiter ses bénéfices, a demandé au roi la permission de servir, et a envoyé en conséquence un courrier à Rome pour obtenir une dispense du pape, à cause du grand nombre de bénéfices qu'il possède. M. le prince de Conti, nouvellement marié et qui n'a pas plus de dix-sept ans, va aussi à l'armée; ses équipages sont partis.

— On se pique assez d'avoir des équipages magnifiques. Le duc de Richelieu, ci-devant ambassadeur à Vienne, qui n'est pas encore officier général[1], a, dit-on, soixante-douze mulets, trente chevaux pour lui, un grand nombre de valets, et il fait faire ses tentes sur le modèle de celles du roi. Si la guerre est sérieuse il paraîtrait plus sage d'empêcher cette émulation et de

---

[1] Il était encore simple colonel du régiment qui portait son nom, et ne fut fait brigadier d'infanterie qu'au mois de février 1734.

prescrire une façon de vivre moins délicate et moins somptueuse. Les officiers généraux qui sont riches mènent des aides de cuisine et des aides d'office, comme si c'était pour célébrer quelque fête, et ceux qui ne sont pas également riches se ruinent et se mettent hors d'état de soutenir plusieurs campagnes.

— Le roi est parti le 30 septembre pour aller passer deux mois à Fontainebleau, le tout pour chasser tous les jours, à son ordinaire. On dit que le maréchal de Villars l'ayant engagé à aller voir son armée, il répondit que c'était bien son dessein; qu'il partirait un beau jour sans grande suite, et se rendrait sur le Rhin à cheval, pour apprendre aux jeunes gens que les chaises ne leur conviennent pas. Effectivement, un simple capitaine de dragons ou de cavalerie croirait être déshonoré s'il n'avait pas sa chaise de poste, ce qui est ridicule pour des militaires. On dit qu'il y a à présent dans la ville de Strasbourg, dix-huit cents chaises de poste que le maréchal de Berwick a empêché d'aller plus loin.

— Le 18, le roi a donné à M. le maréchal de Villars le titre de maréchal général de ses camps et armées, ce qui lui confère les fonctions de connétable qui ne lui auraient pas appartenu s'il n'avait été que doyen des maréchaux de France. Depuis qu'il n'y a plus de connétable en France, il n'y a eu que M. le maréchal de Turenne qui ait eu ce titre, en sorte que cela est fort honorable pour M. le duc de Villars.

— Nous apprenons une mauvaise nouvelle. L'électeur de Saxe[1] a été proclamé roi de Pologne par les confédérés au delà de la Vistule. Le roi Stanislas a été

---

[1] Voir page 7.

obligé de quitter Varsovie, et il est à présent à Dantzik.

— Le public souffre de ce que M. le comte de Clermont, abbé et bénéficiaire, a pris le parti des armes. La Camargo[1], fameuse danseuse de l'Opéra, que le prince a prise depuis peu pour maîtresse, n'a pas dansé depuis son départ afin de ne pas interrompre sa tristesse. On dit même qu'elle a demandé à ne plus danser jusqu'à son retour, en sorte que le crime s'annonce ouvertement, et qu'en faveur de ces beaux sentiments qu'elle affecte par air, le public se trouve privé d'une actrice qui est gagée pour lui. Cela paraît indécent et ridicule.

— On ne sait présentement de nouvelles que par les gazettes, et tout le monde convient que jamais le ministère de ce pays n'a été plus secret, ce qui est une grande qualité.

— On dit que le régiment de Bourbonnais, dont le duc de Boufflers est colonel, a très-mal fait son devoir, et que les officiers, qui étaient au désespoir, ont fait les derniers efforts pour ramener les soldats par trois fois. Presque tous les régiments sont composés de gens qui n'ont jamais vu le feu, et il faut les aguerrir avant d'en être sûrs.

Novembre. — Comme on ne savait point ici de nouvelles positives, on n'augurait pas bien de la guerre ; mais, d'après la *Gazette* du 14, nos affaires vont au contraire fort bien[2]. Au reste, chacun compte avoir sujet

---

[1] Marie-Anne Cuppis de Camargo, née à Bruxelles le 15 avril 1710, mais qui était issue d'une famille noble de Rome. Elle avait débuté à l'Opéra en 1726.

[2] Barbier reproduit ici tous les détails que donnent les gazettes sur les succès obtenus par les Français en Allemagne et en Italie.

de se plaindre dans cette guerre. On a publié ici le manifeste imprimé du roi de Sardaigne, qui explique ses griefs personnels contre la cour de Vienne. L'empereur, de son côté, en a fait un où il se déclare l'offensé. Le primat, à son tour, en a donné un pour justifier sa conduite. Enfin l'électeur de Saxe en a aussi fait publier un. On peut dire là-dessus que celui-là aura raison dont les canonniers tireront le mieux.

— Je viens de recevoir une lettre d'un officier du régiment de Champagne, du camp de Pizzighitone[1], en date du 19 novembre. Il me mande que la tranchée a été ouverte la nuit du 16 au 17; que les gardes du corps du roi de Sardaigne, qui fait le siége, ont eu l'honneur d'ouvrir la tranchée; que le lendemain le régiment de Picardie[2] y a été, et le 18, au matin, celui de Champagne[3], qui est entré dans la tranchée tambour battant, coutume usitée dans le seul régiment de Champagne. Il y a effectivement de la hauteur à avertir les assiégés que c'est lui qui monte la tranchée. Les assiégés font grand feu et veulent se défendre.

— Ce qui est surprenant, dans cette guerre, c'est qu'après vingt ans de paix, le ministère soit obligé d'avoir recours aux mêmes ressources dont Louis XIV ne s'est servi qu'à la fin de plusieurs guerres successives. On a envoyé au parlement plusieurs édits, et entre autres un pour prendre le dixième de tous les biens. Le parlement a arrêté de faire des remontrances au roi;

[1] Ville de la Lombardie vénitienne, sur l'Adda. Elle capitula le 30 novembre.
[2] Commandé par le prince de Montauban.
[3] Le duc de la Trémoille en était colonel.

mais le dixième sera toujours établi, car ces remontrances ne tendent qu'à des modifications.[1]

— On a aussi établi une fameuse tontine, sur le modèle des anciennes, dont le fonds est de douze millions. L'édit a été enregistré sans difficulté, parce que cela est volontaire; et, en effet, on y porte beaucoup d'argent depuis dix jours qu'on reçoit au trésor royal, surtout la classe depuis soixante ans, par la faveur du denier huit. Le fonds de la tontine est presque rempli, et j'ai laissé fermer ma classe, de quarante à cinquante ans[2], sans y avoir mis. Dieu veuille que je m'en repente!

— Il est arrivé une histoire au corps des avocats. Des amis de Le Normand, qui est le premier de l'ordre pour l'éloquence, pour les bons airs et pour être lié avec tout ce qu'il y a de grand à la ville et à la cour, lui ont fait pressentir qu'on l'admettrait à l'Académie française à la place de l'abbé d'Antin[3], évêque de Langres. C'est une règle, dans l'Académie, de n'admettre qui que ce soit qui ne demande la place; en conséquence Le Normand a écrit une lettre préparée à M. l'évêque de Luçon[4], son ami, pour marquer qu'il serait très-honoré s'il pouvait se flatter, etc. L'évêque de Luçon a lu cette lettre à l'Académie, et d'une commune voix Le Normand a été admis candidat.

Il est également de règle, qu'avant l'élection il faut rendre visite à tous les académiciens, en qualité de

---

[1] La déclaration pour la levée du dixième fut enregistrée au parlement le 22 décembre.

[2] Barbier, né le 16 janvier 1689, avait alors près de quarante-cinq ans.

[3] Pierre de Pardaillan de Gondrin d'Antin, frère de Louis-Antoine, premier mari de la comtesse de Toulouse. Il était mort le 2 novembre précédent.

[4] Michel-Celse-Roger de Bussy-Rabutin.

postulant, et même les trouver, en sorte qu'il est arrivé à plusieurs personnes d'avoir fait ces visites et de n'avoir point été élues. En effet, cela dépend presque toujours de M. le cardinal de Fleury, premier ministre, qui est à la tête de l'Académie et qui peut quelquefois proposer un sujet à la traverse. Certainement cet incident ne serait point arrivé à Le Normand; mais les avocats ont pensé qu'il ne convenait pas à un avocat de postuler une place, encore moins de faire des visites, dans l'incertitude de l'élection, de façon que M. Le Normand a remercié le corps académique. Comme la condition des visites est imposée à tous les académiciens, parmi lesquels il y a des maréchaux de France, des ducs et pairs, des évêques, des premiers magistrats, cela a été regardé comme une hauteur déplacée de la part des avocats, et n'a servi qu'à confirmer la réputation de fierté qu'ils se sont acquise depuis quelque temps [1].

ANNÉE 1734.

Janvier. — Cette année a commencé par la nouvelle de la prise du château de Milan, nouvelle qui a été apportée par M. le marquis de Villars, fils du maréchal. Cette place a été rendue le 30 décembre; en conséquence, pour rendre des actions de grâces, on a chanté un beau *Te Deum*, le 14 de ce mois, avec les cérémonies accoutumées; mais les critiques ne goûtent point cette

[1] Cette aventure donna lieu à plusieurs écrits satiriques dirigés contre l'Académie française.

fanfaronnade, car, quoique le feu ait été vif les premiers jours, il est certain que la garnison pouvait beaucoup mieux se défendre. On a été obligé d'avouer, dans notre *Gazette*, qu'on a trouvé le chemin couvert abandonné, et des mines qui n'étaient remplies de quoi que ce soit. Ce siége a fait honneur au duc de La Trémoille[1], colonel du régiment de Champagne, qui, le jour où il était de tranchée, a reçu un coup de fusil dans son chapeau et un autre qui lui a enlevé les boutons de son habit, avec un peu de chemise sur le ventre. C'est toujours une preuve qu'il s'est présenté de bonne grâce au feu. Comme c'est un seigneur très-beau de figure, accoutumé aux plaisirs, on doutait à Paris que ce métier-là lui plût. Avec un nom comme le sien, il est difficile de ne pas payer de sa personne. Plusieurs de ses ancêtres, qui étaient de bien braves gens, ont été tués dans ce même Milanais. Mais, comme la critique ne perd jamais ses droits, les seigneurs de la cour ont trouvé mauvais qu'il ait été le soir de l'action au bal, à Milan, avec le même chapeau attaqué du coup de fusil. Ce n'est pas grand'chose si on n'a que cela à lui reprocher.

Février. — La ville de Tortone s'est rendue à la fin du mois dernier, au deuxième coup de canon, et, après six jours de tranchée ouverte, le château s'est également rendu, le 5 de ce mois. M. le duc de La Trémoille, qui avait envie de venir faire quelque séjour à Paris, est parti le jour même pour en apporter la nouvelle au roi, et il est arrivé ici le 11 au soir. C'était la dernière ville du Milanais qui restât à prendre pour finir la campagne,

[1] Charles-René-Armand de La Trémoille, duc de Thouars, etc., né le 14 janvier 1708, colonel en 1728, avait été nommé au commandement du régiment de Champagne au mois de septembre 1731.

et il n'y a eu véritablement de défense en aucun endroit. Les troupes d'Espagne et de Sardaigne n'ont pas beaucoup servi aux expéditions qui ont été faites. Celles du roi de Sardaigne ont fort mal fait leur devoir. Je sais qu'au siége de Pizzighitone, une de leurs compagnies de grenadiers ne se trouva point lorsque vint son tour de marcher, et que ce fut M. le comte de Biron, colonel du régiment Royal-Roussillon, qui offrit des grenadiers de son régiment pour la remplacer; il en coûta même la vie au capitaine. L'on découvrit plus tard toute la compagnie des grenadiers piémontais, ventre à terre dans un fossé.

— Le maréchal de Villars a été à Parme, et n'a pas été content de la réception de don Carlos, qui ne lui a rien dit. On raconte aussi que le maréchal a représenté au marquis de San Estevan, gouverneur du prince, qu'il devrait recommander à son élève de se tenir plus droit et de n'avoir pas la tête dans la poitrine, parce que cela n'avait pas l'air d'un vainqueur : ajoutant qu'il le priait de l'excuser si, en disant cela, il entreprenait sur ses droits. A quoi le marquis lui aurait répondu, qu'il n'entreprenait que sur les droits de son maître à danser, et non sur les siens. Cela a sûrement piqué le maréchal qui est haut et fanfaron.

Mars. — Toutes nos troupes partent à force. Le régiment des gardes, dont il ne reste que dix compagnies[1] pour la garde de Versailles, se met en route au com-

---

[1] Suivant l'ordonnance du roi du 10 novembre 1733, le régiment des gardes françaises était formé de trente compagnies de cent quarante hommes chacune, et de trois compagnies de grenadiers de cent dix hommes. Ces quatre mille cinq cent trente soldats, commandés par deux cent dix-neuf officiers, étaient répartis en six bataillons, chacun de cinq compagnies et une demie compagnie de grenadiers.

mencement de ce mois pour se rendre à Metz et aux environs. Tous les colonels ont ordre de partir le 20. Les milices sont formées en régiments[1] qu'on a donnés à des colonels réformés. Par ordonnance du roi[2], il est défendu, même aux colonels, de mener des chaises de poste à l'armée. Ils ne peuvent aller ainsi que jusqu'aux frontières. Il est défendu aussi d'avoir des équipages à roues, comme chariots et charrettes, ce qui est très-sage, pour ne point embarrasser l'armée, parce que les simples capitaines avaient des chaises et des fourgons.

— La promotion d'officiers généraux que l'on attendait depuis le commencement de l'année, a enfin paru le 10 de ce mois. Le roi a fait vingt-cinq lieutenants généraux, cinquante-six maréchaux de camp et plus de quatre-vingts brigadiers. La grande difficulté a été de donner l'agrément pour des régiments; il y a trois cents officiers qui demandent à acheter, et les plus gros seigneurs, jusqu'aux fils de ducs, ne sont que capitaines de cavalerie. Cette promotion a fait plus de mécontents que d'autres, aussi a-t-elle été chansonnée vivement. Elle s'est décidée entre le roi, le cardinal et le garde des sceaux, qui ont fait des passe-droits et en ont été quittes pour dire aux plaignants, avec grande politesse, qu'ils étaient bien fâchés, mais qu'ils n'avaient pu faire autrement. Néanmoins, le simple capitaine qui voulait être colonel, part toujours pour manger son

---

[1] Une ordonnance royale, du 12 novembre précédent, avait augmenté de trente bataillons les milices levées en exécution de l'ordonnance du 25 février 1726. La milice formait ainsi, en 1734, cent vingt-trois bataillons de douze compagnies, fort chacun de six cent quatre-vingt-quatre hommes, ce qui portait le nombre total des miliciens à quatre-vingt-quatre mille cent trente-deux.

[2] Donnée à Marly, le 15 février.

bien et exposer sa vie, sur le principe qu'il faut faire quelque chose, et dans l'espérance que les autres seront tués pour lui faire place.

— On a mis ces jours-ci, à la morgue du Châtelet[1], quinze ou seize petits enfants morts, parmi lesquels il y en avait un âgé de trois ans, et tous les autres plus jeunes ou nouveau-nés. Ce spectacle a attiré un grand concours de monde, et a effrayé le peuple. On attribuait cela quasi au départ des soldats aux gardes; mais comment aurait-on trouvé tous ces enfants ensemble et dans le même moment? D'autant qu'à présent, la facilité est grande pour ceux qui seraient hors d'état d'élever leurs enfants. Il n'est plus besoin de les exposer dans une allée, comme on faisait autrefois, ce qui en faisait périr beaucoup. On peut les porter directement aux Enfants-Trouvés[2], où on les reçoit sans s'informer de rien près de la personne qui les apporte, et cette police est très-sage. Mais on dit que c'est le médecin qui a le Jardin-Royal[3], qui avait rassemblé tous ces enfants morts chez un chirurgien, pour faire des anatomies. Les voisins ayant su cela, ont porté plainte; le commissaire a enlevé les enfants, on les a mis à la morgue, et la chose a été éclaircie par le médecin. Cependant, cette conduite n'est pas trop prudente, car du moment qu'il n'y

---

[1] Il n'existait point autrefois, à Paris, d'édifice spécialement destiné à recevoir les cadavres des personnes inconnues; c'était une des salles du Grand-Châtelet qui était consacrée à cet usage.

[2] C'est seulement en 1670 qu'avait été établi l'hôpital des Enfants-Trouvés, rue Neuve Notre-Dame, vis-à-vis l'Hôtel-Dieu, où l'on recevait ainsi les nouveau-nés.

[3] Il s'agit sans doute ici de Hunauld, docteur en médecine, membre adjoint de l'Académie royale des Sciences, qui était, à cette époque, professeur d'anatomie et de chirurgie au Jardin du Roi.

avait pas de soupçon de crime, il fallait enterrer ces enfants sur-le-champ, sans effrayer le peuple par cette exposition.

— M. Bonnier[1], un des plus riches particuliers de Paris, dont la sœur vient d'épouser le duc de Picquigny, fils du duc de Chaulnes, a reçu une lettre par laquelle il lui était enjoint de déposer trente mille francs en or dans les Tuileries, à un endroit désigné, sinon qu'il lui arriverait malheur. Il en a donné avis à M. Hérault, et a porté, au jour marqué, un sac de jetons à l'endroit indiqué. Un particulier, âgé de vingt-trois ou vingt-quatre ans, a eu la bêtise d'aller prendre ce sac; mais il y avait dans le jardin des exempts et archers déguisés qui faisaient semblant de se promener, et qui ont saisi l'homme. Cela n'était pas difficile à prévoir. Il a avoué que c'était lui, on l'a mis en prison et il aurait été pendu pour l'ordre public, mais Bonnier a eu sa grâce, et l'a fait envoyer aux îles. Il n'aurait pas été tranquille si l'on avait pendu cet homme.

— M. le marquis de Laigle qui, avec un gentilhomme de M. le comte de Clermont, a violé la femme de chambre d'un fermier général, dans le faubourg Saint-Germain[2], s'est mis en prison pour purger le décret. Comme il faut faire dédire tous les témoins, on dit que cela lui coûtera bien de l'argent.

— L'affaire de ce La Motte, accusé d'avoir assassiné un limonadier nommé Bruny, rue de Vaugirard, près le Luxembourg, il y a deux ans[3], pourquoi même

---

[1] Trésorier général des États de Languedoc. Il en a déjà été question, t. I, p. 252, où Barbier a écrit son nom à tort, Baunier.

[2] Voir ci-dessus, p. 18.

[3] Barbier n'avait fait alors aucune mention de cette affaire.

il avait été appliqué à la question, a été jugée à la fin définitivement par un plus amplement informé *usque-quo*, c'est-à-dire pendant toute sa vie, et cependant mis hors des prisons. Un pareil jugement est fort rare. Cet homme, que tout le monde croit l'auteur du crime, parce qu'il était en intrigue avec la femme et qu'il est fort violent, s'est attiré une longue prison et ce jugement, par l'insolence avec laquelle il a traité le rapporteur et tous les juges, dès le commencement du procès. Il a même battu les geôliers, ce qui lui a fait une petite affaire criminelle particulière, par suite de laquelle il a été condamné à être deux heures au carcan, dans le préau, après quoi on l'a mis hors des prisons. Mais en sortant, Duval, commandant du guet, s'est présenté avec une lettre de cachet et l'a conduit à Vincennes. On se doutait bien qu'on enfermerait cet homme-là pour le reste de ses jours, pour éviter quelque malheur de sa part contre son rapporteur ou M. le procureur général.

— Le père Tainturier, jésuite, mon ami, grand prédicateur, qui prêche le carême devant le roi, a furieusement apostrophé celui-ci, le 19 de ce mois, dans un sermon sur la *vie molle*. Il lui a représenté qu'un roi devait être l'âme et la lumière de son conseil, qu'il était responsable de tout ce qui se faisait par ses ministres, qu'il devait être à la tête de ses armées pour faire éclater la puissance du bras de Dieu, etc. Ce sermon a fait grand bruit à la cour et ensuite à la ville. Il a surpris de la part d'un jésuite que l'on sait être politique, parlant au roi qui ne se mêle de rien, qui laisse le cardinal le maître de tout, qui n'aime point à travailler, qui ne fait qu'aller à la chasse, souper à la Muette et qu'on ne dit point devoir aller à l'armée. On prétend qu'à ce sermon tous les courtisans n'osaient lever les yeux. Cependant, depuis son sermon, ce prédicateur a eu un succès de plus en plus grand. Le roi a fait déranger les jours ordinaires de sermon, qui tombaient dans les jours marqués pour la chasse, afin de n'en pas manquer un. Les fins politiques croient que cela n'a été prêché que par ordre secret du cardinal de Fleury, qui prévoit les desseins ambitieux du garde des sceaux Chauvelin et qui voudrait engager le roi à se mettre à la tête de ses affaires.

— M. le duc de Gramont, colonel du régiment des gardes, a été piqué de n'être pas compris dans la promotion des lieutenants généraux. Il avait fait faire son équipage qu'il a revendu, et sur lequel il a même gagné vingt mille livres. Comme il est fort méprisé, non-seulement de son régiment, mais de tous les officiers de l'armée, on dit qu'il a pris ce prétexte pour ne point aller à la guerre, et on lui a fait ce petit couplet de chanson.

> Brave colonel des pierrots [1],
> On a tort quand on vous oublie :
> Non que vous soyez un héros,
> Brave colonel des pierrots ;
> Mais lorsqu'on met jusqu'aux Chabots
> Dans la liste que l'on publie,
> Brave colonel des pierrots,
> C'est à tort que l'on vous oublie.

On a fait d'une pierre deux coups, car le couplet

---

[1] Sobriquet que l'on donnait aux soldats du régiment des gardes françaises.

est aussi mauvais pour M. de Rohan-Chabot[1], nommé lieutenant général, qui n'a pas la réputation d'être brave.

— On ne sait rien de Pologne que par les gazettes et, par conséquent, rien de sûr. Il y a, de la part de la cour, un secret étonnant. On dit même qu'on décachète toutes les lettres venant des armées qui peuvent être soupçonnées de donner des nouvelles.

Mai. — Mademoiselle de Beaujolais[2] qui avait été en Espagne et qui avait dû être mariée avec don Carlos, est morte ici le 24 de ce mois, de la petite vérole, à dix-neuf ans. Elle avait de l'esprit infiniment, savait beaucoup, et l'on disait même que don Carlos conservait toujours l'idée de l'épouser.

— On vient de juger l'affaire du marquis de Laigle et du chevalier de Brève. A force d'argent, ils ont rendu la procédure la plus avantageuse qu'ils ont pu. La femme de chambre même s'est rétractée; aussi, pour ce fait, elle a été décrétée et mise en prison. Comptant leur affaire en bon état, ils s'étaient constitués prisonniers; mais, par arrêt du dernier de ce mois, il y a eu un plus amplement informé pendant un an, *manentibus indiciis*, et cependant qu'ils garderont prison. Permis au procureur général d'informer de la subornation de témoins, etc. Ils ont pensé que cela irait peut-être comme dans une affaire de duel qui est

---

[1] Guy-Auguste de Rohan-Chabot, appelé le comte de Chabot, né le 18 avril 1683. Il était maréchal de camp depuis le 1er février 1719.

[2] Philippe-Élisabeth d'Orléans, cinquième fille du régent, née le 18 décembre 1714. Voir, au sujet de cette princesse, les *Notices sur les filles du Régent*, par Lémontey, imprimées dans la *Revue rétrospective*, 1re série, t. I, p. 200.

toute favorable, et où les juges ne demandent pas mieux que d'être trompés. Mais ici c'est une affaire horrible, qui regarde la sûreté publique et qui demande toute la sévérité possible. M. de Laigle et son compagnon pourraient fort bien se repentir de s'être logés à la Conciergerie, et M. le comte de Clermont qui croyait emporter cela d'autorité, sera bien piqué quand il connaîtra l'arrêt.

Juin — Mademoiselle de Kerkabu[1], qui est en procès depuis six ou sept ans avec le marquis d'Hautefort, ayant retrouvé l'acte de célébration de son mariage avec le feu comte d'Hautefort, et possédant une quittance particulière de soixante-quinze mille livres, prétendues par elle apportées en dot, avait formé ses demandes à cet égard. Cela a fait la matière d'une nouvelle plaidoirie qui a intéressé le public. Par l'arrêt, on a déclaré ces jours-ci, en pleine grand'chambre, qu'il y avait abus dans le mariage, et la demoiselle de Kerkabu a été déboutée de toutes ses demandes. Permis seulement à elle de se pourvoir en dommages et intérêts, que la cour a apparemment envie de lui accorder pour la consoler de n'avoir pu parvenir à être la veuve du comte d'Hautefort, et pour la dédommager des dépenses qu'elle a faites à ce sujet. Ainsi voilà la fin de tout ce grand procès. Le marquis d'Hautefort a toujours eu beaucoup de crédit, et l'appui des sollicitations de toute la cour dont il est parent.

---

[1] Le comte d'Hautefort étant mort en instituant son neveu légataire universel, mademoiselle Bellingant de Kerkabu avait attaqué le testament, et prétendu avoir droit de recueillir la succession, comme ayant été mariée avec le comte d'Hautefort. Ce procès avait été commencé au mois de juin 1728.

— On avait dit que le prince de Lixin[1], de la maison de Lorraine, grand-maître de la maison du duc de Lorraine, quoique résidant en France, mort le 2 de ce mois, avait été tué dans la tranchée devant Philisbourg; mais ces circonstances étaient nouvelles d'armées, et la vérité est qu'il s'est battu en duel avec le duc de Richelieu. Celui-ci a épousé, peu de jours avant son départ pour l'armée, la fille de M. le prince de Guise[2] qui n'a rien donné en mariage à sa fille. M. le duc de Richelieu est un puissant seigneur et a de grands titres. Il a été ambassadeur à Vienne, il est cordon bleu et a beaucoup d'esprit. C'étaient des raisons pour faire l'alliance avec la maison de Lorraine; mais le prince de Lixin et le prince de Pons, son frère, n'ont pas pensé de même. Comme le duc de Richelieu s'appelle de son nom Vignerot, et que les gens de condition disent que cela ne fait pas seulement un gentilhomme[3]; ils ont cru que le prince de Guise leur faisait déshonneur, et ils n'ont pas voulu signer au contrat de mariage. Cela a causé, entre gens de cette sorte, une indisposition mutuelle; ils se sont trouvés au même camp, et cela s'est terminé par un duel. On

---

[1] Henri-Jacques de Lorraine, brigadier de cavalerie, né le 24 mars 1698, fils de Charles de Lorraine, comte de Marsan, et frère puîné de Charles-Louis, prince de Pons.

[2] Marie-Élisabeth-Sophie, seconde fille de Anne-Marie-Joseph, de la branche des comtes d'Harcourt, comte de Guise, etc., en faveur duquel le duc de Lorraine avait renouvelé, en août 1718, le nom de Guise éteint depuis 1675 dans la personne de François-Joseph, dernier duc de Guise, mort à l'âge de cinq ans. Le mariage du duc de Richelieu avait eu lieu le 7 avril précédent.

[3] Voir le mémoire intitulé: *Origines de quelques familles ducales* (*Revue rétrospective*, 2ᵉ série, t. VI, p. 98).

disait aussi que le duc de Richelieu était mort, mais il n'a été que blessé et est même guéri de sa blessure.

— Le marquis de Laigle a trouvé moyen, par le crédit de madame la Duchesse, la jeune, d'éluder le dernier arrêt du parlement. Il a obtenu des lettres patentes par lesquelles le roi déclare avoir besoin de lui, pour son service, à la tête du régiment du comte de Clermont, dont il est colonel, et entend qu'il sorte *manentibus indiciis,* sans préjudice du plus amplement informé. Les lettres ont dû être entérinées au parlement par crédit et par sollicitation. On a mieux aimé prendre cette voie, pour ménager le parlement, que d'envoyer une lettre de cachet au concierge, portant ordre de mettre le prisonnier hors de la Conciergerie. On ne dit point que le chevalier de Brève ait eu la même grâce. On instruira le procès, mais je ne crois pas que le marquis de Laigle fasse la même faute qu'il a faite et qu'il se remette une seconde fois en prison. Au surplus on trouve cela très-mal, et c'est toujours une insulte pour le parlement. Le crime est si grave, qu'il devrait y avoir un exemple, afin de contenir à l'avenir les petits-maîtres, et les engager à s'aller coucher quand ils sont ivres. On disait que, sur la demande en entérinement, il avait été arrêté que la cour ferait des remontrances. Les vacances de la Pentecôte ont arrêté les suites de cette affaire.

— Il y a de grandes nouvelles de la guerre; le royaume de Naples a été conquis par l'armée du roi d'Espagne et don Carlos couronné roi de Naples. En Allemagne, le maréchal de Berwick, visitant les ouvrages devant Philisbourg, a eu la tête emportée d'un boulet de canon, le 12 de ce mois. Ce siége continue avec beaucoup de vivacité. On avance sur les ouvrages, mais nous ne laissons pas que de perdre beaucoup de monde et surtout des grenadiers, officiers et soldats. Le régiment des gardes françaises, qui était en mauvaise réputation auprès des troupes, y fait des merveilles. On tire quinze hommes de chacune des compagnies qui sont restées à Paris, pour remplacer dans les compagnies de grenadiers qui sont au camp.

— Le maréchal de Villars n'a pu soutenir les fatigues qu'il a eues le mois dernier. Il est tombé malade et a quitté le commandement de l'armée, le 27 mai, pour revenir en France avec le marquis de Villars, son fils, qui est aussi très-incommodé; mais il a été obligé de s'arrêter à Turin, où il est mort le 17, âgé de quatre-vingt-quatre ans, dans la même maison, dit-on, où il était né lorsque son père était ambassadeur à la cour de Savoie. On lui a donné, dans notre *Gazette*, l'éloge qui lui était dû, parce que, sans difficulté, c'était le plus grand homme de guerre que nous ayons eu depuis les Turenne et les Condé. Il y a eu de l'imprudence de sa part à se charger, à quatre-vingt-trois ans, d'un commandement en Italie; mais il était, comme je l'ai dit, haut et fanfaron, et faisait le jeune homme.

— Il y avait eu de la brouillerie, en Italie, entre le maréchal de Villars et plusieurs lieutenants généraux. La règle est de suivre l'ancienneté et d'employer chacun à son tour aux siéges. Le maréchal de Villars avait promis le siége de Tortone à M. le marquis de Ravignan, qui devait ensuite le faire avec le prince Charles de Lorraine. Il leur a manqué de parole à tous, et l'a fait faire par M. le marquis de Maillebois, qui était le dernier lieutenant général. C'est le marquis de Pezé[1], colonel du régiment du roi, aimé du roi et très-délié, qui s'était emparé de l'esprit du vieux maréchal et qui lui faisait faire, à ce que l'on prétend, tout ce qu'il voulait. M. de Ravignan a eu des paroles un peu hautes avec le maréchal, aussi bien que le marquis d'Asfeld, qui était le plus ancien lieutenant général, en sorte que celui-ci est revenu et est actuellement en Allemagne. Le prince Charles est aussi revenu, aussi bien que le marquis de Ravignan qui est même malade et qui n'est employé, sur la liste, en aucun endroit pour cette campagne.

— Les équipages de M. le comte de Clermont sont partis pour l'Allemagne et avec grande magnificence; ainsi le bruit était faux lorsqu'on disait, au mois de mars, que les princes du sang ne serviraient pas cette année. Les équipages de tous les seigneurs sont très-beaux; on ne rencontre que cela depuis un mois.

Juillet. — Les affaires de Pologne continuent d'être en très-mauvais état. Le siége de Dantzik, par l'armée de la czarine, dure toujours, et il est très-difficile que le bon roi Stanislas, qui est dans la ville, en sorte autrement que par une capitulation, en se déguisant ou en s'enfuyant. C'est une triste extrémité pour un roi légitimement élu et beau-père du roi de France.

— Si l'empereur empêche le roi Stanislas d'être roi de Pologne, il n'y gagne pas infiniment, car ses affaires vont très-mal en Italie. Mardi, 29 juin, jour de Saint-Pierre, M. de Coigny, qui vient d'être nommé maréchal de France, a remporté une victoire complète

---

[1] Il était maréchal général des logis de l'armée d'Italie.

sur les impériaux, devant Parme. Le général Mercy[1] a été tué. On l'appelait *le grand batailleur*, parce qu'il a toujours aimé à donner bataille quoique n'en ayant jamais gagné une seule : l'on compte que c'est la onzième qu'il a perdue. De notre côté le maréchal de Coigny a été légèrement blessé. Nous avons aussi perdu bien des gens de distinction. Le duc de Crussol, fils du premier duc et pair de France, colonel du régiment de Médoc, a été très-dangereusement blessé. Le prince de Montauban, de la maison de Rohan-Guémené, colonel de Picardie, a été blessé en deux endroits. Son régiment a voulu soutenir le nom de premier régiment de France[2]. Il a donné le premier, et, quand on a voulu le relever, il a répondu qu'on ne relevait jamais Picardie. En sorte qu'il a essuyé le feu et l'action pendant neuf à dix heures de suite. Aussi dit-on qu'il n'est resté que trois cents hommes de trois bataillons. Le duc de La Trémoille, colonel du régiment de Champagne, est tombé dans un fossé ; sa brigade lui est presque entièrement passée sur le corps, et il a eu une côte enfoncée, ce qui pourtant ne sera rien. Ce duc est malheureux. C'est un beau seigneur qui a toujours été livré ici à tous les plaisirs de la jeunesse, dont l'esprit est des plus brillants, qui sait les belles-lettres, la musique, la danse, le tout au parfait. Aussi son rang, sa qualité et sa personne, tout est envié à la cour et à la ville,

---

[1] Claude-Florimond, comte de Mercy, feld-maréchal, né en Lorraine en 1666, qui commandait en chef les troupes de l'empereur en Italie.

[2] Ce régiment, dont la création remontait à 1558, était placé en tête de tous les régiments d'infanterie de l'armée et avait le drapeau de colonel général de l'infanterie française.

et l'on est très-disposé à croire et à dire qu'il s'est laissé tomber par prudence dans le fossé. Cependant il a été partout, dans les siéges qui ont été faits l'année passée, et il s'est présenté de bonne grâce dans la dernière affaire, à Colorno, à la tête de vingt compagnies de grenadiers; mais enfin, malgré cela, on ne veut pas qu'il soit brave. Cela serait malheureux à la tête d'un régiment comme celui de Champagne, où l'on est sûr de ne pas échapper un coup de fusil.

— M. de Coigny, colonel général des dragons, fils du maréchal, a apporté au roi la nouvelle de cette victoire, dont le public n'a pas été pleinement satisfait, par le regret de tant de braves gens pour ne gagner qu'un cimetière. M. de Coigny ne pouvait pourtant pas éviter ce combat, ayant été attaqué par les ennemis. Nous avons perdu six à sept cents officiers, qui est une perte difficile à réparer, et que l'on dit n'être jamais arrivée dans aucune action.

—Dimanche, 11, M. d'Ussé, petit-fils du maréchal de Vauban, a apporté au roi la nouvelle de la prise de Guastalla et trois drapeaux. Ceux-ci ont d'abord été envoyés aux Invalides, qui est l'hôtel militaire, et lundi ils ont été apportés à Notre-Dame par les Cent-Suisses de la garde du roi, pour y être offerts à Dieu pendant le *Te Deum* que l'on a chanté en actions de grâce de la bataille de Parme. On dit qu'on les met par terre, devant le maître autel, pendant que l'archevêque fait son adoration, et que ce prélat marche dessus quand il revient prendre sa place dans sa chaire, ce qui est une marque de mépris. Après le *Te Deum*, on les a placés à l'autel de la Vierge. Il y a au haut de ces drapeaux un petit morceau de crêpe noir, ce qui se pratique ainsi, disent les militaires, lorsque le général en chef a été tué.

— M. de Coigny répare bien ce qu'on lui reprochait, d'avoir laissé passer le Pô aux ennemis[1]. On raconte que M. le maréchal de Villars lui dit alors : « Monsieur, voilà votre bâton tombé dans le Pô! » et qu'il lui répondit : « Monsieur, quand vous n'y serez plus je le repêcherai! ce qui s'est trouvé juste.

— On espère que M. le duc de Crussol reviendra de ses blessures; mais il paraît certain qu'il perdra un œil. On dit qu'il a écrit au roi que, Dieu merci, il lui en restait encore un pour son service. Tout petit et contrefait qu'il est, il a acquis bien de l'honneur dans cette affaire, et cela fait voir la fausseté des bruits qu'on avait tenus sur son compte lors de son duel avec le comte de Rantzau [2].

— A l'égard du duc de La Trémoille, il n'est pas possible de parer les mauvais bruits. Cela est général à la cour et à la ville. On publie, dans tout Paris, qu'il était blanc comme du linge, qu'il allait de mauvaise grâce et lentement à la tête de ce régiment de Champagne qui ne cherchait qu'à courir au feu, et qu'il s'est laissé tomber dans un fossé par précaution. On ne conçoit pas effectivement comment un colonel de son rang qui, par malheur, aurait glissé dans un fossé, n'aurait pas été relevé sur-le-champ par les officiers et les sergents qui sont à côté de lui dans la marche. On a mis dans la *Gazette*, « blessé légèrement », sans dire comment; mais

---

[1] Dans la nuit du 1ᵉʳ au 2 mai précédent, l'armée de l'empereur, forte de quarante mille hommes, avait passé le Pô, vis-à-vis de Portiolo, en mettant en défaut la surveillance de M. de Coigny.

[2] Voir t. I, p. 255.

la chose est certaine. On l'appelle le duc *du Fossé*. Jusque-là qu'hier j'entendis dire, à l'Opéra, qu'il avait ordre de se défaire de son régiment, ce qui ne sera pas. On écrit d'Italie qu'il s'est comporté avec Mars comme il fait à Paris avec Vénus, parce que, quoiqu'il coure ici toutes les femmes par vanité et un air de petit-maître, il a la réputation de n'être pas vigoureux.

— Par les nouvelles de la ville et d'après la *Gazette de Hollande*, il paraît certain que le roi Stanislas a eu l'adresse de s'évader de Dantzik, et que cette ville et tous les seigneurs polonais qui avaient suivi Stanislas, ont reconnu l'électeur de Saxe. Comme la reine est près d'accoucher, on imprime pour elle et pour la reine de Pologne, sa mère, qui est à Saint-Cyr, une *Gazette de France* particulière, dans laquelle on ajuste les nouvelles qui regardent la Pologne.

— M. le marquis de Ravignan[1], qui s'était retiré à sa maison de la Chaussée[2], sur le chemin de Marly, et qui était même encore incommodé de la maladie qu'il avait eue, a été employé, il y a quinze jours, pour servir dans l'armée d'Allemagne. Comme c'est un brave homme qui aime fort son métier, il a oublié tout d'un coup son mal. Le roi lui ayant dit, à son lever, qu'il avait signé sa commission, et qu'il partirait apparemment dans cinq ou six jours, le marquis de Ravignan lui répondit : « Sire, permettez-moi de prendre congé de Votre Majesté tout présentement : cet après-midi, à

[1] Joseph de Mesmes, marquis de Ravignan, né le 4 février 1670, lieutenant-général depuis l'année 1718. Voir ci-dessus, p. 45.

[2] Dans le hameau du même nom, sur le bord de la Seine, commune de Bougival. Ce château avait appartenu à Gabrielle d'Estrées.

trois heures, je serai en chaise de poste, » et il l'a fait, sauf à attendre ses équipages à l'armée.

Août. — Les mauvais bruits qui se sont répandus au sujet du fossé dans lequel est tombé M. le duc de La Trémoille, sont venus jusqu'à madame la duchesse, sa femme[1], qui en a porté plainte à M. le cardinal de Fleury et à M. le garde des sceaux. Elle a été si piquée de ces bruits, qu'elle les a écrits à son mari, aux dépens même de la santé de celui-ci qui a toujours été incommodé depuis la bataille de Parme, et qui a été saigné plusieurs fois. M. le duc de La Trémoille qui, par ordre du maréchal de Coigny, était dans un endroit éloigné de l'armée, pour se rétablir, outré d'une pareille nouvelle, se fit transporter au camp, le 7 de ce mois, alla dîner chez M. de Coigny, et là, en présence de deux cents personnes, se plaignit de ces mauvais discours; ajoutant qu'il voudrait en découvrir les auteurs pour les en faire repentir : qu'il parlait haut parce qu'il ne craignait rien, le régiment de Champagne étant présent pour le démentir. Il y avait alors plusieurs officiers de la tête, qui prirent la parole et l'engagèrent à mépriser ces bruits, disant que le régiment de Champagne qui se connaissait en bonne manœuvre, et qui avait vu la sienne, en était satisfait, et que lorsque le régiment de Champagne était content, tout le monde devait l'être. M. de Coigny répondit comme il le devait à M. le duc de La Trémoille et aux officiers, et le lendemain, 8, tous les officiers du régiment qui ne s'étaient pas trouvés la veille chez le maréchal, vinrent lui demander raison des bruits qui se répandaient sur leur colonel. Enfin le

---

[1] Marie-Hortense-Victoire de La Tour de Bouillon, née le 27 septembre 1704, mariée le 29 janvier 1725.

régiment, en corps, a écrit deux lettres, dont voici la copie, l'une au cardinal de Fleury, et l'autre, au garde des sceaux.

Du camp de Benedetto, ce 8 août 1734.

« Monseigneur,

« Tout le régiment de Champagne a appris les propos qui se sont tenus sur M. le duc de La Trémoille. Il en est si indigné qu'il ose vous rendre un compte exact de sa conduite. Il fut écrasé, dans le commencement de l'affaire, par des soldats dont on ne put retenir l'ardeur, et, malgré les douleurs qu'il souffrait, il resta plus de trois heures à la tête du régiment où il se comporta avec toute la valeur possible. Le témoignage du régiment de Champagne ne pouvant être équivoque, puisque nous serions les premiers à nous plaindre de notre colonel s'il y avait quelque chose à lui reprocher, le régiment de Champagne espère, Monseigneur, que vous voudrez bien faire cesser ces calomnies atroces, et faire rendre à M. le duc de La Trémoille la justice qui lui est due.

« *Signé : Tout le régiment.* »

Ces lettres ont fait du bruit ici. Il est même vrai que M. le duc de La Trémoille ne peut pas avoir une justification plus authentique, parce que tout le monde est persuadé que le régiment de Champagne dont on connaît la hauteur, qui, du reste, paraît assez dans le discours tenu au général de l'armée, ne supporterait pas une lâcheté réelle d'un colonel quel qu'il fût. Mais avec cela ces mauvais bruits s'étaient tellement répandus, que tout le monde plaint M. le duc de La Trémoille, et convient qu'il est triste, à un homme de ce rang-là, d'avoir besoin d'une pareille justification. C'est un coup affreux qui lui a été porté par ses ennemis, et on l'attribue assez généralement à M. Bauyn d'Angervilliers, secrétaire d'État de la guerre, avec qui le duc de La Trémoille a eu quelque brouillerie. Les gens de ce rang-là sont si hauts, qu'ils regardent un secrétaire d'État comme un commis, et ils n'en ont pas moins besoin dans l'occasion. Ce qui est certain, c'est que M. d'Angervilliers avait reçu, dès l'origine de ces bruits, une lettre de M. de Sucy, lieutenant-colonel du régiment de Champagne, qui lui rendait compte des faits justificatifs pour M. le duc de La Trémoille, et qu'il n'a montré cette lettre ni au roi ni à qui que ce soit. M. le duc de Gesvres, confrère du duc comme premier gentilhomme de la chambre, s'en est plaint au roi et en a parlé de sa part à M. d'Angervilliers, qui lui a répondu que quand il recevait une lettre, c'était pour lui; que d'ailleurs il n'était pas le chevalier de M. le duc de La Trémoille. Tout ceci a donné lieu de chansonner dans Paris; mais ce qui peut faire tort à M. de La Trémoille, c'est qu'on ne l'ait point fait brigadier dans la promotion des officiers généraux pour l'Italie [1]. M. le duc de Crussol l'a été et a, en outre, huit mille livres de pension. Quand la blessure de M. le duc de La Trémoille ne serait pas de nature à être récompensée, on aurait dû le faire brigadier pour en imposer sur les bruits qui ont couru, et par distinction, car c'est le premier duc et pair de France à la cour [2];

---

[1] La promotion du 1ᵉʳ juillet, déclarée le 15 août. Le duc de La Trémoille fut compris dans celle du 18 octobre suivant.

[2] Voir t. I, p. 341.

il a le titre d'Altesse, par lettres patentes, et tous les honneurs des princes du sang après eux[1]; enfin il est allié à toutes les têtes couronnées. Cela fait le premier homme de la cour, quoiqu'il y ait bien des gens de qualité qui se prétendent de meilleure et de plus ancienne maison que lui. Nous verrons ce qui arrivera de cette affaire quand il sera de retour.

— Lorsque le roi Stanislas a été en lieu de sûreté, après être sorti de Dantzik, il a écrit toutes ses aventures, et les dangers qu'il a courus, à la reine de Pologne. La reine a fait lire cette relation à une personne qu'elle considère, qui me l'a rendue exactement[2].

Septembre. — Le bruit des armes qui occupe toute l'Europe très-sérieusement, n'empêche pas messieurs les ecclésiastiques de songer à leur querelle de religion. M. de Colbert, évêque de Montpellier, grand janséniste, avait fait, l'année dernière, une très-belle Instruction pastorale[3] au sujet du miracle de M. Pâris.

[1] Le titre d'*Altesse* n'appartenait qu'aux princes issus d'une maison souveraine; mais les ducs de La Trémoille avaient été reconnus comme princes étrangers, à cause des prétentions qu'ils élevaient au trône de Naples. Ces prétentions avaient pour origine le mariage de François de La Trémoille qui épousa, en 1521, Anne de Laval, petite-fille et héritière de Frédéric d'Aragon, roi de Naples, que Louis XII avait dépouillé de ses États.

[2] Cette lettre du roi de Pologne, qui se trouve dans toutes le *Vies* de Stanislas, a été imprimée séparément sous le titre de *Relation d'un voyage de Dantzig à Marienwerder, en* 1734, et réimprimée en 1823, à la suite de la *Relation d'un voyage de Bruxelles à Coblentz en* 1791 (par Louis XVIII).

[3] *Instruction pastorale de monseigneur l'évêque de Montpellier, adressée au clergé et aux fidèles de son diocèse, au sujet des miracles que Dieu fait en faveur des appellans de la bulle* Unigenitus. (S. l.), 1733, in-4° de 52 pages. Un arrêt du conseil d'État, du 25 avril 1733, en ordonna la suppression. M. de Colbert fit paraître une *Lettre de monseigneur l'évêque de Montpellier au Roy, au sujet de l'arrest du conseil d'État, du 25 avril* 1733, *qui supprime l'Instruction pastorale de ce prélat.* (S. l.), 1733, in-4° de 8 pages.

Par un bref de Rome, du 3 octobre 1733, cette Instruction a été condamnée comme contenant des propositions fausses, scandaleuses, séditieuses, outrageantes, absurdes, téméraires, blasphématoires, schismatiques, erronées et notoirement hérétiques. Ils ne manquent pas de qualifications, à la cour de Rome, et ils les appliquent *in globo* sans s'embarrasser ordinairement d'en justifier l'application. D'un autre côté, M. de Tencin, archevêque d'Embrun, ayant réfuté[1] un peu vivement, pour son compte, cette Instruction pastorale, M. l'évêque de Montpellier en a adressé une seconde[2], le 21 avril de cette année, dans laquelle il persiste à vouloir prouver la vérité et la possibilité des miracles de M. Pâris, etc. Il a profité, pour cela, d'un nouveau miracle arrivé dans son diocèse par la vertu de la terre du tombeau de M. Pâris, car on a envoyé de cette terre sacrée dans toutes les provinces. Le sort de cette lettre pastorale a été d'être supprimée par un arrêt du conseil, du 28 août; mais il serait encore mieux s'il ne paraissait pas de semblables écrits qui, au fond, ne sont que des libelles diffamatoires contre la religion. Plus on creuse ces matières, soit sur les prophéties, soit sur les anciens miracles reçus par l'Église, et plus on voit l'obscurité des unes et l'incertitude des autres, qui se sont établis, dans ces temps reculés, avec aussi peu de fondement que ce qui se passe aujourd'hui sous nos yeux.

---

[1] Par une *Instruction pastorale de monseigneur l'archevêque prince d'Embrun*, dans laquelle il réfute l'ouvrage qui a paru sous ce titre : Instruction pastorale.... (S. l.), 1733, in-4° de 42 pages.

[2] *Lettre pastorale de monseigneur l'évêque de Montpellier adressée au clergé et aux fidèles de son diocèse, pour leur notifier un miracle opéré dans son diocèse par l'intercession de M. François de Pâris*. (S. l.), 1734, in-4° de 64 pag.

— On a enterré ce mois-ci, dans le cimetière de la paroisse de Saint-Séverin, un vieux fou, prêtre, appelé le sieur Bombilo[1], ami de M. Pâris, qui lui avait légué une pension. Il y avait plus de six cents personnes à voir cet enterrement, comme si c'eût été un prophète décidé. Si le curé, qui est heureusement sage quoique du parti, avait voulu donner les mains à la frénésie du peuple, il ne serait rien resté de la bière, ni du drap, ni de la terre de la fosse. Il ne faut pas même désespérer que, dans quelque temps d'ici, les jansénistes ne nous produisent quelque miracle de ce particulier quand le crédit de M. Pâris sera un peu usé.

— Il est arrivé, pendant ce temps, de grands événements en Italie. *Messieurs nos généraux*, comme dit la chanson[2], n'ayant pas profité de la victoire de Parme, les deux armées étaient restées en présence le long des bords de la Secchia, et nos troupes avaient été réparties, le long de la rivière, en différents quartiers éloignés les uns des autres. Les ennemis, bien mieux servis que nous en espions, ont appris la mauvaise disposition de notre armée et ont voulu profiter de notre tranquillité. M. le maréchal de Broglie s'était établi dans une cassine qui lui plaisait, et où M. le maréchal de Coigny voulait mettre des troupes; mais, comme cette cassine était belle, M. de Broglie l'avait gardée pour son logement et n'avait placé que des grand' gardes ordinaires composées de quarante à cinquante hommes,

---

[1] Il n'est fait aucune mention de ce personnage dans les *Nouvelles ecclésiastiques*.

[2] L'inaction dans laquelle on était resté après la bataille de Parme, avait donné lieu à une chanson dont tous les couplets commençaient par *Messieurs nos généraux*, ou *Messieurs les Allemands*. Cette chanson était sur un air de Pont-Neuf : *Et vite, et vite, et vite, apportez du coco*, etc.

sans songer qu'il y avait un gué vis-à-vis de sa maison.

Le 15, sur les six heures du matin, les Allemands ont passé ce gué et surpris notre camp, dont une partie était sortie pour faire des fascines, et dont l'autre était encore au lit. M. le maréchal de Broglie n'eut que le temps de se jeter par une fenêtre, nu-pieds, avec ses deux fils, pour se sauver du côté de la cassine du maréchal de Coigny qui était derrière. Sa maison et ses équipages ont été pillés sans y rien laisser. M. de Coigny est accouru et a rassemblé toutes les troupes; mais comme c'était le moment où l'on avait envoyé tous les chevaux du camp à la pâture, on a été obligé d'abandonner les tentes et les bagages que l'on ne pouvait pas charger. Quand les valets ont ramené les chevaux et les mulets, les ennemis s'en sont emparés. Un de mes amis, officier dans le régiment de Champagne[1], qui était campé à un quart de lieue du camp de M. de Broglie, a perdu, ainsi

---

[1] Barbier a joint à son *Journal* plusieurs lettres qui lui avaient été écrites par cet ami, et dans lesquelles il a puisé la plus grande partie de ce qu'il raconte des affaires d'Italie. Ces lettres, qui expliquent en même temps comment il se trouvait si bien instruit des faits particulièrement relatifs au régiment de Champagne, ne sont point signées ; mais les armes empreintes sur les cachets en cire qu'elles portent encore, font reconnaître le personnage qui correspondait avec Barbier. Ces armoiries, *écartelées, au 1er et au 4 d'azur à la face d'or; au 2 et au 3 de gueules à la colombe d'argent*, sont celles de la famille Vallier, et désignent François-Charles Vallier de Préville, né le 13 mars 1705, fils de Guillaume Vallier, président aux requêtes du Palais et parent de M. Orry, contrôleur général. Son père avait voulu le faire entrer dans l'Ordre de Malte comme *chevalier de minorité* (nom que l'on donnait à ceux qui étaient reçus dès leur naissance); mais il ne fut point admis. Il embrassa la carrière des armes, fut nommé enseigne dans le régiment de Châtillon, en 1731, et lieutenant dans le régiment de Champagne au mois d'avril 1732. Il devint capitaine en 1741, et eut le rang de lieutenant-colonel le 1er février 1747.

que toute la brigade de Champagne[1], sa tente, tout son équipage, des housses magnifiques, trois chevaux et deux mulets. A plus forte raison les brigades qui formaient le camp de M. de Broglie, et qui ont été surprises les premières. Voici, au sujet de cette surprise, un extrait d'une lettre écrite par un capitaine de carabiniers, au camp de Dozolo, le 27 septembre :
« ..... Quand ils (les Allemands) furent près d'une magnifique cassine qu'occupait M. le maréchal de Broglie, leurs troupes se séparèrent. La plus grande partie s'empara du camp, qui fut pillé avec exactitude, et y mit le feu ; l'autre partie, presque uniquement composée de grenadiers, investit la cassine, située au bord de la Secchia, et où le général de Broglie, qu'on éveilla assez à temps pour n'être pas pris, reposait tranquillement avec ses deux enfants. Il est vrai qu'il se sauva dans un équipage peu séant à un grand général, non pas pour se mettre à la tête de son infanterie, mais pour gagner le logis de M. le maréchal de Coigny. Il eut le temps de prendre sa culotte, mais point d'habit, ses pantoufles, sans bas, et son bonnet de nuit qu'il jugea à propos de garder sur sa tête. Ses deux enfants à peu près de la même façon..... La perte de M. de Broglie se monte à cent mille écus. Il a tout perdu, jusqu'à son cordon bleu qu'il faisait beau voir sur un hussard allemand ! Il lui est pourtant resté un vieux mulet qui se sauva par amitié pour son bon maître. Tout le reste y est demeuré, aussi bien

---

[1] La brigade de Champagne que commandait le comte de Boissieux, maréchal de camp, était composée, pendant cette campagne, de trois bataillons du régiment de Champagne, deux bataillons du régiment d'Orléans et un bataillon du régiment de la Sarre.

que les cadavres de nombre de ses domestiques qui ont été massacrés inhumainement. La perte des officiers est inestimable, parce que la plus grande partie n'est pas en état de se remettre en équipage. Les soldats sont sans tentes et sans marmites, ce qui les déconcerte beaucoup.... »

— Le 19 au matin, les Allemands nous ont attaqués avec beaucoup de vigueur, près de Guastalla, mais ils ont été repoussés de tous les endroits, et la victoire a été complète pour la France. M. le maréchal de Coigny a envoyé le fils aîné de M. le maréchal de Broglie en apporter la nouvelle au roi. On a regardé cela comme une belle action de sa part, après la faute de M. de Broglie qui est seul cause de la mauvaise aventure du 15, pour s'être logé dans une maison vis-à-vis d'un gué, pendant que l'armée ennemie était de l'autre côté, et n'avoir pas mis un corps de troupes assez considérable pour la sûreté du camp. La victoire a fait oublier la surprise ; cependant les chansonniers de Paris n'ont pas pardonné, et il s'est répandu des chansons sur le même air que la chanson pour l'affaire de Parme[1].

[1] Voici quelques-uns des couplets faits à cette occasion et rapportés par Barbier.

> Messieurs les Allemands,
> Vous vous moquez des gens,
> De venir à minuit
> Faire charivari ;
> Si l'on eût averti
> Monsieur de Broglie,
> Vous ne l'eussiez, mordi !
> Point trouvé dans son lit.

Dans un autre couplet, il est fait allusion à la revanche que les Français avaient prise devant Guastalla. Ce couplet est sur le même air que le précédent.

> Nous n'avons donc besoin que d'être bien conduits,
> Pour passer sur le ventre à tous nos ennemis ;
> Mais c'est un grand malheur que Dieu ne veuille pas
> Nous donner une tête, avec d'aussi bons bras[1]

— Ce qui est dans la Relation imprimée de la bataille de Guastalla[1], par rapport au roi de Sardaigne, est très-véritable. Il s'est jeté dans la gauche, où était le fort de l'attaque, et a donné des preuves d'une grande valeur. Il s'est mis à la tête du régiment de Picardie, pour charger les ennemis, en les appelant « mes amis de Picardie. » Enfin, il s'est exposé pendant toute l'action comme un simple officier. Cela fait un prince redoutable, et respectable pour les autres têtes couronnées qui sont paisiblement à tenir conseil dans leurs maisons de plaisance, tandis que leurs sujets se battent très-sérieusement. Les troupes piémontaises ont fait aussi des merveilles, et pour les Allemands, ils se sont battus comme des diables. On dit qu'ils marchent dans un ordre et une discipline admirables, et avec un silence qui étonne. MM. les maréchaux de Coigny et de Broglie se sont également comportés avec toute la valeur possible. Il faut avouer aussi qu'ils agissaient en désespérés pour réparer un événement aussi fâcheux, arrivé par leur imprudence. Ils n'en avaient pas fait de même dans le combat de Parme. Des gens qui étaient tout au milieu m'ont bien dit qu'on ne les avait vus en aucun endroit, et qu'ils se tenaient derrière les combattants. On m'a même rapporté un vilain mot de M. le maréchal de Coigny. Dans le commencement du combat, la brigade de Champagne passa des fossés sans tirer un coup de fusil, essuyant le feu des ennemis, et donna la baïonnette au bout du fusil. Le régiment de Cham-

[1] *Relation de la victoire remportée par l'armée du roi de France et par celle du roi de Sardaigne, sur l'armée impériale, à Guastalla.* Metz, 1734, in-4.

pagne avait enfoncé; mais on craignait en même temps que des troupes ennemies ne le prissent par derrière, et l'on fit dire à M. de Coigny que, s'il voulait envoyer une brigade pour le soutenir, Champagne répondait de prendre le canon des ennemis. Le maréchal répondit que puisqu'il s'était avancé sans son ordre[1], il s'en tirerait comme il pourrait; en sorte que cette attaque ne dura qu'un quart d'heure, et la brigade de Champagne fut obligée de se retirer. Un officier de Champagne m'avait écrit[2] que s'ils avaient été soutenus, la bataille, qui a duré près de onze heures avec un carnage effroyable, aurait été décidée pour nous en deux heures de temps; mais il n'avait pas osé m'écrire cette particularité qui est des plus ridicules.

— M. le prince de Montauban, colonel du régiment de Picardie, a apporté au roi les étendards pris à la bataille de Guastalla. On dit qu'il ne put jamais faire au roi le récit de l'action. C'est un homme de peu d'esprit, qui vend tous les emplois de son régiment, bon, simple avec tout le monde. Ces qualités font qu'il n'est jalousé de personne, qu'on le regarde comme un homme sans conséquence, et qu'on n'a ni

---

[1] « Champagne passait pour être moins soumis à l'ordre qu'à l'honneur. Il avait adopté sur ce point un dicton devenu proverbial, » *Histoire du régiment de Champagne*, par M. Roux de Rochelle. Paris, 1839, in-8. Voici l'origine de ce dicton. Le régiment de Champagne se portait un jour en avant malgré la défense qui avait été faite, et, lorsqu'on représenta à son chef qu'il contrevenait aux ordres qu'il avait reçus, cet officier répondit : « Je m'en f.... » Cette réponse se personnifia dans le nom du régiment, et, à partir de cette époque, la phrase : *Je suis du régiment de Champagne*, fut substituée à l'expression trop énergique de l'officier. Elle fit proverbe et exprima plus poliment la même chose.

[2] Lettre de M. Vallier, du 30, annexée au manuscrit du *Journal*.

intérêt ni motif pour lui nuire, comme on a saisi le prétexte de le faire à l'égard de M. le duc de La Trémoille qui a beaucoup d'esprit, qui est beau et bien fait, très-inconstant pour les femmes, et qui, par-dessus tout cela, a été fort ami du roi.

— Dans l'affaire de Parme, on vit M. le prince de Montauban en redingote toute boutonnée. La saison et le pays ne demandaient pas tant de précaution, et d'ailleurs, on le trouvait trop gros. Cela donna de la curiosité, et enfin il fut reconnu qu'il avait dessous une cuirasse devant et derrière, et une calotte dans son chapeau, en sorte qu'on le surnomma dès lors le *capitaine de cuirassiers*. Dans ce métier-là on ne se passe rien, et il faut se faire tuer noblement; c'est la folie militaire. Cependant à Parme, à la noblesse près, la calotte ne fut pas de trop, car M. de Montauban reçut une balle dans son chapeau, qui l'aurait tué sans cette précaution. Il reçut aussi une autre balle à la main qui déchaussa sa bague et lui écorcha le petit doigt. Il crut cela suffisant pour se retirer du combat, et il alla à Parme se faire panser. M. Bouquot, chirurgien-major[1], lui ordonna de mettre de la toile d'araignée et du tabac. Cependant on n'a dit que du bien de ce prince à Paris, et il partage l'honneur de son régiment. M. le duc de La Trémoille, au contraire, a le malheur de tomber dans un fossé; plus de cinquante soldats qui passaient avec ardeur, lui marchent sur le corps et lui froissent les côtes; il se relève, il marche et reste ensuite trois heures à la tête de son régiment, où il pouvait être tué deux cents fois, et

---

[1] Chirurgien-major de l'hôtel royal des Invalides, attaché à l'armée d'Italie.

où il reçoit deux balles mortes; il se retire n'en pouvant plus, et ses ennemis trouvent le moyen de se servir de cette chute pour le déshonorer! Car quelque justification qu'il ait eue, il reste toujours, dans le public, un doute et un soupçon sur sa conduite.

Octobre. — M. le maréchal de Noailles a eu une aventure fâcheuse en Allemagne. M. d'Asfeld l'avait commandé avec vingt-cinq mille hommes pour s'emparer du camp d'Hailbron, que le prince Eugène avait conservé comme un poste très-avantageux, et où il était resté sept à huit mille hommes. M. le maréchal de Noailles s'arrêta en disant : « Voilà encore une colonne des ennemis, » et il ne voulut pas aller plus avant. On l'a appelé, de cette affaire, le maréchal *Colonne,* et cela a occasionné une petite chanson. Mais en tout cas, c'est un homme savant, de beaucoup d'esprit, entreprenant, ambitieux et parvenant à ses fins. Il ne souffre pas de bon cœur sa position de maréchal de France en second. Tout succès est toujours à l'honneur du général, qui est M. d'Asfeld, et ce peut bien être la raison qui l'a empêché de rien entreprendre.

— Voici la chanson sur le maréchal de Noailles.

Sur un Noel : *Trois rois sont venus de loin,* etc.

    Le digne fils du héros
        De Rigaud, [1]
    D'une fière contenance,
    Passa l'autre jour le Rhin ;
        Mais soudain,
    Il se rapprocha de France.

[1] Rigaud, fameux peintre, a fait un portrait magnifique du maréchal de Noailles son père. (*Note de Barbier.*)

On croyait les ennemis
   Déconfits,
A l'aspect de ce grand homme ;
Mais Eugène en fait, hélas !
   Moins de cas,
Que lui du pape et de Rome [1].

Il a fait plus d'un métier,
   Ce guerrier [2] ;
Mais si l'on en croit l'armée,
Il prendra chape et lutrin,
   Dès demain,
Et au croc pendra l'épée.

— M. le duc de La Trémoille a reçu, en Italie, l'ordre du roi de revenir en France pour songer à sa santé, et, après avoir pris les eaux de Vals, en Vivarais, il est arrivé à Fontainebleau, où il est resté. Malgré tout son esprit, je crois que, sachant les mauvais discours de la cour et de la ville, il aura été embarrassé dans son abord et sa contenance. C'est ainsi qu'avec de grands noms, des biens considérables et de belles qualités, on n'est pas à l'abri d'aventures très-chagrinantes.

Novembre. — Le marquis de Pezé, lieutenant général, colonel du régiment du roi, etc., à qui le roi avait envoyé le cordon bleu, est mort de ses blessures en Italie, âgé de cinquante-quatre ans [3]. C'était un cadet du Maine, qui n'avait que cinq ou six cents livres de rente pour

---

[1] On le dit janséniste. (*Note de Barbier.*)

[2] Il a été à la tête des finances sous le régent. (*Id.*)

[3] Hubert de Courtarvel, marquis de Pezé, etc., qui avait reçu plusieurs coups de feu au combat de Guastalla, mourut dans cette ville le 23 novembre.

tout bien. Le maréchal de Tessé, son parent, l'avait mis dans le régiment des gardes : il s'est poussé par le jeu, par les femmes, par ses intrigues, de façon qu'il est devenu favori du roi. Aussi a-t-il acquis de grands biens et de bonnes places. Il ne laisse que deux filles.

— On parle assez mal ici de tous nos maréchaux de France. Ceux qui sont en Italie ont fait des fautes étonnantes, et ceux qui commandent en Allemagne ne sont guère mieux famés. On dit : « Savez-vous pourquoi la cavalerie est ruinée en Allemagne ? » On répond : « C'est que les *maréchaux* ne valent rien. »

— On a fait aussi une chanson sur le bonhomme d'Asfeld qui a, dit-on, toujours les larmes aux yeux quand il donne un ordre, ou quand il faut qu'il prenne un parti. Tous les officiers conviennent qu'il est incertain sur tout, et qu'à peine se souvient-il des ordres qu'il a donnés. Voici quelques couplets de cette chanson :

AIR : *Des Feuillantines.*

On a beau dire du mal
    De Bidal [1],
C'est un très-grand général,
Et son nom, couvert de gloire,
Sera placé dans l'histoire.

[1] Nom de famille du maréchal. Christine, reine de Suède, par lettres patentes données à Stockholm le 12 octobre 1653, avait conféré à son père, Pierre Bidal, le titre de baron pour lui et ses descendants, et lui avait fait don du fief d'Harsefeldt, dit depuis d'*Asfeld*, dans le duché de Bremen.

Quand il quitta le métier
   De Gaultier, [1]
Pour être garçon guerrier,
Chacun le jugea, sans peine,
Propre au bâton de Turenne.

Son cœur tendre, à tout propos,
   De sanglots
Accompagne tous les mots :
On le voit, parmi les armes,
Toujours mouillé de ses larmes.

Le sel de cette chanson consiste en ce que, par l'air, on coupe un mot du dernier vers, comme : *Sera pla, sera placé dans l'histoire*, etc.

— L'Ordre des avocats qui jusqu'ici avait été respecté et considéré, commence à essuyer des libelles secrets. L'année dernière, il parut une lettre imprimée d'un père à son fils[2], pour l'engager à embrasser cette profession. Il la relève si haut, qu'il y fait entrer des papes, des empereurs : il remonte même jusqu'à Jésus-Christ, comme ayant fait, dans ce bas monde, l'emploi d'avocat du genre humain. Il met cette profession au-dessus de toutes les autres, et rabaisse et méprise beaucoup celle des magistrats. Cette lettre, si outrée qu'il n'est pas douteux que l'ouvrage ne parte d'un ennemi des avocats, a donné lieu à une réponse écrite par le

---

[1] Marchand d'étoffes de soie : M. d'Asfeld est petit-fils d'un marchand de soie, et la baronnie lui vient de ce que son aïeul prêta de l'argent à la reine de Suède dans une occasion pressante. (*Note de Barbier.*)

[2] *Lettres ou dissertations où l'on fait voir que la profession d'avocat est la plus belle de toutes les professions*, etc. Londres (France), 1733, in-12. Ces lettres, au nombre de deux, sont de François-Bernard Cocquard, avocat au parlement de Dijon.

fils à son père[1], où l'on critique fort les avocats sur leur orgueil et sur leur intérêt démesuré. On y traite même assez vivement, et fort à découvert, trois avocats. Le premier est M. Prévost[2], appelé *Colosse de paragraphes*; le second, M. Pothouin, accusé d'ingratitude envers M. d'Argouges, lieutenant civil; le troisième, M. Le Normand, le premier des plaidants.

Quoique cette seconde lettre soit pareillement outrée, il faut reconnaître cependant qu'il y a bien du vrai. Tous les avocats, en particulier, ne prêchent que simplicité et désintéressement; mais il faut convenir qu'il y a à présent beaucoup de présomption et d'intérêt dans les membres du corps, ce qui n'existait pas autrefois. Le système est cause du dérangement de tous les états et de tous les caractères.

On reproche aux avocats, assez mal à propos, la chausse[3] qu'ils ont arrêté que l'on porterait journellement en robe, pour se distinguer des procureurs et des huissiers. Cela est venu de ce que messieurs les conseillers au parlement délibérèrent, il y a quelques années, d'être toujours en chausse et en soutane sous leur robe. On a cru que c'était pour se distinguer des avocats, distinction qui est mal fondée. La chausse est de l'habillement du licencié ès lois. Tout homme de robe ne peut la porter qu'à ce titre, et, par conséquent, l'avocat en a le droit comme le magistrat. Cependant,

---

[1] *Réponse d'un fils à son père sur deux lettres qui parurent en 1733, au sujet de la profession d'avocat.* Aucun recueil bibliographique n'en fait connaître l'auteur.

[2] Il a été question de lui, t. I, p. 340.

[3] On appelle *chausse* ou *chaperon*, une pièce d'étoffe que les membres des universités portent sur l'épaule gauche.

la plus grande partie des avocats, et surtout la tête, n'a point arboré la chausse. A l'égard de la soutane, c'est un habillement incommode, mais c'est l'ancien habit des gens de robe. Dans les anciens règlements du Châtelet, il est dit que, le jour de la rentrée, les avocats et les procureurs assisteront en robe et en soutane. Mon grand-père[1], avocat au parlement, indépendamment du Palais, était habillé en soutane et en grand manteau long. Mon père se souvient de l'avoir vu ainsi. La soutane n'est donc point attribuée exclusivement au magistrat, et la conformité d'habit n'empêche pas la supériorité et la prééminence de son état.

Cette réponse a paru pour la rentrée de la Saint-Martin. Cela n'a pas empêché M. Froland, homme de Normandie, riche bâtonnier des avocats, de paraître à la première cérémonie en soutane de satin, avec une robe doublée de velours, qu'il aurait aussi bien fait d'épargner.

Décembre. — On a raison de dire que les beaux esprits, surtout les poëtes, sont remplis d'ingratitude pour leurs bienfaiteurs, et sacrifient tout pour un bon mot. Un nommé Moncrif[2], homme de rien, très-indigent dans sa jeunesse, garçon d'esprit et de belles-lettres, a eu le bonheur de s'introduire d'abord chez M. d'Argenson, conseiller d'État et chancelier de M. le duc d'Orléans. Cette protection l'a introduit chez les princes ; il a eu des pensions, et enfin il est entré chez M. le comte de Clermont en qualité de secrétaire de ses

[1] Jean Barbier, mort en 1678.
[2] François-Augustin Paradis de Moncrif, auteur du poëme des *Chats*, né à Paris, en 1687. Il avait été reçu à l'Académie française en 1733, à la suite du refus de Le Normand. (Voir ci-dessus, p. 33.)

commandements. Ce prince l'a comblé de grâces, et l'a fait recevoir par autorité à l'Académie française. Il en était devenu fier et insolent ; mais il vient tout récemment d'être chassé de la maison du comte. On en donne plusieurs raisons et, entre autres, quatre vers qu'il a faits contre la maison de Condé :

> Le roi ferait un bon marché,
> Si Caron voulait échanger
> Trois Condés qu'il peut prendre...
>   Eh bien !
> Pour un qu'il pourrait rendre :
> Vous m'entendez bien.

Rien n'est plus méprisant pour M. le Duc, M. le comte de Charolais et M. le comte de Clermont. En même temps, cela donne à entendre que le roi n'a pas de généraux capables, et qu'il lui serait très-avantageux si Caron voulait lui rendre le grand prince de Condé.

— Le jansénisme fait ma foi de beaux progrès ! J'ai déjà parlé des excès et des folies des convulsionnaires, et de leurs assemblées où ils s'appellent *frères* et *sœurs*. Il y a parmi ces dernières nombre de jeunes et jolies filles que les frères ont la charité de *caresser* saintement. L'abbé Gillet, fils de l'avocat, a été arrêté le jour de la Vierge et conduit à la Bastille. Il tenait chez lui des assemblées où il faisait des exhortations. Les bonnes dames du quartier s'y trouvaient, et l'abbé Sellier, fils d'un marchand de vin, à la Corne, près Sainte-Geneviève, devait, par révélation, représenter le Christ, et, en cette qualité, être crucifié par ses confrères. Il a différé tant qu'il a pu la cérémonie. On dit même qu'il a déclaré nettement à l'assemblée qu'il n'avait point encore toutes les qualités et les grâces nécessaires, et qu'il n'avait point assez mérité auprès de Dieu, pour opérer cette grande œuvre. On le cherche, dit-on, depuis longtemps, mais il n'est point encore pris.

— Il est sorti des convulsionnaires une secte bien plus belle et qui a renchéri sur les autres. On l'appelle les *Élisiens*. Un d'eux, homme que l'on dit être de Montpellier, appelé dans la clique frère Augustin, a fait entendre qu'il avait rencontré le prophète Élie, qu'on nous a assez représenté comme errant sur la terre; qu'il lui avait parlé, et que ce prophète lui avait annoncé sa mission. Qu'il lui avait dit, de la part de Dieu, qu'il était l'agneau sans tache, et qu'il devait mourir pour les péchés des hommes. Il a communiqué ses lettres de créance à ses confrères, qui y ont ajouté foi, et, dans les assemblées, après avoir prêché, il se couchait sur une table dans la posture attribuée à l'agneau sans tache. On l'adorait comme tel, on chantait des hymnes, des oraisons, et on lui rendait les honneurs dus à son titre. Ce récit paraît extravagant, il est pourtant vrai. Je ne suis pas surpris qu'il y ait un homme assez entreprenant pour se dire de la famille de Dieu; mais je ne conçois pas qu'il y ait des particuliers assez fanatiques, dont les cerveaux soient brûlés au point de donner dans ces visions[1]. Si cela arrive de nos jours, dans un siècle raffiné, irréligieux et débauché, il ne faut plus être surpris des effets de la prévention sur les esprits ordinaires, et de quelle manière, dans tous les temps, les différentes religions ont pris faveur.

---

[1] Pour rendre hommage à la vérité, il est juste de reconnaître que la majorité des jansénistes réprouvait ces extravagances, et que les *Nouvelles ecclésiastiques* les condamnaient hautement.

La politique s'en mêle, et l'établissement s'en fait insensiblement.

Cette affaire a excité, comme on juge bien, le ministère public, et l'on dit que le roi a envoyé, au parlement, une déclaration qui lui attribue la connaissance de cette affaire. Mais le parlement ne veut point l'accepter : il prévoit bien qu'il ne s'agit pas seulement de faire le procès à frère Augustin, et que cela va impliquer une foule d'honnêtes gens de toutes sortes d'états. Le parlement, qui est janséniste au fond du cœur, et qui a donné le branle, aussi bien que les avocats, pour accréditer ce parti dans Paris, a peine à se charger de prononcer des jugements rigoureux et inévitables contre des hérétiques décidés. Nous verrons ce que cela deviendra, mais cela est très-plaisant. Il y a, entre autres, M. Carré de Mongeron, conseiller au parlement, qui est fourré tout au travers de ces gens-là, et qui *caressait* dévotement une très-jolie sœur actuellement détenue au château de Vincennes.

— On raconte que le sieur Cosse, surnommé frère Augustin, a annoncé à ses confrères qu'il fallait lui amener une fille dans l'endroit où était autrefois Port-Royal des Champs[1]; que là il la déflorerait, et qu'ensuite il la sacrifierait; qu'il serait pris et brûlé, mais qu'après il ressusciterait. On voit, à présent, que c'est un fripon qui se moquait de la crédulité de ses disciples. Cet homme n'est point arrêté comme le bruit en avait couru. L'on dit qu'il s'est sauvé, et qu'il a même emporté une bonne somme d'argent à différentes personnes qui lui en avaient confié comme chef et homme

---

[1] Près de Chevreuse. Voir la note 1, p. 283 du premier volume.

respectable; on va jusqu'à cinquante ou soixante mille livres.

— On m'a raconté que vingt personnes, hommes et femmes, étaient assemblées un soir dans une chambre, dont le seuil de la porte avait été garni, par eux, avec la dépouille d'une oie. Ils avaient tous sur le front une petite croix du sang de l'animal, et étaient ceints d'une ceinture de cuir. Ils ont fait rôtir l'oie sur des charbons, l'ont mangée avec du pain et de l'eau, et, la nuit, ils ont été en procession sur l'emplacement de Port-Royal des Champs.

— Le prophète Élie est un nommé Vaillant[1], curé dans le diocèse de Troyes, qui est actuellement enfermé à Bicêtre. On dit que c'est un homme qui a tant jeûné, qui s'est tellement macéré le corps par des austérités, que sa cervelle s'est altérée et qu'il croyait de bonne foi être Élie. Jusque-là qu'il a pris le carrosse de Metz, et qu'il s'est présenté aux juifs comme le prophète Élie; mais les juifs l'ont regardé comme un fou, et lui ont donné du pied dans le derrière. Ceux-là sont en possession de ne pas croire si aisément que les autres.

— On ne parle dans mon quartier, entouré de paroisses jansénistes, que de ces sottises. Ce qu'il y a de certain, c'est qu'il y a dix ou douze filles grosses, et que ces chefs de doctrine et de prédictions engagent les femmes du peuple qui ont cédé à la per-

---

[1] Pierre Vaillant, natif de Méry-sur-Seine. Il avait déjà été mis à la Bastille, en 1728, pour cause de jansénisme, et banni du royaume; mais il était néanmoins toujours resté à Paris. Arrêté de nouveau, au mois de mai 1734, il resta enfermé vingt-deux ans à la Bastille, puis fut transféré à Vincennes où il mourut.

suasion, à leur livrer elles-mêmes leurs filles, ce qu'elles font en vue de Dieu. Des gens indifférents qui ont été voir ces convulsionnaires, par curiosité, conviennent qu'il se passe des choses extraordinaires dans leurs assemblées. Ils ne savent si c'est par des sorts ou par des breuvages que se font ces opérations. On dit qu'il y a plus de cinq mille personnes engagées dans toutes ces cabales, et que l'argent ne leur manque pas. Cela en fait vivre un grand nombre et fait tort à bien des successions. Il y a, dans mon quartier, un cordonnier qui a une fille de seize ans et un fils de dix-huit à vingt ans, qui sont initiés dans l'art de convulsionner. On dit, parmi les gens du peuple, que la fille reçoit six cents livres par an, et le garçon quatre cents livres.

— Il faut convenir aussi qu'il y a eu beaucoup trop de ménagement de la part de la police, depuis la fermeture du cimetière Saint-Médard. On a arrêté bien des gens qu'on a lâchés. Au lieu d'employer les commissaires, qui sont des officiers de robe, à prévenir toutes ces folies, M. Hérault s'est livré à ses exempts, qui sont des fripons gagnant considérablement de bien aux dépens de l'État et du public. La moitié est janséniste de cœur ou fait semblant de l'être, pour tirer de l'argent du parti qui paye bien. En sorte qu'ils font avertir eux-mêmes ceux qu'ils doivent arrêter, ou font semblant de les manquer. Leur intérêt est de faire durer cette manœuvre.

— Le 24 de ce mois, le roi a fait faire un service à Notre-Dame pour tous les officiers et soldats qui ont été tués cette année, dans ses armées. On n'avait point eu cette attention, à ce qu'on dit, dans la dernière guerre; mais, pour une chose extraordinaire et très-louable en soi, cela s'est fait avec trop de simplicité. On a chanté une simple grand'messe des morts, où M. l'archevêque de Paris a officié. Il n'y avait ni musique, ni représentation dans le chœur, ni tentures, ni gardes. Une pareille cérémonie, pour un grand nombre de gens de toutes conditions qui ont été sacrifiés pour l'État, devait se faire avec plus d'appareil, et même M. d'Angervilliers, secrétaire d'État de la guerre, aurait dû y assister. Le roi a ordonné la même chose dans toutes les cathédrales du royaume, ce qui se continuera tous les ans, à pareil jour, pendant la guerre.

— Le jour de Noël, il a éclairé et tonné très-fort : cela n'est pas ordinaire.

— Le prince de Soubise[1], petit-fils du prince de Rohan, commandant des gendarmes, a épousé mademoiselle de Bouillon de Rhodes[2], sœur du duc de Bouillon, dont le père a eu des enfants de quatre lits. Elle n'a que douze ans et demi, et demeurait chez la marquise de Rhodes, son aïeule maternelle[3]. Le comte d'Évreux[4], son oncle, voulait auparavant qu'on liquidât

---

[1] Charles de Rohan, né le 16 juillet 1715, en faveur duquel Hercule Mériadec de Rohan, son aïeul, s'était démis, au mois de juillet précédent, de la charge de capitaine-lieutenant de la compagnie des gendarmes de la garde du roi.

[2] Anne-Marie-Louise de La Tour de Bouillon, née le 1er août 1722, fille d'Emmanuel-Théodose, duc de Bouillon, pair de France, etc., et de Marie-Jeanne-Christine de Simiane de Moncha de Gordes, sa troisième femme. Le mariage se fit le 30 décembre 1734.

[3] Anne-Marie-Thérèse de Simiane de Pontevès, mère de Marie-Jeanne-Christine, veuve, en secondes noces, de Charles Pot, marquis de Rhodes.

[4] Henri-Louis de La Tour, frère d'Emmanuel-Théodose, colonel général de la cavalerie légère.

ses droits pour éviter les procès ; mais la maison de Rohan voulait, au contraire, avancer ce mariage, parce que ce jeune prince doit partir au mois de mars pour faire la campagne. M. le cardinal de Rohan, et Le Normand, avocat, qui est leur conseil et leur ami, ont tout expédié en un jour, du consentement de madame de Rhodes, sans en rien dire à la maison de Bouillon, de façon qu'il n'y a point eu de contrat de mariage. On a seulement déposé les articles chez un notaire. Cela a fort indisposé la maison de Bouillon, qui est assez haute.

ANNÉE 1735.

Janvier. — Les écrits anonymes sont plus à la mode que jamais. Il a paru un livre sous le titre d'un roman, intitulé *le Célibat philosophique* [1], qui est fort embrouillé. L'auteur n'est ni janséniste, ni moliniste, mais il a un peu déchiré la religion et maltraité les jésuites. Ce livre a été brûlé par la main du bourreau.

— Le parlement a été obligé, à la fin, de connaître des assemblées particulières des convulsionnaires ; mais ce n'est point en vertu d'une commission de la cour, ainsi qu'on l'avait prétendu. Comme c'est une affaire d'État, le parlement, qui a la police géné-

---

[1] *Les Princesses Malabares, ou le Célibat philosophique, ouvrage intéressant et curieux, avec des notes historiques et critiques.* A Andrinople, chez Thomas Franco, 1734, in-12. L'auteur de cet ouvrage, condamné par un arrêt du parlement du 31 décembre, était un sieur Louis-Pierre Longue, attaché à la maison de Conti, et qui même, dit-on, demeurait dans l'hôtel lorsqu'il fit paraître son livre.

rale, doit en prendre connaissance. Il y a eu une dénonciation, faite à M. le procureur général, par le P. Boyer[1], autrefois de l'Oratoire, qui s'était lié d'abord avec le frère Augustin et qui s'en est retiré; sur cela le procureur général a rendu plainte et on lui a permis de faire informer[2]. Il y a, dit-on, trois sectes : celle de frère Augustin, qui se disait l'*Agneau sans tache*, celle du sieur Vaillant, qui se disait *le prophète Élie*, et celle des *Multipliants*, qui, dans leurs cérémonies nocturnes, se livraient à la débauche.

— Au nombre de ceux qui sont dénoncés comme attachés au frère Augustin, est un de mes voisins, le sieur Cimart, libraire, rue Saint-Jacques. C'est un honnête homme, qui était autrefois homme d'esprit, dont la folie a commencé du temps que le peuple rendait des honneurs à M. Pâris, à Saint-Médard. Il est tellement engagé de bonne foi dans ces mystères, qu'il est décharné comme un squelette. Il disait sérieusement à sa femme que, s'il était arrêté, il la priait de ne faire aucune démarche pour lui, et que si, par hasard, il était pendu, il la suppliait de boire et manger à son ordinaire, sans s'affliger. Sa femme, qui est aussi plus de moitié convertie, s'attendait tranquillement à tous ces événements. Vendredi, 21, le parlement a envoyé un huissier de la cour arrêter M. Cimart; et M. de Vienne, conseiller de grand'chambre, avec M. Lorenchet, substitut de M. le procureur général,

---

[1] Pierre Boyer, oratorien, né en 1677, est auteur de beaucoup d'ouvrages contre les jésuites et la Constitution, et entre autres d'une *Vie de M. de Pâris*. Il fut emprisonné au mont Saint-Michel, puis à Vincennes où il mourut le 18 janvier 1755.

[2] Par arrêt du 21 janvier.

sont venus apposer le scellé dans la maison. Cimart est monté en carrosse, pour être conduit à la Conciergerie, avec un visage tranquille, ne parlant que de Dieu et de la soumission qu'il fallait avoir à sa volonté. Depuis cette aventure, et quoiqu'il y ait un officier du guet, gardien des scellés, qui examine tout, il y a eu un concours de monde étonnant pour faire compliment à madame Cimart.

— Le roi a donné le régiment du Roi au comte de Biron[1], second fils du duc de Biron, qui vient d'être nommé maréchal de France. Il était colonel du régiment de Royal-Roussillon et a fait assez bien son chemin, car il a été nommé brigadier, inspecteur et maréchal de camp dans la seule campagne d'Italie. Tout le monde est étonné de cette grande faveur des Biron, jusqu'à s'en plaindre. On appelle celui-ci Biron-Biron, par excellence. C'est un jeune seigneur bien fait, d'une politesse infinie auprès des princesses et des femmes de la cour, et qui fait la pluie et le beau temps. Au surplus il n'a rien fait de plus que les autres en Italie : bien moins que le duc de Crussol qui a été blessé de tous les côtés et qui demandait le régiment du Roi.

— M. le maréchal de Noailles ira cette année commander en Italie. Il faut à présent, dans ce pays, un homme non-seulement respectable par ses dignités, mais qui soit aussi un homme de tête en état d'examiner de près M. de Montemar, grand général espagnol,

---

[1] Louis-Antoine de Gontaut, d'abord chevalier, puis comte et enfin duc de Biron, né le 2 février 1700. Il devint lui-même maréchal de France en 1757. Sa mère, Marie-Antoinine Bautru, sœur du comte de Nogent dont il a été parlé, t. I, p. 404, avait eu vingt-six enfants.

qui doit y commander, et le roi de Sardaigne qui, étant veuf, peut être tenté et sollicité pour un mariage. On convient que M. de Noailles est l'homme de la cour qui a le plus de manége et de talent pour concilier tous les esprits. Il y a d'ailleurs une raison décisive pour l'envoyer. M. le comte de Montemar, duc de Bitonto, a le titre de capitaine général des armées d'Espagne, qui répond ici au titre de maréchal de France, et, en cette qualité, il est plus ancien que nos nouveaux maréchaux depuis la guerre. Or, M. le maréchal de Noailles, qui a fait les guerres en Espagne pour mettre Philippe V sur le trône, étant aussi grand d'Espagne, chevalier de la Toison d'or et capitaine général des armées, et ayant ce titre depuis plus de vingt ans, commandera en chef au-dessus de M. de Montemar. Enfin une raison qui peut entrer pour quelque chose dans cette nomination, c'est que M. le duc de Noailles est un des plus redoutables ennemis de M. le garde des sceaux. C'est un homme ambitieux qui aspire à la dignité de premier ministre comme ayant déjà gouverné les finances, et qui est puissant par ses alliances. Tous les plus gros seigneurs ayant épousé des Noailles, cela forme une famille nombreuse dont il est le chef. Il est donc de grande conséquence pour M. Chauvelin, qui ne tient à personne, que cet homme-là soit éloigné, si le cardinal venait à mourir. On dit, de plus, qu'il l'envoie commander en chef dans l'espérance qu'il fera quelque sottise, ce qui le reculerait beaucoup pour ses projets. M. de Noailles a infiniment d'esprit, mais on le dit extrêmement vif, et je ne vois personne qui soit satisfait d'aller servir sous lui en Italie.

— On a fait, jeudi 27, un service magnifique, avec

oraison funèbre¹, pour le maréchal de Villars, aux dépens, s'entend, de la famille. C'est le curé de Saint-Sulpice², homme adroit, qui s'est chargé de tout. On a trouvé assez mauvais que le roi n'ait pas fait faire de service à Notre-Dame pour M. de Villars, à cause de la qualité de maréchal général. C'était d'ailleurs le plus grand homme de l'État sur la fin du règne de Louis XIV, puisqu'il a fait la guerre et la paix, et qu'il a sauvé la France. Il y a eu de belles choses et bien du vrai à dire dans son oraison funèbre.

Février. — Comme nous sommes en quartier d'hiver, il ne serait pas juste de ne parler que de guerre, et les affaires de l'Église tiennent leur rang.

Les convulsionnaires et toutes les extravagances qui ont été commises à leur occasion, ont fait peine aux vrais jansénistes appelants et réappelants, ou au moins à quelques-uns des plus fameux docteurs de Sorbonne qui ont été exilés ou chassés de Sorbonne, au nombre de cent environ. La cour a engagé l'abbé Petitpied³, belle plume, qu'on a fait revenir de Hollande où il s'était retiré, à faire une Consultation⁴ sur les convulsions. Elle a été signée ou approuvée par une trentaine d'entre eux, et M. l'abbé d'Asfeld, frère du maréchal, grand janséniste, s'est donné tous les mouvements pour faire paraître cette consultation qui condamne les convulsions. M. le lieutenant de police a été assez

¹ Prononcé par l'abbé Seguy. Elle a été imprimée. (Paris, Prault père, 1735, in-4° de 48 pages.)

² L'abbé Languet de Gergy : il en a été déjà question plusieurs fois. Voir, entre autres, t. I, p. 335.

³ Nicolas Petitpied, docteur en Sorbonne, auteur de quelques ouvrages contre les jésuites ; il mourut en 1747.

⁴ *Consultation sur les convulsions.* (S. l.), 1735, in-4°.

longtemps à se déterminer pour donner la permission de l'imprimer; en sorte que la veille de la Vierge, il a paru, de la part des autres, une réponse imprimée[1] à cette consultation qui n'avait point encore paru. L'on y critique ces docteurs de condamner les effets de convulsions qu'ils n'ont point vues, et l'on y marque toutes les menées qui ont été faites pour cette consultation. Cette réponse a été rare et je ne l'ai point eue. La consultation a paru ensuite.

— De plus, M. de Saint-Albin, archevêque de Cambrai, s'est avisé de donner un grand mandement[2] où il élève trop la puissance du pape contre nos libertés. Ce sont les jésuites qui le lui ont fait et fait donner, en le flattant d'un chapeau de cardinal. Il y a eu aussi une thèse soutenue en Sorbonne[3] sur le même ton. Le parlement en a pris connaissance, et a supprimé le mandement et la thèse par un arrêt[4] qui ordonne même que le syndic et le répondant seront mandés en la cour, toutes les chambres assemblées. Cela devait s'exécuter vendredi, 25 du mois; mais la veille il y a eu un arrêt du conseil[5] par lequel le roi évoque à lui l'exécution de l'arrêt du parlement, afin d'éviter

---

[1] *Plan de diverses questions sur un bruit répandu dans le public, qu'actuellement on fait signer une consultation contre les convulsions.* (S. l.), 1735, in-4°. Après la publication de la *Consultation*, il parut encore un *Nouveau plan de réflexions sur la consultation des docteurs contre les convulsions.* (S. l.), 1735, in-4°.

[2] *Instruction pastorale de monseigneur l'archevêque duc de Cambray.* Paris, 1734, in-4° de 838 pages, sans la table.

[3] Le 30 octobre 1734, par le sieur Claude-Guillaume Vinot, diacre du diocèse de Rouen. Cette thèse commence par ces mots : *A fratribus spoliato. Questio theologica.*

[4] L'arrêt est du 18 février.

[5] Cet arrêt est du 20 (et non du 24) février.

au syndic et au répondant les réprimandes qu'ils auraient eues. Le parlement s'est assemblé vendredi, et il a été arrêté que le premier président irait faire des représentations au roi.

Mars. — Ce mois a fourni des nouvelles au sujet des spectacles. Mademoiselle de Seine[1], fameuse comédienne et très-jolie, maîtresse de M. le marquis de Nesle, a eu une querelle avec mademoiselle de Balicourt[2], pour un rôle. Ce sont MM. les premiers gentilshommes de la chambre, c'est-à-dire celui qui est en exercice, qui ont la police sur la Comédie et qui jugent ces différends. Par conséquent, le comédien qui a le plus de crédit l'emporte, ce qui fait, soit dit en passant, que le public est très-mal servi. Sur cette querelle, M. le duc de Gèvres a prononcé en faveur de la Balicourt, quoique laide. Quinault-Dufresne, comédien de mérite, a pris le parti de mademoiselle de Seine, sa femme, et a été mis en prison. Sur cela, mademoiselle de Seine, piquée, a quitté la Comédie et s'est retirée chez M. le marquis de Nesle, piqué par contre-coup. Du marquis de Nesle au duc de Gèvres, il y a grande différence pour la maison : le mar-

---

[1] Marie Dupré de Seine, actrice très-aimée du public, et qui réussissait également dans les premiers rôles tragiques et comiques, avait débuté devant le roi, à Fontainebleau, le 7 novembre 1724. Louis XV, pour lui témoigner sa satisfaction, lui fit don d'un costume qui valait plus de huit mille livres. Elle se retira du théâtre en 1736, et mourut en 1759. Elle avait épousé Abraham-Alexis Quinault-Dufresne, acteur d'un grand mérite, qui avait débuté fort jeune, en 1712, et qui se retira en 1741.

[2] Marguerite-Thérèse de Balicourt qui remplissait avec talent les rôles *reines mères*. Elle avait débuté, au mois de novembre 1727, par le rôle de Cléopâtre, dans *Rodogune*, se retira du théâtre au mois de mars 1738, et mourut le 4 août 1743.

quis a fait écrire à mademoiselle de Seine une lettre au duc de Gèvres où elle le traite de *Monsieur*. Cela a paru insolent, et il y a eu une lettre de cachet pour mettre mademoiselle de Seine à l'Hôpital [1]. Elle a été obligée de sortir du royaume ou de se bien cacher, et, pendant son absence, les plaisants se sont divertis. Il a paru une Lettre, sous le nom de mademoiselle de Seine, datée de Flandre, le 9 de ce mois, et adressée à MM. de l'Académie française, attendu que les comédiens, comme gens d'esprit, ont été unis, par voie d'association, à MM. de l'Académie [2]. Par cette lettre [3], elle justifie sa retraite et sa conduite. On y fait le détail de MM. de l'Académie, ses confrères; en un mot, c'est un petit libelle de critique contre MM. les premiers gentilshommes et MM. de l'Académie française, qui est l'histoire du temps. Cette lettre a été rare et j'ai eu la patience de la copier.

[1] La Salpêtrière : il y existait un bâtiment qui servait de lieu de correction pour les filles et femmes débauchées.

[2] L'Académie française ayant fait placer honorablement les acteurs de la Comédie française qui vinrent assister à la réception de Crébillon, en 1731, les comédiens envoyèrent le lendemain remercier l'Académie et lui offrir l'entrée gratuite à leur théâtre. Cette offre fut acceptée, et les membres de l'Académie française usèrent de ce privilége dont ils jouissent encore aujourd'hui.

[3] Elle a été imprimée sous ce titre : *Lettre de mademoiselle de Seine, comédienne ordinaire du Roi, à messieurs de l'Académie françoise, au sujet de la lettre de cachet décernée contre elle, sur la réquisition de messieurs les premiers gentilshommes de la chambre.* (S. l., 1735), in-4° de 8 pages.

Cette pièce est rare et renferme quelques critiques assez piquantes. Nous avons cru devoir la reproduire ici.

Lettre écrite de......., en Flandre, a MM. de l'Académie française, par mademoiselle de Seine, comédienne du roi.

« Messieurs,

« Ce n'est point par un esprit de révolte aux ordres du roi, que je suis sortie des terres de son obéissance, ni que j'ai trouvé la Salpêtrière, à laquelle sa lettre de cachet me condamnait, une punition trop ignominieuse. Je n'ai point honte de l'avouer. Je sais, dès le berceau, que c'est le lieu où l'on corrige la débauche ; qui, plus que nous, mérite d'y être renfermé ? En vain crierions-nous que nous sommes des privilégiées à la suite de la cour ? En vain réclamerions-nous des libertés théâtrales dont nous n'avons d'autres titres qu'une longue possession, et qui s'évanouissent, dès qu'il plaît aux quatre seigneurs qui nous gouvernent avec autant d'équité que d'esprit et de bon sens. Il est inutile de vous les nommer, messieurs. Vous avez admiré, avec toute la France, la sagesse et le succès du Mémoire qu'un puissant duc[1] présenta, il y a quelques années, à Sa Majesté. Vous connaissez tous ce jeune héros qui, après une chute aussi prudente que glorieuse pour sa maison, conserve cependant assez de sang-froid pour écrire les plus jolis vers du monde[2] ; et ce n'est pas la peine de vous citer deux

---

[1] Le duc de Gèvres qui, de concert avec le duc d'Épernon, avait présenté au roi, en 1730, un Mémoire du cardinal de Polignac contre le cardinal de Fleury. Voy. t. I, p. 327.

[2] Le duc de La Trémoille. Voir ci-dessus, p. 47 et suiv. Les vers dont il s'agit ici étaient adressés au poëte Roy et à Philippe Poisson.

autres grands ducs¹, dont la fierté bien placée et la mine avantageuse font l'ornement de la cour, et dont on peut assurer qu'ils sont tout pleins d'esprit².

« Mais, messieurs, votre considération m'a fait croire ma résistance légitime, et mon obéissance un crime de lèse-académie. J'ai songé combien de rares personnages j'allais déshonorer, sans compter le grand cardinal³, sous le ministère duquel s'est faite l'association de notre *compagnie* à votre *troupe*. Elle a rendu notre gloire et notre honte communes, en me déclarant la consœur de tout ce que les trois ordres du royaume ont de plus brillant.

« J'ai pour confrères dans l'Église : 1° Deux éminences illustres ; l'une pour avoir servi de planche aux saintes usurpations de la pourpre romaine⁴, l'autre par le goût qu'elle aurait de troquer son loisir philosophique contre les travaux du ministère⁵, et toutes les deux par l'esprit ecclésiastique, je veux dire par l'abnégation d'elles-mêmes, et par le mépris des grandeurs et des délices de la terre.

« 2° Un grand archevêque, distingué par sa bonne

---

[1] Le duc d'Aumont et le duc de Rochechouart-Mortemart.

[2] C'est-à-dire comme on dit d'un menteur qu'il est tout plein de vérités, parce qu'il ne lui en sort jamais une. (*Note de Barbier.*)

[3] Le cardinal de Fleury.

[4] Le cardinal de Rohan-Soubise, grand aumônier de France ; il avait été placé, par le duc d'Orléans, dans le conseil de régence, en 1722, pour établir que les cardinaux y auraient le pas sur le chancelier et les pairs de France, et créer ainsi un précédent en faveur du cardinal Dubois.

[5] Melchior, cardinal de Polignac, après avoir occupé plusieurs postes diplomatiques, était écarté des affaires depuis son retour de l'ambassade de Rome, et ses attaques contre le ministère du cardinal de Fleury montraient qu'il visait à remplacer ce dernier.

foi¹, par tant d'ouvrages solides qui ont paru sous son nom, et qui le rendent digne d'entrer dans le sacré collége, ou, du moins, d'être précepteur du dauphin.

« 3° Quatre évêques : le premier a cultivé si heureusement le génie et le cœur d'un grand prince²; le second a renoncé à la gloire de la chaire, et, par une humilité digne des apôtres, se consacra tout entier au service de l'Hôpital³; le troisième, par la régularité de ses mœurs, a mérité d'être appelé le Dieu de la bonne compagnie⁴, et le quatrième d'avoir place dans le Tribunal du blond Phœbus, pour avoir eu le secret d'endormir, avec une oraison funèbre⁵, le parlement ennemi du vice-Dieu⁶.

¹ Jean-Joseph Languet de Gergy, archevêque de Sens, auteur d'un grand nombre d'ouvrages concernant la bulle *Unigenitus*. Il postulait le poste de précepteur du dauphin; mais il échoua et ce fut Boyer, évêque de Mirepoix, que le roi nomma.

² Edme Mongin, évêque de Bazas, qui avait été précepteur de M. le Duc.

³ Le P. Jean-Baptiste Massillon, évêque de Clermont, l'un des plus grands orateurs sacrés. Craignant, dans sa jeunesse, de céder aux suggestions de l'orgueil, lorsqu'il avait cru se reconnaître les germes de l'éloquence de la chaire, il s'était retiré à l'abbaye de Sept-Fonds d'où il ne sortit que rappelé par le cardinal de Noailles. La familiarité de ses relations avec une de ses pénitentes, la marquise de l'Hospital, veuve d'un mathématicien qui s'est fait un nom honorable par divers ouvrages, et entre autres par son *Analyse des infiniments petits*, donna lieu à une multitude de chansons dans lesquelles on l'accusait d'être l'amant de cette dame (1704).

⁴ Michel-Celse Roger de Bussy-Rabutin, évêque de Luçon. Voir son éloge, par d'Alembert, où se trouve rappelé le surnom qui lui avait été donné de *Dieu de la bonne compagnie*. Pour les mœurs faciles de ce prélat, voir la lettre qui lui fut adressée par Voltaire, en 1716.

⁵ Le P. Jean-Baptiste Surian, évêque de Vence, qui endormit le parlement en prononçant l'oraison funèbre de Victor-Amédée, roi de Sardaigne, lors du service fait pour ce monarque à Notre-Dame, le 28 janvier 1733. Il avait été reçu peu de temps après à l'Académie française (le Tribunal du blond Phœbus).

⁶ C'est-à-dire le pape.

« 4° Deux célèbres abbés : l'un a servi de bini à un cardinal dans un pèlerinage au Temple du goût[1], l'autre, mi-parti de long et de petit collet, est le vrai et l'indéfinissable Chrysologue[2].

« La noblesse ne m'offre pas parmi vous, messieurs, des confrères d'un moindre prix. Je vois d'abord un grand maréchal[3], jadis héros désintéressé sur l'empire de Neptune, qui occupe aujourd'hui son loisir à acheter et à mettre en pile livres sur livres, et tableaux sur tableaux, pour orner incessamment son inventaire.

« Je vois trois ducs, presque gentilshommes : le premier, qui descend en ligne directe d'un favori de votre fondateur, célèbre par des expériences de magie

---

[1] Charles d'Orléans de Rothelin dont Voltaire a dit, dans son *Temple du goût :*

    Cher Rothelin, vous fûtes du voyage,
    Vous que le goût ne cesse d'inspirer, etc.

Bini se dit d'un moine par lequel un supérieur fait accompagner un autre moine, afin que celui-ci ne sorte pas seul.

[2] Jean-Paul Bignon, abbé de Saint-Quentin, conseiller d'État et bibliothécaire du roi. Voir dans les Œuvres de J. B. Rousseau, *Épigrammes*, livre III, les épig. XXIX et XX

    Chrysologue toujours opine, etc.

  . . . .

    C'est un prêtre mal décidé,
    Moitié robe, moitié soutane,
    Moitié dévot, moitié profane.

[3] Victor-Marie d'Estrées, maréchal de France, vice-amiral. Il avait été l'objet de nombreuses chansons satiriques, en 1704, pour avoir refusé d'attaquer l'amiral Rooke, que le comte de Toulouse, grand amiral, voulait combattre. Ce maréchal avait formé, dans son hôtel de la place Vendôme, une bibliothèque de vingt-cinq à trente mille volumes, une collection de tableaux rares, de médailles, etc. Le catalogue de sa bibliothèque est encore recherché des amateurs.

et par l'honneur qu'il vient de faire à une maison souveraine¹; le second, aussi sublime poëte que fin politique, est l'avocat de la comédie auprès du saint-siége², et le troisième, digne gendre d'un héros pieux, est dans le lit d'honneur accablé sous les lauriers de son père³.

« Je vois encore un marquis⁴, berger immortel d'une princesse aussi belle que sage⁵.

« Partageons en trois classes les confrères que j'ai dans le tiers état. Ceux que la première comprend, sont ce que la robe a de plus distingué. C'est le chef de la cour des pairs, recommandable par l'antiquité de sa race⁶, par l'estime universelle, et pour avoir renouvelé la charité de saint Julien l'hospitalier⁷.

« C'est un président, auteur à moitié de quelques pièces dramatiques⁸, jugées, par le public en chœur,

---

¹ Le duc de Richelieu. Voir au sujet de son goût pour la magie, t. I, p. 257, et pour son mariage, p. 43, ci-dessus.

² Paul-Hippolyte de Beauvillier, duc de Saint-Aignan, ambassadeur de France à Rome. On prétendait qu'il y travaillait à faire lever l'excommunication qui pesait sur les comédiens.

³ Le duc de Villars, fils du maréchal, qui n'avait aucune des qualités de son père, et que l'on appelait le *grand flandrin*, était revenu malade d'Italie. (Voir ci-dessus, p. 25.) Il avait épousé, en 1721, Amable-Gabrielle, seconde fille du maréchal de Noailles. Voir au sujet de la dévotion de ce dernier, t. I, p. 191.

⁴ François-Joseph de Beaupoil, marquis de Saint-Aulaire, né vers 1644. La duchesse du Maine l'appelait *son vieux berger*.

⁵ Madame la duchesse du Maine n'a jamais été jolie. (*Note de Barbier*.)

⁶ Le premier président Portail descendait d'un chirurgien de Henri III. Voir t. I, p. 214.

⁷ Allusion à l'anecdote de la mort du président de Thorigny. Voir t. I, p. 241.

⁸ Le président Hénault, auteur de tragédies et de comédies qui eurent peu de succès, et dont il avait fait quelques-unes en société avec Fuzelier.

excellentes pour le cabinet. C'est un magistrat de province[1], galant commentateur de Cicéron. C'est un intendant des finances[2]. C'est enfin un auteur qui, en se donnant pour traducteur d'un fameux poëme[3], a fait voir qu'il pouvait y avoir des amateurs des muses même dans le sépulcre de la chambre des comptes[4].

« La seconde classe contient les beaux esprits de profession.

« Écoutons ce cygne mourant consacrer ses derniers soupirs à Atropos, chaste sœur du président d'un saint concile[5].

« Honorons le spirituel auteur de *Nitétis*, qui vient d'habiller si heureusement Achille en berger[6].

[1] Bouhier, président au parlement de Dijon ; il était auteur des commentaires de la traduction des *Entretiens sur la nature des dieux*, de Cicéron, par l'abbé d'Olivet.

[2] Amelot de Chaillou, ancien intendant à la Rochelle, pourvu d'une charge d'intendant des finances, en 1726, avec rang de conseiller d'État ordinaire.

[3] Dupré de Saint-Maur, conseiller maître à la chambre des comptes, avait publié une traduction du *Paradis perdu*, de Milton, dont on disait que l'abbé de Boismorand était le véritable auteur.

[4] On donnait le nom de *Sépulcre* de la chambre des comptes, à un souterrain qui renfermait tous les titres du royaume, et où ils pourrissaient et périssaient dans la poussière.

[5] Bernard le Bovier de Fontenelle, alors âgé de près de quatre-vingts ans, vivait dans l'intimité de madame de Tencin, dont on connaît la vie scandaleuse, et dont le frère, le cardinal de Tencin, avait présidé le concile d'Embrun, en 1737. Voir t. I, p. 264.

[6] Antoine Danchet, auteur de la tragédie de *Nitétis* qui avait été jouée avec beaucoup de succès en 1723, venait de composer les paroles de l'opéra d'*Achille et Déidamie*, musique de Campra, représenté pour la première fois le 24 février 1735. Cet opéra n'eut que huit représentations.

« Souhaitons la vie éternelle au précieux défenseur de la religion chrétienne[1].

« Élevons des autels au modeste auteur du *Glorieux*, de la voix duquel les théâtres de campagne retentissent encore[2].

« Salamalec à l'auteur des lettres chrétiennes d'Usbeck et du savant et agréable traité *de la Grandeur et de la décadence des Romains*[3].

« Versons des larmes de sang en l'honneur du tragique chartreux qui est ici par procureur[4], et qui sait si bien louer les héros.

« Mais augmentons leur liste d'une accolade de traducteurs[5], dont le dernier est si connu sous le nom de Mathanasius[6]; de l'écrivain solide, poli et intéres-

---

[1] L'abbé Claude-François Houtteville, auteur de *la Religion chrétienne prouvée par les faits*. (Paris, 1722, in-4°), ouvrage qui fut l'objet de nombreuses critiques.

[2] Philippe Néricault Destouches, dont l'orgueil était devenu proverbial, et qui disait habituellement en parlant de lui : « Molière et moi ». Il avait eu une jeunesse orageuse et s'était engagé dans une troupe de comédiens de campagne.

[3] Charles de Secondat, baron de la Brède et de Montesquieu. On sait que plusieurs idées émises par lui, dans les *Lettres persanes*, l'avaient fait accuser d'irréligion.

[4] Prosper Jolyot de Crébillon, auteur tragique, père du romancier ; on l'accusait de faire représenter, sous son nom, des pièces qui étaient en réalité composées par un chartreux, appelé dom Pascal.

[5] L'abbé Nicolas Gédoyn, qui avait donné une traduction *de l'Institution de l'orateur*, de Quintilien, etc.; l'abbé Nicolas-Hubert Montgault, une traduction des *Lettres de Cicéron à Atticus*, une de l'*Histoire d'Hérodien*, etc.; et Jean-Baptiste Mirabaud, secrétaire du duc d'Orléans, une traduction de la *Jérusalem délivrée*, etc.

[6] Suivant Barbier, *Dictionnaire des ouvrages anonymes*, c'est Mirabaud dont il est question dans la *Relation de ce qui s'est passé au sujet de messire Christophe Mathanasius à l'Académie française*. (Paris, 1721, in-12), critique attribuée, sans certitude, à l'abbé Desfontaines.

sant qui vous sert de secrétaire[1]; du léger, du gracieux continuateur de vos annales[2], que la calomnie de ces derniers temps a voulu accuser de *pléonasme*[3]. C'est de vous, messieurs, que je tiens ce grand mot.

« Ajoutons-y l'apologiste du système, qui doit vous donner incessamment les anecdotes secrètes et anciennes des flagellants[4], et l'ingénieux auteur du poëme des *Chats*[5], Mercure disgracié d'un chaste abbé restaurateur de l'arche de Noé[6].

« Je tombe enfin, messieurs, dans la dernière classe, qu'on peut nommer celle des jetonniers par excellence. Ceux qui la composent ne sont point fils de leurs œuvres. Leur mérite n'est point affiché, et, pour me servir de l'expression naturelle du plus joli et du plus infatigable diseur de riens[7], ils n'ont qu'un esprit bon à lire dans l'Université, où quelques-uns ont été assez heureux pour faire des éducations[8] : mais ce sont eux

---

[1] L'abbé Jean-Baptiste Dubos, chanoine de l'église de Beauvais, secrétaire perpétuel de l'Académie depuis l'année 1723.

[2] Pierre-Joseph Thoulier, abbé d'Olivet, chargé par l'Académie de continuer l'histoire de cette compagnie que Pelisson n'avait pas terminée.

[3] Il vient d'avoir une tracasserie avec un libraire. (*Note de Barbier.*)

[4] L'abbé Jean Terrasson, auteur des *Lettres sur le nouveau système des finances*. Paris, 1720, in-4°, avait été l'un des plus ardents admirateurs du système de Law. On l'accusait d'aller se faire fouetter dans les mauvais lieux. Voir l'épigramme de Voltaire :

On dit que l'abbé Terrasson, etc.

[5] *Paradis* de Moncrif. Voir ci-dessus, p. 68.

[6] Peut-être cette qualification, appliquée au comte de Clermont, fait-elle allusion à cette espèce de sérail qu'il avait formé à Paris. Voir les *Mémoires de Richelieu*, t. IV, 2° partie, p. 18, édition de Londres de 1790.

[7] Marivaux.

[8] Adam, secrétaire des commandements du prince de Conti, et auparavant son précepteur; Sallier, Hardion et Danchet qui avaient été précepteurs de jeunes gens.

qui sont chargés d'étaler le noble orgueil académique. Ils sont, pour ainsi dire, boursouflés de ce rare dépôt, et leurs noms ne sont ignorés que de ceux qui ne lisent pas l'Almanach royal.

« Tirons cependant de la foule un pieux chevalier[1], qui sait débiter avec tant d'emphase les sublimes harangues du curé de l'Opéra[2], et qui ne pourra être remplacé ici que par un autre chevalier[3] aussi noble, aussi amateur du bien public, et aussi connaisseur que lui ; je vous en tire aussi, vous, qui fûtes jadis honoré des faveurs de plusieurs abbés philosophes[4], d'un, entre autres, dont le digne neveu[5] trouva des charmes dans mon mari.

[1] Jean-Roland Mallet, chevalier de l'ordre de Saint-Michel, dont le père avait été charpentier.

[2] L'abbé Simon-Joseph de Pellegrin, auteur d'un grand nombre de pièces de théâtre, et, entre autres, de onze opéras. Ce genre de composition, peu compatible avec son caractère ecclésiastique, l'avait fait interdire par le cardinal de Noailles.

L'abbé Pellegrin tenait en outre, chez lui, une espèce de dépôt de pièces de vers, de compliments de toutes sortes, etc., dont il faisait commerce, ce qui avait donné lieu au couplet suivant, à l'occasion de la réception de M. de Villars à l'Académie, en 1734 :

> Ouvre-lui ton magasin,
> Pellegrin,
> Vends-lui bien cher sa harangue :
> Tu fais parler les muets !....
> Les Mallet
> Sans toi n'auraient pas de langue.

[3] Nolasque-Convay, chevalier de l'ordre du Christ. Il était fils d'un épicier, et avait été agent du roi de Portugal. Voir, sur ce personnage, les *Mémoires de Boisjourdain*, t. III, p. 383.

[4] L'abbé Pierre-Joseph Alary, fils d'un apothicaire, auquel les abbés Courcillon de Dangeau et de La Rochefoucault, avaient laissé, l'un le prieuré de Gournay, l'autre une pension de mille livres.

[5] Philippe Egon, marquis de Courcillon, neveu de l'abbé de Dangeau. Voir, dans les *OEuvres* de Voltaire, *la Courcillonnade*.

« Voilà, messieurs, ceux que j'ai cru devoir respecter. Le même uniforme de l'Hôpital, dont j'aurais été revêtue, vous aurait couverts de honte. Ce n'est pas qu'avant de sortir de France, je n'aie tenté toutes les voies de raccommodement. J'ai eu l'honneur d'écrire à M. le duc de Gèvres : j'aurais dû, il est vrai, aller le voir; je suis d'un sexe qui l'a toujours trouvé si flexible! A mon défaut, je lui ai député mon mari; mais, comme il a peu d'esprit, il ne put persuader ce seigneur de commuer ma peine en celle du For-l'Évêque[1]. Il fut plus heureux pour lui-même[2], et j'ai appris depuis qu'un grave intendant[3] avait presque conduit par la main, dans cette prison, une des plus belles voix de l'Europe[4]. J'avais dessein d'envoyer à M. le duc de Gèvres, un marquis, la fleur des héros du royaume[5], que les scrupules de sa conscience délicate empêchent d'aller à la guerre, et qui se cacha jadis à la vue des ennemis, de crainte que sa valeur ne l'emportât à violer le cinquième commandement de Dieu; mais, comme ses créanciers ne lui laissent la liberté de sortir que les dimanches, il ne m'a pas été possible de me servir de la langue de cet adroit mé-

---

[1] Prison plus spécialement affectée à la détention des comédiens.

[2] Quinault-Dufresne fut mis en prison pour avoir demandé à sortir de la Comédie.

[3] Louis-Achille de Harlay, conseiller d'État, intendant de la généralité de Paris.

[4] Mademoiselle Le Maure, chanteuse de l'Opéra, soupait chez M. de Harlay lorsqu'un exempt de police vint la chercher pour la conduire au For-l'Évêque. Barbier fait connaître plus loin le motif de cet emprisonnement. Voir p. 98.

[5] Louis de Mailly, troisième du nom, marquis de Nesle, né le 27 février 1689, père de la duchesse de Châteauroux. Mademoiselle de Seine s'était retirée chez lui pendant qu'on la cherchait.

diateur. Il aurait parlé à mon supérieur irrité, avec cette éloquence naturelle qui lui méritera une place parmi vous, et qu'il cultive dans la meilleure compagnie du monde[1]. L'amour, le tendre amour, qui le tient depuis si longtemps attaché à mon char, et enchanté à mes genoux, pour donner plus de force à ses paroles, aurait mis sur sa langue le feu que j'ai allumé dans son cœur, et, comme il est capable de miracles, il aurait échauffé monseigneur le duc de Gèvres[2].

« C'est à vous, messieurs, qu'est réservé le grand œuvre de l'émouvoir, à vous particulièrement, monsieur l'archevêque de Sens. Employez, en ma faveur, un peu de cette onction attendrissante que vous avez répandue dans votre roman[3]. Vous n'avez point craint de la prostituer, en faisant, en pleine Académie, l'éloge du valet d'un de vos confrères[4]. Pour vous mettre en état de le faire efficacement, je vais vous détailler les chefs d'accusation qu'on forme contre nous, et vous fournir, de mon mieux, mes moyens de défense.

« Ce qu'on nous reproche, messieurs, c'est une noble fierté que le vulgaire, mauvais définiteur, appelle insolence. Le Grand[5], et tant d'autres qui ont eu les prémices de mes charmes, ne m'avaient pas accoutumée,

---

[1] Le marquis de Nesle ne fréquentait que les comédiens.

[2] Le duc de Gèvres avait eu à soutenir un procès, en 1713, contre Émilie de Mascranni, sa femme, qui l'accusait d'impuissance.

[3] La *Vie de la vénérable mère Marguerite-Marie Alacoque.* Voir t. I, p. 307.

[4] Languet, répondant à l'abbé Terrasson, lors de la réception de ce dernier à l'Académie, en 1732, fit l'éloge de Barjac, valet de chambre du cardinal de Fleury.

[5] Comédien, auteur de la comédie de *Cartouche*, etc., t. I, p. 109.

il est vrai, à tant d'orgueil ; mais je l'ai eu pour douaire, quand je suis entrée dans la maison des Quinault, héritière, en cela, de la maison des Dancourt [1]. Eh ! comment ne nous pas méconnaître ? nous sommes tous les jours empereurs, princes, reines et infantes : dans nos foyers, l'enchantement continue. Nous voyons à nos pieds les trois ordres du royaume, sans y comprendre ce que l'étranger nous envoie de plus délié. L'illusion nous suit chez nous. Ne dites pas que c'est un hommage qui est moins rendu à nous qu'à la beauté. J'ai encore quelques restes de gentillesse ; mais ma belle-sœur[2], mais ma cousine[3], ne sont-elles pas des monstres en toutes façons. Le caprice fait leur mérite et leur attire des adorateurs. Comment ne pas perdre la tête, quand on voit s'oublier un prince d'une illustre maison[4], un duc d'une antique race ultramontaine[5], un marquis du noble sang de Saint-Pavin[6], jusqu'à courir avec elles le bal, déguisés, le premier en gille, le second en pantalon et le troisième en bourgeois-gentilhomme, pour nous faire voir qu'ils ne méprisent pas notre moulinage[7] ?

[1] La famille de Dancourt, acteur du Théâtre français, mort en 1725, était citée pour sa hauteur.

[2] Jeanne-Françoise Quinault, sœur de Dufresne, qui ïait avec beaucoup de talent les rôles comiques chargés. Elle avait déb té en 1718.

[3] Mademoiselle de Balicourt était excessivement laide.

[4] Le prince Charles de Lorraine, grand écuyer de France. Voir t. I, p. 76.

[5] Le duc de Nevers. Voir t. I, p. 71.

[6] Le marquis de Livry, premier maître d'hôtel du roi. Il était petit-neveu du poëte Denis Sanguin de Saint-Pavin, dont le père avait été prévôt des marchands au commencement du xviie siècle.

[7] Ce mot, qui n'aurait aucun sens, pris dans son acception ordinaire, était sans doute une de ces expressions du vocabulaire du peuple, qu'une vogue de circonstance introduit momentanément dans le langage. On trouve, en effet, dans le *Dictionnaire d'argot* de Vidocq, le

« Que serait-ce, messieurs, si je vous contais qu'il se fait chez elles, comme jadis à l'hôtel de Rambouillet, des cercles de sentiments! On y agite tantôt l'estime, tantôt l'amitié, et on y apprécie la vraie grandeur d'âme. On y disserte de la religion. On y épuise la libéralité. On y effleure l'amour, et on n'y alarme point la pudeur. Ma belle-sœur et ma cousine disputent, je ne sais qui décide; et les seigneurs susdits, et autres, écoutent et applaudissent. Nos pères, nos maris, nos frères, sont témoins des plus tendres caresses qu'on nous fait. Honorés, par notre canal, de l'alliance des premiers de l'État, peuvent-ils se défendre d'un peu de vanité? Et l'honneur que vous venez de nous faire, en confondant votre corps avec le nôtre, est-il propre à nous corriger, et à nous inspirer l'humilité et l'abaissement, tandis que vous les défendez à ceux même d'entre vous à qui ils feraient du moins un mérite. Serons-nous plus capables de modestie, quand le bref que nous attendons de Sa Sainteté[1], aura levé l'excommunication lancée contre nous depuis tant de siècles; quand l'Église nous traitera comme le reste de ses fidèles, pendant et après notre vie, et quand nous verrons, sans doute, nos maris et nos camarades élevés à l'échevinage ou être, au moins, marguilliers de leur paroisse.

« Le second reproche qu'on nous fait est notre peu de politesse envers les auteurs. Nous tenons d'eux, dit-on, le pain que nous mangeons, et notre mémoire

---

verbe *mouliner* « parler longuement et sans raison. » D'après cela, *moulinage* pourrait avoir été employé ici comme synonyme de *bavardage* ou *verbiage.*

[1] Voir ci-dessus la note 2, p. 87.

nous fait briller à leurs dépens. Dans le monde, cependant, nous les déchirons à qui mieux mieux. Ce manque d'égard et de reconnaissance est plus leur faute que la nôtre : que ne nous traitent-ils en maîtres et non pas en esclaves. Leur humilité, et les bassesses mêmes de quelques-uns, font notre hauteur.

« Le troisième grief qu'on nous impute, est le peu d'attention que nous apportons à plaire au public. S'il n'est pas nombreux, nous représentons, pour ainsi dire, en bonnet de nuit, nous ne nous donnons pas la peine de nous habiller, et nous lui manquons de respect à chaque instant. Ces irrévérences, que les Italiens ont introduites et qu'on souffre chez eux par pitié, ont été hasardées sur notre théâtre, d'abord les dimanches, avec succès. Pourquoi un parterre plus sensé ne nous fait-il pas entendre son correctif? Nous serions déjà rentrés dans notre devoir.

« Enfin on se plaint : 1° que le peu que nous sommes d'acteurs et d'actrices passables, nous ne jouons jamais, et que nous accablons le public de pièces usées. Il est vrai que ces plaintes ne sont pas sans fondement. Mon mari, en haine de ses créanciers, ne veut rien étudier; ma belle-sœur ne représente pas vingt fois dans une année; et ma cousine, que ses grimaces et sa figure ont condamnée à ne jouer que des furies[1], veut paraître dans les rôles tendres. 2° Que nous faisons souvent manquer les pièces affichées! Qu'on s'en prenne aux seigneurs qui nous arrachent aux plaisirs du public pour faire les leurs. Nous trouvons dans leur commerce une utilité que la comédie ne nous produit

---

[1] Mademoiselle de Balicourt excelle dans les rôles de fureur et n'est propre à aucun autre. (*Note du temps.*)

plus, depuis que MM. les gentilshommes de la chambre, par une profondeur de jugement qu'il n'est pas possible de sonder, surchargent la compagnie de mauvais sujets en dépit du parterre. Ils sont obligés de les chasser peu après, et nous de leur payer, par ordre, une pension qui n'est légitimement acquise qu'après vingt ans de services, ou par des infirmités marquées. Je ne veux, pour exemple, que la demoiselle La Traverse[1], Bercy[2], et bientôt Fierville[3]. Tout le monde sait qu'il y a plus de cinq ans que la vieille Duchemin[4] n'a paru, au grand contentement du parterre qui ne pouvait plus la supporter. Cependant, de par M. le duc de Gèvres, elle partage journellement avec nous. Elle est censée jouer actuellement, de même qu'il est réputé présent à ces jeux[5], où il partage si honorablement les dépouilles de cent misérables.

« Voilà, messieurs, les matériaux de ma justification ; c'est à vous de les rendre solides et inaltérables, par le ciment de votre éloquence ordinaire. J'espère que j'en sentirai bientôt les effets ; mais, quel qu'en soit

[1] Fille d'Étienne Baron. Elle était entrée au Théâtre Français en 1731, en sortit deux ans après, avec une pension de mille francs, et épousa M. Bachelier, l'un des valets de chambre du roi.

[2] Comédienne.

[3] Fierville, acteur tragique, reçu aux Français en 1734, congédié en 1741, avec une pension de cinq cents livres.

[4] Marie-Anne de Château-Neuf, dite Duclos, née en 1670, tragédienne distinguée, ne se retira néanmoins tout à fait qu'en 1736, après être restée quarante-trois ans au théâtre. A l'âge de cinquante-cinq ans, elle avait épousé Jacques-Pierre Duchemin qui n'en avait que dix-sept ; mais bientôt les deux époux se séparèrent de corps et de biens.

[5] Des jeux de hasard avaient été autorisés à l'hôtel de Gèvres, et ne furent fermés qu'au mois d'avril 1741, comme on le verra plus loin. Les gouverneurs de Paris prétendaient que ce droit de tenir des jeux était un des priviléges de leur charge.

le succès, soyez tous persuadés, en général et en particulier, qu'en quelque lieu où les destins me promènent, je vous serai toujours intimement et inviolablement attachée, et que je mourrai chargée du titre glorieux de votre associée.

« J'ai l'honneur d'être, avec cordialité,

« Messieurs et très-chers confrères,

« Votre très-humble et très-obéissante servante et consœur.

« *Signé* DE SEINE,
Femme de Quinault-Dufresne.

En Flandre, ce 9 mars 1735.

— A l'Opéra, mademoiselle Le Maure[1], première actrice, et une des plus belles voix qu'on ait jamais entendues, soit qu'elle se soit trouvée mal effectivement, soit qu'elle eût autre chose à faire, a quitté son rôle au milieu du spectacle, un jour de représentation[2]. M. le comte de Maurepas qui, comme secrétaire d'État de Paris, a l'inspection de l'Opéra, et qui y était ce jour-là, a donné sur-le-champ une lettre de cachet, et on a conduit mademoiselle Le Maure au For-l'Évêque. Quelques-uns ont dit que c'était bien fait, pour réprimer l'impertinence des acteurs; le plus grand nombre a pensé que cela était trop dur. Elle est sortie le lendemain de prison, mais non sans rancune, tellement qu'elle a quitté l'Opéra. C'est une grande perte. La règle est que les actrices ne peuvent

[1] Mademoiselle Le Maure avait débuté, en 1721, dans l'opéra de *Phaéton*. Elle se retira momentanément du théâtre à plusieurs reprises, et le quitta tout à fait en 1750, pour épouser un gentilhomme de Normandie.
[2] On jouait l'opéra de *Jephté*, par l'abbé Pellegrin.

quitter qu'en avertissant six mois auparavant, pour que l'on puisse remplacer les sujets. Mademoiselle Le Maure a eu recours à M. le duc d'Orléans, fort ennemi des spectacles profanes[1]. Il lui a offert une pension, qu'elle a refusée, et, malgré les règles et le crédit de M. le comte de Maurepas et de M. le prince de Carignan[2], directeur en chef de l'Opéra, elle s'est retirée dans un couvent, sous la protection de M. le duc d'Orléans.

— Autre histoire pour l'Église. M. de Ségur[3], évêque de Saint-Papoul, homme de trente-cinq ans, qui avait toujours été constitutionnaire et du parti de la cour, a donné un mandement[4] auquel on ne s'attendait pas. Il fait amende honorable, dans son diocèse, et déclare que l'ambition d'être évêque lui a fait accepter la constitution *Unigenitus* quoique très-mauvaise en soi : que sa conscience lui a toujours reproché d'avoir conduit ses brebis dans la mauvaise voie ; qu'il en demande pardon à Dieu, et que, pour faire pénitence de son crime, il a pris le parti de se retirer. En effet, il a envoyé sa démission de son évêché, qui est de trente-cinq mille livres de rentes, pour vivre dans l'obscurité, le reste de ses jours, avec le revenu d'une petite abbaye[5].

[1] Voir t. I, p. 302.
[2] En 1733, le roi avait accordé le privilége de l'Opéra au sieur de Thuret, ancien capitaine au régiment de Picardie ; mais c'était en réalité le prince de Carignan qui dirigeait ce théâtre.
[3] Jean-Charles de Ségur, sacré en 1724.
[4] *Mandement de Monseigneur l'évêque de Saint-Papoul pour faire part à son peuple de ses sentimens sur les affaires présentes de l'Église, et des raisons qui le déterminent à se démettre de son évêché.* (S. l.), 1735, in-4° de 8 pages. Il en existe plusieurs contrefaçons.
[5] L'abbaye de Vermand, dans le diocèse de Noyon.

Cet événement a fait grand bruit chez les jansénistes, et l'on a regardé cela comme un miracle. On disait déjà que si cet exemple pouvait être suivi de quatre ou cinq évêques, cela abattrait la cour de Rome et la *Constitution;* mais cela n'arrivera pas fréquemment. Il est certain, néanmoins, que ce sacrifice a quelque chose de séduisant; mais, dans le fond, ce M. de Ségur a été dans les mousquetaires et dans les gardes françaises; cela ne sait rien. Il avait été fait évêque sans grande connaissance du sujet, comme cela se pratique ordinairement. Quelque janséniste ardent aura su profiter d'un esprit médiocre, susceptible d'impression, pour lui faire faire cette sottise, laquelle ne décide pas beaucoup de ce que l'on pense dans le ciel sur les disputes présentes.

Le roi a reçu la démission; il a nommé à l'évêché[1] et on a laissé aller M. de Ségur. Cela a seulement fort intrigué son frère, qui est colonel, et qui craint que la démarche de son frère ne lui fasse tort.

Avril. — Voilà le plus curieux du mandement de M. de Saint-Papoul. Il a eu l'honnêteté de louer la consultation de MM. les avocats du parlement de Paris, au sujet du concile d'Embrun[2]. Cela a flatté l'Ordre, susceptible d'honneur, et dès que le mandement a paru, Prévost[3], grand janséniste et homme très-remuant, a fait assembler une vingtaine d'avocats avec M. Froland, bâtonnier, qui est un bon homme, pour faire une lettre de compliment à M. de Saint-Papoul. Des vingt, il y en a douze qui se sont retirés, n'étant point

---

[1] L'abbé Georges-Lazare Berger de Charency.
[2] Voir t. I, p. 269.
[3] *Ibid.,* p. 340.

d'avis d'écrire. Les autres, savoir : MM. Prévost, Le Roy, Pothouin, Blaru et autres, ont composé une lettre dont la teneur suit, qui a été signée de M. Froland, au nom de MM. les avocats :

« MONSEIGNEUR,

« Nous venons de lire, étant assemblés, votre Mandement du 26 février 1735 ; et, dans le moment, nous avons cru ne pouvoir différer à vous remercier, et à vous témoigner la grande part que le barreau du parlement prend à la joie qui lui doit être commune avec toute l'Église. Nous renouvelons, en cette occasion, le même zèle que vous approuvez par votre Mandement, et nous sommes avec un très-profond respect,

« Monseigneur, etc.,

« *Signé* FROLAND. »

Cette lettre n'a pas plutôt paru dans le public[1], qu'elle a été condamnée de tous les gens de bon sens. On a demandé de quoi se mêlaient les avocats, de chercher des affaires sans savoir pourquoi ; et, comme cela s'était fait par un petit nombre, sans consulter les autres, les avocats eux-mêmes ont désapprouvé cette conduite. On craignait d'ailleurs que cette lettre, qui paraissait au nom de l'Ordre, ne fût condamnée par un arrêt du conseil, que l'on se doutait bien ne pas devoir garder le silence sur le mandement de M. de Saint-Papoul.

On a prévu le mal par l'entremise de MM. les avocats généraux et, sur leur réquisitoire, par arrêt du parle-

[1] In-4° de 2 pages. Elle était datée du 26 mars.

ment, du 2 avril, cette lettre, qui était déjà imprimée, a été supprimée comme faussement attribuée aux avocats, l'Ordre l'ayant désavouée et n'y ayant aucune part. Le même jour, a paru un arrêt du conseil qui supprime le mandement[1] ; et enfin, par un second arrêt[2], le roi a évoqué à lui la connaissance des contestations qui pourraient survenir à ce sujet.

— A cette occasion il a fallu badiner, et il a paru un manifeste de mademoiselle Le Maure[3], qui rend compte des motifs qui l'ont fait entrer à l'Opéra, de ses sentiments sur cet état et des causes de sa retraite. C'est la parodie du mandement de M. de Saint-Papoul : ce qui a été suivi d'un arrêt de Momus[4] qui ordonne la suppression du manifeste, et qui est d'après l'arrêt du conseil.

— Le duc de Chartres[5], qui a dix ans, est un prince très-aimable pour son âge. Il avait auprès de lui, pour gouverneur, M. de Bombelles, brave officier et homme d'esprit supérieur, qui était très-aimé de M. de Ségur. M. le duc d'Orléans l'a retiré d'auprès de son fils, et a fait sortir, en même temps, son premier valet de chambre et son précepteur. Il lui a donné pour gouverneur

---

[1] Il parut, à cette occasion, un arrêt de Momus ayant pour titre : *Parodie de l'arrêt du conseil du 2 avril 1735, qui supprime le mandement de M. de Saint-Papoul.* (S. l., 1735), in-4° de 4 pages.

[2] Du 24 avril.

[3] *Manifeste de mademoiselle Le Maure, pour faire part au public de ses sentiments sur l'Opéra, et des raisons qu'elle a de le quitter.* (S. l., 1735), in-4° de 3 pages. On se servit aussi du nom de cette actrice pour critiquer un mandement de M. de La Fare ; cette pièce est intitulée : *Lettre de mademoiselle Le Maure à monseigneur l'évesque de Laon*, etc. (S. l., 1735, in-4° de 3 pages.

[4] *Arrest de Momus qui ordonne la suppression d'un écrit qui a pour titre :* Manifeste de mademoiselle Le Maure. (S. l., 1735), in-4° de 4 pages.

[5] Louis-Philippe, né le 12 mai 1725.

M. de Balleroy, officier des gardes du corps, qui est de la famille de MM. de Caumartin et parent de M. d'Argenson, chancelier de M. le duc d'Orléans. On ne sait point la raison particulière de ce changement. Au surplus, le prince a conservé sept ou huit mille livres de pension à M. de Bombelles et à ses enfants. Il est maréchal de camp et il a été employé sur-le-champ à l'armée du Rhin. On croit que cela peut venir du côté de la cour, parce qu'il inspirait au jeune prince trop de grandeur et d'élévation dans les sentiments, et que, dans quelques années, ce prince commencera à représenter dans le monde. Mais le public a été fort surpris de ce changement, par l'estime qu'on avait pour M. de Bombelles.

— La princesse de Modène[1], sœur de M. le duc d'Orléans, est à Paris. Elle loge avec son mari dans un hôtel garni.

— M. Le Pelletier de Saint-Fargeau, fils de M. Le Pelletier Desforts, ci-devant contrôleur général des finances, a épousé mademoiselle d'Aligre. On dit qu'il aura la charge de président à mortier, que le président d'Aligre n'est pas capable d'exercer. Ce jeune homme est fils unique et aura un jour plus de cent vingt mille livres de rente.

— M. de Sénozan, fils du receveur général du clergé, qui était autrefois marchand de dentelles à Lyon, a épousé mademoiselle de Blancmesnil-Lamoignon, fille

---

[1] Charlotte-Aglaé, Mademoiselle de Valois, née le 22 octobre 1700, mariée le 21 juin 1720, à François-Marie d'Est, prince héréditaire, et duc de Modène le 26 octobre suivant. Voir, sur cette princesse, les *Notices sur les filles du Régent*, par Lémontey. *Revue rétrospective*, 1re série, t. I, p. 200.

du président à mortier, et sera un des particuliers les plus riches de Paris.

— Rien de stable dans ce bas monde! Le château de Madrid, dans le bois de Boulogne, la cour du château et les bâtiments qui y sont, ont toujours été du domaine dépendant du gouverneur du château et capitaine des chasses du bois, et étant dans son casuel.

Mademoiselle de Charolais, sœur de M. le Duc, a acquis de M. de Pezé, gouverneur et capitaine de Madrid et du bois de Boulogne, il y a près de deux ans, une maison, dans la cour du château, après la mort de la personne qui en jouissait. Comme elle est fort bien auprès du roi, elle a obtenu la distraction de sa maison, de la cour et des petits appartements qui y sont, dont le roi lui a fait don en propriété. De façon qu'une personne [1] et moi qui avons la jouissance, notre vie durant, de petits bâtiments dans la cour, par brevet du roi, moyennant finance donnée, nous dépendons à présent de mademoiselle de Charolais, et cela tombera dans son casuel après notre mort. C'est ainsi que tout change! Elle fait de cela sa principale demeure, comme étant entre Versailles et Paris, et elle s'y réjouit assez incognito. Dans les jours gras derniers, il y avait grande compagnie à souper, entre autres le comte de Coigny, fils du maréchal, que l'on dit être sur son compte. Après le souper elle renvoya tout le monde. Le petit duc de Nivernais [2], jeune homme de quinze ou seize ans, quittait la partie

---

[1] Hubert Huché. Voir la Notice sur E. J. F. Barbier, en tête du Ier vol., p. xvij.

[2] Louis-Jules-Barbon Mazarini Mancini, prince de Vergagne, etc., né en 1716, colonel du régiment de Limousin depuis 1734.

avec peine ; mais, obligé d'obéir, il se cacha derrière une portière et demeura témoin du tête-à-tête avec le comte de Coigny. Il a été réprimandé par la princesse, mais il s'est vengé par une chanson assez déshonorante, sur les appas cachés de la princesse[1].

Mai. — Le 1er de ce mois, on n'oublie point à Paris que c'est le jour de la mort du renommé M. Pâris, et, en conséquence, tous ses partisans se rendent affectueusement à Saint-Médard. Du côté de la police, on redouble ce jour-là d'exempts pour examiner les partisans et ce qui se passe. Comme on ne peut plus entrer dans le cimetière, la dévotion est à une chapelle qui est adossée à ce petit cimetière. On dit que le curé de Saint-Médard, grand moliniste, avait fait répandre de l'huile à terre pour gâter les habits de ceux et celles qui viendraient s'y mettre à genoux. Première impertinence. Dans le grand nombre d'assistants à cette chapelle, était M. de La Combe, avocat au parlement, qualité requise pour être janséniste. Le suisse, des exempts et autres, ont prétendu qu'il bouchait le passage de l'église. Peut-être s'était-il fait distinguer par trop de ferveur. On a voulu le faire ranger : obstination de sa part ; bruit, après quoi il a été poussé et gourmandé. Alors était dans l'église M. Pâris, conseiller au parlement, frère du bienheureux ; cela pouvait lui être permis, mais avec lui MM. Titon et

---

[1] Elle finissait ainsi :

    Deux mille à qui Coigny succède,
        Diront ici
    Ce qu'à la fée qui l'obsède
        Dit Tanzaï.

Tanzaï est un personnage du roman de *Tanzaï et Néadarné*, de Crébillon fils, qui avait paru l'année précédente, et pour lequel l'auteur fut enfermé à Vincennes.

Clément, aussi conseillers et grands partisans. Le dernier a voulu prendre le parti de l'avocat : il a réprimandé l'exempt avec autorité; il s'est nommé, mais malgré le respect dû à la magistrature, on dit qu'il a eu quelques coups de poing, aussi bien que M. de La Combe que l'on voulait emmener en prison. Cela a causé un grand tapage et scandale. De là, plainte rendue par le sieur de La Combe; requête présentée à MM. du parlement; information, mais l'affaire en est restée là par ordre supérieur. C'est toujours ce qui arrive. Aussi quelle affectation à ces conseillers au parlement de se donner là en spectacle !

— M. Languet, archevêque de Sens, a donné différents mandements pour montrer la fausseté des prétendus miracles de M. Pâris, quoique ces miracles soient autorisés par plusieurs curés de Paris et appuyés par la crédulité du public, ce qui est la condition essentielle en fait de miracles. Cela a déplu, et, le 5 de ce mois, vingt-trois curés de Paris ont présenté au parlement une requête d'appel comme d'abus[1] de l'Instruction pastorale, sur l'autorité d'une consultation de dix avocats fameux; mais cette requête n'a point eu de suite, et elle est restée entre les mains des gens du roi.

— M. de Saint-Albin qui, comme fils de M. le duc d'Orléans, régent, a les mains longues, n'est pas resté

---

[1] *Requeste présentée au parlement par vingt-trois curés de la ville, faux-bourgs et banlieue de Paris, contre l'Instruction pastorale de M. Languet, archevêque de Sens, imprimée en* 1734, *au sujet des miracles opérés par l'intercession de M. de Pâris.* (Paris), Lottin (1735), in-4° de 41 pages. Cette Requête, signée De Fresne, procureur, était accompagnée d'une *Consultation,* signée de MM. Le Roy, Le Roy de Vallières, de La Vigne, Duhamel, Prévost, Guillet de Blaru, Pothouin, Visinier, Aubry et Le Roy fils.

en chemin, et a fait donner un vilain soufflet à MM. du parlement, à propos de leur arrêt du 18 février[1]. Cet archevêque et la Sorbonne ont présenté au roi des Mémoires et leurs plaintes sur cet arrêt. Ils traitent à fond ces questions, et font connaître l'incompétence du parlement pour connaître de ces matières. Par arrêt du conseil, du 10 de ce mois, le roi a remis l'Instruction pastorale et la thèse dans le même état où ils étaient avant l'arrêt, etc. Comme cet arrêt a été imprimé avec les Mémoires[2], cela a piqué le parlement qui s'est assemblé, et a arrêté qu'on ferait des remontrances; mais les vacances ont tout suspendu. En tout cas, c'est se donner bien du mouvement pour rien. Ils seront continuellement barrés par le conseil et le ministère qui ont la supériorité et la force. Ce sont de vaines protestations pour la conservation d'une autorité imaginaire, et d'un prétendu droit de se mêler des affaires publiques et politiques, qu'ils ne peuvent jamais avoir qu'autant que le maître veut bien le leur permettre.

— Querelle entre le parlement et les avocats. Ceux-ci, qui ne veulent plus céder à qui que ce soit, prétendent que quand MM. les avocats généraux parlent pour le roi ou pour le procureur général, en son nom, il ne doit plus y avoir de distinction entre eux : que non-seulement l'avocat général appelant ou opposant doit parler le premier, ce qui s'observe effectivement, mais qu'ils doivent être en même place et de niveau.

Comme il n'y a point de banc particulier, à la cin-

[1] Voir ci-dessus, p. 80.
[2] Paris, de l'imprimerie royale, 1735, in-4° de 8 et 32 pages.

quième chambre des enquêtes, pour MM. les gens du roi, quand ils y viennent, on leur a permis de s'asseoir après le dernier conseiller. M. Le Roy, avocat, ne trouvant pas bon que M. Joly de Fleury[1], fils du procureur général, plaidât dans l'enceinte du barreau tandis qu'il était en dehors, s'était glissé, pendant une audience, et était entré, en plaidant, dans l'enceinte. L'avocat général a fait apparemment ses remontrances, et il a été arrêté, à la chambre, qu'on ferait plaider l'avocat à sa place ordinaire. Le 25, jour de la dernière audience, M. le procureur général étant opposant à un arrêt passé de concert dans une affaire de simonie, M. Le Roy trouva la barre[2] mise quand il voulut entrer, et un huissier qui l'empêcha de passer. L'avocat général parlait. M. Le Roy fit sa plainte et se retira. Il alla tout de suite dans la grande salle assembler les avocats qui y étaient. Là, il fut délibéré qu'on ne plaiderait ni n'écrirait plus à la cinquième chambre, et qu'on ne communiquerait plus au parquet que dans certaines affaires.

On dit que les quatre autres chambres s'unissent et prennent le parti de la cinquième, comme cela est juste. Les avocats prétendent être fondés en usage, ce qui cependant paraît extraordinaire, en ce que l'avocat général est un magistrat de grande distinction qui ne peut jamais être regardé véritablement comme avocat de parties. C'est toujours comme chargés d'un ministère public et en vertu de leurs charges; en sorte que, quand ils conserveraient la distinction qui est

---

[1] Avocat général.

[2] L'enceinte particulière réservée aux juges est ordinairement fermée par une *barre*.

entre eux et les avocats, il n'y aurait rien de bien surprenant. En tous cas, la cour ne doit pas être fâchée, dans les circonstances présentes, de voir cette désunion.

— Il y a toujours des oisifs qui font leur occupation de critiquer les gens en place. Il court, dans le public, un écrit intitulé : *Rapsodies gauloises*[1].

Juin. — L'archevêque de Cambrai, après avoir obtenu l'arrêt du conseil du 10 mai, n'a eu rien de plus pressé que d'apprendre à ses diocésains son petit triomphe. Dans une *Lettre pastorale*[2], qui est parvenue jusqu'à Paris, il dit qu'il a eu l'honneur de présenter un mémoire à *Sa Majesté très-chrétienne*, au sujet de l'arrêt du parlement du 18 février, etc.

— Le parlement a saisi cette occasion pour se venger de l'archevêque de Cambrai. Il s'est fait dénoncer cette seconde lettre-pastorale, et, sur le discours de MM. les gens du roi, par arrêt du 13 juin, il l'a supprimée. L'arrêt fait défense à l'archevêque d'ajouter au nom du roi, le surnom de très-chrétien, dans ses lettres pastorales et mandements; lui enjoint de parler dudit seigneur roi dans les termes qu'il convient à des sujets de parler de leur souverain seigneur; lui fait pareillement défense de prendre dans aucun acte la qualité de pair de France, comme n'ayant point été reçu en cette qualité, office et dignité.

Pour le coup, voici une vraie querelle d'Allemand; aussi le discours de l'avocat général, pour critiquer

---

[1] RAPSODIES. *Livres imprimés à Utrecht, en l'année* 1735, *composés d'écrits de différents auteurs sur différentes matières, divisés en chapitres.* Ce sont des titres d'ouvrages qui forment un contraste satirique avec des noms de personnages.

[2] Douay, de l'impr. de J. F. Willerval (1735), in-4° de 4 pages.

cette lettre pastorale, est-il un bon galimatias. Dans sa lettre, l'archevêque dit une fois *Sa Majesté très-chrétienne*, une autre fois *le roi très-chrétien*, et il se sert, dans six autres phrases, des termes de *Sa Majesté* ou *du roi* tout simplement. Deux réponses à l'arrêt : Cambrai dépend à la vérité du roi, et, par conséquent, l'archevêque est nommé par lui; mais le diocèse est partagé entre l'empereur et le roi[1], en sorte que l'archevêque parle à différents peuples. Il peut donc, mieux qu'un autre, sans blesser le respect qu'il doit à son souverain, se servir du mot de *roi très-chrétien* pour instruire les sujets de l'empereur qu'il parle du roi de France. Dans le surplus de son discours, on voit assez qu'il parle comme sujet de ce dernier, en disant toujours le roi, Sa Majesté. En second lieu, un archevêque, dans un ouvrage qui n'a trait qu'au spirituel et à la religion, est plus en droit qu'un autre de dire le roi très-chrétien. Il compte même lui donner un éloge et une qualité au-dessus du nom de roi. En un mot, en lisant la lettre pastorale, je n'y trouve rien qui mérite cette censure, et quand un parlement comme celui de Paris ordonne une suppression, il faut qu'elle soit fondée, autrement cela dégénère en petitesse.

A l'égard de la défense de prendre le titre de pair de France, ce qui a été fait sans réquisitoire des gens du roi, c'est une autre matière. L'abbé de Saint-Albin, fils naturel de M. le duc d'Orléans, régent[2], a été évêque de Laon, et, en cette qualité, second pair de

---

[1] L'archevêché de Cambrai, créé en 1557, avait pour suffragants les évêchés d'Arras, Saint-Omer, Tournai et Namur, dont les deux derniers faisaient partie des Pays-Bas.

[2] Voir t. I, p. 141.

de France. Il est vrai que par quelque défaut de formalité, que l'on doit trouver dans ces mémoires[1], il n'a pas été reçu au parlement ; mais il n'était pas moins de droit, par son titre, pair de France, et quand il a été nommé à l'archevêché de Cambrai, il a eu un brevet du roi pour conserver les titres, honneurs et prérogatives de pair, brevet qui a été accordé à plusieurs autres qui jouissent actuellement des honneurs. C'est donc une question de savoir si, quand le roi a accordé à cet archevêque le droit de retenir le titre et les honneurs de pair, le parlement a le pouvoir de l'en priver, parce qu'il n'a pas été reçu au parlement. Celui-ci voudrait être ce qu'il était dans l'origine de l'assemblée des grands du royaume ; mais les temps sont bien changés, ainsi que les usages. Il faut s'attendre, au reste, que l'affaire n'en restera pas là. Quoique M. de Saint-Albin n'ait pas pu être reconnu par le régent dans les formes ordinaires, cela fait toujours un gros seigneur. M. le duc d'Orléans le reconnaît pour son frère, et lui a permis de mettre sur ses armes l'écusson d'Orléans.

— Au sujet du premier arrêt du 18 février, contre l'archevêque de Cambrai, Rome, animal redoutable, a été instruite des faits, et l'arrêt a été cassé et annulé par un bref du 18 mai[2], avec défense de le lire sous peine d'excommunication. Ce bref a été publié à Rome seulement ; mais il en est arrivé ici quelque exemplaire, qui a été dénoncé au parlement, et, par arrêt de la cour

---

[1] Barbier en a effectivement fait mention. Voir t. I, p. 190.

[2] Réimprimé en France, avec traduction en regard du texte, sous ce titre : *Bulle de notre très-saint-père le pape Clément XII, portant révocation et annulation des ordonnances....* A Rome, de l'imprimerie de la Chambre Apostolique, 1735, in-4° de 4 pages.

du 17 juin, il a été dit qu'il y avait abus dans ce bref, etc. Ainsi, nouvelle matière à dispute.

— La matière des convulsions ne finira pas sitôt. Une fille nommée Charlotte de La Porte, accusée d'imposture, avait été décrétée de prise de corps, dans la dernière recherche du parlement, au sujet des convulsions, et renfermée à la Salpêtrière. Elle a présenté une Requête[1] pour être visitée par des médecins et chirurgiens, afin de justifier le changement qu'il y a eu dans la conformation de son corps, eu égard aux certificats de médecins qu'elle rapporte, touchant l'état où elle était il y a trois ans : lesdits certificats contrôlés dans ce temps-là. Cette requête est accompagnée de la Consultation de douze avocats.

Juillet. — L'affaire des avocats avec la cinquième chambre des enquêtes a eu des suites. Toutes les autres chambres se sont jointes à celle-ci, d'autant plus volontiers que la cour est indisposée contre les avocats, à cause de leur hauteur. Comme il a transpiré que l'on voulait faire et tenter quelque chose, M. Le Normand, avocat, soupa chez M. le premier président, le 3 de ce mois, et prit apparemment sur lui d'arranger ce différend. Le lundi, 4, il alla prendre un défaut à la cinquième chambre avec trois autres avocats. Ceux-ci disent avoir été surpris par Le Normand, qui leur assura que l'affaire était accommodée. Cette démarche ayant été faite sans en communiquer à qui que ce soit, a été

---

[1] *Requeste présentée au parlement par Charlotte de La Porte, dont les jambes et les pieds ont grandi et se sont formés, après l'âge de cinquante ans, dans le cours de ses convulsions, accusée d'imposture, décrétée de prise de corps, et renfermée à la Salpêtrière.* (Paris), Lottin, 1735, in-4° de 12 pages.

désapprouvée par l'Ordre qui l'a désavouée, et il a été arrêté de nouveau qu'on ne devait point aller à la cinquième chambre. Le Normand a fait ce pas dans un bon dessein ; mais, à dire vrai, il y a de la présomption à lui. C'est se regarder comme ayant le droit de décider du sort des avocats, que de penser qu'en allant plaider à la cinquième chambre, aucun de ses confrères ne devait faire difficulté d'y aller.

Cette démarche a tout gâté, car le parlement s'est piqué de ce dernier parti, dans un temps où les choses pouvaient se concilier. M. de La Garde, premier président de la cinquième chambre des enquêtes, a donné, au parlement, un Mémoire très-vif contre les avocats, où il prétend que ces derniers, ne faisant qu'une même communauté avec les procureurs[1], ne peuvent point faire d'assemblées particulières entre eux, mais seulement en corps de communauté. Après plusieurs autres observations, car on dit le Mémoire assez long, il conclut à ce que le bâtonnier et six anciens avocats soient mandés, les chambres assemblées, ensemble les avocats généraux, pour, après avoir été entendus, eux retirés, être prises par MM. les gens du roi, telles conclusions qu'ils aviseront, puis ensuite être ordonné ce que de raison.

Vendredi, 8, ce Mémoire a été examiné par les chambres assemblées, qui ont continué l'assemblée à

---

[1] Les avocats et les procureurs formaient une sorte d'association désignée sous le nom de *Communauté des avocats et procureurs de la cour*, c'est-à-dire *du parlement*, dont le but était de maintenir une bonne discipline par rapport à l'exercice de leurs fonctions. Le bâtonnier des avocats avait la présidence de cette *Communauté*, qu'il ne faut pas confondre avec la *Communauté des procureurs*, ou assemblée des *procureurs de communauté*. Voir t. I, p. 60.

mardi, 12, et ont mandé le bâtonnier, six anciens avocats et les gens du roi.

Les avocats ayant eu avis de ce qui s'était passé, se sont réunis et ont indiqué une assemblée générale pour le samedi matin, 9; on s'est donc assemblé, dans la chambre des consultations, très-tumultueusement. Cela est difficile autrement, dans le concours de quatre cents individus dont il y en a une douzaine de vifs et emportés qui parlent et crient toujours, et qui, à la fin, entraînent à leur sentiment. Le mot de *mandé* a d'abord choqué, mais mal à propos, car c'est le terme dont se sert le parlement. Il mande le procureur général, le prévôt des marchands, le lieutenant général de police, etc. Les avocats ont bien senti que cette comparution en présence de leurs parties, qui sont MM. de la cinquième et MM. les gens du roi, commencerait par une réprimande sur leur conduite. Ils ont compris aussi que cette comparution tendait à faire un règlement contradictoire, ce qui ne leur convient pas, n'en ayant point besoin. Pour éviter tous ces inconvénients, il a été résolu de quitter et cesser généralement les fonctions d'avocat. Quelques-uns étaient d'avis de remettre à lundi prochain, 11, pour prendre ce parti, dans l'espérance de quelque conciliation. D'autres ont observé qu'il pourrait venir un arrêt du conseil qui enjoindrait de plaider à la cinquième, à peine de désobéissance. Enfin, la plus grande partie a été d'avis de faire de suite l'abdication de la qualité d'avocat. On voulait d'abord porter les matricules[1] au greffe, mais on a jugé cela inutile. C'est bon

---

[1] Registres où l'on inscrivait les noms des avocats reçus dans l'Ordre.

pour des provisions¹. Au lieu de cela, en sortant de la chambre des consultations, tous les avocats, le bâtonnier en tête, ont été, à onze heures, chez M. le premier président, l'assurer de leurs respects, et lui déclarer que ne pouvant pas honorablement acquiescer à l'arrêté de la cour, ils avaient pris le parti de se retirer et de cesser leurs fonctions. M. le premier président ne s'attendait pas à ce compliment. Il leur a répondu que cela était fort triste, qu'ils étaient gens sensés, et qu'ils devaient avoir pensé à cette démarche; qu'il n'était maître de rien, les chambres étant assemblées; qu'au surplus, on avait négligé ses bons offices et ses entremises. On est sorti, et, comme la queue a été obligée de sortir pour faire place, il a chargé un jeune avocat d'avertir tous ces Messieurs qu'il les reconduisait. Dans la cour, chacun a pris son chemin sans remonter dans le palais.

Il est vrai que M. le premier président avait offert ses entremises à M. Le Poupet, bâtonnier, et que des esprits turbulents ont empêché ce dernier d'aller chez M. Portail. En général, dans le corps, plusieurs sont jaloux de la réputation de Le Normand et de la figure qu'il fait dans le monde. D'autres, qui ne sont pas dans un emploi éclatant, se flattent, en brouillant tout et se faisant chefs de parti, de se faire connaître; plusieurs aussi ont la tête si échauffée de jansénisme, que tout ce qui tend à la rébellion, au désordre, au mouvement, les flatte et est de leur goût. M. Duhamel, qui est le premier consultant et homme infiniment sage, ne se connaît plus. Tels sont encore MM. Le Roy,

---

¹ Lettres de chancellerie, sans lesquelles on ne pouvait pas être reçu dans les charges de judicature, de finances et autres.

Visinier, Pothouin, Prévost, Blaru et autres, et toutes ces sortes d'esprits rassemblés, agissant par différents motifs, font toujours prendre au corps un parti violent. Celui-ci a été regardé comme tel par bien des gens. Peut-être que, mardi, le parlement n'eût point pris le ton si haut, et en tout cas, si l'on n'avait point été content de l'arrêté, il aurait toujours été temps de se retirer. Toutes les audiences cessent en même temps, au parlement, au grand conseil, au Châtelet. Le parlement est très-piqué, et il perdrait beaucoup de son autorité s'il allait au-devant d'un accommodement.

— Chacun donc s'étant retiré chez soi, le samedi et le dimanche se sont passés en conciliabules. Les gens du roi se rendirent, le dimanche soir, chez le premier président, où tous les présidents des enquêtes étaient réunis. Ils étaient bien dans la résolution de ne pas reculer, et ils avaient préparé leur arrêt pour mardi, pour tous les cas qui pourraient arriver. D'un autre côté, Pothouin et Visinier, qui avaient vu plusieurs conseillers et présidents, ont fait entendre qu'ils avaient parole que, pour peu qu'on rentrât lundi dans toutes les fonctions, et même à la cinquième où c'était jour d'audience, le bâtonnier ne serait point obligé de se rendre à la grand'chambre; qu'il ne serait plus question de l'arrêté du 8, et qu'en cas qu'il y eût assemblée des chambres mardi, l'Ordre serait content. Ces deux avocats avaient même employé le nom de M. le président Le Peletier[1], comme leur ayant donné

---

[1] Il y avait alors, dans le parlement, deux présidents de ce nom : Jacques-Louis Le Peletier de Montmelliant, président de la deuxième chambre des enquêtes, et Louis Le Peletier, président à mortier, qui devint premier président l'année suivante. C'est sans doute ce dernier,

parole pour toutes les suites de cette affaire, ce qui n'était pas et ne pouvait pas être. M. Le Peletier est rempli de bons sentiments pour les avocats, mais il est trop sage pour donner des paroles dont il n'était pas le maître, ne pouvant pas répondre des opinions de cent cinquante conseillers des enquêtes qui étaient les plus animés, depuis longtemps, contre les avocats.

Cependant, sur la foi de Pothouin et Visinier, le bâtonnier et plusieurs avocats se rassemblent chez M. Duhamel. Là, ils se déterminent et font prendre le parti, à tous les avocats, de rentrer lundi. Je suis fort étonné d'apprendre, le matin, qu'on plaide dans tout le palais, et même à la cinquième des enquêtes. M. Le Roy, le jeune, qui était la cause de toute cette brouillerie, par la dispute qu'il avait eue contre la cinquième chambre, y prit lui-même un défaut, accompagné de grand nombre d'avocats. En sorte que la plainte faite à l'assemblée des chambres du 8, par la cinquième des enquêtes, ayant été sur ce que les avocats n'y plaidaient plus, c'était une entière satisfaction, et bien plus grande que si on avait continué d'y plaider après la démarche de M. Le Normand.

Mardi, 12, tout le monde alla au palais. L'assemblée des chambres se tint, et le bâtonnier et les six anciens avocats ne se présentèrent pas, comme cela était convenu la veille. L'assemblée finit à dix heures et demie. La curiosité fut générale pour savoir ce qui avait été fait, et la grande salle était pleine de monde. On nous apporta, de plusieurs côtés, la copie de l'arrêt

---

que sa compagnie avait en grande estime, comme on le verra plus loin (février 1737), dont il est ici question.

en ces termes : « La cour, attendu le rétablissement du service dans son intégrité, et la soumission des avocats, le bâtonnier et six avocats s'étant rendus aux ordres de la cour, les a dispensés d'être entendus en exécution de l'arrêt du 8 de ce mois. Fait en parlement, le 12 juillet 1735. »

La consternation des avocats fut générale, à cause des termes de soumission, d'autant que le fait n'était pas vrai, et que le bâtonnier et les avocats ne s'étaient pas présentés. On dit même qu'il y avait eu des avis plus rudes, de les mander effectivement et d'envoyer voir au greffe s'ils y étaient; mais les plus modérés furent d'avis de supposer qu'ils l'avaient fait.

Il faut dire la vérité : ce coup de patte qui rabaisse un peu la fierté des avocats, que l'on appelle *Corps glorieux*, n'a point fâché le public; surtout les procureurs au parlement qui s'en plaignent extraordinairement, se trouvant souvent traités durement par des avocats médiocres qui ont été leurs clercs.

— A midi, chacun s'en retourna dîner. L'après-midi, il y eut grande assemblée à la bibliothèque des avocats, et avec beaucoup de tumulte. Il y avait deux cents jeunes gens que l'on ne connaissait pas, qui ne cherchent que le trouble, parce qu'ils n'ont rien à risquer, ni état à perdre. Les mêmes personnes qui avaient engagé dans ce mauvais pas, par leurs conseils imprudents et violents, qui sont pourtant les anciens, et des meilleurs consultants, savoir : MM. Le Poupet, bâtonnier, Duhamel, de La Vigne, Le Roy, Pothouin et Visinier, étaient d'avis de quitter tout à fait. En disant cela, ils étaient applaudis par les claquements de mains de la nombreuse jeunesse; et, quand quelque autre pensait autrement, il était presque hué. Cela engagea plusieurs gens sages et modérés à se retirer chez M. Julien de Prunay, qui suit les anciens et qui est très-habile homme, pour pouvoir, du moins, s'entendre; et, toutes les raisons bien pesées, ceux-ci furent d'avis d'aller le lendemain au palais et de continuer le service.

D'autres s'étaient retirés de même, en petit nombre, chez M. Duhamel, et on nomma six commissaires de chaque côté, pour discuter les raisons. Ceux de la bande de M. Julien de Prunay allèrent, à dix heures du soir, chez M. Duhamel; ils y restèrent jusqu'à deux heures après minuit, et se séparèrent de différents avis.

— Le lendemain, 13, sachant ceux qui étaient du parti de continuer, j'y ai été, comme étant le parti le plus sage. Ce sont MM. Julien de Prunay, Cochin, Le Normand, Aubry, Huart, Bellanger, Pillon, Ambroise Guérin, qui doit être bâtonnier l'année prochaine, et plusieurs autres, tous de grande distinction dans l'Ordre. L'après-midi, nous nous assemblâmes chez M. Julien de Prunay, et Aubry rendit compte de tout ce qui s'était passé, la veille, chez M. Duhamel. Au nombre de soixante-douze, on fut d'avis de continuer le service, quelque parti que voulussent prendre les autres, et de tâcher de les amener à l'unanimité, pour éviter la division du corps, que l'on regardait comme un très-grand mal. Les mêmes commissaires furent chargés de retourner chez M. Duhamel, pour apprendre notre résolution à ceux du parti contraire qui y étaient assemblés.

Il n'y a personne qui n'ait senti et ne soit convenu que l'arrêt est déshonorant; qu'il y a du faux, de la perfidie, de l'ingratitude même, de la part des enquêtes; que l'indépendance de l'Ordre est entamée : mais, d'un autre côté, on a considéré qu'on s'est très-imprudemment conduit dans cette affaire; qu'ayant quitté samedi, sans savoir ce dont il serait question à l'assemblée des chambres, et étant rentré lundi, par les conseils de trois ou quatre personnes, sans savoir pourquoi et sans aucune assurance, il serait, après cela, ridicule de quitter encore le mercredi, sans savoir comment on en sortirait. Il est certain que le parlement ne pourrait pas se rétracter sans avilir son autorité; ainsi il faudrait prendre le parti de se retirer pour toujours, ce qui n'est pas proposable dans une compagnie où la plupart sont dans un âge à ne pouvoir prendre une autre profession, et qui ont besoin de leur état, soit pour soutenir la dépense dans laquelle ils se sont engagés, soit même pour subsister; en sorte que, dans six mois, une partie se serait détachée et aurait repris la plaidoirie. Enfin, il faut dire aussi que, dans la division qui est aujourd'hui dans l'Ordre, la raison intérieure de ceux qui sont à la tête du parti de M. Julien de Prunay, est de faire tête aux autres, et de sortir de la domination de MM. Duhamel, Le Roy, Pothouin, Visinier, Prévost et autres, grands jansénistes, qui s'étaient mis sur le pied de régler tout; par l'avis desquels on passait par docilité, d'autant que ce sont d'habiles gens, et qui nous ont fait faire beaucoup de sottises. Leur cabale allait même jusqu'à se renvoyer entre eux les affaires, les consultations, les arbitrages et à enlever la besogne aux autres. Voilà le motif de ceux du second âge, qui sont gens sensés et qui tiennent le premier rang dans le barreau.

— Mercredi, 13, et jeudi, 14, les commissaires *ju-*

liénistes ont eu de grandes conférences avec ceux de l'autre parti, et vendredi, 15, nous nous assemblâmes de nouveau chez M. Julien de Prunay. Les commissaires nous rendirent compte de leurs démarches et de tous les efforts qu'ils avaient faits pour ramener les autres. Ils dirent même que M. Cochin s'était surpassé en éloquence, mais qu'ils n'avaient rien pu gagner. Les autres sont inflexibles, et ne veulent point rentrer que l'on n'ait obtenu quelque adoucissement à l'arrêt du 12. Sur quoi, il fut déterminé qu'il n'y aurait plus, de notre part, de conférences de commissaires, et que, la semaine prochaine, on prendrait, aux audiences, les avantages contre les défaillants; car, quoiqu'on aille au palais, le service ne se fait pas. Tout se passe, aux audiences, en remises. Les présidents n'osent point encore prononcer de déboutés d'opposition, qui sont de grande conséquence pour les parties très-innocentes. Mais aussi, à la fin, le parlement pourrait s'impatienter de ce que cette division dure trop longtemps.

— Quoiqu'il ne soit question, dans les conférences, que d'amour pour ses confrères, de douleur, dans le cœur, de la désunion, il faut dire qu'intérieurement il n'y en a guère qui ne fût charmé que cela durât. Chacun y gagnerait considérablement dans son emploi, surtout pour la consultation, tous les anciens s'étant retirés; mais il faudra bien que cela prenne fin, et, au fond, tous ces anciens-là seraient bien fâchés de ne pas travailler et de ne pas gagner des écus.

— Depuis le 15, il n'y a eu, de la part des rentrants, que des visites et des exhortations particulières. Les autres se sont toujours assemblés, ont persisté dans leur refus et ont renvoyé leurs sacs chez les procureurs. Mais aucun des travaillants n'a voulu se charger des affaires dont étaient chargés ci-devant leurs confrères. Ces procédés généreux ont encore duré une semaine, pendant lequel temps on a fait de son mieux pour remplir les audiences de causes contradictoires, et enfin, par amitié pour leurs confrères, par envie de travailler, par l'impossibilité de réussir dans leur parti, M. Duhamel, le bâtonnier et tous les anciens consultants ont promis de rentrer demain samedi, 23, ce qui entraîne la jeunesse.

— La plus grande partie de ces Messieurs est rentrée au palais, les uns d'un côté, les autres de l'autre, comme à l'ordinaire; on s'est embrassé, mais il y aura toujours du fiel entre les chefs des deux partis. Le vrai de ceci, est que Le Normand a été piqué de ce que, malgré la démarche qu'il avait faite d'aller plaider à la cinquième chambre, on ait été d'avis de ne pas continuer d'y plaider, c'est-à-dire MM. Le Roy, Pothouin, etc. Jusque-là qu'ils ont voulu tenter de supplanter Le Normand, par jalousie de son emploi, et qu'il a été obligé, pour les contenter, d'aller avec Griffon, jeune avocat qui l'avait accompagné à la cinquième chambre des enquêtes, faire une espèce de satisfaction au bâtonnier. Le Normand, voyant que ces gens-ci avaient occasionné tant de sottises en se rendant maîtres de l'Ordre, a formé une cabale pour continuer de travailler malgré les autres. Cette division ne s'oubliera point et fera sûrement, par la suite, grand tort à l'Ordre, quand il voudra soutenir ses prétendus droits d'indépendance.

— Ce qu'il y a de plus chagrinant, c'est que cette

histoire a fait la risée du public; cela a donné lieu à des imprimés infâmes et méprisants, jusqu'à une alliance entre l'Ordre des décrotteurs¹ et celui des avocats, comme Ordres libres, des calottes et des chansons. Voilà bien le public! Quand tous les avocats ont cessé leur travail avec le parlement, ils ont été exaltés, parce qu'ils défendaient la cause du jansénisme et les miracles de M. Pâris, chose qui, au fond, ne méritait pas la moindre attention de la part d'un avocat, en tant qu'homme savant et d'esprit. Mais cela était beau, parce que tout le public est janséniste, sans savoir pourquoi. Aujourd'hui que les avocats sont, en quelque façon, maltraités par le parlement, le public en est charmé, parce que cela ne le regarde plus².

ANNÉE 1737³.

Janvier. — Le roi, pour donner les étrennes à son peuple, a rendu un arrêt du conseil, le 1ᵉʳ de ce mois,

---

¹ *Requeste présentée aux avocats par les décroteurs pour demander la réunion des deux Ordres*, signée TROUSSE-PET, bâtonnier de l'Ordre des décroteurs et ramoneurs. (Paris, 1735), in-4° de 4 pages. Nous signalerons encore un *Arrest de la Basoche, en faveur des avocats du parlement de Paris*, signé LA BUVETTE. (Paris, 1735), in-4° de 3 pages, réimprimé à la suite de la *Requeste*; et un *Brevet du Régiment de la Calotte, en faveur des avocats du parlement de Paris*. (Paris, 1735), in-4° de 4 pages.

² Le *Journal de Barbier* s'arrête ici, pour l'année 1735. L'auteur fait seulement mention, à la date du mois de novembre, de la mort de son père et de l'éloge qui a été fait de cet avocat, à la rentrée du parlement, par le premier président Portail. Ce passage étant inséré dans la *Notice sur Barbier*, en tête du premier volume, page x, il était inutile de le reproduire ici.

³ Le manuscrit présente une lacune pour l'année 1736 tout entière, car il ne faut pas tenir compte de quatre pages, dans lesquelles Barbier a con-

par lequel il déclare que le dixième imposé sur les biens¹ n'aura plus lieu à compter du 1ᵉʳ janvier, quoique la paix ne soit pas publiée². Il était dit, en effet, dans la déclaration qui a établi le dixième, que celui-ci cesserait trois mois après la publication de la paix. Il devrait y avoir, pour la suppression, une déclaration enregistrée au parlement; mais apparemment qu'on n'a pas voulu la rendre que la paix ne fût généralement publiée, et elle ne peut l'être que quand les Espagnols auront entièrement évacué la Toscane, etc.

— Depuis un an et plus que nous avons abandonné l'Italie à l'empereur, et qu'on a cessé la campagne en Allemagne, il a paru étonnant que la retraite des Espagnols, pour évacuer la Toscane, ait été si longue et si difficile : on vient d'en savoir la cause, car l'empereur et le cardinal agissaient de bonne foi, avec les Anglais et les Hollandais, pour exécuter toutes les conditions de la paix.

---

signé les bruits qui circulaient et les suppositions auxquelles on se livrait, dans le public, touchant la paix qu'on annonçait être conclue, et qui le fut en effet dans le courant de l'année.

¹ Suivant la déclaration enregistrée au parlement le 22 décembre 1733. Voir ci-dessus, p. 31.

² Les principales conditions de cette paix étaient : 1° l'abdication de Stanislas qui conserverait cependant, sa vie durant, le titre de roi de Pologne, et serait mis en possession des duchés de Bar et de Lorraine : ceux-ci, après lui, devaient faire retour à la France; 2° la cession du grand-duché de Toscane à la maison de Lorraine : à ces conditions, l'électeur de Saxe restait en possession du trône de Pologne; 3° la reconnaissance de don Carlos comme roi de Naples et de Sicile; 4° la cession du Milanais au roi de Sardaigne; 5° l'abandon des duchés de Parme et de Plaisance à l'empereur; 6° enfin, la garantie à ce dernier, par la France, de l'exécution de la pragmatique sanction de 1713.

M. Patiño, premier ministre d'Espagne, est mort le mois dernier[1]. Il était frère du marquis de Castelar, qui était ici ambassadeur d'Espagne. Il avait été jésuite. C'était un homme d'un génie supérieur, qui avait des vues, des projets, et dont la politique était d'éloigner la conclusion de la paix. Il avait mis dans son parti M. Chauvelin, garde des sceaux, qui a toujours eu son intérêt particulier de faire durer la guerre pour, au défaut du cardinal, être l'homme nécessaire, continuer de travailler avec le roi, et occuper la première place du ministère. On dit que M. Walpole[2], ambassadeur d'Angleterre en Hollande, grand politique, s'est méfié de cette intelligence secrète, et qu'après la mort de M. Patiño, il a fait voler la cassette de M. de Vaugrenant[3], notre ambassadeur en Espagne, laquelle était dans son cabinet. Dans cette cassette étaient nonseulement ses papiers et les instructions qu'il recevait directement de M. Chauvelin, mais il y avait aussi ses diamants. On prétend qu'après ce vol, M. de Vaugrenant a reçu une lettre anonyme qui l'assurait qu'il pouvait être tranquille sur ses diamants, qu'il n'en perdrait pas un, et qu'on a fait dire la même chose au cardinal de Fleury, à l'égard des papiers. M. Walpole a fait usage de ceux-ci pour informer l'empereur et M. le cardinal de Fleury qu'on les trompait dans leurs opérations. Il est certain que M. Patiño, avant de mourir, a fait venir le roi et la reine d'Espagne dans sa chambre, et qu'il leur a dit : « Monsieur et Madame,

---

[1] Don Joseph Patiño était mort le 3 novembre 1736, à l'âge de soixante-dix ans.
[2] Horace Walpole, frère de Robert.
[3] Le comte de Vaugrenant, ambassadeur extraordinaire.

je n'ai point d'autre conseil à vous donner que de faire présentement la paix telle qu'elle est arrêtée. J'avais d'autres desseins; mais moi mort, tout est mort, et personne ici n'est capable d'exécuter mes projets. » En effet, on a distribué, depuis sa mort, à quatre secrétaires d'État, tous les départements qu'il remplissait seul. Ç'a été une grande perte pour la reine d'Espagne, dont l'ambition ne pouvait être remplie que par ce ministre. Aussi, depuis ce temps, se dispose-t-on sérieusement à évacuer la Toscane; et, ici, on va travailler à une grande réforme dans nos troupes, ce qui est la preuve d'une paix assurée.

— Cette affaire a été approfondie sur ce que depuis trois semaines on parle fort mal du garde des sceaux : en cour, on l'a regardé comme devant être disgracié. Des gens disent qu'on a entendu le cardinal lui dire : « Monsieur, la mesure est comble! » C'est M. Orry, contrôleur général, qui a été fait ministre d'État à la place de M. le duc d'Antin[1], qui a toute la confiance du cardinal. Cependant il n'y a point encore de changement par rapport au garde des sceaux, qui est toujours en place; mais il y a tout à craindre pour lui. On voit, par les bruits qui ont couru sur son compte, qu'il a beaucoup d'ennemis. On dit qu'il est fort haut, et qu'il ne tient parole à qui que ce soit pour ce qu'il promet.

— Il a paru, au commencement de ce mois, un almanach appelé du *Diable*[2]. Il a été vendu vingt-quatre

---

[1] Orry de Vignory (voir t. Ier, p. 304). Le duc d'Antin était mort le 2 novembre 1736.

[2] *Almanach du Diable, contenant des prédictions très-curieuses et absolument infaillibles pour l'année* 1737. L'auteur était un abbé Quesnel, qui

sous, au concert spirituel du jour de Noël; ensuite trois livres, à l'Opéra, et après, étant très-fort défendu, il a coûté jusqu'à douze et quinze livres. Ce sont de petits morceaux en vers, par mois, de ce qui est arrivé l'année dernière. M. Hérault y est assez maltraité; M. de La Fare, évêque de Laon; madame d'Orléans, abbesse de Chelles, que l'on dit avoir fait un petit poupon; des brocards sur la constitution. Le tout ensemble ne vaut pas grand'chose, mais on en cherche fort l'auteur, qui ne passerait pas bien son temps.

— Le roi de Sardaigne épouse Élisabeth de Lorraine, sœur aînée du duc[1]. Son mariage a été déclaré au roi par son ambassadeur. La duchesse de Lorraine conduit sa fille à Turin, en sorte que le roi Stanislas partira au printemps pour aller à Lunéville, faire sa résidence. M. Chaumont de La Galaizière, maître des requêtes, beau-frère de M. Orry, contrôleur général des finances, fils de M. et de madame Chaumont, qui ont fait une si grosse fortune au Système et qui étaient auparavant marchands de grains, est chancelier et garde des sceaux du duché de Lorraine et de Bar. Il part incessamment pour Nancy.

— Le public disait que M. le duc d'Orléans épou-

---

mourut à la Bastille. Voir, au sujet de cet almanach, les *Mélanges historiques* de Boisjourdain, t. III, p. 67.

[1] Élisabeth-Thérèse, née le 15 octobre 1711, fille de Léopold-Joseph-Charles-Dominique-Agapet-Hyacinthe, duc de Lorraine, et de Élisabeth-Charlotte, mademoiselle de Chartres, sœur du régent. Barbier se trompe en disant qu'elle était l'aînée de François-Étienne, son frère, dont il a déjà été parlé, t. I, p. 302; ce prince, qui avait épousé l'archiduchesse Marie-Thérèse-Walburge-Amélie-Christine d'Autriche, au mois de février précédent, et qui devint plus tard empereur sous le nom de François Ier, était né le 8 décembre 1708.

serait la seconde princesse de Lorraine[1], qui est une des plus belles personnes de l'Europe; mais cela ne se confirme pas. Comment accorderait-il un pareil mariage avec cette dévotion austère, et cette retraite à l'abbaye Sainte-Geneviève qu'il continue toujours. A propos de sa dévotion, on dit que c'est l'homme le plus emporté, le plus violent et le plus entier dans ses volontés. Je le sais par gens qui ne lui sont pas inférieurs[2] et qui, à cause de ce caractère, se trouvaient obligés de prendre des mesures.

— Depuis la mort de M. Patiño, les conditions de la paix s'exécutent; de notre part, on a fait une réforme considérable tant dans l'infanterie que dans la cavalerie. Les compagnies de dragons de quarante hommes sont réduites à vingt-cinq, dont il y en a dix à pied et sans chevaux. Non-seulement cela met bien des hommes sur le pavé, mais cela diminue furieusement le revenu des capitaines de cavalerie. M. le cardinal ne travaille qu'à l'épargne, et il laissera bien de l'argent dans les coffres du roi.

— On est toujours en suspens pour le garde des sceaux : on attend la bombe, car les griefs du cardinal sont certains. On prétend même qu'il a reçu des sommes considérables d'Espagne. Il a de nombreux ennemis, mais aussi il est fin et a beaucoup d'esprit.

Février. —M. le duc de La Trémoille, marié depuis

---

[1] Anne-Charlotte de Lorraine, née le 17 mai 1714. Elle devint abbesse de Remiremont au mois de mai 1738.

[2] Vraisemblablement Barbier entend parler ici de la duchesse de Modène qui était à Paris depuis le mois de mars 1735, et dont il fut un des conseils, comme on le verra plus loin, lors du procès que cette princesse intenta à son frère, à l'occasion du payement de sa dot.

sept ou huit ans[1] avec mademoiselle de Bouillon, n'avait point d'enfants. Il avait paru même, par sa conduite, ne pas s'en soucier, n'ayant eu d'autre occupation, comme un des plus beaux seigneurs de la cour, que de *caresser* toutes les jolies femmes de la cour et de la ville. A son retour de l'armée d'Italie, il a donné quelques-unes de ses nuits à sa femme, qui est d'ailleurs très-aimable et très-respectable par sa sagesse et ses sentiments. Elle est devenue grosse et elle est accouchée, le 6 de ce mois, d'un prince qui devient l'aîné d'une des plus grandes maisons de l'Europe.

— Le 7 de ce mois, l'abbé de Fleury[2], petit-neveu du cardinal, a soutenu une thèse en Sorbonne. Le cardinal y était, et le duc de Fleury, frère de l'abbé, faisait les honneurs. Il y a eu une assemblée nombreuse des quatre cardinaux qui sont ici[3], de tous les évêques et de toute la cour. M. le comte de Clermont y a été. On avait envoyé des thèses, dans la robe, aux présidents à mortier, aux gens du roi et à tous les chefs des compagnies. Les présidents à mortier dînèrent chez le premier président et y allèrent en corps. On dit que le nonce du pape a pris place au-dessus de l'archevêque de Paris, quoiqu'en cérémonie dans son diocèse.

— Voici une nouvelle affaire à laquelle on ne s'attendait pas. Il y a, dans la ville de Douai, le chapitre

---

[1] Depuis douze ans. Voir ci-dessus, p. 51, note 1.

[2] Pierre-Augustin-Bernardin de Rosset de Rocozel, dit l'abbé de Fleury, né en 1716, second fils de Jean Hercule, duc de Fleury, et petit fils de Marie de Fleury, sœur du cardinal, qui avait épousé, en 1680, Bernardin de Rosset, Sr de Rocozel.

[3] Les cardinaux de Fleury, de Polignac, de Bissy, et de Rohan.

de Saint-Amé qui est du ressort du conseil d'Artois et, par appel, du parlement de Paris. Tout ce chapitre était appelant de notre bonne constitution *Unigenitus*, dont on n'avait guère parlé pendant la guerre. M. l'évêque d'Arras[1] avait lancé une sentence d'excommunication, ce qui, par la suite, avait fait revenir tout le chapitre, à l'exception de trois ou quatre chanoines qui ont persisté et renouvelé leur appel. Un de ceux-ci est tombé malade au mois de janvier. Sa maladie a duré quelque temps et, tout à coup, elle a tourné à la mort. Une nièce, que ce chanoine avait avec lui, a averti le doyen pour lui faire administrer les sacrements. On a répondu que c'était un excommunié, un hérétique, indigne, par conséquent, des sacrements. Il est mort, à bon compte[2]. Il y avait alors quelque chose de plus indispensable, qui était de l'enterrer. Sa nièce a fait là-dessus ses diligences : refus, par les mêmes, de sépulture en terre sainte. Le pauvre mort est resté trois ou quatre jours sans savoir où on le mettrait en dépôt. A la fin il y a eu jugement ou ordonnance, je ne sais pas bien de quel juge, pour l'enterrer dans son jardin. Mais ce qu'il y a de mieux, c'est qu'on lui avait fait l'honneur de lui tourner la tête du côté de l'église et le visage du côté du ciel, comme cela se fait par habitude. Cela a paru une contravention aux chanoines catholiques constitutionnaires. Il y a eu nouvelle ordonnance portant permission d'exhumer, et on a tourné le défunt de la tête à la queue, avec le visage contre terre. La nièce, janséniste apparemment, indi-

---

[1] François de Baglion de la Salle, sacré en 1727.
[2] C'est-à-dire : sans s'embarrasser de ce qui arriverait.

gnée d'un traitement aussi méprisable à l'égard de son oncle, a rendu plainte, fait informer des faits, peut-être même interjeté appel comme d'abus au parlement. La procédure n'est pas encore constante : quoi qu'il en soit, des mémoires exacts de ces faits violents, tendant bien parfaitement à un schisme déclaré, sont parvenus entre les mains de M. Titon, conseiller au parlement.

— Mercredi, 13, M. Titon a rendu compte de ces mémoires à sa chambre. Le fait a paru grave, et, après en avoir parlé aux autres chambres des enquêtes, on a député à la première chambre pour demander le *Cabinet*, c'est-à-dire l'assemblée des enquêtes qui se fait ordinairement par deux députés de chaque chambre à la première des enquêtes, comme la plus ancienne. La chose, mise en délibération, a paru très-sérieuse, parce que tous les honnêtes gens sont jaloux d'une sépulture orthodoxe, et il a été arrêté de demander l'assemblée des chambres.

— Vendredi, 15, le parlement s'est assemblé. M. le premier président Le Peletier[1] a commencé par un compliment très-gracieux, pour la première occasion qu'il avait de marquer sa reconnaissance à la compagnie, touchant la manière dont il avait été reçu dans sa place. Il l'a assurée, de sa part, du plus parfait attachement. Cela a été parfaitement bien jusque-là; mais il a continué en parlant de l'affaire en question. Il est convenu qu'elle était très-grave, après quoi il a dit qu'il ne croyait pas néanmoins qu'il fût de son devoir de permettre qu'on en délibérât : qu'il fallait

---

[1] M. Portail, premier président, étant mort le 3 mai précédent, le roi avait nommé, pour lui succéder, Louis Le Peletier, président à mortier.

que chacun s'instruisît en particulier, sur ses livres, de ce qu'il y avait à faire. A ce propos, la compagnie a changé de mine et de maintien. Quelqu'un a répondu qu'on n'entendait pas ce langage ; que le parlement étant assemblé, c'était à tout le corps à prendre un parti et à arrêter si on délibérerait ou non ; que lui n'avait aucun droit de le permettre ou de l'empêcher. Il s'est dit, à ce qu'on rapporte, des propos fort durs qui lui ont été adressés. De jeunes conseillers ne songeant qu'à rire, quoique dans une circonstance bien grave, et plus au fait des rébus de théâtre que des lois, disaient : « Messieurs, la troupe du sieur Peletier ne représentera pas aujourd'hui, parce qu'il va en cour, » faisant entendre que le premier président voulait aller à Versailles, à l'ordre, avant de prendre un parti. On resta assemblé jusqu'à une heure sans se rien dire, et on sortit. M. Le Peletier crut que cela en était fait, mais en sortant les conseillers se dirent : « Messieurs, allons-nous-en dans nos chambres, et à deux heures et demie revenons au palais. »

A trois heures au plus, en effet, toutes les chambres sont venues dans la grande. M. le président de Maupeou a été fort surpris lorsqu'il est arrivé pour tenir son audience de relevée. « Messieurs, a-t-il dit, je ne croyais
« pas trouver ici si bonne compagnie. Apparemment
« que vous comptez vous assembler ; ainsi point d'au-
« dience, et il faut faire avertir M. le premier prési-
« dent. » Cela a été fait, et M. Le Peletier est arrivé sur-le-champ. On a pris place, cela s'est passé en altercations, et l'assemblée a été remise au samedi 16. Ce jour-là, l'assemblée n'a pas duré longtemps. On a remis au lundi sans rien conclure.

— Lundi, 18, on a signifié au parlement un arrêt d'évocation de l'affaire de Douai, pour être rapportée au conseil par M. d'Angervilliers, secrétaire d'État de la guerre, qui a le département de la Flandre. Sur cette évocation, M. le premier président a dit qu'il n'y avait plus rien à faire. Quelqu'un a répondu qu'il fallait faire des remontrances. Il en est convenu, ajoutant qu'il fallait faire des mémoires à cet effet. Il comptait en être quitte ; mais M. de Champeron[1], conseiller de grand'chambre, a pris la parole en disant qu'il y avait une affaire plus importante sur laquelle il fallait délibérer, qui était de savoir si M. le premier président avait seul le droit de permettre ou d'empêcher de délibérer, et de convoquer l'assemblée du parlement comme il le prétendait. Toute l'assemblée est demeurée d'accord d'examiner cette prétention, et les choses sont restées dans cet état, l'assemblée des chambres tenant. Messieurs se rendent tous les matins à la grand'-chambre : on dispute un peu, et depuis huit jours on ne fait rien au palais.

— Quoi qu'il en soit, voilà une bonne querelle dans le parlement même. Si cela vient naturellement de M. Le Peletier, par hauteur ou par ambition de dominer le parlement, il est très-mal conseillé. Ce magistrat, qui est fort poli et fort honnête homme, a été élevé dans sa place par les vœux du public et de tout le palais, avant d'être nommé par le roi, et, dans un moment, le voilà méprisé de sa compagnie, dont il ne rattrapera jamais la confiance. De quelque façon qu'il se soit déterminé à agir ainsi, soit par impulsion de la

---

[1] Coste de Champeron.

cour, soit par idée de supériorité, il y a toute apparence qu'il prend un mauvais parti. En tout cas, c'est une question capitale pour les enquêtes : car s'ils perdent le droit de convoquer les assemblées, pour délibérer ensuite sur les matières proposées, ils ne jouiront plus de ce vieux reste des priviléges du parlement de Paris, qui le placent au-dessus des autres parlements. Si, au contraire, ce droit d'assemblée du parlement et de la cour des pairs allait être réservé à la grand'-chambre exclusivement, cela rendrait les places de conseillers à cette chambre une place d'État. Mais, en même temps, le premier président deviendrait le maître absolu, car, comme ces conseillers courent furieusement le sac[1] par amour d'argent, ils dépendent du premier président en cette partie, et lui font la cour servilement[2].

— Tout ceci n'est rien. Mardi, 19, le roi alla à la Muette; le cardinal s'en alla à sa maison d'Issy, en disant au garde des sceaux d'aller à Paris tenir son audience des mardis, pour les ambassadeurs, et de venir jeudi matin travailler avec lui, à Issy. Tout cela se fit, et le garde des sceaux eut du monde à dîner et à souper chez lui.

Mercredi, 20, à sept heures du matin, M. de Maurepas arriva chez M. Chauvelin, porteur d'une lettre de cachet écrite, à ce qu'on dit, de la main du roi, par laquelle celui-ci lui demande sa démission des charges

---

[1] C'est-à-dire tâchent de se faire charger de faire les rapports sur les procès, parce que les pièces qui concernaient ces derniers étaient renfermées dans des *sacs*.

[2] Il existe un *Journal de ce qui s'est passé au parlement au sujet de l'affaire de Douai*. (Paris, 1737), in-4° de 23 pages.

de secrétaire d'État des affaires étrangères, de garde des sceaux et de vice-chancelier, ce qu'il signa apparemment. Il demanda à M. de Maurepas s'il pouvait aller parler à madame Chauvelin, monta, la fit réveiller, et lui dit seulement : « Madame, M. de Maurepas est là-bas. » Elle entendit fort bien ce que cela voulait dire. M. de Maurepas fut longtemps à causer avec M. Chauvelin. M. Chapelle de Jumilhac, officier des mousquetaires, entra avant huit heures, et montra à M. Chauvelin l'ordre qu'il avait de le conduire à sa terre de Gros-Bois[1], à sept lieues de Paris. M. Hérault arriva aussi, et lui remit une grande lettre de M. le cardinal, dans laquelle ce ministre lui mandait que, dans les circonstances présentes, il lui conseillait de ne recevoir, à Gros-Bois, que sa famille. On ne sait pas le reste. On dit que quand M. de Maurepas arriva, M. Chauvelin était à travailler, et qu'il avait reçu, à trois heures du matin, une lettre de madame la princesse de Carignan qui l'avertissait du coup. On mit, dans le même temps, le scellé sur son cabinet à Versailles; mais depuis le temps qu'il doit se méfier de l'aventure, dont il savait mieux que personne la cause et les particularités, il n'est pas douteux qu'il n'ait mis ordre à ses papiers.

M. de Maurepas est sorti avec les hoquetons et les sceaux qu'il a portés à Issy, pour rendre compte de ce qui s'était passé. Il les a ensuite reportés au roi, à Versailles, qui les a fait remettre, à midi, à M. le chancelier d'Aguesseau. Voilà la troisième fois qu'on les lui rend, et il y a apparence qu'il les gardera cette fois-ci. Il com-

[1] Sur la route de Troyes. Elle appartient aujourd'hui à la famille du prince de Wagram. Gros-Bois n'est qu'à vingt kilomètres de Paris.

mence à être fort âgé, et il a des maladies assez fréquentes.

A Paris, M. Chauvelin est monté dans son carrosse, et M. de Jumilhac dans sa chaise de poste. Ce dernier n'a pas voulu s'arrêter à Gros-Bois; il en est reparti sur-le-champ pour venir rendre compte au roi de sa commission. On disait, dans Paris, que M. Chauvelin était accompagné de six mousquetaires qui le garderaient à Gros-Bois; mais cela n'est pas vrai.

— Enfin, voilà donc ce coup arrivé! Il faut croire que M. le cardinal, qui est bon, ne s'y sera déterminé qu'avec peine. Si les choses sont de façon que M. Chauvelin ait reçu de grosses sommes d'Espagne, la punition n'est pas assez forte pour une prévarication pareille. Sa disgrâce fait plaisir à bien des gens, car il avait bien des ennemis, surtout madame la comtesse de Toulouse, qui a grand crédit sur l'esprit du roi, et le maréchal de Noailles, son frère. Tous les secrétaires d'État sont charmés intérieurement. Ils souffraient impatiemment la supériorité du Chauvelin, qui visait au ministère, et qui avait voulu, comme adjoint au cardinal, les obliger à venir travailler chez lui. D'ailleurs, il était fort haut, et on se fait des ennemis en voulant dominer les autres par caractère. Au demeurant, il est prodigieusement riche, ce qui devrait le tranquilliser. Mais un homme ambitieux périt ordinairement de chagrin dans ces sortes de chutes. Il a un fils de vingt ans, au moins, dont on ne parle pas, et qui n'est pas plaint. C'est un impertinent qui visait à être duc et pair, et qui croyait déjà l'être. Je crois qu'il sera bien heureux de se faire avocat, pour avoir la charge de président à mortier que M. Chauvelin a gardée, et dont je ne crois pas qu'il fasse grand usage, car, quand son exil finirait, il n'y a pas apparence qu'il retourne au parlement.

— Jeudi, 21, il y a eu de grands discours, dans Paris, sur la place de secrétaire d'État des affaires étrangères, qui est un poste important. On l'a donnée d'abord à M. le marquis de Monti, lieutenant général, qui était à Dantzik avec le roi Stanislas. C'est, dit-on, un grand négociateur; mais confier cette partie du ministère à un étranger, cela n'était pas naturel, et il n'est pas d'usage ici d'y mettre des gens d'épée. On a dit que M. de Maurepas avait ce département; mais il est trop fin pour quitter le département de la marine, qui est immense, pour prendre un détail qu'il ne sait pas, et qui est sujet à révolutions. On a dit aussi qu'on l'avait offert à M. de Torcy[1], grand ministre, qui est fort aimé et considéré dans toutes les cours étrangères, mais il a refusé de reprendre cette place, à cause de son âge. Enfin, le roi a nommé M. Amelot[2] de Chaillou intendant des finances: il faut convenir que personne ne s'y attendait. On a donné sa place à M. Orry de Fulvy, maître des requêtes, frère du contrôleur-général. Celui-ci a tant de crédit auprès du cardinal, qu'on assure que M. Amelot n'a été fait secrétaire d'État que pour donner sa place à M. de Fulvy.

Au reste, M. Amelot est un homme de petite mine, délicat, qui peut avoir de l'esprit, mais qui ne doit rien savoir de ce métier-là. A la vérité, il est dit qu'il tra-

[1] Jean-Baptiste Colbert, marquis de Torcy, né en 1665, neveu du grand Colbert. Il avait été ministre des affaires étrangères de 1689 à 1715.
[2] Jean-Jacques Amelot, seigneur de Chaillou, né le 30 avril 1689.

vaillera avec M. du Theil[1], qui est un premier commis des affaires étrangères, très-habile, homme froid, qui depuis longtemps est à Vienne, et qui a négocié toute l'affaire de la paix avec l'empereur, de qui il a reçu de grandes marques de considération. M. du Theil travaillera même conjointement avec M. Amelot et avec le cardinal, en sorte que, à proprement parler, M. Amelot n'aura que le titre, et c'est M. du Theil qui fera les affaires étrangères. Il y a apparence qu'on attendait son retour, c'est-à-dire le cardinal, pour frapper sur M. Chauvelin, car M. du Theil n'est arrivé de Vienne que mardi dernier, 19.

Tous ces événements rassemblés sont fort heureux pour M. Amelot qui attrape, un peu en volant, une grande place où il lui sera aisé de s'instruire avec M. du Theil, s'il a de l'esprit. Sa femme est fille de M. Vougny, homme d'affaires, et sœur de M. Vougny, maître des requêtes; elle est au nombre des jolies femmes de Paris. Pour lui, c'est un homme de la bonne robe : il y avait M. Amelot de Gournay[2], président à mortier, et il y a eu le président Amelot[3], qui a été ambassadeur en Portugal, en Espagne et autres endroits, qui était un homme très-recommandable pour ses talents et sa capacité dans les négociations.

— Il y a toujours des gens oisifs qui se divertissent

[1] Père de F. J. G. de La Porte du Theil, membre de l'Académie des Inscriptions et Belles-Lettres.

[2] Charles-Michel Amelot, marquis de Gournay, mort en 1730.

[3] Michel Amelot, marquis de Gournay, mort en 1724, père du précédent. Cet homme d'État, et le père de Jean-Jacques Amelot, étaient cousins issus de germains.

aux dépens des grands. On a fait des applications de titres de comédies à plusieurs personnes, et il y en a d'assez bien trouvées.

Le Prince travesti[1]. — M. le comte de Clermont.

Il est abbé et jouit de plus de trois cent mille livres de bénéfices. Il est cependant en habits brodés et galonnés, avec une bourse à ses cheveux, et, de plus, il est lieutenant général des armées du roi, à la vérité, avec dispense et permission du pape.

La Fausse Prude[2]. — Madame la princesse de Carignan.

Elle fait la dévote; elle est intime du cardinal, et ne cherche qu'à faire réussir des affaires pour de l'argent.

Jodelet maître et valet[3]. — Le cardinal de Fleury.

Il gouverne le royaume et n'est que le valet du roi comme ministre.

Crispin rival de son Maître[4]. — M. Chauvelin, ci-devant garde des sceaux.

C'est le cardinal qui l'a élevé à toutes les dignités, et il aurait bien voulu prendre sa place et son empire sur l'esprit du roi. Il lui a manqué et l'a trompé en une infinité d'occasions. Le cardinal le reconnaît de plus en plus[5].

---

[1] Ou *l'Illustre Aventurier*, comédie en trois actes et en prose de Marivaux, donnée au théâtre Italien, le 5 février 1724.

[2] *La Coquette et la Fausse Prude*, comédie en cinq actes et en prose de Baron, représentée pour la première fois le 18 décembre 1686. Il y a eu aussi une seconde pièce de la *Fausse Prude*, destinée au théâtre Italien, qui fut cause de la clôture de ce théâtre, en 1697.

[3] *Jodelet*, ou *le Maître valet*, comédie en cinq actes et en vers de Scarron, représentée en 1645.

[4] Comédie en un acte et en prose de Le Sage, jouée pour la première fois, au mois de mars 1707.

[5] Autre rébus sur lui : « Un élève de la grande troupe du sieur Peletier

Le Médecin malgré lui[1]. — M. Pâris, de Saint-Médard, réputé saint.

On lui a, en effet, fait faire des cures et des guérisons à quoi il ne pensait guère.

— On dit qu'il y a eu et qu'il va grand monde à Gros-Bois; mais on ne voit que madame Chauvelin. Pour le garde des sceaux, comme on lui a recommandé de ne voir que sa famille, il ne parle à personne. Cependant, il a été obligé d'aller recevoir madame la princesse de Conti, seconde douairière, sœur de M. le Duc, qui a été le voir avec madame la princesse de Carignan. Cet homme-là ne reviendra jamais en place tant que le cardinal vivra; c'est un homme prudent et piqué personnellement qui ne changera pas de parti, mais le cardinal est bien vieux, et je ne serais pas du tout surpris qu'il reprît ses places, après sa mort. Il a beaucoup d'esprit, est fin, bon travailleur, sait tous les secrets du cardinal et des étrangers pendant cette dernière guerre, et, par-dessus cela, il a de grands biens. Avec de l'argent il gagnera bien des protecteurs et des protectrices dans ce pays-ci, et il fera revenir les ministres des cours qui ont contribué à sa perte.

— On dit que depuis l'exil du Chauvelin, on a présenté contre lui des mémoires abominables sur sa trahison, ses négociations secrètes et ses pilleries. Il est certain qu'une ambition démesurée a causé la perte de cet homme. On a fait, à son sujet, une parodie

a fait un saut périlleux : on le donne en quatre ? Il a été avocat général et président à mortier au parlement; ainsi, c'est un élève du parlement. Pour le saut qu'il fait, il est effectivement périlleux. (*Note de Barbier.*)

[1] Comédie de Molière, en trois actes et en prose, représentée en 1666.

du *Miserere*[1], où on le fait parler pour avouer tous ses crimes, et pour en demander pardon au cardinal. L'ouvrage n'est pas des meilleurs, mais il est très-mordant et très-critique pour le pauvre garde des sceaux. Tous ces mémoires rassemblés seront un grand moyen pour l'exclure à toujours d'aucun retour à la cour.

— A l'égard du parlement, les choses sont toujours dans le même état. On ne date point au palais, on ne répond point de requêtes, et on ne tient point d'audience. On s'assemble le matin dans la grand'-chambre, où l'on demeure les bras croisés, en sorte que l'on dit dans Paris : « C'est aujourd'hui la huitième représentation de la scène muette de la troupe du sieur Peletier ! » Les après-midi, quelques conseillers, députés des chambres, vont chez le premier président, en habit, et la conférence se passe en verbiage, sans rien finir.

On avait imaginé un arrêté par lequel il était dit que le parlement serait maintenu dans le droit de délibérer. Messieurs des requêtes n'ont pas trouvé la décision assez bien expliquée, et ils ont ajouté : « dans le droit et dans *le libre exercice* de délibérer. » Cela a été reporté chez M. le premier président, qui n'a pas voulu passer ces termes. Ils peuvent seuls cependant lever toute difficulté, parce que le droit de délibérer n'est pas douteux, quand le premier président voudra assembler la compagnie, et mettre une chose en délibération; mais le libre exercice de délibérer s'entend

---

[1] *Le Miserere de M. Chauvelin à M. le cardinal de Fleury, la veille de sa disgrâce.* (Recueil de chansons, etc., de M. de Maurepas, vol. XIX, p. 244.)

de la faculté qu'a tout le corps de former et de proposer une délibération. Cela a donné lieu à plusieurs conférences. Il n'y a que la cinquième chambre des enquêtes qui a tenu bon pour n'envoyer qui que ce soit chez le premier président. Celui-ci a persisté dans sa prétention, disant qu'il espérait que Messieurs se consulteraient, et reviendraient à son avis. La grand'-chambre a toujours été opposée, et l'on s'est quitté en remettant l'assemblée au premier jeudi de Carême.

Mars. — Le lundi gras[1], le roi est venu au bal de l'Opéra incognito, lui neuvième. Il avait soupé, à Versailles, avec plusieurs seigneurs dont l'un avait acheté neuf dominos. Le roi avait une robe bleue avec un domino couleur de rose. Ils descendirent de la grande calèche dans la rue Saint-Nicaise; il n'y avait que trois ou quatre hommes à cheval, en redingotte. Le roi et les autres vinrent à pied depuis la rue Saint-Nicaise jusqu'à l'Opéra[2], et, comme ils n'avaient pris, par inadvertance, que sept billets et qu'ils étaient neuf, on les arrêta à la porte. Ils donnèrent donc deux écus de six livres pour entrer tous ensemble. Le roi fut plus d'une heure et demie sans être reconnu de personne. Mademoiselle de Charolais le reconnut parce que quelque jeune seigneur lui en fit apparemment la confidence, par galanterie. Il se divertit beaucoup, et fut bien poussé. Il s'en retourna à pied chez M. le Premier[3], où étaient les équipages et où il se déshabilla,

---

[1] Il tombait, cette année-là, le 4 mars. Le *Mercure de France* du mois de mars 1737, en parlant des bals de l'Opéra qui ont été très-fréquentés, ajoute « qu'on y a même vu des masques de la plus haute distinction. »

[2] Place du Palais-Royal. Voir t. I, p. 289, note 1.

[3] Jacques-Louis, marquis de Beringhen, maréchal de camp, premier

et fut éclairé par un de ces Savoyards qui sont à la porte avec des bouts de flambeaux. Il se fit même décrotter par lui, à la porte de M. le Premier, et il lui donna un écu de six livres. On ne sut, dans le bal, que le roi y était venu que sur les six heures du matin, plus de deux heures après qu'il en fut sorti.

— Le duc d'Ayen, fils du maréchal de Noailles, reçu, en survivance, capitaine des gardes, et qui est en exercice, avait soupé avec le roi, qui ne lui avait rien dit de la partie. Après que tout fut retiré, le roi, éclairé par un garçon de la chambre, monta à la chambre du duc, qui était couché, et cogna. Le duc d'Ayen demandant qui c'était, le roi répondit : « C'est moi. » Le duc dit : « Je ne sais pas qui c'est, je suis couché. » Le roi reprit : « C'est le roi! » et ayant répété, le duc, qui reconnut sa voix, lui ouvrit et lui dit : « Eh! où allez-vous, Sire, à l'heure qu'il est? — Habille-toi promptement. — Et pour où aller? — Ne t'embarrasse pas. — Attendez donc que je sonne, dit le duc, je n'ai point ici de souliers. — Non, répliqua le roi, que personne ne vienne, nous allons au bal de l'Opéra. — Allons donc, dit le duc, je vais chercher les souliers que j'ai quittés. » Lui habillé, ils descendirent dans les cours. Le roi, qui n'avait point de cordon bleu, prit le duc sous le bras pour passer les portes gardées par les sentinelles des gardes. Le duc dit : « C'est moi, le duc d'Ayen. — J'ai bien l'honneur de vous reconnaître, monseigneur, dit le garde sentinelle. » Ils passèrent

écuyer du roi. On appelait absolument ce premier écuyer qui commandait la petite écurie, *Monsieur le Premier*, comme on appelait *Monsieur le Grand*, le grand écuyer qui avait la grande écurie sous sa direction immédiate.

et allèrent rejoindre les calèches qui attendaient, et où étaient les seigneurs du complot. Après souper, le roi avait écrit lui-même deux lettres; l'une à M. le premier écuyer, pour donner ordre sur-le-champ de faire trouver des calèches par delà la grille, et d'envoyer des relais à Sèvres. L'autre à la reine, pour lui apprendre qu'il allait incognito et en secret au bal de l'Opéra, et qu'elle ne fût point inquiète. Il rentra à six heures du matin dans Versailles. Il fallut passer par les appartements, qui étaient fermés et gardés. On cogna à une porte. Le garde du corps ayant demandé qui c'était : « Ouvrez, sentinelle, c'est le roi. — Le roi doit être couché à présent; je n'ouvrirai point, et vous ne passerez point, qui que vous soyez, qu'avec de la lumière. » Il a fallu, sans autre raison, attendre et aller chercher de la lumière. Alors le garde-du-corps a ouvert et a reconnu le roi : « Sire, a-t-il dit, je demande excuse à Votre Majesté; mais je ne dois laisser passer personne ici. Ainsi ayez la bonté de me relever de ma consigne. » Le roi a été très-content de l'exactitude de sa garde.

— Le mardi gras, le roi alla encore au bal, à Versailles, chez madame la princesse de Chalais[1], où il dit, en entrant, qu'il se retirerait s'il dérangeait en aucune façon la fête. Madame de Chalais le prit pour danser : il dansa un menuet pour faire honneur à la maîtresse de la maison; ensuite il ne fit qu'une révérence avec une autre dame. En sorte qu'il s'évertue.

— On parle fort de l'envie que le cardinal aurait de se retirer. Le roi ne voulant point travailler par

---

[1] Dame du palais de la reine.

lui-même, le cardinal a, dit-on, proposé à M. le duc d'Orléans, comme premier prince du sang, de se mettre à la tête des affaires, offrant d'aller travailler chez lui pour le mettre au fait. Mais le prince l'a refusé : cela le détournerait de tous ses exercices de piété. On croit cependant qu'il serait fort capable. Le gouvernement d'un prince si dévôt ne serait pas pour cela le plus juste; il y a bien des inconvénients. On parle ensuite du comte de Toulouse pour remplir la place de premier ministre. C'est un honnête homme, mais très-borné; en sorte que ce serait le maréchal de Noailles, son beau-frère[1], qui ferait toute la besogne. Celui-ci est homme d'esprit, un peu fou, homme à projets, à idées, et qui serait bien capable de faire des nouveautés dangereuses. Les finances sont en meilleur état qu'elles n'ont jamais été, et il sera toujours fâcheux de perdre le cardinal.

— Jeudi, 7 mars, le parlement s'est assemblé et l'affaire s'est enfin accommodée à la honte du premier président. Il est fort à présumer qu'il aura eu ordre de se désister de ses prétentions, attendu que cela a fait une interruption du service public pendant trois semaines entières. On a fait reprendre à M. de Champeron l'avis sur lequel il avait été interrompu par M. le premier président, et il a proposé un arrêté qui avait sans doute été concerté. On a commencé par dresser un procès-verbal, sur le registre, de tout ce qui s'était passé, et ensuite il a été arrêté ce qui suit :

« La cour, délibérant sur ce qui s'est passé le 15 février et jours suivants, a arrêté qu'elle conti-

---

[1] Voir t. I, p. 252, note 2.

nuera de se conformer aux usages, maximes et disciplines qui lui sont propres, et notamment en ce qui concerne le droit et la liberté de délibérer, qu'elle a toujours eus. »

Le public a paru très-content de cette décision qui maintient le parlement dans ses anciens droits. Vendredi, 8, tout a repris sa forme ordinaire, et l'on a plaidé dans toutes les chambres. Pour moi, je suis trompé dans mes conjectures, car il paraît fort que le premier président n'a point été soutenu par la cour. Cela étant, voilà un homme perdu et déshonoré dans sa compagnie, qui n'y aura plus aucun crédit, et sur lequel, par conséquent, la cour ne pourra plus compter dans les occasions. Je ne conçois pas encore le faux d'une pareille démarche. Peut-on présumer qu'un homme ait compté l'emporter seul sur deux cent cinquante personnes, pour leur enlever le plus beau et le plus distingué de leurs droits, et dont ils sont en possession, car le roi n'a pas voulu même exiger l'exécution de la déclaration qu'il avait rendue en 1732[1]. On a bien reproché, du reste, à M. Le Peletier qu'il avait été le premier et le plus vif à s'y opposer dans le temps.

— A l'égard du Chauvelin, c'est un homme perdu pour jamais. On donne tous les jours de nouvelles preuves de sa friponnerie. On dit qu'il avait retranché sur les appointements des premiers commis des autres commissions, et même de ce que l'on donne aux courriers, et qu'il en faisait son profit. Un homme de génie peut être ambitieux et tomber dans des vices qu'il croit nécessaires à son ambition ; mais faire des injus-

[1] Voir t. I, p. 447.

tices par amour d'argent, cela est bas, surtout à un homme qui avait de gros biens par lui-même et qui a eu quinze cent mille livres de sa femme. Il ne peut être trop puni. On dit aussi qu'on lui a défendu de prendre aucun titre de ci-devant garde des sceaux, et qu'on lui a ordonné d'effacer ses armes de ses carrosses et de sa vaisselle d'argent.

— Par lettres patentes du mois d'août 1727, on avait rétabli, en titre d'office, la commission de garde des sceaux en faveur de M. Chauvelin, et on y avait ajouté la place et le titre de vice-chancelier. Par édit du mois de février 1737, le roi a éteint et supprimé le titre et la charge de garde des sceaux, et en a remis les fonctions, par commission, au chancelier d'Aguesseau. Cet édit ne s'est point vendu. On en a envoyé seulement aux cours où il devait être enregistré. Il a été scellé par le roi lui-même, comme il paraît par l'édit. C'est une grâce que le chancelier a demandée à M. le cardinal de Fleury, avant de retirer les sceaux des mains du roi, que sa première fonction ne fût pas de sceller la suppression de la charge de son prédécesseur. En sorte que le cardinal a engagé le roi à sceller cet édit, lequel a été enregistré en parlement le 8 de ce mois, lendemain de sa rentrée dans ses fonctions.

— On dit déjà que M. Amelot de Chaillou ne restera pas longtemps dans sa place de secrétaire d'État. Ce serait donc un tour de M. Orry, contrôleur général, de l'avoir proposé pour avoir sa place d'intendant pour son frère. Cependant, on les dit en liaison d'amitié depuis longtemps. M. Amelot bégaye, ce qui n'est pas trop convenable pour donner des audiences aux ambassadeurs. Sur quoi on a fait une mauvaise chanson, que le roi, qui ne parle pas, a pris un bègue pour interprète[1]. On fait encore un mauvais conte, que, rapportant une affaire au conseil, il confondait toujours la mer du Sud avec la mer du Nord. Sur quoi on l'aurait relevé plusieurs fois. Que pour la décision de cette affaire, il avait été résolu de la renvoyer à un abbé, homme connu et employé pour les affaires et négociations de ce pays-là. A quoi, M. Amelot ayant dit fort naturellement qu'il ne connaissait point cet abbé-là, le roi prit la parole, et lui dit : « Je vois bien, monsieur Amelot, que vous ne lisez pas plus les cartes géographiques que les *Gazettes*. » Il y a grande apparence que cela n'est pas vrai, mais c'est toujours trop qu'on débite pareille raillerie dans le public.

— Nos seigneurs de la cour ont inventé, tout nouvellement, un Ordre appelé des *Frimassons*[2], à l'exemple de l'Angleterre, où il y a aussi différents Ordres de particuliers, et nous ne tardons pas à imiter les impertinences étrangères. Dans cet Ordre-ci étaient enrôlés quelques-uns de nos secrétaires d'État et plusieurs ducs et seigneurs. On ne sait quoi que ce soit des statuts, des règles et de l'objet de cet Ordre nouveau. Ils s'assemblaient, recevaient les nouveaux chevaliers, et la première règle était un secret inviolable pour tout ce qui se passait. Comme de pareilles assemblées, aussi secrètes, sont très-dangereuses dans un

---

[1]   Ce choix est bon, quoi qu'on allègue :
   D'un roi qui ne sait pas parler,
   L'interprète doit être bègue.

[2] La franc-maçonnerie commençait alors à prendre un certain développement. Elle avait été introduite d'Angleterre en France, vers 1725, et, en raison de cette origine, les membres de l'association avaient pris, de la langue anglaise, le nom de *Freemasons*, que Barbier francise ici.

État, étant composées des seigneurs, surtout dans la circonstance du changement qui vient d'arriver dans le ministère, M. le cardinal de Fleury a cru devoir étouffer cet Ordre de chevalerie dans sa naissance, et il a fait défense à tous ces messieurs de s'assembler et de tenir de pareils chapitres.

— Il est arrivé ces jours-ci, sur la relation publique, un grand miracle du bienheureux M. Pâris, en la personne de mademoiselle Le Juge, fille d'un correcteur des comptes, sur la paroisse de Saint-Paul. On dit qu'elle était abandonnée des médecins et chirurgiens, et qu'on l'avait laissée à l'agonie comme ne devant pas passer la nuit. Son père, ou son confesseur, lui firent boire un verre d'eau avec de la terre du tombeau de notre bienheureux. Une demi-heure après, la demoiselle Le Juge appela, et dit à sa femme de chambre qu'elle voulait se lever et s'habiller. On crut que c'était l'effet d'un transport, mais elle fit entendre qu'elle ne se sentait plus de mal, et qu'elle se portait bien. On envoya chercher, la nuit, le médecin et le chirurgien : ils vinrent, et ne lui trouvèrent plus aucun symptôme de maladie. Elle se lève, et est guérie. Cette guérison subite et miraculeuse ayant fait bruit, on en a dressé un procès-verbal, qui a été signé du médecin, du chirurgien, du confesseur, prêtre de Saint-Paul, et même, dit-on, du curé de Saint-Paul. En voilà assez, si tous ces faits sont vrais, pour nous amener quelque incident. On aura beau faire, on ne cessera pas sitôt de parler.

— Le 20 de ce mois, M. le chevalier d'Orléans[1],

---

[1] Jean-Philippe-Baptiste, dit le chevalier d'Orléans, fils naturel du

grand prieur de France, et M. le marquis de Conflans[1], se sont mis en état et constitués prisonniers, à la conciergerie du palais, pour purger le décret de prise de corps décerné contre eux, au sujet de leur duel de l'année dernière. Ils avaient depuis été absents. On a fait faire les informations de manière qu'il n'est question d'eux en aucune façon, quoique le fait soit très-avéré, très-véritable et très-public. Hier, M. le prince de Conti et plusieurs seigneurs allèrent tenir compagnie au chevalier d'Orléans, à la conciergerie. Samedi ils seront jugés. Comme il n'y a eu personne de tué, il ne s'agit que de les décharger de la plainte rendue par M. le procureur général, et du décret rendu en conséquence. Il faut convenir que, dans ce pays-ci, on s'attache bien à des minuties pour remplir la forme. Il n'y a pas un juge qui ne soit persuadé que les informations sont fausses, et, pour la forme, on fait faire de faux serments à nombre de témoins que l'on paye bien. Cela se fait à la face de la justice et de tout le public, puisque M. le procureur général a fait informer nommément contre eux, uniquement sur la notoriété publique.

— Par arrêt, le samedi, ils ont été déchargés et sont sortis de prison. On dit que M. de Conflans[2],

régent, né en 1702, légitimé par lettres de juillet 1706, grand prieur de France de l'Ordre de Saint-Jean de Jérusalem, etc.

[1] Eustache, chevalier, puis marquis de Conflans, né en 1719, chevalier de Malte de minorité, colonel du régiment d'Auxerrois, infanterie. Il s'était battu avec le chevalier d'Orléans, le 24 juin, et l'avait blessé, à la suite d'une dispute qu'ils avaient eue au chapitre que l'Ordre du Temple tenait le lendemain de la Saint-Barnabé, c'est-à-dire le 12 juin.

[2] Philippe-Alexandre, Bailli de Conflans, né en 1676, brigadier d'infanterie, premier gentilhomme de la chambre de Louis d'Orléans, avait

l'oncle, est rentré au Palais-Royal, ce qui n'est pas trop bien, car il est certain qu'il a très-mal agi.

Avril. — Il ne s'est rien passé de remarquable, si ce n'est le départ du roi Stanislas et de la reine sa femme, pour prendre possession de la Lorraine, avec le titre de roi de Pologne et de duc de Lorraine et de Bar. Cela est très-réel, et ils feront leur résidence à Lunéville. Il est souverain dans toutes les formes. Il a envoyé déjà un prince de la maison de Lorraine, le prince de Craon[1], qui réside dans ce pays-là, donner part au roi de France de son arrivée.

Il a deux compagnies de gardes du corps, commandées par des seigneurs lorrains, et un régiment des gardes, infanterie, composé de trois cents invalides, que l'on a choisis ici parmi les bas officiers, dont le colonel est français et nommé par le roi de France. C'est le comte de Moncan[2], colonel réformé, un de mes amis.

— Madame la duchesse de Lorraine, douairière[3],

---

perdu cette position en 1737, à la suite du duel de son neveu, dont il avait été la cause.

[1] Marc de Beauveau-Craon, prince de Craon et du Saint-Empire, etc., grand écuyer du duc de Lorraine, etc. Il était resté attaché au service du duc François, mais, avant qu'il rejoignît ce prince en Toscane, le roi Stanislas le chargea, près du roi de France, de la mission dont parle ici Barbier.

[2] Jean-Baptiste de Marin, comte de Moncan, ancien mestre de camp, colonel réformé à la suite du régiment d'infanterie de Louvigny, en 1729, avait fait, avec ce régiment, les campagnes d'Italie de 1733, 1734 et 1735. En 1740, lors de la création des gardes Lorraine, il fut nommé colonel en second de ce régiment, et devint successivement brigadier, maréchal de camp, et enfin lieutenant-général en 1758.

[3] Élisabeth-Charlotte, veuve de Léopold-Joseph. Voir ci-dessus, page 127.

fera sa résidence à Commercy avec une espèce de souveraineté sur plusieurs villages environnants.

Mai. — Le 22 de ce mois, madame la princesse de Modène, fondée de procuration du prince de Modène, son mari, qui est à Vienne, et de M. le duc de Modène, régnant, a fait assigner M. le duc d'Orléans, son frère, afin d'avoir communication des inventaires faits après le décès de M. le duc d'Orléans, régent, leur père commun, pour parvenir au partage. Elle a été mariée en 1720 ; par son contrat de mariage, elle a eu en dot, du roi, neuf cent mille livres, et de son père, quatre cent mille livres, savoir : deux cent mille en pierreries et autant en argent. Cette dot en argent n'est, quant à présent, qu'à moitié payée. C'est sur ce moyen qu'elle prétend que sa renonciation ne doit pas avoir lieu. Elle a consulté, sur un mémoire anonyme, plusieurs avocats dont j'étais, et elle a eu, en sa faveur, l'avis de trois avocats actuellement du conseil même de M. le duc d'Orléans, qui sont MM. de La Vigne, Cochin et Le Normand. Cette affaire, qui est majeure et de grande importance pour M. le duc d'Orléans, se plaidera à la grand'chambre, après la Pentecôte.

Juin. — Jeudi, 6 de ce mois, M. Chauvelin, en vertu de l'ordre du roi, est sorti de Gros-Bois, et s'est retiré à Bourges. Cette nouvelle a fait grand bruit dans Paris, et a fait beaucoup raisonner. On dit que mademoiselle de Charolais, madame la princesse de Carignan, et autres, faisaient des menées pour le faire rentrer en place. Le parti contraire, qui est madame la comtesse de Toulouse, grande amie du roi, le maréchal de Noailles, son frère, tous les secrétaires d'État, les ambassadeurs de Vienne et d'Angleterre, ont apparemment déterminé le cardinal à cet exil. On croyait même que M. Chauvelin irait plus loin ; mais il est à Bourges, et sa femme à trois lieues de là. Il n'est plus si à portée d'entretenir des intrigues et d'avoir des conférences secrètes avec ceux qui peuvent s'intéresser pour lui.

Juillet. — Un exempt de robe courte[1] ayant rencontré le soir, dans les rues de Paris, une jeune femme avec son mari[2], lui a mis la main dans la gorge, et l'a insultée. On dit qu'il la connaissait, et qu'il n'avait pas pu avoir accès chez elle. Le mari, qui était boisselier, a dit, comme de raison, quelque sottise à cet homme. Celui-ci a mis l'épée à la main et l'a tué. La femme, quoique grosse, s'est jetée à la gorge de cet exempt, lui a arraché son épée, et l'a tenu en respect jusqu'à l'arrivée du guet. Elle l'a conduit elle-même chez le commissaire. Il y avait assez de disposition pour le faire sauver, à cause de sa qualité ; mais la femme, accompagnée, comme on le croit bien, de beaucoup de monde, quoique ce fût la nuit, l'a mené en prison. Le lendemain, elle a été se jeter aux pieds du cardinal, on dit même du roi, pour demander justice. L'affaire n'a pas été difficile à instruire, et l'exempt a été condamné, au Châtelet, à être pendu. Il a inter-

---

[1] Jean-Baptiste Beaulieu de Montigny. La compagnie des *Exempts de robe courte au Châtelet de Paris* faisait partie du corps de la gendarmerie et maréchaussée de France. Ces *exempts* étaient des officiers établis dans les compagnies des gardes du corps, dans celles des prévôts et autres. Ils commandaient en l'absence des capitaines et lieutenants, et étaient ordinairement employés à faire les captures ou autres exécutions.

[2] Anne-Marguerite Paramour, qui avait épousé Pierre-Nicolas Roudier, maître boisselier. Elle avait quatre enfants et était grosse d'un cinquième.

jeté appel, et a, comme gentilhomme, demandé l'assemblée des chambres, c'est-à-dire de la grand'chambre avec la Tournelle. Son père avait été mousquetaire, et ensuite gouverneur d'un duc; son frère avait été page à l'hôtel de Conti; il était fort bon gentilhomme. Plusieurs personnes de grande distinction à la cour sollicitaient pour sa grâce; mais il n'y avait pas moyen, à cause de la femme, qui poursuivait vivement en son nom, et qui a refusé dix mille livres qu'on lui offrait. C'était d'ailleurs un mauvais sujet qui avait déjà tué deux autres hommes. Par arrêt du samedi, 13 de ce mois, il a été condamné à avoir la tête coupée. Il y avait douze voix à la roue, et il le méritait bien, sans lui faire l'honneur de la décollade; mais l'assassinat n'était point prémédité, à la différence de celui commis par le comte de Horn, qui fut roué vif le mardi saint 1720[1]. Notre exempt a donc été exécuté lundi, 15, et comme, depuis longtemps, il n'y avait point eu de tête coupée, il y avait un monde étonnant tant aux fenêtres que dans la rue. L'endroit de la croix du Trahoir[2], autrement du Tiroir, étant assez serré, il y a eu plusieurs personnes estropiées et des chevaux étouffés. Le bourreau l'a décollé parfaitement d'un seul coup. Il a pris la tête et l'a montrée, et tout le peuple a claqué des mains pour lui faire compliment sur son adresse. On dit que MM. les maréchaux de France se sont plaints de l'arrêt, à cause de la qualité de l'exempt; mais comme elle ne fait pas déroger, et

---

[1] Voir t. I, p. 23 et suiv.

[2] On appelait ainsi le carrefour formé par la rencontre de la rue de l'Arbre-Sec avec la rue Saint-Honoré, où se trouvait une croix plantée près de la fontaine que l'on y voit encore aujourd'hui.

que cet homme, quoique mauvais sujet, tenait peut-être à de fort honnêtes gens, on lui a accordé les honneurs de la noblesse.

— Depuis près de quinze jours, on attend l'accouchement de la reine. Il y avait même de grands préparatifs à la ville. Le roi devait venir à Paris; mais le ciel en a disposé autrement. Lundi dernier, 15 de ce mois, à neuf heures du soir, la reine est encore accouchée d'une fille[1]. Elle a le ventre furieusement disposé de ce côté-là; en voilà bon nombre. Le Français politique est alarmé de n'avoir qu'un Dauphin bien jeune, et un roi qui fatigue beaucoup son tempérament.

— L'affaire entre M. le duc d'Orléans et madame la princesse de Modène se prépare. M. le duc d'Orléans a été demander l'audience à M. le premier président, et madame de Modène y a été aussi. M. le premier président leur a promis qu'elle serait finie entre les deux Notre-Dame d'août et de septembre. M. Le Normand plaidera la cause contre sa propre consultation, et M. de Laverdy plaidera pour la princesse. Le Mémoire de celui-ci, que nous avons bien examiné, sera imprimé et distribué incessamment[2]. Le prince aura un grand crédit dans le parlement. Il n'a voulu entendre à aucun accommodement, par principe de dévotion, disant que s'il doit le partage, il ne veut rien avoir à sa sœur, et que s'il ne lui doit rien, il ne veut pas lui faire de grâce; mais il ne pense pas que la crainte de son rang, la qualité de principal ministre qu'il peut avoir, même de souverain, par l'événement

[1] Louise-Marie; c'était la huitième fille dont accouchait la reine.
[2] Il y eut encore un *Second mémoire pour madame la princesse de Modène*, etc. (Paris), Paulus-du-Mesnil, 1737, in-4° de 76 pages.

des choses humaines, peut faire faire une injustice en sa faveur; et que, par un accommodement, il mettrait à couvert sa conscience et celle de ses juges.

— M. le cardinal de Bissy, abbé de Saint-Germain des Prés, est mort à Paris, le 26 de ce mois, âgé de quatre-vingt-quatre ans. Ce prélat était grand moliniste[1], mais en même temps très-charitable. Il était évêque de Meaux, et tout le revenu de l'évêché était employé à soutenir l'hôpital de cette ville. On est fort embarrassé pour son successeur à l'abbaye, qui est de cent soixante mille livres de revenu. M. le comte de Clermont, prince du sang, voudrait bien attraper ce morceau; mais, pour cela, il faudrait prendre réellement l'état ecclésiastique, et n'être pas en habit galonné et en épée comme lieutenant général des armées du roi. Les religieux n'aimeraient pas cet abbé dans leur palais, qui serait occupé journellement par mademoiselle Camargo, sa maîtresse, ci-devant danseuse à l'Opéra, et par des compagnies assortissantes. Aussi disait-on, dans Paris, que le roi avait donné cette abbaye au comte de Clermont, et l'abbaye de Montmartre à mademoiselle Camargo. D'autres disent que le cardinal[2] voudrait former, avec le revenu de cette abbaye, un établissement pour élever de jeunes gentilshommes pauvres, comme on fait à Saint-Cyr pour de pauvres demoiselles. Cela serait travailler très-utilement et avec grandeur, car la noblesse des provinces a grand besoin d'un pareil secours pour l'éducation de ses enfants[3].

---

[1] Voir t. I, p. 273.
[2] Le cardinal de Fleury.
[3] L'abbaye fut donnée au comte de Clermont, qui remit à cette occasion celles de Saint-Claude, de Marmoutiers et de Cercamp.

— Il y a toujours ici du nouveau. Lundi, 29, M. Carré de Montgeron, conseiller au parlement en la seconde chambre des enquêtes, grand janséniste[1], chef de parti, et un des cerveaux brûlés en ce genre, se mit en manteau, grand rabat et perruque à l'avenant, monta en chaise de poste, et se rendit droit à Versailles. Dans cet équipage, il trouva moyen d'entrer, et assista très-gravement au dîner du roi, qui dînait à son petit couvert. Chacun demandait qui était cette figure robine, car on ne porte guère, en cour, de ces rabats plats : personne ne la connaissait. Le dîner fini, on présenta au roi la serviette pour s'essuyer les mains. Notre magistrat prit ce temps, et se jeta à ses pieds. Régulièrement, à l'approche d'un homme inconnu vers la personne du roi, comme on ne pénètre point l'intention, les officiers devaient se jeter sur lui et le repousser ; mais, à cette génuflexion imprévue, tout le [monde demeura étonné et dans l'inaction, ce que l'on remarquera peut-être dans la *Gazette ecclésiastique* comme fait miraculeux. En sorte que notre homme eut le temps de dire au roi qu'il était un des plus respectueux, zélés et fidèles de ses sujets, et qu'il prenait la liberté de lui présenter un livre[2] où était écrite la vérité, qu'on lui cachait depuis longtemps.

Le roi prit le livre assez gracieusement, sans surprise, et passa tout de suite dans son cabinet. M. de Montgeron se leva et regagna sa chaise de poste qui l'attendait. Les sens revenus aux specta-

---

[1] Il en a déjà été parlé ci-dessus, page 71.

[2] *La vérité des miracles*, etc., *démontrée contre M. l'archevêque de Sens*, par Basile Carré de Montgeron, conseiller au parlement. (Paris), 1737, in-4° et 3 vol. in-12.

teurs, car tout ceci se passa en un moment, on fut effrayé de la hardiesse du particulier, et du danger qu'il y avait de laisser ainsi approcher le roi. Le premier gentilhomme arracha promptement le livre des mains du roi, qui fut surpris de cette vivacité; mais on lui fit entendre les conséquences d'un livre qui pouvait être empoisonné. On donna ordre de courir après cet homme en manteau, que quelqu'un, qui venait d'arriver, dit avoir vu dans les appartements et être M. de Montgeron. D'ailleurs, son nom était au bas de l'épître dédicatoire au roi. Sur cet ordre, un exempt des gardes du corps arrêta M. Caze, maître des requêtes, qu'il trouva en manteau et ne lâcha qu'après l'avoir conduit chez M. le contrôleur général, qui dit que c'était M. Caze et non M. de Montgeron. On envoya sur-le-champ un courrier sur le chemin de Paris, mais on ne trouva pas notre homme, qui avait pris la route de Saint-Cloud afin de présenter un pareil livre à M. le duc d'Orléans[1], et qui, de là, était venu tranquillement à Paris en donner autant à M. le premier président et à M. le procureur général.

De Versailles, on expédia de suite une lettre de cachet, adressée à M. Hérault, et le soir, M. de Montgeron étant rentré chez lui, est arrivé M. Duval, commandant du guet, porteur de la lettre de cachet. Il était accompagné d'un commissaire au Châtelet, qui a mis le scellé, et M. de Montgeron a été conduit droit à la Bastille. On dit qu'il s'attendait à quelque chose d'approchant, attendu que, lundi matin, il avait payé à tous

---

[1] Le château de Saint-Cloud, acheté en 1658 par Louis XIV, qui en fit don à son frère Monsieur, resta la propriété de la maison d'Orléans jusqu'en 1782, que Marie-Antoinette en fit l'acquisition.

ses domestiques leurs gages jusqu'à ce jour, et qu'il leur avait dit de ne point fermer les portes.

— Mardi, 30, sur cette nouvelle, le parlement s'est assemblé l'après-midi, et messieurs les gens du roi ont été envoyés en cour pour demander une audience. On a donné vendredi, et aujourd'hui, mercredi 31, la députation a été arrêtée. Le parlement a regardé la démarche de M. de Montgeron comme une extravagance, ainsi qu'elle l'est en tout point, mais il ira pour réclamer les priviléges de la compagnie, qui a le droit de juger un confrère, en cas qu'il y ait quelque délit dans sa conduite, sans qu'il soit mis ainsi à la Bastille. D'ailleurs, le parlement se plaint de la façon, dans la forme, en ce que M. de Montgeron a été arrêté par le sieur Duval et non par un officier des mousquetaires ou autre, comme cela s'est pratiqué jusqu'ici, et de ce qu'un simple commissaire au Châtelet a mis le scellé. Il y avait eu des avis, à l'assemblée, pour envoyer chercher le commissaire, ce qui sagement n'a pas été suivi, attendu que ce commissaire, exécutant les ordres du roi, n'est plus garant si on n'a pas fait à ce conseiller tous les honneurs prétendus. Mais il y a apparence que le parlement ne fera des démarches que pour la forme, et que M. de Montgeron restera à la Bastille. Il le mérite bien, car il est encore coupable d'un autre fait. Par les règlements mêmes du parlement, il est défendu d'imprimer et faire imprimer aucun livre sans permission et sans nom d'imprimeur, et il a contrevenu pleinement à ces règlements de sa compagnie.

— Il faut dire en passant que, depuis quinze jours, il y a dans l'air des orages continuels avec des pluies considérables. Sur Paris cela ne fait que laver les rues et incommoder les allants et venants; mais ces orages ont été bien plus cruels dans les provinces. La Touraine et l'Anjou ont été inondés. Il y a eu une nuée qui tenait plus de vingt lieues de pays, et il est tombé en Anjou des grêlons de six à sept livres de pesanteur, ce qui a tué des bestiaux et des hommes dans les champs. Il y a eu des arbres renversés et un grand ravage. On mande de Bordeaux qu'il y aura une perte considérable sur les vins, qui sont la richesse du pays. Cette calamité dérangera, en bien des endroits, l'espérance qu'on avait eue d'une année heureuse.

Août. — Vendredi, 2 de ce mois, il y a eu, la nuit, un grand malheur dans cette ville. Le feu a pris à l'Hôtel-Dieu dans la boulangerie et la lingerie. On ne sait pas comment; mais on dit qu'il avait commencé le jeudi, à neuf heures du soir. Les religieuses[1] avaient compté l'éteindre à cause du grand nombre de domestiques et de monde qui est dans cette maison, et par la facilité d'avoir de l'eau. Elles n'ont pu en venir à bout, et le feu a fait de tels progrès qu'à minuit les bâtiments qui sont du côté de l'archevêché et du petit pont où l'on paye[2], se sont embrasés. Le danger était extrême, et il a fallu courir au secours. La désolation a été générale dans toutes les salles. Tout le guet y est arrivé; M. le premier président, le procureur général, le lieutenant de police et les autres magistrats. Les soldats aux gardes ont été commandés pour ve-

---

[1] Le service des malades de l'Hôtel-Dieu était fait par cent trente religieuses de l'Ordre de Saint-Augustin.

[2] Le *pont de l'Hôtel-Dieu* ou *Pont-aux-Doubles*, ainsi nommé parce que des lettres patentes de Louis XIII y avaient établi un péage d'un double tournois pour les piétons.

nir travailler; les religieux mendiants ont aussi été appelés. Tous les malades sont sortis et se sont réfugiés les uns dans Notre-Dame, les autres dans les rues, et on en a transporté autant qu'on a pu, dans des charrettes, à l'hôpital Saint-Louis. Mais tous les petits enfants nouveau-nés ont été étouffés par la fumée. Il y a eu des femmes qui sont accouchées dans la rue. M. le premier président a emporté chez lui l'argent qui était dans la caisse. Le feu a continué avec violence jusqu'à midi du vendredi, malgré les grands secours, car on arrêtait encore dans les rues tous les hommes en état de travailler. On a été obligé de découvrir trois salles et de jeter à l'eau la charpente, dans laquelle le feu avait gagné successivement. Heureusement qu'il n'y avait point de vent la nuit, autrement le mal aurait été bien plus considérable. Il y a eu deux religieuses perdues, qui ont péri apparemment sous les ruines; quelques moines, sept ou huit soldats ou autres, écrasés par un plancher qui a fondu, et trente ou quarante hommes blessés. On a continué de travailler le vendredi et la nuit du samedi, parce que le feu s'était glissé dans les caves, et ce n'est que le samedi matin qu'on a été absolument sûr qu'il n'y avait plus rien à craindre. Les malades ont beaucoup souffert le vendredi. M. l'archevêque de Paris a fait ramasser ce qu'on a pu trouver de bouillon dans le quartier, et il a donné à dîner aux religieuses. Outre ce qu'il en coûtera pour la réparation de la maison, on dit qu'il y a pour sept ou huit cent mille livres de linge brûlé et perdu. Cela n'est pas étonnant dans cet hôpital où il y a trois mille personnes.

Le public souhaiterait fort que cet accident donnât

lieu d'ôter l'Hôtel-Dieu du milieu de Paris pour le transporter dans l'île Maquerelle[1], au-dessous des Invalides, attendu que la quantité d'ordures qui sortent de cet hôpital, par une lessive continuelle, doit corrompre l'eau que l'on puise au-dessous pour en boire dans tout Paris.

— Le vendredi matin, M. le premier président et M. le procureur général furent obligés de quitter le feu, à sept heures, pour se rendre au palais et partir pour Versailles avec la députation qui devait être reçue par le roi, à midi. Tous les présidents à mortier y étaient, quatre conseillers de grand'chambre, le parquet et un conseiller de chaque chambre des enquêtes et requêtes. Cette cérémonie, tant pour le discours du premier président que pour la réponse du roi, qui devait aller à la chasse, n'a duré, dit-on, que deux minutes. Voici la réponse du roi :

« J'ai voulu punir un manquement de respect qui m'est personnel. Si je veux aller plus loin, je vous ferai savoir mes intentions. »

Comme il ne convient point de charger la mémoire du roi, M. le chancelier a pris la parole et a dit :

« Le roi m'a ordonné d'ajouter que le temps n'avait pas permis de suivre les formes pour la réparation d'une démarche aussi téméraire, dans laquelle Sa Majesté n'a pas reconnu le magistrat. A l'égard des imprimés, on n'a pu se dispenser de s'en emparer

[1] L'île Maquerelle ou île des Cygnes commençait un peu au-dessous de l'Esplanade des Invalides et s'étendait jusqu'au delà du pont d'Iéna. Le bras de la Seine qui la séparait du quartier du Gros-Caillou fut comblé vers la fin du siècle dernier.

pour empêcher les désordres qu'ils auraient causés dans le public. »

Cela a été dit à cause de plusieurs exemplaires du livre en question, et de plusieurs autres mémoires et papiers qu'on a trouvés chez M. de Montgeron, et qu'on a enlevés.

Le samedi 3, on a rendu compte au parlement assemblé de la réponse du roi. Elle a été enregistrée et chacun s'est retiré tranquillement dans ses chambres.

— J'ai parcouru samedi un exemplaire du livre de M. de Montgeron. Il commence par une épître dédicatoire au roi, signée de lui; ensuite est sa vie et sa conversion au tombeau de M. Pâris. Il rend compte de son caractère, de ses passions, de ses débauches de jeunesse, et raconte qu'il a été à la Trappe. Cette partie du livre fait tort au reste. Cela annonce un caractère changeant, incertain, volage, dont la conversion n'est pas autrement respectable. Le premier tome contient huit miracles faits sur le tombeau, la maladie, la guérison et la démonstration des miracles par les certificats des médecins, chirurgiens et autres notables personnages, avec deux estampes à chaque miracle : la personne dans son état d'infirmité et le malade guéri. A l'égard de l'épitre dédicatoire, elle est parfaitement écrite et séduisante, et elle contient bien du vrai sur tout ce qui s'est passé au sujet de la constitution *Unigenitus;* mais, en même temps, c'est un libelle diffamatoire contre la cour de Rome, contre les jésuites, contre ceux qui approchent la personne du roi, et qui le trompent et le trahissent dans ce qui intéresse le plus essentiellement la religion et les droits de sa couronne. Ceci regarde personnellement M. le cardinal, et il n'aime pas être attaqué. En sorte que M. de Montgeron sera la victime de son zèle : on l'enverra pour longues années dans quelque château éloigné. Ce qu'il y a de certain, c'est que malgré toutes ses précautions le roi ne lira pas seulement son épître dédicatoire, qui serait capable de lui faire faire des réflexions. Outre qu'il n'est pas curieux, on fera ce qu'il faut pour l'empêcher de la lire. Mais il est à craindre qu'une entreprise pareille, de la part d'un chef de parti et d'un magistrat qui pour la prétendue vérité sacrifie ses biens, son état et sa liberté, ne fasse faire quelque autre sottise à quelque cerveau brûlé dont la secte janséniste est suffisamment garnie.

— Samedi, 17, M. Pâris, vicomte de Muire, conseiller au parlement en la première chambre des enquêtes, frère du prétendu saint Pâris qui fait tant de bruit dans notre bonne ville de Paris, a été enterré à Saint-Gervais, sa paroisse, âgé de cinquante ans tout au plus. C'était un homme fort sage, qui ne prenait point de parti violent dans les assemblées, mais qui vivait très-saintement, qui portait le cilice et qui n'est mort que par épuisement d'austérités. Il y avait un monde étonnant à son enterrement, surtout un grand concours de prêtres et de dévotes. Il avait demandé verbalement à être enterré dans le cimetière, mais M. Hérault a donné ordre de l'enterrer dans l'église pour éviter les mêmes aventures du cimetière Saint-Médard. On dit cependant qu'à l'endroit où il est enterré il y a concours de monde tous les jours. On a pris de la terre et on a coupé la planche sur laquelle le corps avait été posé. Suivant les apparences, on entendra parler de quelque extravagance nouvelle sur cette paroisse. M. Pâris ne laisse point d'enfants.

— Il y a affaire nouvelle sur le tapis pour notre parlement. L'assemblée qui s'est tenue au sujet de M. de Montgeron a donné lieu de parler des remontrances qui ont été données, il y a plus de trois ans [1], à propos d'un mandement de M. l'archevêque de Cambrai qui n'était pas du goût du parlement; en sorte qu'il a été délibéré d'aller chercher la réponse à ces remontrances qui étaient dans l'oubli. Le parlement y a été mercredi, 24. Ordinairement la réponse du roi est très-courte, même par la bouche du chancelier; mais celle-ci a été très-longue. Le chancelier a fait, pour ainsi dire, les contredits aux remontrances du parlement, disant même que les maximes que celui-ci y avait proposées étaient fausses. Cette réponse a infiniment piqué le parlement, qui était à Versailles en grande députation. Il a été arrêté qu'on ferait d'itératives remontrances et qu'on ne registrerait point la réponse du roi, ce qui ne s'est jamais fait. Le motif du parlement est que cette réponse est totalement contraire aux droits du roi, vis-à-vis de la cour de Rome, et que les ennemis de l'État pourraient un jour se prévaloir de trouver une pareille réponse dans les registres du parlement, qui ne doit rien admettre de contraire aux droits du royaume.

Septembre. — L'affaire de M. le duc d'Orléans et de madame la princesse de Modène occupait, chaque semaine, trois audiences de la grand'chambre, où j'assistais comme du conseil de la princesse. Elle a été conduite et plaidée parfaitement, de notre côté, par

---

[1] C'était au mois de février 1735. Voir ci-dessus, p. 107

M. de Laverdy, de l'aveu et de l'approbation de tout le public, qui disait tout haut que le crédit seul pouvait faire perdre cette cause. M. Le Normand, qui plaidait pour le duc d'Orléans, n'a pas eu le même avantage, et ayant quitté la plaidoirie il y a deux ans avec une réputation entière, il aurait tout aussi sagement fait d'en rester là et de laisser plaider M. Cochin, retenu pour plaider les affaires du duc d'Orléans.

Jeudi, 5, M. Gilbert, avocat général, a porté la parole pendant trois heures, et a parlé avec tout l'art et toute l'éloquence possible pour parvenir à dire que s'il s'agissait d'une affaire entre particuliers, la question de la renonciation mériterait attention; mais que dans un contrat de mariage d'une princesse du sang, sa renonciation étant faite du consentement du roi et moyennant une dot considérable qu'il a donnée, cette convention n'était plus sujette à variation, ni à pouvoir être attaquée sous prétexte de formalités et de règles ordinaires; que c'était une loi dictée par le prince souverain et chef dans sa famille. Ces conclusions ont été suivies d'un arrêt qui, suivant les offres faites, par M. le duc d'Orléans, de payer à la princesse, sa sœur, le restant de sa dot en monnaie forte[1], avec les intérêts, l'a condamné à payer le surplus de la dot, et a déclaré madame la princesse de Modène non recevable dans sa demande en partage, et néanmoins sans dépens.

---

[1] La question principale soulevée par le procès, était de savoir si la dot avait été constituée en *monnaie forte*, c'est-à-dire en *écus des neuf à la taille au marc*, ou en *monnaie courante de France*. Dans ce dernier cas, le marc d'argent représentant une valeur à peu près double au moment du mariage, par suite de la rareté du numéraire, la dot se serait trouvée réduite de plus de moitié.

M. le duc d'Orléans avait soutenu dans son Mémoire[1] imprimé et dans les premières plaidoiries, que la dot constituée par M. le régent à la princesse sa fille n'était pas en monnaie forte, et que toute sa dot lui avait été payée. C'est après avoir démontré la vérité de nos preuves, par des notes conformes tirées du secrétariat des affaires étrangères, que M. le duc d'Orléans a envoyé ordre à son conseil de se désister de ce qu'on avait soutenu. Cette démarche fait honneur à M. le duc d'Orléans, mais non à son conseil; et cela a fort mortifié M. Le Normand, qui s'était flatté de prouver que la dot était payée.

A la façon dont cette affaire a été jugée, en un quart d'heure d'opinions, tout d'une voix, sans avoir fait retirer le monde, ce qui se fait ordinairement par rapport à la qualité des parties, pour faire présumer qu'une affaire a été discutée sérieusement, et à la tournure du plaidoyer de l'avocat général, je croirais volontiers qu'il y avait eu quelque ordre d'en haut pour confirmer et faire exécuter la renonciation de la princesse de Modène. En effet, il y a beaucoup de gens qui pensent que cela est bien jugé, par rapport à la dot considérable que la princesse a portée au duc de Modène, tant du roi que de M. le duc d'Orléans, son père, en pierreries et en argent, les dots ayant été estimées en monnaie forte: Cela va à plus de deux millions cinq cent mille livres, ce qui est au delà de ce qu'elle aurait pu prétendre en qualité d'héritière de M. le régent. D'autres disent que si elle était venue à

---

[1] Paris, de l'impr. de d'Houry, 1737, in-4° de 52 pages. Il est signé : « M⁰ Normant, avocat. »

partage, elle aurait dû tenir compte à M. son frère de la dot donnée par le roi en considération de la renonciation; en sorte qu'elle a à recevoir, à présent, à peu près quatre cent cinquante mille livres.

— Ce même jour, 5, le parlement alla à Versailles, où il avait été mandé pour recevoir la réponse aux secondes remontrances. Le roi lui répondit qu'il saurait conserver et maintenir les droits de sa couronne, les libertés de son Église, et qu'il comptait que son parlement ne lui manquerait jamais de respect. Ce qui a été dit à cause du refus de registrer la première réponse. Le parlement s'est assemblé pour entendre cette nouvelle réponse, et comme c'était le dernier jour[1], que chacun ne songe qu'à prendre son parti pour la campagne, on n'aura pas eu le temps de faire ses réflexions sur la réponse du roi Je ne sais pas si les deux réponses du roi ont été registrées.

— Madame la Duchesse, la jeune, est revenue des eaux de Forges, qui lui ont fait beaucoup de bien. Elle est entièrement rétablie de ses indispositions et du danger où elle avait été depuis ses couches.

— Le roi est parti le 20 septembre pour Fontainebleau, avec la reine et toute la cour. Il y a un monde considérable. M. le Dauphin y est aussi pour la première fois. On comptait, dit-on, sur une promotion d'officiers généraux et sur le renouvellement, ou, pour mieux dire, sur un nouveau bail des fermes générales, et cela y a attiré grand concours.

Octobre. — A la fin de septembre ou dans le commencement de ce mois, on a retiré M. de Montgeron[2]

---

[1] A cause des vacances du parlement.
[2] M. de Montgeron sortit de la Bastille le 7 octobre pour être conduit

de la Bastille, et on l'a conduit dans un château à cent cinquante lieues d'ici, les uns disaient dans une abbaye de bénédictins, d'autres dans l'île Sainte-Marguerite. Ce qui est certain, c'est qu'il est très-éloigné, et cela a été fait apparemment, de la part de la cour, pour prévenir les sollicitations du parlement, à la rentrée, pour le mettre en liberté. C'est un homme séquestré pour toujours.

— Jeudi, 24, le roi a déclaré à Fontainebleau que M. le comte de Roucy[1], qui est La Rochefoucault en son nom, et qui s'appelait, il y a quelques années, le comte de Marthon, serait duc de La Roche-Guyon et épouserait mademoiselle de La Rochefoucault[2], fille du duc qui n'a point d'enfants mâles. Depuis un temps infini, ce seigneur était l'ami déclaré de mademoiselle de La Roche-sur-Yon[3], princesse du sang. On croyait même, dans le monde, qu'ils étaient mariés secrètement, et il avait refusé d'épouser la fille aînée du duc de La Rochefoucault, que le duc d'Anville, de la même maison, a épousée. Si cela se confirme et s'exécute, cela justifiera que l'on s'était trompé sur le fait de ce mariage; mais on est fort surpris de cette nouvelle.

à l'abbaye de Saint-André-lès-Avignons. Il y resta peu de temps et fut transféré à la citadelle de Valence, où il mourut en 1754.

[1] Louis-François-Armand de Roye de La Rochefoucault, duc d'Estissac, comte de Roucy, brigadier d'infanterie, né en 1695.

[2] Marie de La Rochefoucault, fille du duc Alexandre de La Rochefoucault, duc de La Roche-Guyon, etc., née en 1718. Sa sœur aînée, Louise-Élisabeth, avait épousé en 1732, Jean-Baptiste-Louis-Frédéric, frère de Louis-François. Il portait le titre de marquis de Roucy, et avait été nommé duc d'Anville, à l'occasion de son mariage.

[3] Voir t. I, p. 133.

— Samedi, 26, il est arrivé à Paris un malheur irréparable. Entre deux et trois heures après minuit, le feu a pris dans la chambre des comptes, dans une des chambres où il n'y a personne la nuit, et en deux heures de temps il y a eu un embrasement considérable. Il faisait froid et grand vent, et pendant ces deux heures il n'y a point eu de secours. C'est la Saint-Simon, et tous les magistrats sont à la campagne. Le concierge et ceux qui demeurent dans l'emplacement de la chambre ont été effrayés; les portes du palais étaient fermées; il a fallu envoyer à Madrid avertir le premier président[1], et à Fleury, à quatre lieues, pour le procureur général[2]. M. Hérault est venu le premier : il n'a pu commander que le guet, les pompiers et les religieux mendiants. On dit que M. le procureur général seul a le droit de demander du secours au major des gardes. Quoi qu'il en soit, à près de six heures, quand tout ce monde a été assemblé, la plus grande partie des titres et papiers était brûlée. Des paquets en feu et à moitié brûlés étaient enlevés et poussés par le vent et tombaient jusque dans la rue Montmartre et dans le jardin du Palais-Royal[3]. Ce feu et cet embrasement ont duré dimanche et lundi. Tous les bois de charpente sont de châtaignier, cela est très-ancien et très-sec, en sorte que la plus grande partie des bâti-

[1] M. Le Peletier.
[2] M. Joly de Fleury, procureur général au parlement. Le château de Fleury-Mérongis, qui appartenait depuis longtemps à sa famille, est situé entre Corbeil et Montlhéry à vingt-huit kilomètres de Paris.
[3] La chambre des comptes occupait un bâtiment situé dans la cour de la Sainte-Chapelle. L'hôtel où siégeait la cour des comptes il y a quelques années, et qu'habite aujourd'hui le préfet de police, est bâti sur son emplacement.

ments qui sont du côté de l'hôtel de M. le premier président sont tombés et écroulés sur les fondements. Il y a eu nombre d'ouvriers, de soldats et de moines blessés, et quelques-uns écrasés. Hier soir, 28, jour de Saint-Simon, le feu était dans les bas. La provision de bois pour la chambre des comptes, et même pour le parlement, est, dit-on, dans ces caves; il y a quatre cents voies de bois et deux mille fagots. Si cela se communique dans ces endroits, il ne sera pas possible d'éteindre le feu. On a tout déménagé chez M. le premier président, et on a donné tous les soins pour empêcher la communication.

— Le feu a été éteint au bout de trois jours par la grande quantité d'eau qu'on a jetée, par le moyen des pompes, dans les caves et sur les toits. MM. de la chambre des comptes se plaignent de M. Hérault qui, le premier jour, employait les deux tiers des pompes à empêcher la communication du feu chez M. le président, où il n'était question que de murs et de bâtiments, au lieu de songer entièrement aux bâtiments de la chambre, à cause des papiers et pour donner le temps de les faire sortir. Ç'a été une confusion épouvantable. Indépendamment de tous les titres qui ont été brûlés entièrement ou à moitié, la grande chaleur du feu a fait retirer la plupart des registres de parchemin de telle sorte qu'il ne sera plus possible d'en faire usage.

M. le premier président de Nicolaï[1], qui a perdu M. son père il y a un mois et qui n'a que vingt-sept ou vingt-huit ans, s'est parfaitement comporté dans cet

---

[1] Aymard-Jean Nicolaï, né en 1709, premier président de la chambre des comptes.

accident. Il a passé trois nuits, au palais, à travailler presque lui-même, et à faire donner du vin aux soldats aux gardes, au guet et aux autres travailleurs.

Il y a eu plusieurs personnes tuées ou écrasées dans cet incendie. Ce qu'il y a ici de particulier, c'est qu'il n'a pas été possible de savoir comment a pris le feu; aussi le public n'a pas laissé que de faire beaucoup de raisonnements à ce sujet. On a dit que c'était par les cuisines ou écuries du premier président, ce qui n'est pas possible, car alors le feu aurait commencé par chez lui; d'autres, que c'était du feu qui était resté dans une cheminée et qui avait roulé dans une chambre où il y avait eu assemblée. Cela n'est pas encore probable, attendu que les garçons de buvette ont le soin d'éteindre le feu et de retirer le bois, qui est leur profit. Les jansénistes ont fait courir le bruit que c'était une punition du ciel. On pourrait croire aussi bien que ce feu a été mis secrètement par quelque janséniste qui a eu accès dans la chambre des comptes, et qu'il en a été de même pour le feu de l'Hôtel-Dieu. Ce dernier a pris trois jours après l'enlèvement de M. de Montgeron, et celui de la chambre des comptes dans le même mois qu'on a transféré M. de Montgeron dans une abbaye de bénédictins, du côté d'Avignon, dont le prieur est, dit-on, un moliniste capable de le faire enrager. On peut juger combien cela est sensible à tout le parti, qui ne songera qu'à venger un protecteur qui s'est sacrifié pour la bonne cause. M. Arouet[1], payeur des épices de la chambre des comptes, demeure dans l'emplacement de la chambre. Il est grand janséniste et très-

---

[1] Armand Arouet, frère de Voltaire, né le 22 mars 1685, mort en 1745.

honnête homme, mais cela ne fréquente que des jansénistes, et il y a tel prêtre qu'il regarde comme un saint, qui est un cerveau brûlé capable d'une telle méchanceté. Pour moi, j'aurais fait arrêter tous ceux qui demeurent et logent dans l'enceinte de la chambre, buvetiers, concierge, domestiques et autres, et j'aurais su tous ceux qui étaient venus, la veille du feu, dans l'intérieur. Depuis cinq ou six ans qu'il est question des miracles de M. Pâris et des convulsions, on a eu trop de faiblesse pour le parti janséniste. Ce parti, qui compose à présent les deux tiers de Paris, de tous états et surtout dans le peuple, est allumé par nombre de prêtres qui ont été déplacés et qui ne subsistent que par les charités du parti, sur les apparences d'une vie sainte et d'une morale pure. Ce parti, dans lequel il y a une grande union, s'est accru d'autant plus aisément qu'on a en horreur la constitution *Unigenitus*, qui a donné lieu aux premières divisions, et les jésuites, qui en sont les auteurs.

Novembre. — La Ville, c'est-à-dire le prévôt des marchands et échevins, ont fait tendre des tentes dans l'enceinte de la Place-Royale. Dans celles du milieu, qui sont grandes, on a fait porter tous les registres et titres que l'on a retirés de la chambre des comptes. Les autres tentes sont étiquetées par matières, et l'on porte à mesure, dans chaque tente, ce qui concerne la matière. Il y a deux maîtres des comptes, deux auditeurs et deux procureurs qui se relèvent toutes les deux heures, et qui travaillent à cet ouvrage toute la journée. On dit que la chambre du domaine est entièrement brûlée, mais que celle des fiefs, par bonheur, ne l'est pas. Je ne crois pas qu'on puisse savoir encore tout ce qui manque, et d'ailleurs les officiers de la chambre auront intérêt à dissimuler le dommage. Il faudra faire rapporter les titres des grandes maisons pour en prendre des doubles. Je suis sûr qu'il y aura de quoi occuper bien des commis pendant dix ans, sans peut-être qu'on puisse remettre les choses dans l'ordre où cela était à la chambre, ni réparer le dommage. Je crois même que cela pourrait faire tort, par la suite, à la chambre où il y a un grand nombre d'officiers inutiles. On ne sait point encore si on rebâtira dans la cour du palais ce qui est démoli, ou si on placera la chambre ailleurs.

— Le roi de Pologne, duc de Lorraine, a donné le gouvernement de cette province et du Barrois à M. le duc de Fleury, petit-neveu du cardinal. Cela rapporte quatre-vingt mille livres de rente, et cela fait un des plus beaux gouvernements du royaume.

— M. le comte de Toulouse est très-incommodé depuis quelque temps. Il a le sang brûlé et corrompu comme M. le duc du Maine, son frère. Cela a formé des ulcères dans la vessie, en sorte qu'on s'est déterminé à lui faire une opération. Le roi, qui l'aime fort et qui est fort touché, est parti mercredi, 6, de Fontainebleau avec quelques seigneurs, et est venu coucher à Versailles, où il a demandé à souper à madame de Tallard, gouvernante de Mesdames de France, attendu qu'il n'y a pas un officier à Versailles. Le jeudi, il a été à Rambouillet voir M. le comte de Toulouse, est revenu coucher à Versailles, et le vendredi est retourné à Fontainebleau. Cette action de sensibilité est fort louable. On dit, comme chose sûre, que M. le cardinal a accompagné le roi. Il n'aura pas voulu apparemment le quitter, de crainte de quelque conversation avec M. et madame de Toulouse. La politique fait faire bien des démarches! Morand ¹, fameux chirurgien, a fait l'opération, vendredi matin, à M. le comte de Toulouse et fort bien; mais avec cela on ne croit pas qu'il en revienne. Cette mort fera bien tort aux grands projets de M. le maréchal de Noailles pour avoir le ministère après la mort du cardinal.

— Depuis quelques jours, il y a eu le feu chez un libraire du quai des Augustins, qui a pris la nuit, par une cave, et qui a brûlé pour plus de deux mille écus de livres. Un autre feu a pris aussi dans une maison de l'île Notre-Dame. Cela devient fréquent. A l'occasion de l'incendie de la chambre des comptes, on dit qu'on informe sérieusement.

— Histoire arrivée à Paris. Peirenc de Moras ² avait trouvé le secret, par le Système, de gagner plus de six cent mille livres de rente avec deux ou trois millions d'effets mobiliers, et il avait épousé la fille de Fargès, autre fripon. Il est mort laissant une veuve fort riche, un fils conseiller aux requêtes du palais, et une fille³ de quatorze ans qui est un gros parti, et qui est dans un couvent. Cette veuve a une très-bonne maison, garnie de seigneurs qui font la cour à madame. M. de La Mothe-Houdancourt, lieutenant général des armées du roi, homme de grande condition et bien fait, a l'honneur de ses bonnes grâces. Il a introduit dans la maison un de ses parents et amis, M. de La

¹ Sauveur-François Morand, membre de l'Académie des Sciences, né à Paris, le 2 avril 1692, mort le 21 juillet 1773.
² Voir t. I, p. 467.
³ Anne-Marie, née en 1724. Elle était au couvent des religieuses de Notre-Dame-de-Consolation, rue du Cherche-Midi.

Roche-Courbon, brigadier des armées du roi[1], cadet de Poitou, frère du marquis de Blenac, de fort bonne maison, mais n'ayant que huit cent livres de rente de patrimoine. On envoyait souvent chercher la fille à son couvent pour voir sa mère. La Roche-Courbon lui a fait la cour, et a plu à la jeune fille, que l'on dit aussi résolue que si elle avait vingt ans. M. de La Mothe-Houdancourt donnait la main à cette intrigue. Tant y a que le dimanche avant la Toussaint[2], une femme de chambre de la mère[3], qui était gagnée, a été chercher la fille au couvent, dans un carrosse de la maison, à l'ordinaire. Au sortir du couvent, la fille est montée avec la femme de chambre dans une chaise de poste postée au coin d'une rue, et a pris le chemin d'Orléans pour se rendre à une terre[4] dudit sieur de Courbon, en Poitou. On dit aussi qu'au-dessus de Châtres[5], la femme de chambre a crié au postillon de prendre un chemin de traverse pour aller à une terre de madame de Moras, mais que la jeune fille a tiré un pistolet de poche, et a dit à la fille de chambre qu'elle lui casserait la tête si elle parlait. Ce que l'on regarde comme

[1] Charles-Angélique, dit le comte de Courbon-Blenac, né en 1699, frère de Gabriel-Madeleine, marquis de Blenac, etc., grand sénéchal de Saintonge, né en 1698. Barbier se trompe en le qualifiant de brigadier, car il était simple capitaine de cavalerie au régiment du comte de Clermont. Il le confond avec le chevalier de Brancas, de la branche des marquis de Courbon, comtes de Rochefort, qui en effet était brigadier d'infanterie.

[2] Le 25 octobre.

[3] Étiennette Auger, veuve Gaury; elle était femme de chambre de mademoiselle de Moras.

[4] La terre de Contré, près Villefagnan, dans le département de la Charente.

[5] Autrement Arpajon. Voir t. I, p. 218.

ayant été fait exprès, en présence du postillon, pour décharger cette femme de chambre d'être complice du rapt. Il y avait deux domestiques à cheval à la suite de la chaise. Le postillon ayant rendu compte de ce qui s'était passé au maître de la poste, celui-ci a écrit à M. Pajot d'Ons-en-Bray, directeur général des postes, en sorte qu'on a su le chemin que la fille avait pris, et même le jour où elle était arrivée à Poitiers. En conséquence, grand bruit dans la maison. MM. Fargès de Polisy et Prévost de Saint-Cyr, maîtres des requêtes, ses oncles, sont partis en poste avec un ordre du roi, l'ont trouvée dans le château où elle était depuis deux jours[1] avec M. de Courbon, et l'ont ramenée dans un couvent. Les uns disent que cela avait été fait de concert entre madame de Moras et M. de La Mothe-Houdancourt, pour ne pas donner la fille à un duc un peu forcément, de la part du ministre. D'autres disent que c'est un complot entre M. de La Mothe et La Roche-Courbon, et que M. de La Mothe a été congédié de la maison de madame de Moras. Quoi qu'il en soit, cette fille ne sera plus aisée à marier convenablement ayant passé quelques jours dans le château. Cela est suspect, et on fera peut-être tout aussi bien de la marier avec la Roche-Courbon, bonhomme de bonne maison, qui n'aura pas fait une mauvaise affaire.

S'ensuit une petite chansonnette, sur un vaudeville courant les rues.

---

[1] Le mariage avait été fait à Contré, le 1ᵉʳ novembre, le lendemain de l'arrivée de mademoiselle de Moras, et les oncles de celle-ci n'arrivèrent au château que six jours après. Il naquit une fille de cette union.

> La petite Moras,
> Cette riche héritière,
> Suit, avec grand fracas,
> Les traces de sa mère.
> Elle a quitté la grille :
> Eh! ne savez-vous pas
> Que c'est pour la béquille
> Du père Barnabas !

Ce refrain, qui est assez plaisant, a fait faire nombre de jolis couplets sur les aventures publiques[1].

— M. Moriau, procureur du roi de l'hôtel de ville[2], a épousé la fille de M. Dionis, ancien notaire et secrétaire du roi : elle est fort jolie. Le mariage, quoique entre jeunes gens, n'a pas été heureux ; la femme a fait quelque écart que le mari n'a pas pris aussi doucement qu'il l'aurait dû. Bref la jeune femme est sortie de la maison maritale. Un curé de Paris a voulu l'y ramener au bout de quelques mois : la chronique dit qu'elle était grosse. Le mari n'a pas voulu la recevoir, et elle a passé, dit-on, la nuit dans la loge du portier. Cela a produit histoire joyeuse pour le public, et le refrain ayant pris faveur chez les chansonniers, ledit sieur Moriau a eu son petit couplet.

> Moriau, tu te plains
> De ta femme infidèle ;
> Crois-tu, petit robin,
> Qu'elle est si criminelle ?

[1] La chanson de *La Béquille du père Barnabas*, composée, vers la fin du xviie siècle, à l'occasion d'un capucin qui avait été dans une maison de filles et qui y avait laissé sa béquille, revint à la mode en 1737, et obtint une très-grande vogue.

[2] Procureur du roi près de la juridiction du bureau de l'hôtel de ville, composée du prévôt des marchands et des quatre échevins. Ce M. Moriau possédait une belle et nombreuse bibliothèque qu'il légua à la ville de Paris lors de sa mort, en 1759, et qui fut l'origine de la bibliothèque de l'Hôtel de ville.

Non, non, toute la ville,
Pour elle, te dira :
Que n'as-tu la béquille
Du père Barnabas?

— Le roi même n'a pas échappé à cette chanson par rapport à madame la comtesse de Mailly[1], dame du palais de la reine, fille aînée de M. le marquis de Nesle. Elle a épousé son cousin appelé à la substitution des biens de la maison de Mailly, qui va à plus de deux cent mille livres de rente, M. le marquis n'ayant point d'enfants mâles. Il n'est point remarié, et vit avec une comédienne.

Il y a longtemps que l'on parle de cette comtesse de Mailly pour être la maîtresse du roi, mais la chose paraît certaine. Elle n'est pas jolie, et elle a vingt-sept à vingt-huit ans; mais elle est bien faite, amusante et a de l'esprit. Cette intrigue se mène toujours secrètement parce que le cardinal retient; mais il n'est pas possible que les gens de cour et les officiers ne voient pas. On dit qu'à Versailles, quand le roi sort et revient de souper de ses petits appartements, il passe quelquefois seul de sa chambre dans ses garde-robes, et y reste deux heures. On ne doute pas que ladite dame n'y soit entrée par derrière, par le moyen de Bachelier, premier valet de chambre du roi. A Fontainebleau, au-dessous de l'appartement du roi, il y avait un appartement meublé où personne ne logeait,

[1] Louise-Julie, née le 16 mars 1710, fille de Louis de Mailly, marquis de Nesle, et de Félice-Armande Mazarini. Elle avait épousé Louis, comte de Mailly, son oncle à la mode de Bretagne, le 31 mai 1726.

. . . . Mailly, dont on babille,
La première éprouva
La royale béquille
Du père Barnabas !

dont il avait la clef, où il descendait par un petit escalier, et l'appartement donné à la comtesse de Mailly était tout proche. On dit aussi qu'elle va aux soupers particuliers de la Muette, avec les seigneurs, sans autres femmes. De plus, le roi ne couche plus avec la reine depuis six à sept mois. Tout cela a ouvert les yeux à ceux même qui n'approchent pas assez près pour voir ce qui se passe. On dit que le roi donne à la comtesse six mille livres par mois. Elle pourrait bien faire son mari duc, sans que personne y trouvât à redire. C'est un nom reconnu parmi nous comme de la première noblesse de ce pays-ci.

— M. de Vauvré, maître des requêtes, Girardin en son nom, a eu, comme il a peut-être été dit ci-dessus[1], une très-mauvaise affaire au conseil pour malversation dans plusieurs procès dont il était rapporteur : jusque-là qu'il y avait eu une députation de plusieurs des maîtres des requêtes au chancelier, pour lui porter leurs plaintes et lui demander l'exclusion d'un tel confrère. La chose examinée, après quelque temps, le chancelier avait fait dire à M. de Vauvré de ne point paraître au conseil; mais il a résisté, a importuné M. le chancelier et, à la fin, il a reçu une lettre de cachet qui l'exile à Château-Thierry, en sorte que c'est un homme perdu. C'est dommage : on convient que c'est un des plus habiles et des plus grands travailleurs du conseil; mais il n'est pas bien riche, et il est assez débauché de lui-même. On veut faire de la dépense, et, quand le fond de probité manque, on n'est pas à l'abri de l'intérêt. Il a une fort jolie femme, fille

---

[1] Le manuscrit du *Journal* de Barbier ne contient rien précédemment qui ait trait à cette affaire.

de M. Hatte, fermier général, qui passe pour aussi avisée en galanterie que le mari en affaires. C'est à son occasion que la ¹, fameuse m........., a été enfermée. On dit qu'elle allait chez elle faire des parties : d'autres prétendent que c'est son mari qui l'y avait menée par gentillesse. Le mari était depuis longtemps ami de cette fille. Quoi qu'il en soit, cela fait toujours de très-vilaines histoires, et qui se terminent mal par une aventure qui attaque la probité.

Décembre. — Le 1ᵉʳ de ce mois, M. le comte de Toulouse est mort fort regretté du roi et de tout le public. C'était un bon prince qui n'a pas survécu longtemps au duc du Maine², son frère aîné. Il laisse un fils, le duc de Penthièvre, âgé de douze ans, qui a toutes ses places de gouverneur de Bretagne et de grand amiral de France, et qui, par conséquent, est fort riche. M. l'abbé de Salaberry, conseiller de grand'chambre, qui n'a pas quarante ans, est chef de son conseil avec quatre mille livres d'appointements. Il a pour tuteurs honoraires, M. le duc d'Orléans et madame la comtesse de Toulouse.

Ils ont sollicité et obtenu, en cour, des lettres patentes pour déférer la tutelle du duc de Penthièvre au parlement. M. le duc de Bourbon s'y est opposé. Le comte de Charolais, qui ne paraît plus en cour, y a été pour solliciter en faveur du duc de Penthièvre et contrecarrer son frère, et mademoiselle de Charolais, amie de la comtesse de Toulouse, était aussi de son côté, en sorte que cela brouille la maison de Condé. On dit, par réflexion sage, qu'ils ont tous tort dans cette

---

¹ Le nom est en blanc dans le manuscrit.
² Le duc du Maine était mort le 14 mai 1736.

affaire. Il n'y a que les princes du sang légitimes qui aient ce privilége, mais aussi ils l'ont de droit : leur tutelle appartient au parlement. Cependant ils peuvent ne pas exercer ce droit et porter la tutelle devant le premier juge. Les princes légitimés voudraient marcher de pas égal avec les princes du sang; pour cela, il fallait porter la tutelle de M. le duc de Penthièvre au Châtelet, pour laisser du moins en doute s'ils avaient droit ou non d'aller au parlement. Mais obtenir des lettres patentes du roi pour y aller, c'est déclarer publiquement qu'ils n'en ont pas le droit, et demander une grâce. Par la même raison M. le Duc a eu tort de s'y opposer; il ne peut pas empêcher le roi de faire une grâce, et il devait seulement recommander d'exprimer dans les lettres que c'était une concession, sans que cela pût tirer à conséquence.

— Les lettres ont été accordées, mais comme grâce; le roi déclarant que ce droit appartient aux seuls princes du sang. En sorte que cela fait, pour la suite, confirmation pour les princes légitimes, et exclusion pour les princes légitimés.

— Madame de Vieux-Pont, sœur du marquis de Beringhen, premier écuyer du roi, est grande janséniste. Elle tenait chez elle assemblée pour assister à la représentation d'une fille convulsionnaire. M. Hérault en ayant été averti, y a envoyé un dimanche, après midi, un commissaire qui a trouvé quarante personnes, prêtres, laïques et autres. On savait les noms des assistants, et, en vertu de lettres de cachet, on en a conduit douze ou quatorze à la Bastille.

Il y avait entre autres assistants, et c'est un des renfermés, le sieur Boindin, dont le frère, procureur du roi des trésoriers de France, est un homme très-savant, bel esprit, qualifié *Boindin l'athée* dans les vers de Rousseau[1]. Voilà deux frères pensant bien différemment. Il y avait un autre individu qui avait déjà séjourné deux fois à la Bastille, et qui même était banni de Paris. Il faut bien aimer les convulsions ! Ces emprisonnements font remuer les parents et les amis auprès des ministres pour obtenir la liberté, et, suivant la gravité des cas et le caractère des personnes, on les y laisse plus ou moins longtemps. Voilà tout ce qui en arrive.

— Le roi a couché avec la reine vers les fêtes de Noël, avec préparation de bains, dans le dessein d'avoir un prince, si cela se peut. Comme cela n'était pas arrivé depuis longtemps, on l'a remarqué.

— Le roi est tombé malade d'un rhume dont presque tout le monde est attaqué. Il a été saigné à cause d'un peu de fièvre; mais cela n'a pas de suites. Il a gardé le lit et on lui a surtout défendu la chasse pour quelque temps, ce qui doit faire grand plaisir à ses officiers; car, malgré la gelée, les brouillards et la neige, il court toujours et, l'on peut dire, sans savoir pourquoi. Les gens qui l'approchent le trouvent très-changé et très-diminué; le visage fondu, les yeux enfoncés. Cela vient apparemment de trop de fatigue de toute espèce. On ne croit pas qu'il veuille se gêner à travailler par lui-même aux affaires du royaume, ce qui embarrasse furieusement le cardinal dans le choix d'un ministre qui puisse lui succéder.

— Le pape a fait cardinal, à la nomination du roi

[1] Les fameux *couplets* pour lesquels J. B. Rousseau fut banni de France en 1712. Ce Nicolas Boindin, procureur du roi, né en 1676, était membre de l'Académie des inscriptions.

de France, M. l'archevêque de Vienne¹, premier aumônier du roi, qui est Bouillon et qui s'appelle le cardinal d'Auvergne. On croit que le cardinal de Fleury lui a fait tomber cette grâce parce qu'il n'y a rien à appréhender à son sujet pour aspirer à la place de premier ministre, à laquelle, suivant ce qui se pratique dans ce pays-ci, un homme d'esprit aurait pu prétendre avec la dignité de cardinal. Ainsi, soit amour pour le bien public, soit vanité pour que son nom et son administration ne soient point effacés par un successeur cardinal, ce chapeau a été donné très-politiquement.

Notre nouveau cardinal est véhémentement soupçonné du libertinage romain. On ne croit pourtant pas que ce soit cette qualité qui lui ait donné droit de préférence au chapeau. Sur quoi il y a eu un petit couplet.

ANNÉE 1738.

Janvier. — M. de Verthamon, premier président du grand conseil, est mort âgé de quatre-vingt-deux ans, extrêmement riche, et a fait son légataire universel le fils de M. d'Aligre, président à mortier; en quoi il a surpris et attrapé plusieurs de ses parents qui attendaient part dans sa succession. C'était un original², fort ménager, et qui était brouillé depuis très-longtemps avec le grand conseil. On dit qu'il

---

¹ Henri-Oswald de La Tour d'Auvergne, né le 5 novembre 1671.
² Il en a déjà été question t. I, p. 244.

avait encore gagné une *galanterie* il n'y a pas plus de deux ans.

Depuis sa mort, la nouvelle de Paris a été de savoir qui aurait cette place, qui est une charge de cinq cent mille livres. On l'a donnée à M. de Blancmesnil de Lamoignon, qui s'est retiré à sa terre de Malesherbes, de chagrin de n'avoir pas eu la place de premier président après la mort de M. Portail; à M. Hérault, comme une retraite sûre et honorable; et ensuite on a nommé bien des prétendants. Les présidents du grand conseil ont été, de leur côté, à Versailles pour demander à rembourser le prix de la charge aux héritiers et à présider par l'ancien de chaque semestre; mais de tous ces arrangements aucun n'est arrivé. Le roi, par un édit du mois de janvier, a supprimé non-seulement la charge de premier, mais celles des huit présidents, et a remis le grand conseil comme il était autrefois, car M. de Verthamon n'était que le second premier président; la charge avait été créée en faveur d'un M. Bignon[1]. Il a nommé huit maîtres des requêtes pour remplacer ces présidents, quatre par semestre, et s'est réservé de nommer, tous les ans, un conseiller d'État pour présider en cas qu'il le jugeât à propos, au défaut duquel le plus ancien maître des requêtes présiderait. On a donné aux présidents supprimés le titre de maîtres des requêtes honoraires, avec promesse de les rembourser sur le pied de leurs acquisitions.

---

[1] Le grand conseil était composé d'un premier président, de huit présidents, avec rang de maître des requêtes, et de cinquante-quatre conseillers servant par semestre. Les charges du premier président et des huit présidents avaient été créées et érigées en titre d'offices par édit du mois de février 1690.

Cela est avantageux à quelques-uns qui ont acheté au-dessus de la fixation; mais, en général, ils ont tous été très-frappés de ce coup auquel ils ne s'attendaient pas. Ce sont gens d'un certain âge, qui avaient une place honorable et de crédit, et qui, dans un moment, ne sont plus rien et ne peuvent plus se placer. Cela coûtera deux millions au roi; mais M. le cardinal a, dit-on, beaucoup d'argent dans les coffres. L'on se doute que le dessein est d'avoir une juridiction dont le ministère sera maître pour opposer au parlement, et pour lui attribuer telles affaires que l'on jugera à propos. Cela a fait augmenter sur-le-champ les charges de conseiller au grand conseil, qui compte devenir juridiction de cour.

— Cet événement a donné lieu à d'autres discours pour la suppression de plusieurs des charges du parlement qui sont, en effet, en trop grand nombre et que le roi trouvera toujours à créer de nouveau dans un temps où il aurait besoin d'argent. On fait, à ce sujet, différents projets dans le public, mais qui ne sont fondés sur rien.

— Le parlement a eu, ce mois-ci, un petit déboire au sujet de la canonisation d'un saint nommé Vincent de Paul, qui est l'instituteur et fondateur de la congrégation de Saint-Lazare. Le bref du pape ne lui ayant pas paru correct par rapport aux maximes du royaume, il l'a supprimé; mais, par arrêt du conseil, l'arrêt du parlement a été cassé[1]. Le conseil du roi prétend ne plus avoir besoin des cours souveraines que pour donner la forme extérieure aux affaires pu-

---

[1] L'arrêt du parlement était du 4 janvier, et celui du conseil du 22 du même mois.

bliques, et non pas pour les critiquer ou les autoriser au fond.

— M. le maréchal d'Estrées est mort fort âgé et fort riche[1]. Il était ministre du conseil royal, et sa place a été donnée à M. le comte de Maurepas, secrétaire d'État, qui a la marine. Cela est d'autant plus beau pour ce dernier, qu'il n'a que trente-cinq ans ; mais aussi c'est un homme de beaucoup d'esprit, élevé à la cour, la connaissant parfaitement, ayant l'esprit fait pour la politique de ce pays-là, aimé du roi et qui probablement jouera un grand rôle après la mort du cardinal. Comme il avait déjà la pension de vingt mille livres, on a donné celle de la place du maréchal d'Estrées à M. le comte de Saint-Florentin, secrétaire d'État, beau-frère de M. de Maurepas, et son cousin[2]. C'est un acheminement pour avoir la première place vacante au conseil royal.

— Le roi se porte mieux : il ne va point encore à la chasse, et elles seront réglées par la suite. Le bruit courait sourdement qu'il pouvait bien avoir un peu de v....., ce qui donnait aux chirurgiens en cette partie l'avantage sur les médecins de cour, d'autant qu'il est certain que Bachelier, son premier valet de chambre, lui a fait avoir secrètement quelques filles.

Février. — M. le duc de Mazarin[3] est mort subite-

---

[1] Victor-Marie, comte d'Estrées, doyen des maréchaux de France, né le 30 novembre 1660, était mort le 28 décembre 1737.

[2] Jean-Frédéric Phelypeaux, comte de Maurepas, né en 1701, avait épousé Marie-Jeanne, sœur de Louis Phelypeaux, comte de Saint-Florentin, né en 1705. Ils n'étaient cousins qu'au quatrième degré.

[3] Guy-Paul-Jules de Mazarin, duc de La Meilleraye, né le 12 septembre 1701, avait épousé en 1717 Louise-Françoise de Rohan, fille d'Hercule-Mériadec, pair de France, etc.

ment à neuf heures du matin, dans son fauteuil, sans aucun secours : on n'était point encore entré dans sa chambre. Il n'avait que trente-cinq ou trente-six ans. Il était fort puissant, assez mauvais sujet, buvant beaucoup de vin de Champagne. Il avait épousé une princesse de Soubise, dont il avait eu une fille unique, mariée à M. le duc de Duras-Durfort; elle est morte il y a un an, et a laissé une fille de deux ans seule héritière de tous les duchés et biens de la maison de Mazarin, qui vont, dit-on, à plus de quatre cent mille livres de rente. Il ne reste plus de mâle du nom de La Meilleraye ni de Mazarin.

— Suivant les bruits revenus de la cour, il ne paraît plus douteux que le roi n'ait attrapé une *galanterie*. L'on croit qu'elle lui a été donnée par la fille d'un boucher de Poissy ou de Versailles, que le roi a trouvée fort jolie et qu'il s'est fait amener par Bachelier. On dit qu'un garde du corps avait gagné pareille chose de ladite petite bouchère, et que voyant le roi maigrir, sachant d'ailleurs que la petite fille avait rôdé autour des petits appartements, il alla trouver M. le cardinal de Fleury, lui avoua qu'il avait encore le *souvenir* de la petite créature, et que si le roi avait vu celle-ci il pourrait en avoir autant. C'est ce qui a causé les fréquentes conférences avec M. La Peyronie, premier chirurgien. Le roi est guéri, mais il prendra, dit-on, le lait au mois de mai. On ne dit point comment madame de Mailly se sera tirée de cette affaire, et si elle en aura eu sa petite part.

— M. le Dauphin a eu un petit abcès à la joue qui lui avait causé un peu de fièvre. Tous les médecins et chirurgiens ont été appelés. Il a fallu lui faire une petite opération, et il est parfaitement guéri. M. Silva[1], médecin, a eu la noblesse, et M. Du Moulin[2], six mille livres de pension.

— M. le cardinal de Fleury est tombé malade depuis quinze jours. Il lui a pris un dégoût, de l'insomnie et faiblesse dans les jambes, lui qu'on ne pouvait pas suivre. Il a voulu paraître le plus qu'il a pu; mais le roi lui a dit, par amitié, de se tenir tranquille et lui a défendu de sortir. Ses jambes sont enflées et la fièvre lui a pris. Le roi l'a été voir plusieurs fois. On lui a porté les sacrements, ce qui a fait courir le bruit à Paris qu'il était mort; mais on a appris le lendemain que la fièvre l'avait quitté, et les médecins ont dit qu'il était hors d'affaire. C'est un bon tempérament qui fait un dernier effort, car il a quatre-vingt-cinq ou quatre-vingt-six ans. C'est un sentiment général et sans flatterie que toute la France craint ce moment comme une perte réelle, parce que le gouvernement est généralement grand, judicieux et doux. Tout l'étranger a une confiance et un respect sans réserve dans la parole et pour les opérations de ce ministre.

Il y a apparence que le cardinal ne veut point de premier ministre après lui; qu'il engage le roi à prendre lui-même le gouvernement de son royaume et à travailler avec ses secrétaires d'État. Si cela arrive, M. le comte de Maurepas jouera un grand rôle. Il a de l'esprit, il est aimé du roi, élevé avec lui, il a la légèreté d'esprit propre à l'amuser en

[1] Médecin consultant du roi.
[2] Chirurgien.

travaillant et il aurait toute sa confiance. Mais aussi il y a le Chauvelin qui a de puissants amis à la cour, tant en princes que seigneurs et particuliers, et beaucoup d'argent. Il est vrai qu'il a bien des ennemis et bien des vilenies contre lui. On m'en comptait une, ces jours passés, qui mériterait le fouet comme à un écolier. On a accusé M. Chauvelin d'avoir tiré de l'argent à son profit de vieilles pierreries de la couronne qu'on a vendues. On a voulu prouver le fait et on a fait arrêter, pour cela, un homme en pays étranger, avec permission du souverain; on l'a amené à Paris, et l'on dit qu'on n'a tiré de lui aucun éclaircissement contre M. Chauvelin. A ce sujet on a interrogé Ganners, qui est le plus fameux ouvrier en ouvrages d'or, et il a déclaré que le ministère voulant récompenser les gentilshommes polonais qui avaient accompagné le roi Stanislas à Dantzik et en Prusse, on l'avait chargé de faire deux montres d'or pour deux de ces Polonais. Qu'ayant porté ces montres à M. Chauvelin, celui-ci les trouva si parfaites qu'il dit à Ganners : « Ma foi! cela est trop beau pour ces Polonais; tiens, prends ma montre et celle de mon fils; tu leur donneras une couleur, je les leur enverrai et je garderai les tiennes. » Or, rien n'est plus bas que cette action pour un ministre du roi de France, qui ne doit friponner que dans le grand, quand c'est son caractère.

Mars. — Le roi a fait, sur la fin du mois dernier, une promotion d'officiers généraux, savoir : de trente-quatre lieutenants généraux et de cinquante-six maréchaux de camp, en sorte que le cardinal a encore fait acte de premier ministre. Il se porte mieux. Le roi et la reine vont le voir, ce qui, pour la reine, est effet de politique, car elle ne l'aime que de bonne façon. Elle n'est maîtresse de quoi que ce soit, rien ne se fait que par les ordres du cardinal.

— Le roi travaille présentement tous les jours avec chacun des quatre secrétaires d'État en particulier, et il s'informe des détails. Il travaille aussi presque tous les jours chez le cardinal. C'est un grand bien que la tête de ce ministre n'ait point été attaquée, et qu'il ait quelque temps avant la mort pour accoutumer le roi au travail dont il l'avait lui-même dégoûté jusqu'ici, attendu qu'il voulait être le maître.

Avril. — M. Colbert, évêque de Montpellier, est mort au grand regret du parti janséniste. C'était un des chefs, qui ne craignait ni menaces ni récompenses, et qui était habile et honnête homme.

— Le curé de Saint-André[1], pareillement grand janséniste, est mort aussi. On a pourvu à l'évêché[2] et à la cure par des personnages non suspects et dévoués convenablement à la constitution. La paroisse de Saint-André était fort entichée du parti, et les prêtres desservants étaient choisis dans le même goût. Voilà comme, par le changement des chefs et des prêtres, ce parti-là s'affaiblit insensiblement. Cette cure est à la nomination de la faculté de médecine[3] ; mais, pour ne pas courir les hasards de l'élection, il y a eu une lettre de cachet qui leur a nommé quatre sujets entre lesquels ils pou-

---

[1] Jacques Labbé, qui occupait la cure depuis l'année 1706.

[2] Colbert fut remplacé par l'abbé de Charency, évêque de Saint-Papoul.

[3] L'église de Saint-André des Arts avait été bâtie par les religieux de Saint-Germain des Prés, qui en eurent d'abord le patronage et qui le cédèrent dans la suite à l'Université, par transaction de 1345.

vaient choisir. C'est l'abbé Thierry [1] qui a été nommé, qui est un vivant de ma connaissance, de beaucoup d'esprit, très-délié, qui, n'ayant rien, a profité de la division des ecclésiastiques pour se pousser. Il avait déjà attrapé quelques bons morceaux avant cette cure.

— Le cardinal a imaginé un moyen de ménager au sujet de toutes nos filles de France, actuellement au nombre de sept, qui embarrassent le château de Versailles et causent de la dépense. Ç'a été d'en envoyer cinq à l'abbaye de Fontevrault, dont l'abbesse, madame de Mortemart, sera surintendante de l'éducation des princesses. La suite sera simple et cela renvoie un grand nombre de femmes et de domestiques. La troisième princesse [2] a sept ans; on la dit la plus aimable et elle est fort aimée de la reine, qui a été touchée de son départ. On lui a fait sa leçon pour demeurer ici. Tous les jours, les deux dames aînées vont faire leur cour au roi, au retour de la messe. Un de ces jours, la troisième se présenta devant le roi, lui baisa la main, se jeta tout de suite à ses pieds et se mit à pleurer. Le roi fut touché de cette scène, il larmoya un peu et toute la cour en fit autant, en sorte qu'il promit à la princesse qu'elle ne partirait pas. On prépare tout pour le départ des quatre autres.

— Il vient d'arriver une aventure qui pourrait avoir

---

[1] J'ai connu cet abbé Thierry, qui est mort en 1782 ou 1784. Il était de la maison et société de Sorbonne, chanoine de Notre-Dame et chancelier de l'Université, et il avait refusé l'évêché de Tulle. (*Note de Barbier d'Increville.*) Il y a lieu de croire qu'il refusa également la cure de Saint-André, car, à compter de 1738, on voit, dans les almanachs royaux, que le curé de cette paroisse se nommait Claude Léger.

[2] Marie Adélaïde, née le 23 mars 1732.

des suites. M. de Montgeron n'est plus, dit-on, dans son abbaye[1], et il a été transféré, pour son exil, dans la ville de Viviers. A la fête solennelle de Pasques dernier, il s'est présenté à plusieurs prêtres, même à monseigneur l'évêque de Viviers[2], moliniste, comme on le juge bien, lequel l'a refusé, comme un vilain, pour la communion paschale. Ce n'aurait rien été pour quelque janséniste crotté, mais celui-ci, en outre, est un de nos seigneurs du parlement. Il a rendu compte de cette insulte à aucuns de ses confédérés, et cela a été dénoncé au parlement, qui a pris la chose à cœur, comme manque de respect. Il a dépêché MM. les gens du roi à Versailles, le 24, demander un jour au roi pour entendre les remontrances du parlement. Le roi a remis la partie après son retour de Marly, où il va passer onze jours. Le parlement a nommé des commissaires pour travailler aux remontrances et, en même temps, pour continuer à demander le retour dudit sieur de Montgeron.

L'affaire est grave. Il est certain qu'il y a de l'impertinence à refuser la communion à un homme qui est baptisé, qui se croit tout bonnement chrétien et qui n'est point déclaré juridiquement hérétique. Les gens du parti moliniste disent que M. de Montgeron était dans l'habitude de se présenter à la sainte table sans s'être confessé auparavant, parce qu'il ne voulait pas apparemment se compromettre avec un prêtre moliniste. Ils ne se seraient jamais quittés bons amis; mais comme cependant ce procédé est contraire à la soumission à l'Église, l'évêque de Viviers a voulu arrêter

---

[1] Voir ci-dessus, p. 168.
[2] François Renaud de Villeneuve, sacré en 1724.

cet abus. Nos saints jansénistes aimeront mieux se passer de pain céleste que de reculer sur leurs sentiments. Je craindrais quasi encore quelque incendie. On en voit bien les effets, car les plans et les marchés sont faits pour rebâtir la chambre des comptes. Actuellement le grand escalier est déjà démoli. Cette architecture gothique avait une antiquité respectable [1]. La chambre des comptes occupe les Grands-Augustins, et on lui a promis de la faire rentrer dans son nouveau tribunal en 1740 [2], c'est-à-dire si d'ici là les fonds ne sont pas interrompus.

— Je ne sais point ce que sont devenues les remontrances de notre parlement [3].

— On a fait un vilain tour au parlement. Il paraît, dit-on, une grande estampe qui est très-rare, représentant la grand'chambre et les cinq chambres des enquêtes.

LA GRAND'CHAMBRE.

Le premier président, habillé comme est le grand Thomas, vendeur d'orviétan sur le Pont-Neuf [4], fait valoir les pilules qu'il donne. Les présidents à mortier les pilent dans leur mortier et le premier président les distribue aux conseillers de grand'chambre qui les gobent. M. Joly de Fleury, procureur général, et M. Gilbert [5], premier avocat général, qui portent toujours

---

[1] Les bâtiments occupés par la chambre des comptes avaient été construits en 1504, sur les dessins d'un religieux de l'Ordre de Saint-Dominique nommé Jean Joconde.

[2] La chambre des comptes fut en effet installée dans son nouvel hôtel au mois de mai 1740.

[3] Pour l'affaire de M. de Montgeron.

[4] Voir t. I, p. 297.

[5] Gilbert de Voisins.

la parole dans les affaires importantes, et qui le font avec beaucoup d'esprit et d'éloquence, sont occupés à dorer les pilules. Les deux autres avocats généraux, M. Joly de Fleury, le fils, et M. de Plainmon, fils du chancelier d'Aguesseau, qui sont de jeunes gens, s'amusent à faire des bouteilles de savon avec des chalumeaux de paille.

LA PREMIÈRE DES ENQUÊTES.

Tous les conseillers sont montés sur des ânes rouges. M. Thomé, qui est le plus habile, est à la tête, et M.[1]   , qui est toujours du sentiment de Thomé, est à la queue avec un grand fouet, et fait marcher tous les ânes.

LA DEUXIÈME CHAMBRE.

M. de Montgeron explique avec emphase à ses confrères les miracles de M. Pâris. Ils sont fort attentifs. Quelques-uns même tombent en convulsions, et, pendant qu'ils écoutent, le président Bernard de Rieux, fils de Samuel Bernard, s'occupe à fouiller dans leurs poches et à tirer les montres et les tabatières.

C'est une ancienne inclination dont il a fait souvent usage.

LA TROISIÈME CHAMBRE.

Tous les conseillers sont fourrés dans des sacs et ils dansent autour du président de Lubert, qui joue du violon.

C'est un homme qui s'est toujours occupé de musique et qui joue fort bien ou trop bien du violon.

---

[1] Le nom est resté en blanc dans le manuscrit.

LA QUATRIÈME CHAMBRE.

On les a mis tous dos à dos, parce que effectivement ils sont désunis et ne s'accordent guère.

LA CINQUIÈME CHAMBRE.

Tous les conseillers sont autour du président Bertier qui, d'une main, mange un petit pâté et de l'autre tient une langue.

Ce président aime fort la bonne chère.

Ceci est une pure polissonnerie qui, à l'exception de la grand'chambre, ne vaut pas grand'chose ; car ce n'est pas représenter l'esprit de chaque chambre que de critiquer le vice particulier d'un des présidents. Cependant, je crois que celui qui aura gravé cette estampe aura soin de ne pas s'en vanter : il n'y ferait pas bon. Elle vaut, à ce que l'on dit, quatre louis.

Mai. — Le pauvre cardinal de Fleury s'en va tout doucement; on dit même que la tête n'est plus au même état. On le regrettera avant qu'il soit un an. Les secrétaires d'État continuent de travailler avec le roi.

— Il devait y avoir plusieurs voyages à Marly, avant le voyage de Compiègne ; cela est changé. Le roi a indiqué quatre voyages à Rambouillet, chez madame la comtesse de Toulouse qu'il aime toujours beaucoup. Le cardinal n'y sera pas, apparemment ; les conversations seront libres et le maréchal de Noailles en tirera parti. Il y a là bien des gens qui s'examinent de près et qui ne cherchent qu'à se culbuter. Les secrétaires d'État seront bien unis pour empêcher qu'il n'y ait un premier ministre. On a fait sur eux des rimes en *ouille* :

M. de Saint-Florentin,   est un niquedouille;
M. d'Angervilliers[1],   sa tête se barbouille;
M. Amelot[2],   il bredouille;
M. de Maurepas[3],   n'a pas de ....

— Grande nouvelle à Paris. Mercredi, 21 de ce mois, M. Amelot et M. Hérault se sont rendus, à six heures du matin, à la poste, et ont arrêté le compte de la caisse. Ils étaient porteurs d'un arrêt du conseil qui résilie le bail, supprime deux charges d'intendants généraux des postes que possédaient MM. Pajot d'Onsen-Bray et Pajot de Villers, et nomme six fermiers généraux qui sont MM. Grimod, trois frères, et MM. Thiroux, trois frères aussi, pour avoir la régie des postes.

Cette affaire, qui a été projetée avec un secret étonnant, surprend fort Paris. On ôte les postes aux Pajot et aux Rouillé qui ont encore trois ans et demi de leur bail; voilà deux familles ruinées. Il y a quatre-vingts ans qu'ils ont les postes, du temps de M. de Louvois, et qu'ils les ont perfectionnées au point où elles sont, de façon qu'ils ont des correspondances et des arrangements avec tous les directeurs des postes étrangères pour la prompte remise des lettres respectivement. Ils ont tous leurs parents employés dans les directions des postes des villes principales, et on les chasse tout d'un coup! On soupçonne quelque affaire qui regarde l'administration et le gouvernement; on dit qu'ils ont fait passer des lettres du garde

---

[1] Il a eu une grande maladie. (*Note de Barbier.*)
[2] Il parle difficilement. (*Idem.*)
[3] Il ne peut avoir d'enfants. (*Idem.*)

des sceaux Chauvelin, dans le nord, sans en avoir rendu compte au cardinal. On ne sait encore rien de certain là-dessus, si ce n'est qu'on ne doit compter sur rien dans ce bas monde, car ces Pajot et Rouillé qui étaient tous intéressés dans le fond de la ferme, dont ils rendaient, je crois, quatre millions par an, regardaient cela comme leur patrimoine. Les anciens de ces familles avaient un plus gros intérêt, quoique dans des charges de maîtres des requêtes et de conseillers, et cela se continuait successivement des uns aux autres. Le produit était considérable et les commissions fortes. Pajot d'Ons-en-Bray, qui était à la tête et intendant général des postes, avait soixante mille livres d'appointements. Pajot de Villers, qui avait le département des ordres de la cour, avait quarante mille livres d'appointements, indépendamment du produit des fonds, et ainsi à proportion pour les départements subordonnés. Ils étaient huit, tant Pajot que Rouillé, qui travaillaient tous les jours à la taxe des lettres, et qui avaient trois mille livres par an. Que de gens déplacés!

Le public, tant grand que petit, n'approuve pas ce changement. On était fort content de leur exploitation; il y avait un grand ordre par l'intérêt personnel de tous les principaux employés qui ne faisaient pas leurs fonctions comme de simples commis. D'ailleurs, comme ce bénéfice se partageait entre tant de personnes, cela ne faisait pas un particulier ou deux assez riches pour donner de l'envie. C'est pour cela que, dans Paris, on suppose quelque sujet de querelle de la part du ministère. Cela roulait sur M. Rouillé, maître des requêtes et intendant du commerce, qui était intime ami de M. Chauvelin; mais il dit n'avoir eu aucune relation avec lui depuis sa disgrâce. D'ailleurs, s'il y avait eu quelque manœuvre de la part de M. Rouillé, il fallait l'arrêter. Le fait est que le ministère a envie, depuis longtemps, de connaître le véritable produit de la ferme des postes, comptant qu'il y a un profit considérable. C'est pourquoi il est ordonné, par l'arrêt du conseil, que les postes seront dorénavant en régie, et le contrôleur général a placé, à cet effet, six fermiers généraux travailleurs qui sont ses créatures. Le roi leur donne cent mille livres pour leur régie, et le tiers du bénéfice qui se trouvera au-dessus de quatre millions, prix de la ferme, toutes dépenses faites. Cette raison ne méritait pas de casser un bail contre le droit des gens, et de faire une action d'éclat. On verra l'effet de la régie qui n'est ordonnée que pour un an.

Le lendemain, les taxeurs ont encore été travailler, et, avec grande politesse, ils ont donné des instructions aux régisseurs pour l'arrivée des courriers et autres détails, car ils ne sont au fait de quoi que ce soit. A la vérité, ils gardent tous les commis et sont forcés de le faire; il est certain aussi que M. Pajot de Villers, dont la charge de contrôleur général des postes a été supprimée, reste dans les postes à titre de commission. C'est lui qui signe à présent les permissions pour avoir des chevaux de poste. Il a fait difficulté d'y rester, quoique prié par le ministre; mais sa famille l'a engagé à le faire, attendu que les choses peuvent changer.

Juin. — Il a couru de grands bruits sur des suppressions dans le parlement. On disait d'abord deux charges de présidents à mortier, dont celle de M. Chauvelin. Je crois bien que ses ennemis voudraient qu'il n'eût plus cette charge pour être en état de lui faire peut-être son procès, car on le craint. On dit que, lors de la maladie du cardinal, il s'est absenté de Bourges, et est venu autour de Versailles, et que c'est pour cela qu'on en a voulu aux Pajot et Rouillé, d'autant que le jeune Rouillé est grand ami de M. Chauvelin, comme je l'ai dit.

— On parlait aussi de supprimer deux chambres des enquêtes, cent procureurs au parlement, et des avocats aux conseils. On a été jusqu'à dire que les ouvriers avaient été enfermés à l'imprimerie royale les fêtes de la Pentecôte; cependant il n'a encore rien paru, ce qui fait croire que ce ne sont que des bruits de ville.

— Le roi avait donné rendez-vous au parlement le mercredi d'après la Trinité[1], pour recevoir les remontrances au sujet de M. de Montgeron. Le parlement y a été en grande députation, c'est-à-dire tous les présidents à mortier, quatre conseillers de grand'chambre et deux de chaque chambre des enquêtes. M. le chancelier leur a dit que le roi s'étonnait qu'ils insistassent autant sur le retour d'un homme qui avait déplu à Sa Majesté; qu'il n'avait pas encore expié sa faute, et qu'alors on verrait ce qu'on ferait. Le roi leur a aussi parlé; mais si bas qu'ils sont sortis sans l'avoir entendu, de façon que les députés se sont assemblés, chez le premier président, le jeudi, à midi, pour se rappeler tous ensemble la réponse. Je crois plutôt que cette ignorance des députés est un

---

[1] La Trinité tombant le 1ᵉʳ juin, c'était le mercredi 4.

tour pour ne pas mettre sur les registres le discours du roi qui a répondu au parlement qu'il était fatigué de leurs remontrances et que, pour ce qui regardait l'administration, il saurait y mettre ordre lui-même. Le vendredi, le parlement s'est assemblé pour rendre au corps la réponse du roi, ou du moins celle du chancelier, et il a été arrêté qu'on ferait de nouvelles et itératives remontrances.

Juillet. Août. — Le voyage de Compiègne s'est fait le 7 juillet, et a duré trois semaines. Les soupers du roi, en hommes et en femmes, ont été fréquents et se poussaient jusqu'au matin. Madame de Mailly y a été fort fêtée. Quoiqu'elle ne soit point maîtresse déclarée, la chose est publique. Le départ du roi, de Paris, avait été différé de trois jours parce que madame de Mailly avait sa semaine à achever auprès de la reine, comme dame du palais. On dit même qu'en allant prendre congé de la reine pour lui demander la permission d'aller à Compiègne, la reine lui répondit : « Vous êtes la *maîtresse*. » Mot à double entente qui a été remarqué.

— M. le cardinal de Fleury a eu quelque indisposition; il s'est même trouvé mal en présence du roi, qui a marqué de la sensibilité. Il fait en sorte d'accoutumer le roi à travailler avec ses ministres, et, dans le public, on compte toujours que M. de Maurepas aura le premier rang. D'autres disent qu'il est trop fin, qu'il est craint à ce titre, en sorte que ce trop d'esprit connu pourra lui faire tort.

Septembre. — M. le chancelier d'Aguesseau ne se mêle point de toutes les intrigues; il ne s'occupe que de la jurisprudence, à laquelle il voudrait mettre ordre, et il a fait, le mois de juin dernier, un règlement concernant la procédure du conseil. Il est vrai que les droits et les procédures des avocats aux conseils étaient exorbitants, et coûtaient infiniment aux parties. Il les a réduits considérablement, et l'on attribue cet ouvrage à M. de Fresnes, son second fils, conseiller d'État. Ils ont fait travailler secrètement M. Godefroy, ancien et habile avocat aux conseils, pour dresser un règlement, parce qu'ils n'étaient pas en état d'en faire un, et, quand il a été fait, à l'insu de M. Godefroy, ils ont ajouté ou changé vingt-deux articles qui sont ceux qui rognent absolument la besogne lucrative de ces messieurs. Quand ce règlement a paru, il a fort irrité MM. les avocats aux conseils. M. Godefroy s'est justifié envers sa compagnie de la surprise qu'on lui avait faite, et cela a donné lieu à plusieurs assemblées. Ils ont refusé de se soumettre à ce règlement, et ils ont arrêté de cesser leur travail tant qu'il subsistera.

M. Thoré, avocat aux conseils, homme d'un talent et d'un esprit supérieurs, tant pour écrire que pour parler, le plus employé par les princes et les gens de cour, ayant beaucoup de crédit, mais aussi ayant plusieurs traits désavantageux dans le public sur sa probité, d'autant que c'est un homme à jeux, maîtresse entretenue, table, et de grosse dépense, a été le plus animé. Il a flatté sa compagnie de l'emporter auprès du cardinal sur le chancelier; on l'a cru de même dans Paris, parce que le chancelier ayant demandé des lettres de cachet, dont une pour Thoré, a été refusé. Cependant, les choses ont tourné d'une autre façon. Il était de conséquence, pour l'autorité royale, de soutenir une ordonnance générale qui a été imprimée et publiée partout, et qui est présumée être faite avec attention, et pour le bien public. Les avocats aux conseils tenant bon de leur côté, il a paru, ce mois-ci, un arrêt du roi portant suppression des cent soixante-dix charges d'avocats aux conseils et de création de soixante-dix autres; et, le 13, il a été rendu un arrêt du conseil qui ordonne le remboursement des charges appartenant aux veuves et héritiers de ceux qui sont morts revêtus de leurs charges.

Cet édit de suppression a fait grand bruit dans Paris, d'autant qu'il n'y est parlé en aucune façon du remboursement de ces officiers. Les avocats ne s'y attendaient pas : cela dérange entièrement la fortune de plusieurs particuliers qui avaient acheté cette charge et une pratique, et qui perdent leur état. Il en est résulté de nouvelles assemblées, dans lesquelles il a été résolu de ne pas se présenter pour acquérir de nouvelles charges, ce qui ne laisserait pas que d'embarrasser le conseil si cela s'exécutait scrupuleusement ; mais l'intérêt et la discontinuation d'une profession que l'on a faite toute sa vie feront prendre un autre parti.

D'abord, il s'est présenté des premiers venus qui ont fait leur soumission, et qu'on a reçus. A présent, il y a nombre d'avocats aux conseils qui demandent, et qu'on fait grande difficulté d'admettre. On veut choisir et ne recevoir que des travailleurs, et on attend que les premiers, qui sont une trentaine, reviennent et demandent place. On dit que le dessein est d'en admettre cent en charge, et d'en supprimer réellement soixante-dix. Ces premiers-là tiennent un peu bon, et veulent se faire prier ; mais ils y viendront. C'est ce qui ne peut jamais manquer d'arriver quand des particuliers chargés de famille, accoutumés à gagner et à dépenser à proportion, voudront faire les rebelles et se soustraire à l'autorité supérieure. J'ai sollicité moi-même pour un qui est avocat de M. le premier président de Nicolaï, de M. l'archevêque de Paris, de M. le duc de Mortemart et de plusieurs autres. M. de Nicolaï a écrit pour lui; il est honnête homme, et n'a point été des turbulents, cependant on ne lui promet encore rien. Comme, dans ce pays-ci, il y a plus de sots que d'autres, et surtout parmi les grands, s'il s'était lié avec les gros, qu'il eût fait bien du bruit, cela lui aurait fait un nom. Il serait soutenu par ses confrères dont on a besoin et qu'on recherchera, et, en revenant tous, ils l'auraient proposé. Il est certain, en général, que, dans les professions de talent, il est nécessaire de faire l'avantageux et l'insolent pour en imposer, même avec peu de mérite, sans quoi le véritable n'est jamais connu.

— Il est arrivé quelque chose de plus grave : le cardinal s'est brouillé avec le roi. On ne sait pas si c'est pour madame de Mailly ou pour n'avoir pas déféré, selon l'usage, à ses avis. Quoi qu'il en soit, le vendredi 5 de ce mois, le cardinal partit et fit partir toute sa maison, comme prenant congé de la compagnie, pour se retirer à Issy, dans la maison du séminaire Saint-Sulpice[1]. On croyait d'abord que c'était pour sa santé, mais le vrai était quelque petit mécontentement. Il est resté huit jours à Issy, et pendant ce temps la reine a été le voir, chose fort extraordinaire, parce que la

---

[1] Le séminaire Saint-Sulpice possédait, dès lors, une maison de campagne à Issy; cette maison avait appartenu à la reine Marguerite de Valois.

reine ne fait point de visites et que, d'ailleurs, elle n'a jamais été contente de lui. M. le duc d'Orléans y a été aussi, l'un et l'autre pour faire le raccommodement et l'engager à revenir. Enfin, il est revenu à Versailles le dimanche 14, pour assister au conseil, et il a repris le train des affaires.

— Le roi part lundi, 22, pour un voyage de près de deux mois, à Fontainebleau. La reine et monseigneur le dauphin partent aussi, et M. le cardinal est du voyage.

— On dit que le sujet de la brouillerie de M. le cardinal vient de ce que Mademoiselle[1] tout court, c'est-à-dire mademoiselle de Charolais, avait tant pressé et tourmenté le roi pour renvoyer M. Amelot et pour donner la place de secrétaire d'État des affaires étrangères à M. de Vauréal[2], évêque de Rennes, que le roi lui en avait donné sa parole. Il faut observer que le public donne la princesse pour amante à monseigneur, et que c'était bien là le plus court chemin pour obtenir un chapeau de la cour de Rome, ainsi que pour prétendre à la place de premier ministre. M. le cardinal de Fleury ayant été instruit de ce fait, qui n'entrait pas dans ses arrangements, alla trouver le roi, lui remontra que cela était non-seulement contraire à ses intérêts, mais scandaleux, et se déchaîna contre la princesse. Le roi lui répondit qu'il avait donné sa parole et qu'il le voulait; sur quoi le cardinal

---

[1] Le titre de *Mademoiselle*, absolument, se donnait à l'aînée des filles des frères ou oncles du roi. Le duc de Bourbon, père de mademoiselle de Charolais, se trouvait grand-oncle de Louis XV, par alliance, ayant épousé une fille légitimée de Louis XIV.

[2] Louis-Guy Guérapin de Vauréal, sacré évêque en 1732.

prit congé du roi et donna ordre, sur-le-champ, à toute sa maison de partir pour Issy. M. le duc d'Orléans a pris parti dans cette affaire, et, avec l'autorité de la religion, a fait entendre au roi que de pareilles paroles ne l'engageaient en rien. Il l'a déterminé à n'en rien faire, et, d'un autre côté, il a engagé le cardinal à revenir prendre sa place à Versailles. De sorte que Mademoiselle, piquée au cœur, ne voulait point aller à Fontainebleau; mais cependant elle est partie quelques jours après les autres. On dit même que le roi lui a écrit d'y venir.

— Le bon homme cardinal ne les incommodera pas longtemps : il a eu une rechute considérable à Fontainebleau. On dit toujours que c'est indigestion, mais c'est plutôt la nature qui manque. On a cru le perdre, et on a appelé Dumoulin, fameux médecin de Paris.

Octobre. — Le chancelier ne veut pas avoir le démenti de son entreprise sur les avocats aux conseils. On a imprimé, le 27 septembre, la liste de ceux qui ont de nouvelles commissions, au nombre de trente-huit, dont il y en a vingt et un des anciens. Et pour ne point interrompre les affaires, il a été rendu, le 8 de ce mois, un arrêt du conseil qui condamne, par corps, les avocats supprimés à remettre au greffe, dans quinzaine, les instances et procédures dont ils seraient chargés. Cet arrêt leur indique la voie pour se faire payer, après, de ce qui peut leur être dû.

— Le 9, M. le cardinal de Fleury s'étant trouvé mieux, est revenu dans sa maison. Il s'y porte assez bien et reçoit compagnie. Les ministres, qui sont revenus à Paris, ont été le voir et lui rendre compte des affaires, et il y a un courrier qui vient tous les jours de Fontainebleau. On dit qu'il est plus jaloux que jamais de son autorité.

— M. le cardinal est parti d'Issy le 24, pour être le lendemain samedi à Fontainebleau, à midi. Il se porte bien, mais Fontainebleau lui déplaît et l'air ne lui vaut rien, surtout dans cette saison-ci. C'est chercher à retomber.

Novembre. — Douze avocats aux conseils, des anciens et des plus employés, après avoir tenu nombre d'assemblées à Paris, se sont rendus à Fontainebleau et ont fait leurs soumissions entre les mains de M. le chancelier pour de nouvelles charges, ce qui a fait un grand plaisir à M. d'Aguesseau, parce que cela rétablit entièrement l'expédition des affaires du conseil. Le nombre de soixante-dix, fixé par l'édit, est présentement complet, et on ne parle plus d'en créer davantage. M. Thoré n'a pas pu parvenir à rentrer, ce qui doit l'incommoder fort malgré tous ses talents. Il y a aussi grand nombre des anciens avocats aux conseils qui se trouvent supprimés, même sans remboursement, et qui se trouvent la dupe de l'union qui a été concertée dans le corps pour la cessation du travail.

— Le roi est revenu le 22. M. le cardinal, qui était de retour à Issy depuis huit jours, s'est rendu le lendemain à Versailles. Il s'y porte autant bien qu'on peut le souhaiter; il mange mieux qu'à son ordinaire et il a repris, comme auparavant, le gouvernement de toutes les affaires.

— Le roi fait souvent des voyages à la Muette, avec les seigneurs et dames de sa cour. Il a même soupé chez Mademoiselle, dans sa petite maison de Madrid;

ils étaient vingt-huit à table. Madame de Mailly est, à l'ordinaire, de toutes les fêtes.

Décembre. — Samuel Bernard est retombé plus dangereusement malade; on l'a même dit mort dans Paris. On a cru que la gangrène s'était jetée sur une jambe et qu'il n'y avait plus de ressource. Cela a été au point que, dans la famille, il a été fait un état de son bien qui a transpiré dans le public. On le fait monter, par détail, à soixante millions[1]. Il y a longtemps qu'on n'a vu un particulier aussi riche, surtout si l'on joint à cela les grandes dépenses qu'il a faites : le payement des dettes de ses fils, qui allaient à plus de trois millions, et les dots considérables qu'il a données à ses filles et petites-filles, madame Molé, madame de Lamoignon, et madame la marquise de Mirepoix, dont la dot ne lui a pas encore été rendue[2] par M. de Mirepoix, ambassadeur à Vienne.

— Lundi, 15, en vertu d'une sentence rendue par M. Nègre, lieutenant-criminel du Châtelet, confirmée par arrêt du samedi 13, la grand'chambre et la Tournelle assemblées, on a décollé, dans le carrefour de la Comédie, le sieur Mauriat, gentilhomme de Franche-Comté, âgé de vingt-huit à trente ans. L'exécution a été faite à six heures du soir, aux flambeaux. Mauriat a été conduit dans la charrette avec un bonnet de nuit sur la tête. Il y avait six douzaines de flambeaux. La tête a été tranchée du premier coup. Ce coup a été donné par le bourreau comme le *Salve*[3] commençait,

---

[1] On verra plus loin que Barbier réduit ce chiffre de moitié.

[2] Madame de Mirepoix était morte le 31 décembre 1736.

[3] Prière à la Vierge que l'on chantait lorsque l'exécution des criminels était sur le point de se faire.

ce qui a été fait apparemment par ordre, pour cacher le moment du coup au condamné.

Cet homme était parent de M. de Bissy, de M. le duc de Châtillon, gouverneur du dauphin, de M. le duc d'Harcourt, capitaine des gardes du corps, neveu du prieur de l'abbaye de Saint-Claude[1]; mais c'était un mauvais sujet. Il avait été lieutenant dans le régiment de Richelieu, d'où il avait été chassé pour friponnerie. Il était sans biens et n'avait d'autre emploi à Paris que de joueur et de croc[2]. Le lundi, 27 octobre, après midi, il avait assassiné une femme qui demeurait dans la rue de la Comédie, nommée madame Destours. C'était une femme de vingt-cinq à vingt-six ans, jolie et bien faite; son mari était en commission[3], mais elle ne vivait pas avec lui et était dans la débauche. Elle avait été entretenue quelque temps par un peintre âgé qui, à sa mort, lui avait laissé quelque chose, et Mauriat était ami d'un jeune homme qui vivait ou avait vécu depuis avec elle. Cette femme ne voulait plus voir ni l'un ni l'autre, et comme Mauriat voulait venir chez elle malgré elle, il y avait un mois qu'elle avait porté plainte contre lui chez le commissaire Lecomte, qui demeure dans la rue de la Comédie, vis-à-vis son logement. Mauriat allait chez madame Destours, suivant les apparences, autant pour l'escroquer que pour autre chose; car il est certain qu'il avait pour maîtresse une fille nommée La Joinville.

---

[1] Abbaye de Bénédictins dans la Franche-Comté.

[2] Voleur au jeu, escroc; ce dernier terme n'est cependant pas complétement synonyme du mot *croc*, qui a quelque chose de plus injurieux.

[3] C'est-à-dire exerçait un emploi temporairement, et non à titre de charge ou d'office.

Avant de partir pour l'échafaud, il a écrit à celle-ci, pour sa conversion, une lettre pleine de sentiments de religion.

Le lundi, 27 octobre, il monta chez cette femme, qui était seule dans son appartement, au troisième étage, dans une maison honnête. On ne sait ni le motif de sa visite ni ce qui a donné lieu à la querelle; cela a commencé par des soufflets et des coups de pied dans le cul, que Mauriat a donnés. Cette femme, qui était forte et violente, s'est jetée sur un couteau de cuisine pour le frapper; alors il lui a donné un coup d'épée dans les reins; il a fermé le verrou de la porte et lui a arraché le couteau dont il avait la main coupée. La femme, en se débattant, a cassé un carreau de vitre et a crié au meurtre; mais on ne pouvait pas entrer pour la secourir. Enfin, dans ce débat, il lui a donné trois coups de couteau dans la gorge, et, ce qui est plus grave, c'est que les chirurgiens ont remarqué qu'il l'avait étranglée avec les mains. Des voisins ont même entendu qu'elle disait : « Ah ! ne m'achève pas, donne-moi le temps de me reconnaître dans l'état où je suis. » Au bruit, les voisins se sont assemblés, la garde est venue. Le commissaire a été deux heures pour avoir la permission de M. le lieutenant criminel, de faire enfoncer la porte. On a trouvé la femme morte dans une chambre, et Mauriat qui était assis de sang froid dans un fauteuil, dans une autre chambre. On a cru, dans Paris, qu'il aurait sa grâce à cause de sa condition et de la mauvaise conduite de la femme. Toute la famille a fort sollicité. Son frère aîné, qui vit dans une terre en province, a tourmenté M. le cardinal. On veut faire depuis longtemps un évêché à Saint-Claude. Le prieur est celui qui s'y est toujours opposé, et il offrait tous les consentements pour la grâce de son neveu. M. le chancelier s'est même fait apporter les informations, d'autant qu'on pense bien que ce n'était point un assassinat prémédité. M. le duc d'Harcourt a aussi demandé la grâce au roi; mais tout cela a été inutile. On a voulu faire un exemple et on a fait très-sagement. Il n'y aurait plus eu de sûreté dans Paris : les jeunes gens de condition se seraient portés à tous les excès.

— Le 21, le prince de Lichtenstein, ambassadeur de l'empereur, a fait son entrée à la manière accoutumée[1]. Il y a longtemps qu'elle était annoncée, et l'on croyait même que l'on voulait publier la paix auparavant; mais cela n'a point encore été fait. Ce prince est ici avec son neveu, qui est l'aîné de la maison, prince souverain, qui n'a guère plus de quinze ans et qui est extraordinairement riche; l'ambassadeur ne l'est pas autant. On dit qu'il a quatre à cinq cent mille livres de rente, et son neveu un million. L'entrée a été magnifique par le nombre de domestiques, leur habillement et les harnais des chevaux. Ils tiennent ici une maison considérable : huit pages et quarante valets de pied avec un grand nombre d'officiers.

[1] Voir la relation détaillée de cette entrée, dans le *Mercure de France*, année 1738, p. 2700.

ANNÉE 1739.

Janvier. — Le parlement s'est assemblé au commencement de cette année, au sujet d'un bref du pape qui nomme M. l'archevêque de Paris pour faire, dans son diocèse, la réforme dans les maisons religieuses de l'ordre du Calvaire, etc. Ce bref n'est point revêtu de lettres patentes adressées au parlement. Il a été envoyé à M. l'archevêque de Paris par des lettres particulières du roi. Par un arrêt du conseil, le roi a aussi ôté au parlement la connaissance des affaires de l'Université de Paris, au sujet de quelques contestations qu'il y a eu pour l'élection d'un recteur, et l'a attribuée au grand conseil. Ces deux objets ont fait la matière de l'assemblée, et il a été délibéré qu'il serait fait de très-humbles remontrances au roi; mais on est fort persuadé de l'inutilité de cette démarche.

— Madame la comtesse de Mailly continue toujours à être regardée comme la favorite du roi. Il y a, à présent, de fréquents soupers soit à la Muette, soit chez Mademoiselle, à Madrid. Le roi commence à prendre goût aux plaisirs ordinaires. Il n'y a pas grand mal qu'il se défasse peu à peu de la fureur qu'il avait pour la chasse qui, répétée tous les jours, en tout temps et en toute saison, ne pouvait qu'altérer son tempérament et lui rendre l'esprit sombre et sauvage. Le commerce des femmes et des plaisirs lui prendra moins de temps, et lui formera mieux le génie et les sentiments.

— Vendredi, 9, le roi vint à l'opéra d'*Atys*[1]. Il avait six loges remplies des seigneurs de sa cour. Un détachement du régiment des Gardes était rangé sur son chemin, les Cent-Suisses sous sa loge; en sorte que cela était en règle. Il a paru fort content du spectacle. Cela a fait dire qu'on croyait qu'il prendrait une petite loge à l'année pour y venir plus aisément, sans appareil. D'autres ont dit qu'il donnerait une somme pour accommoder la salle des Ballets, aux Tuileries, qui est très-belle, et qu'on y mettrait, pour toujours, l'Opéra. M. le duc d'Orléans ne demande que la suppression du spectacle dans le voisinage de sa maison, et cela serait plus séant pour le roi de se rendre au spectacle public dans son Louvre.

— Vendredi, 23, le roi est venu voir l'opéra d'*Alceste*[2]. Le spectacle était plus beau, parce qu'il était garni de femmes. Le roi était dans la première loge, ayant à sa droite Mademoiselle et à sa gauche mademoiselle de Clermont. Dans la seconde loge étaient madame la duchesse de Fleury, d'autres duchesses et madame la comtesse de Mailly. Il avait quatre loges vis-à-vis. Dans la loge de la reine étaient madame la jeune Duchesse, et toutes ces princesses pleines de diamants. On n'avait délivré de billets au public qu'autant qu'il en fallait pour remplir le parterre et l'amphithéâtre dont on avait pris les billets le matin, en sorte qu'il n'y avait point trop de presse. Dès midi tout

---

[1] Tragédie lyrique en cinq actes, paroles de Quinault, musique de Lulli, représentée, pour la première fois, le 10 janvier 1676. Cette pièce a été reprise neuf fois. Elle venait de l'être, pour la huitième, en 1738.

[2] Tragédie lyrique en cinq actes, paroles de Quinault, musique de Lulli, jouée, pour la première fois, le 2 janvier 1674. Elle fut reprise, pour la sixième fois, en 1739.

était rempli. La sœur cadette[1] de madame la comtesse de Mailly, fille du marquis de Nesle, a épousé, ces jours-ci, M. le marquis de Flavacourt. Elle est très-jolie, aussi bien que madame la marquise de La Tournelle, sa sœur. Le premier banc de l'amphithéâtre était réservé pour la noce. Il n'y a pas de comparaison entre ces deux jeunes mariées, qui sont très-jolies personnes, et madame de Mailly, leur sœur aînée, qui n'a que de la vivacité et de l'enjouement, mais qui n'est pas jolie, il s'en faut bien, et qui d'ailleurs a plus de trente ans. Les autres sont entre dix-huit et vingt. Au sortir de l'Opéra, le roi s'en retourna souper à la Muette avec hommes et femmes.

— Le 18 de ce mois est enfin mort le grand Samuel Bernard, âgé de quatre-vingt-huit ans[2]. Il était de Sancerre, en Bourgogne[3], et de la religion. On dit que sa fortune a commencé dans le trouble des huguenots qui ont été obligés de se retirer, et dont il avait la correspondance pour leurs affaires. Son père était peintre. Il laisse, pour héritiers, deux fils d'un premier lit, M. Bernard, maître des requêtes, surintendant de la maison de la reine et grand officier de l'ordre de Saint-Louis : M. Bernard de Rieux, et d'un second lit, madame la présidente Molé. M. le président de Lamoignon a épousé sa petite-fille, fille du maître des requêtes. Par son testament, il a nommé pour exécuteur, M. Le

[1] Hortense-Félicité, quatrième fille du marquis de Nesle, née le 11 février 1715, épousa, le 21 janvier 1739, François-Marie de Fouilleuse, marquis de Flavacourt, capitaine au régiment de Royal-Cravates avec rang de mestre de camp ; il fut nommé brigadier de cavalerie le 15 mars 1740.

[2] Il était né le 29 octobre 1651.

[3] Sancerre, actuellement chef-lieu de l'un des arrondissements du département du Cher, était en Berri, et non en Bourgogne.

Normand, avocat, avec un legs de dix mille livres, ce qui a paru très-médiocre pour sa générosité ordinaire, dans laquelle il y avait même beaucoup de faste. Il laisse à chacun de ses valets de chambre cent mille livres. Il lègue à son fils aîné la terre de Coubert, qui est de la dernière magnificence, avec sa maison de Paris et quatre cent mille livres en argent comptant : au président de Rieux une grosse terre en Normandie, une autre maison à Paris et quatre cent mille livres, et il substitue le surplus des biens qui leur appartiendront. On dit que cette succession, qui est partagée entre trois héritiers, va à trente millions. Dans un État bien policé cela ne se souffrirait pas. Il est inutile de retrancher des rentes viagères, de réduire les rentes sur la ville au denier quarante, de laisser des rentes sur les états de Bretagne au denier cinquante, sous prétexte du soulagement de l'État, et d'incommoder par là tous les particuliers, qui contribueront d'ailleurs au dixième dans le besoin, pour laisser une pareille fortune, acquise aux dépens de l'État, entre les mains d'une seule personne et d'une centaine d'autres, banquiers ou gens d'affaires dans Paris qui, soit du Système de 1720, soit des grands profits dans les affaires du roi, ont cinq ou six millions de biens.

Février. — Le roi a passé tous les jours gras à la Muette, et, le jeudi gras, il est venu au bal de l'Opéra. Il y avait tant de monde qu'il y a été expressément[1] pressé, sans pouvoir aller ni venir. Toute sa compagnie était en bergers et bergères, et lui en chauve-souris. Cette presse l'a un peu dégoûté de ce bal.

---

[1] C'est-à-dire positivement, en termes exprès.

— On a oublié, ci-dessus, la fête qui s'est donnée à Versailles le lundi 26 janvier. Il y a eu, dans le grand salon du côté de la chapelle, un grand bal prié qui a commencé à six heures du soir, où les dames priées étaient habillées. Le bal fut ouvert par M. le Dauphin et Madame première[1]. M. le cardinal vint y faire un tour, se portant à merveille. Il était entré tant de monde, par amis, que le roi étant venu sur les cinq heures voir la disposition, fut obligé de donner ordre de faire sortir du salon grand nombre de femmes et d'hommes. Les huissiers de chambre ne pouvant pas en être maîtres, M. le duc de La Trémoille, premier gentilhomme de la chambre, qui servait alors pour M. le duc d'Aumont, malade, fut obligé de demander des gardes du roi à M. de Noailles, capitaine des gardes du corps, ce qui fit plaisir à ce dernier, parce que les premiers gentilshommes de la chambre ont toujours prétendu qu'ils avaient seuls le commandement dans les appartements, et que les officiers des gardes n'y avaient aucune fonction.

Ce bal finit à neuf heures, et le roi alla souper. A minuit, il y eut un grand bal de nuit où tous les masques entrèrent sans billet. On faisait seulement démasquer un de la compagnie qui disait son nom, et il y avait des gens qui écrivaient sur une liste : « Monsieur ou madame une telle avec tant de personnes. » Tous les appartements étaient illuminés magnifiquement. On dansait dans trois pièces, et il y avait des buffets pour les rafraîchissements dans trois autres. La galerie était le lieu de promenade. Tous ceux de la ville et de

---

[1] Marie-Louise-Élisabeth.

la cour qui aiment les fêtes ont été à celle-là. On portait continuellement des rafraîchissements, oranges, biscuits, confitures sèches que l'on offrait à tout le monde, dans toutes les salles, et il y avait pâtés, jambons et daubes, avec du vin, sur les buffets. Le tout renouvelé, de façon qu'à sept heures du matin les buffets étaient garnis comme en entrant. Les étrangers sont convenus qu'ils n'avaient point vu de fête aussi bien ordonnée et aussi magnifique. On a répandu, dans Paris, que cela coûtait des sommes assez considérables, et cependant je sais positivement que cela n'a pas coûté cinquante mille francs. Il y avait deux cent cinquante musiciens à qui on a donné vingt-quatre livres chacun. Le roi y a été jusqu'à quatre heures, en chauve-souris, et s'y est fort réjoui. On dit que madame de Mailly n'aime point trop ces bals, dans la crainte que le roi étant déguisé ne trouve peut-être quelque minois à son goût[1].

— On a dit aussi que cette fête était donnée en considération du mariage de Madame première avec don Philippe[2], troisième infant d'Espagne, et que, ce même jour-là, il y avait un pareil bal à Madrid. Cela s'est en effet vérifié par la suite; car le mariage a été déclaré ce mois-ci, et les princes et princesses ont été à Versailles faire leurs compliments. Il paraît étonnant que la fille aînée de France n'épouse pas une tête couronnée.

— M. Orry de Fulvy, frère du contrôleur général, qui est intendant des finances et directeur de la compagnie des Indes, perdit ces jours-ci, chez madame

[1] Voir pour plus de détails le *Mercure de France* du mois de février 1739, p. 378.
[2] Né le 15 mars 1720.

de ....¹, au biribi, jeu défendu, une somme considérable de vingt mille louis ou quatre cent quatre-vingt mille livres, que gagna M. Hoüel, officier aux gardes, qui est un homme qui a fait sa fortune au jeu. Étant sorti des pages, il était spectateur dans un très-gros jeu. Il avait une orange à la main, et demanda si on voulait lui donner vingt-quatre sous de son orange; on les lui donna, il mit la pièce sur une carte, gagna et continua à doubler. Il gagna, ce soir-là, soixante-quinze mille livres. Il jouit à présent de quarante mille livres de rente avec de gros fonds en argent. Mais, pour revenir à M. de Fulvy, il est ridicule que l'on joue des jeux défendus chez la maîtresse du contrôleur général, pour lui procurer un gros revenu des cartes, et encore plus, qu'un intendant des finances, à la tête de la compagnie des Indes, passe la nuit à jouer des jeux de cette conséquence. D'autant que tout le public sait que M. le contrôleur général n'avait pas plus de quatre à cinq mille livres de rente de patrimoine, que son frère n'en avait que deux ou trois, et qu'ils sont à présent extrêmement riches. Comme le cardinal protége le contrôleur général, cette affaire n'aura pas de suite; mais elle ne sera pas oubliée par leurs bons amis de cour, après sa mort.

— Une nouvelle importante. Les derniers jours de ce mois, le pape a envoyé un chapeau de cardinal à M. de Tencin, archevêque d'Embrun. M. de Tencin a eu ce chapeau par la nomination du prince de Galles, autrement le chevalier de Saint-Georges², qui est à Rome,

---

¹ Le nom a été laissé en blanc par Barbier.

² Jacques-François-Édouard Stuart, né le 20 juin 1688, fils de Jacques II mort à Saint-Germain en 1701.

et qui est fils du roi Jacques d'Angleterre, mort ici. On dit qu'il lui coûte six cent mille livres. Il y a longtemps qu'il avait sollicité ce chapeau, mais il y avait eu opposition de la part de la cour de France, et M. de Tencin avait été relégué à son archevêché d'Embrun. Il avait eu cette obligation à M. Chauvelin, qui s'était cru intéressé à éloigner ce prélat que l'on convient être un homme d'infiniment d'esprit, entreprenant et d'une ambition sans mesure. Il est fils d'un conseiller au parlement de Grenoble, et il a gagné du bien au Système. Sa sœur était grande amie de Law. C'est lui qui a présidé ce fameux concile d'Embrun, qui a condamné M. l'évêque de Senez, qui vit encore, âgé de quatre-vingt-six ou quatre-vingt-sept ans, relégué dans l'abbaye de la Chaise-Dieu.

— Le nouveau cardinal a reçu les visites des princes et de toute la cour. Tout le monde parle de lui comme étant peut-être destiné, par le cardinal de Fleury, à la place de premier ministre, et sûrement comme ayant grande envie d'y parvenir. Cela doit inquiéter M. Chauvelin : les gens d'église sont d'ordinaire assez vindicatifs. MM. les secrétaires d'État, qui ne feraient que passer d'un esclavage à un autre, y sont les plus intéressés. On compte que le pape ne pouvant pas aller loin, il serait le seul de nos cardinaux en état de se rendre à Rome pour l'élection.

— Au commencement du mois de février, il y a eu une promotion de neuf cordons bleus, dont le choix n'a pas plu aux jeunes seigneurs de la cour, qui s'attendaient à cette marque de distinction par leur naissance, plus que par leur mérite. Ils ont soulagé leur bile par quelques couplets :

. . . Un pédant que mort oublia [1]. . .

Il fait dire à Sa Majesté :
« L'esprit Saint s'est manifesté ! »
A neuf apôtres qu'il dicta.
   Alleluia.

D'Auxy ! ne faut point s'étonner
Si parenté le fait briller ;
Fort peu de temps il fleurira.
   Alleluia.

Ce comte d'Auxy[2], dont le duc de Fleury, petit-neveu du cardinal, a épousé la fille, et que le cardinal vient de faire cordon bleu, est un bon gentilhomme qui a servi, qu'on ne connaissait pas trop, et qui est apparemment riche.

Mars. — Le ministère ecclésiastique, toujours occupé des affaires qui divisent l'église, a eu des desseins sur l'Université de Paris pour parvenir à donner faveur à la constitution *Unigenitus*.

Dans une assemblée de l'Université, tous les jeunes gens, et surtout dans la nation de Normandie qui est nombreuse, ont voulu délibérer et avoir voix. Le recteur et les anciens ont donné leur requête au parlement, qui est en possession de la police sur ce corps, pour faire ordonner qu'il n'y aurait que ceux âgés de trente ans qui auraient voix délibérative. Ceux qui menaient cette affaire ont ameuté les jeunes gens, qui ont signé au nombre de plus de trois cents. Par arrêt du

---

[1] Le cardinal de Fleury.

[2] Jacques d'Auxy de Monceaux, marquis et non comte d'Auxy, père d'Anne-Madeleine-Françoise, duchesse de Fleury. Il avait été colonel du régiment Royal-Comtois.

conseil, le roi a évoqué à lui cette contestation, et il a été ordonné, par provision, que tous les membres de l'Université auraient voix à quelque âge que ce soit. Sur cela, le parlement s'est assemblé, et il a été arrêté de faire de très-humbles remontrances au roi; mais l'on entend bien que tout ce cérémonial est temps et peine perdus, car avant la réponse aux remontrances, tous les projets seront exécutés.

—On a bien senti qu'un recteur ordinaire, choisi parmi les cuistres de l'Université, n'aurait pas une grande autorité sur tous les autres pédants, ses égaux, pour faire réussir le grand projet de faire révoquer, dans une assemblée générale, l'appel de la constitution *Unigenitus* interjeté par l'Université. Ceci a des suites considérables, parce que, à l'avenir, on ne recevra plus aucun sujet pour prendre des grades en théologie, médecine et faculté de droit, qu'après avoir signé le formulaire et accepté la constitution. Sans cela, on ne pourra plus être avocat ni conseiller dans aucune jurisdiction. Il a donc été question de faire un recteur à la place de l'abbé Piat, régent de rhétorique au collége du Plessis, homme d'esprit, qui est recteur pour la seconde fois, mais qui n'aurait pas pu se charger d'une pareille entreprise. Enfin, le jour pris pour l'élection, le 20 de ce mois, c'est M. l'abbé de Ventadour[1], âgé de vingt-trois à vingt-quatre ans, prince de la maison de Rohan, qui a été nommé, et on a fait entendre que l'Université ayant un homme de cette qualité à sa tête, serait en état de faire revivre les anciens droits

[1] Armand de Rohan, né le 1er décembre 1717, deuxième fils de Louis-François-Jules, duc de Soubise. Il avait soutenu sa thèse, comme docteur en théologie, le 7 mars 1739.

et priviléges qui avaient été méprisés. Par là, ils sont sûrs de parvenir à leurs fins, parce qu'au moyen de la voix délibérative à tous les membres, sans distinction d'âge, ils sont certains de l'emporter à la pluralité des voix. M. l'abbé de Ventadour a rempli tous les devoirs d'un nouveau recteur. Il y a eu un grand repas, dans la Sorbonne, où l'Université a été honorée de l'assistance du cardinal de Rohan et de toute l'illustre famille de M. le recteur. On dit que celui-ci a déjà jeté aux uns et aux autres quelques discours sur l'article de la révocation, et qu'il a fait entendre que les suffrages seraient libres, mais qu'après la délibération, si quelques-uns s'avisaient de faire des protestations, il ne répondait pas que cela ne déplût à la la cour.

— Ce carême, le P. Segaud, jésuite, fameux prédicateur, prêchait à Saint-Gervais. Un jour qu'il y avait grand concours de monde, un particulier, ecclésiastique, qui s'était placé dans le chemin et passage du prédicateur pour gagner sa chaire, l'arrêta et lui dit à haute voix : « Vas! chien de prédicateur, prêcher ta chienne de doctrine dont personne ici ne sera la dupe. » Cette paroisse est généralement assez janséniste, mais le P. Segaud est un homme sage et prudent qui ne dit rien qui puisse blesser aucun des partis. Il monta en chaire un peu épouvanté; mais après s'être remis, il prêcha à son ordinaire. L'homme a été arrêté. Le P. Segaud a sollicité vivement M. le cardinal de Fleury en sa faveur, disant que c'était un fou qui méritait d'être plaint. On dit même qu'il a obtenu sa liberté. Il faut convenir néanmoins que, dans un État policé, une pareille licence, en pleine église, est très-scandaleuse, et qu'elle devrait être punie publiquement.

— L'affaire de mademoiselle de Moras[1], qui dure depuis six mois que la sentence du Châtelet a été rendue au criminel, par mille incidents qu'on a fait naître pour gagner du temps, a été enfin jugée au parlement, le samedi 21 mars, la grand'chambre et la Tournelle assemblées. La fille de chambre [2], au lieu d'être pendue, a été condamnée au fouet, la fleur de lis et neuf ans de bannissement. Le curé de Contré, terre du sieur de Courbon, au lieu des galères, a été condamné à l'amende honorable et au bannissement, et par rapport au sieur de Courbon, absent, la sentence qui le condamne à avoir la tête tranchée a été confirmée. L'arrêt a été exécuté pour la femme de chambre et le curé, qui étaient prisonniers, et par effigie pour le sieur de Courbon. On n'a jamais pu obtenir la grâce de la femme de chambre dont on a voulu faire un exemple à Paris, pour la sûreté des filles de famille. Cependant on rejette toute la cause de ce malheur sur madame de Moras mère, qui a donné lieu aux familiarités de M. de Courbon avec sa fille[3].

— Le roi touche ordinairement les malades le sa-

[1] Voir ci-dessus p. 175. Cette affaire fit beaucoup de bruit et donna lieu à une foule de mémoires, de factums et de consultations.

[2] La veuve Gaury.

[3] M. de Courbon se retira à Turin, près de M. de Seneterre, ambassadeur de France, son parent; mais le roi de Sardaigne l'obligea de s'éloigner. Madame de Courbon, la mère, âgée de quatre-vingts ans, après être longtemps restée en prison, mourut de chagrin. Enfin mademoiselle de Moras, déshéritée par sa mère qui mourut pareillement de chagrin de cet événement, s'établit à Hières avec six mille francs de rente, et épousa le chevalier de Beauchamp, en 1750, comme on le verra dans la suite de ce Journal.

medi Saint après avoir fait ses dévotions. Cette année, sous prétexte de quelque incommodité il n'a fait ni la cérémonie ni ses Pâques. Cela a causé un grand scandale à Versailles et fait beaucoup de bruit à Paris. Cela rend publique son intrigue avec madame de Mailly. Il est dangereux, pour un roi, de donner un pareil exemple à son peuple, et nous sommes assez bien avec le pape pour que le fils aîné de l'Église eût une dispense pour faire ses Pâques, en quelque état qu'il fût, sans sacrilége et en sûreté de conscience.

Avril. — On avait tout préparé ici pour une publication de paix solennelle, un feu à l'hôtel-de-ville, à neuf piliers[1], et un grand bal. On avait même dit que M. le Dauphin et Mesdames de France viendraient à l'hôtel-de-ville voir cette fête. La publication était annoncée pour le mardi, 14; mais, depuis deux ou trois jours, elle est différée et remise. On n'en sait pas trop la raison. On dit que c'est à cause du rhume du roi; d'autres, que tous les équipages nécessaires à cette marche ne sont pas prêts; mais d'autres aussi disent secrètement qu'il est parti un courrier pour l'Espagne, et que la ratification de la reine d'Espagne, remise ici par l'ambassadeur, ne s'est pas trouvée conforme en tout à ce qui avait été arrêté entre la cour de France et l'empereur.

— Les avocats aux conseils supprimés, et qui n'ont pas repris de commission, ont présenté au roi une requête très-bien écrite, où ils rendent compte de l'injustice qu'on leur a faite et de l'impossibilité qu'il y

---

[1] Ainsi désigné, sans doute, à cause du nombre de poteaux destinés à recevoir la décoration.

aurait d'exécuter plusieurs articles du nouveau règlement pour la procédure du conseil. Ils concluent à ce que le roi révoque l'édit de suppression, et à ce qu'il soit sursis à l'exécution du règlement. Cette requête a été regardée comme un coup hardi. C'était faire le procès au chancelier, et le règlement bon ou mauvais étant une fois publié, il faut qu'il s'exécute pour la dignité du ministère. Aussi cette requête a-t-elle été supprimée par un arrêt du conseil : en sorte que voilà plusieurs familles sans état, sans emploi pour subsister, et sans remboursement des charges et pratiques qu'elles ont achetées. Cela servira d'exemple à toutes les compagnies et à tous les Ordres, pour instruire de la nécessité de la subordination et de l'obéissance.

— Vers sur les deux derniers curés de Saint-Roch, dont l'un était grand janséniste[1], et le dernier, nommé Brillon, moliniste; le premier, fort aimé de tous ses paroissiens, et le second très-mal reçu. Ils n'y ont été qu'un an chacun.

> C'est ici la dernière place,
> Où, dans moins d'un an, furent mis
> Deux apôtres, dont les avis
> Étaient différents sur la grâce.
> Dieu, qui les a mandés tous deux
> Pour leur éclaircir ce mystère,
> Évoquant la querelle aux cieux,
> Sur ce point apprend à se taire.

C'est à présent, depuis un mois, M. Cheret, ci-devant chanoine de Chartres et fils d'un fameux trai-

[1] L'abbé Bence que remplaça Aubin Brillon de Jouy. Ce dernier, après avoir été d'abord appelant de la constitution, se faisait alors remarquer par la vivacité de ses attaques contre le jansénisme, ce qui lui attira de nombreuses chansons.

teur de Paris, qui est curé de Saint-Roch, homme, suivant les apparences, convenable à la cour.

— Plaisanterie sur l'Université de Paris au sujet de la nomination de M. l'abbé de Ventadour comme recteur :

« M.

« Vous êtes prié d'assister au convoi et enterrement de très-haute et très-puissante dame, madame l'Université de Paris, fille aînée du roi, décédée en son hôtel des sciences, le 2 mars 1739.

« Son corps mort sera déposé dans l'église des révérends pères jésuites, pour y attendre la résurrection du bon sens en France.

Requiescat in pace.

« Son éloge funèbre sera prononcé le même jour, dans l'hôtel de Soubise, par M. l'abbé de Ventadour, son unique héritier par droit de confiscation. »

— Collecte très-vive sur M. le cardinal de Tencin :

« Sancte pater, qui nova cardinalis non tam sancti promotione æterno sacrum collegium opprobrio contaminasti, fac ut novus iste cardinalis scelerum omnium, scilicet simoniæ, confidentiæ, usuræ, incestus labe tua potestate ablutus ad supremum Galliæ ministerium pervenire dignatur, qui vivis et regnas et brevi moriturus es[1]. »

— M. le duc de Tresmes, gouverneur de Paris, est mort le 15 ou 16 de ce mois. Il a été exposé pendant

---

[1] Notre saint-père le pape a quatre-vingt-cinq ans et est fort indisposé; on le disait même près de mourir il y a peu de temps. (*Note de Barbier.*)

quatre ou cinq jours, dans un lit de parade, avec toute la magnificence possible. Tout l'hôtel était tendu de noir jusqu'au toit. La Ville et tous les couvents ont été jeter de l'eau bénite. Mais il est arrivé une vilaine aventure. Les prêtres de Saint-Roch, qui passaient la nuit, ayant soupé dans une chambre voisine et ayant été bien régalés, ont bu par trop et se sont endormis. Les cierges qui étaient autour du lit se sont fondus par la grande chaleur du luminaire ; des mèches sont tombées sur le drap mortuaire et y ont mis le feu, de façon que le cercueil de plomb a fondu, et que ledit seigneur mort a eu les pieds brûlés. On s'est heureusement aperçu de la fumée et on a porté du secours, sans quoi l'hôtel et les prêtres auraient été brûlés. Le duc de Gèvres, son fils, a fait venir par la suite des capucins; mais les seigneurs qui, comme parents, étaient en deuil, ne disaient autre chose, sinon qu'ils étaient en deuil du *pied brûlé*. Le nom lui en est resté.

Lundi, 20, s'est fait l'enterrement qui a été des plus magnifiques. Tout le convoi a été depuis l'hôtel, rue Neuve-Saint-Augustin[1], jusqu'à Saint-Roch, à pied ; on est parti de l'hôtel à huit heures et demie du soir, et, à cause de la longueur du convoi, on a pris par la rue Neuve-des-Petits-Champs, la place Vendôme et la rue Saint-Honoré. De Saint-Roch, on a conduit le corps, dans un carrosse à huit chevaux, aux Célestins. La marche était ainsi composée : cent pauvres avec des flambeaux; les couvents des Carmes, des Cordeliers et des trois maisons de Capucins[2]; les Petits-Pères de la place

[1] Il était placé au point où le passage Choiseul débouche dans cette rue.

[2] Les capucins de la rue Saint-Honoré (Voir ci-dessus, p. 18, note 1),

des Victoires, les Augustins et les Jacobins, avec des cierges; une trentaine de ses Suisses; cinquante gentilshommes en manteau et en rabat, à cheval : M. le duc de Gèvres avait emprunté des chevaux des mousquetaires gris; tous les archers de l'hôtel-de-ville; un grand nombre de domestiques, en noir, avec des flambeaux; une douzaine de pages à cheval; ses quatre-vingts gardes à pied, comme gouverneur de Paris; un premier carrosse du corps à huit chevaux, avec quatre aumôniers à cheval, en surplis, aux portières; un second carrosse où étaient des prêtres; un troisième ou étaient M. le prévôt des marchands, qui donnait la droite à M. le duc de Gèvres, comme gouverneur de Paris. On dit que c'est la Ville qui mène le deuil. On m'a dit aussi que M. le cardinal de Gèvres, frère du défunt, était sur le devant de ce carrosse, ce qui me paraît extraordinaire à cause du rang de cardinal. Il y avait douze carrosses de deuil à six chevaux; trois carrosses à la livrée de la Ville, à six chevaux; plusieurs autres carrosses, et, enfin, la marche était terminée, tant à pied qu'en carrosses, par M. le lieutenant civil, M. le lieutenant de police et M. Moreau, premier avocat du roi au Châtelet. Cependant le Châtelet n'était point en corps, il n'y avait que ces trois magistrats. Il y avait, à ce qu'on dit, plus de douze cents flambeaux. Malheureusement, il faisait un temps épouvantable de pluie, vent et froid, ce qui n'a pas empêché un concours de monde étonnant dans tout ce passage qui est

ceux de la rue Saint-Jacques, qui habitaient les bâtiments occupés aujourd'hui par l'hôpital du Midi, et les capucins du Marais dont l'église est devenue une succursale de la paroisse Saint-Merry, sous le nom de Saint-François-d'Assise.

fort long. On n'est sorti des Célestins qu'à une heure après minuit.

Je ne sais pourquoi, deux jours auparavant, il y avait eu défense, chez tous les imprimeurs, d'imprimer la marche de cette cérémonie; si c'est pour la trop grande magnificence de cet enterrement d'un gouverneur de Paris, fort au-dessus de celui d'aucun prince du sang: d'autant plus que dans la maison de Gèvres ils sont très-superbes. Cet enterrement ne sera pas sitôt payé.

— Nous sommes à la fin du mois, la charpente du feu, dans la Grève, est au même état qu'elle était, et on ne parle point de la publication de la paix. Il faut bien que les bruits qui ont couru soient véritables. Comme on a élevé ce feu au commencement du mois, des polissons ont mis le placard suivant sur un des piliers, il y a déjà plus de quinze jours : « Poisson d'avril, » voulant dire que l'on n'avait fait ces préparatifs que pour rire, se moquer et attraper le peuple.

Mai. — Madame la princesse de Conti, première douairière[1], est décédée au commencement de ce mois, âgée de soixante-treize ans, d'un abcès dans la tête, et ayant beaucoup souffert pendant plus d'un an. On a pris le deuil le 7, jour de l'Ascension, pour quinze jours. Elle avait été intimement liée avec monseigneur le Dauphin, aïeul du roi, et une des belles princesses de la cour, où elle a toujours été infiniment estimée. Son enterrement a été fait à Saint-Roch, sa paroisse[2],

---

[1] Marie-Anne, fille de Louis XIV et de madame de La Vallière. Voir t. I, p. 138, note 3.

[2] L'ancien hôtel de Lorges où demeurait cette princesse, et qui avait pris le nom d'hôtel de Conti, était rue Neuve-Saint-Augustin, près du carrefour Gaillon, du côté du boulevart.

à sept heures du matin, sans pompe, suivant son testament. Elle était fort riche, et elle a donné tout son bien à M. le duc de La Vallière, son parent, et à M. le duc de Vaujour, fils du duc de La Vallière, qui, par ce moyen, vont être de puissants seigneurs.

— Lundi, 11, il y a eu, aux Mathurins[1], une assemblée générale de la Faculté des Arts de l'Université de Paris, où il a été question de la constitution *Unigenitus*, et où a été consommé le grand projet du rectorat de M. l'abbé de Ventadour. Ce dernier y a fait un très-beau discours latin.

Chaque nation[2] se divise en tribus : chaque tribu délibère en particulier, à la pluralité des voix, et donne sa conclusion. M. Gibert, qui a été plusieurs fois recteur et qui est syndic, et M. Rollin, si connu par ses ouvrages, à la tête de soixante autres personnes de mérite et de distinction de la tribu de Paris, qui est celle que l'on redoutait le plus pour cette opération, se sont avancés pour protester contre la délibération que l'on proposait, sur ce que l'appel de la constitution au futur concile ayant été interjeté unanimement, il ne pouvait être révoqué que de la même manière et par les mêmes personnes. C'est pourquoi ils formaient opposition à tout ce qui serait fait, et renouvelaient, en tant que besoin, leur appel. M. l'abbé

---

[1] Le couvent des Mathurins, occupé par les *religieux de la Sainte-Trinité de la rédemption des captifs*, était dans la rue qui porte ce nom, entre la rue Saint-Jacques et l'hôtel de Cluny. L'Université tenait ses assemblées dans une salle de cette maison.

[2] La faculté des Arts était composée de quatre nations, savoir : celles de France, de Picardie, de Normandie et d'Allemagne, et chaque nation était divisée en un certain nombre de tribus. La nation de France comprenait les tribus de Paris, Sens, Reims, Tours et Bourges.

de Ventadour leur a répondu que leur démarche était contre l'intention du roi, et qu'il avait des ordres de ne recevoir aucune opposition ni protestation; que les suffrages étaient libres; que la délibération se ferait à l'ordinaire, et il leur a dit de se retirer. Si le recteur avait été un simple régent, à l'ordinaire, ces gens-ci se seraient sûrement révoltés, auraient bataillé et fait la même scène qu'à l'abbé Poirier, recteur, à qui ils firent mille insultes, jusqu'à lui déchirer sa robe; mais la qualité de prince en impose toujours aux hommes inférieurs.

On a donc délibéré par tribu, et toutes les conclusions ont été unanimes, à la pluralité des voix, même dans la tribu de Paris, malgré ces contradicteurs, pour révoquer l'appel qui serait rayé et biffé des registres comme nul et non avenu. Cette fameuse constitution *Unigenitus* a donc été reçue de cœur et d'esprit comme un jugement dogmatique de l'Eglise universelle, purement et simplement, sans aucune restriction ni réserve. Toute la compagnie de Jésus, et tous les jésuites assemblés, ne pourraient pas mieux la recevoir. Cette grande assemblée a fini avec joie et applaudissements, jusque-là que le recteur, qui n'est ordinairement reconduit chez lui que par les officiers de chaque nation, l'a été par toute cette cohorte noire, composée de quatre cents personnes. M. l'abbé de Ventadour a été reconduit par elles dans une maison particulière qu'il a louée rue des Maçons, indépendamment de l'appartement qu'il a au collége du Plessis, parce qu'il est des statuts que le recteur loge dans un collége. Il se trouve que l'abbé de Ventadour occupe, rue des Maçons, la maison qu'avait M. Aubry, avocat. C'est dans le même appartement où ce dernier a fait la fameuse consultation contre le concile d'Embrun[1], qui a si fort excité le jansénisme, qu'a été travaillé et exécuté tout le projet pour cette acceptation de la constitution.

— Voilà un grand coup, car, enfin, dans une décision bonne ou mauvaise prise à la pluralité des voix, des opposants ne doivent être regardés que comme des mutins, et il y a eu des défenses faites chez tous les notaires de recevoir aucune protestation ni opposition. Les jansénistes disent bien que ces soixante personnes qui ont réclamé sont gens d'un mérite distingué et connu, et que toute cette foule d'opinants n'est que de la jeunesse gagnée par l'intérêt et l'envie de se pousser. Cela est vrai dans le fond, car l'on dit que tout ceci est l'ouvrage de M. le comte de Maurepas, qui a fait sonder et manier tous les jeunes gens de l'Université. C'est aussi l'abbé Piat, dernier recteur, et qui l'avait déjà été une fois, qui a mené toute cette intrigue. C'est un homme que je connais fort, de beaucoup d'esprit et qui était même, il y a cinq ou six ans, très-janséniste dans le cœur, qui s'est laissé gagner par les politesses des grands et qui n'y perdra rien, suivant les apparences. Quoi qu'il en soit, la constitution deviendra peu à peu règle de foi, et, par ce que l'on voit, l'on peut juger sainement du respect intérieur que l'on doit avoir pour tous les grands points décidés par l'Église universelle. On doit compter que, de façon ou d'autre, cela a été conduit de même par cabale et par intrigue, surtout dans ces temps éloignés d'ignorance, où les gens d'Église étaient seuls les maîtres.

---

[1] Voir tome I, page 269.

— Cette nouvelle va faire grand plaisir à la cour de Rome, à qui l'on fera bien entendre qu'il n'y avait que M. l'abbé de Ventadour capable de cette grande œuvre. Son chapeau sera mis sur-le-champ à la teinture. Il n'a que vingt-deux ou vingt-trois ans ; mais on dit généralement que c'est un homme très-aimable, de beaucoup d'esprit, parlant bien, séduisant par ses manières polies et gracieuses. Il avait régalé chez lui toute l'Université, les uns après les autres. Il prend bien le chemin pour avoir les places de M. le cardinal de Rohan.

— M. Gibert, syndic, a reçu une lettre de cachet qui l'exile à Auxerre. C'est un homme de quatre-vingts ans, sur qui on fait un exemple, mais qui sera d'ailleurs aussi bien à Auxerre qu'à Paris. On en avait parlé aussi pour M. Rollin et pour M. l'abbé d'Eaubonne, chanoine de Notre-Dame, qui était de l'assemblée, sur ce que celui-ci avait dit, en entendant claquer des mains à la fin, qu'il se doutait bien qu'il y avait *plus de mains que de têtes*. Mais il n'y a qu'une lettre de cachet. M. Gibert, le même jour, a fait signifier son discours au greffier de l'Université, et les opposants leur acte d'opposition ; sur quoi il a été rendu, le 14, un arrêt du conseil qui supprime ces actes ; mais les soixante opposants ont présenté au parlement une requête portant appel comme d'abus. Cette requête a été rapportée le même jour de l'arrêt du conseil et il y a eu ordonnance de : « Soit communiquée aux gens du roi. » Le procureur général a mis sur la requête : « Néant sur la requête. Pour être rendue aux parties. » L'on était dans les vacances de Pâques ; mais depuis il n'a été question de quoi que ce soit. C'est une affaire finie.

— Il y a quelque chose de plus intéressant que cela. Depuis près de six mois le pain vaut deux sous six deniers la livre à Paris, et même plus, et s'il n'est pas plus cher, c'est qu'il a été taxé à ce prix par le grand ordre et la police que l'on fait à Paris, où il est grandement de conséquence d'éviter les suites de la cherté du pain. En Touraine, Maine et Anjou, et encore dans d'autres provinces il est constant qu'il n'y a pas de blé ; que le pain y a valu longtemps quatre à cinq sous la livre et que les paysans mangeaient de l'herbe. On ne sait pas trop à quoi attribuer cette disette. On dit qu'on a enlevé les blés de ces provinces, l'année dernière, pour en envoyer en Espagne, qui en manquait, et qu'au lieu d'une certaine quantité, par mauvaise manœuvre du contrôleur général et des intendants, on a multiplié les transports. D'autres disent que les tailles ne se payaient pas bien dans ces provinces, l'année passée, où il y avait beaucoup de blé, mais sans débit ; qu'on en a acheté une grande quantité pour faire ces envois ; qu'on en a gardé une partie, et qu'on leur revend aujourd'hui le triple. Il s'agit de savoir qui a fait cette manœuvre et ce profit, et c'est ce que le premier ministre devrait approfondir pour punir rigoureusement. Il est fort prévenu du contrôleur général, que je ne connais point, Dieu merci ! mais contre lequel j'entends beaucoup de plaintes.

— La charpente du feu, qui est élevée sur la Grève, se pourrit. On dit par plaisanterie, qu'on y fera un toit d'ardoises pour la conserver.

— On a fait une plaisanterie : que le cardinal de Fleury aurait eu, un matin, un moment d'é......., dont Barjac, son valet de chambre, avait été tout surpris, ce qui a donné lieu à des vers[1] sur son compte, qui ne partent pas de ses amis.

Juin. — Lundi, 1er de ce mois, on a enfin publié la paix dont la cérémonie est depuis si longtemps promise. Cette marche a duré depuis neuf heures du matin jusqu'à cinq heures du soir. M. Hérault et M. Turgot, prévôt des marchands, étaient sur des chevaux ornés et harnachés superbement, avec cinq laquais de livrée. Le mardi, 2, on a chanté le *Te Deum*, à Notre-Dame, où les cours ont assisté à l'ordinaire et de plus l'Université. Le soir, il a été tiré un grand feu d'artifice devant l'hôtel-de-ville. Toutes les princesses du sang et les ambassadeurs étaient à la Ville. Le concours de monde était surprenant, non-seulement dans la Grève, mais aussi à l'hôtel des Ursins[2], dont presque toutes les maisons étaient louées. La décoration du feu était extraordinaire et assez belle; pour le feu, on s'attendait à du merveilleux, mais l'artifice n'a pas été bien servi.

—Le mercredi, 3, toutes les cours ont été à Versailles faire leur compliment au roi sur la paix. Celui de M. Le Camus, premier président de la cour des aides, a fait oublier tous les autres. Il est effectivement dur à la circonstance de la paix, et la vérité y est un peu brutalement annoncée. Le voici tel qu'il court dans Paris :

---

[1] Ils sont imprimés dans les *Mélanges historiques*, etc., de Boisjourdain, t. II, p. 121, sous le titre de : *Le siècle d'or, ou le signe de santé de M. le cardinal de Fleury*.

[2] L'hôtel des Ursins était situé dans le quartier de la Cité, sur le bord de la rivière, près du port St-Landri. Il fut rebâti vers le milieu du XVIe siècle, et l'on construisit plusieurs maisons sur une partie de son emplacement ; on y ouvrit même une rue qui fut appelée *rue du Milieu des Ursins*.

« Sire,

« Le bruit des trompettes annonce la paix à votre peuple, à ce peuple qui gémit dans la misère, sans pain et sans argent, obligé de disputer la nourriture aux bêtes qui sont dans les champs, pendant que le luxe immodéré des partisans et des gens d'affaires, semble encore insulter à la calamité publique. Un seul regard favorable de Votre Majesté dissipera tous ces malheurs, et rendra la paix, l'objet de la joie universelle. »

Le compliment est vif et a été prononcé très-haut. Toute la cour est demeurée muette. Le roi a paru même surpris. On prétend que M. le cardinal a dit à M. le contrôleur général : « Il se venge de la pension qu'on lui a refusée l'an passé. » C'est toujours un coup hardi, désapprouvé de la plus grande partie. Ce qui a surpris, ça été de voir sortir ce discours de la bouche d'un homme que l'on regarde comme un sujet simple et fort ordinaire.

— Dimanche, 7, il y a eu une illumination fort magnifique chez le prince de Lichtenstein, ambassadeur de l'empereur, qui loge à l'hôtel de Mailly, vis-à-vis le Pont-Royal. Cela aurait été bien plus beau sans un vent froid, qui n'a pas permis que tous les lampions fussent allumés ensemble. Cela n'a pas empêché qu'il n'y ait eu du monde dans les Tuileries et sur les quais, toute la nuit. Le lundi, il y a eu chez le prince un grand souper pour les ministres étrangers et les ministres de France, hors le cardinal et le chancelier[1].

[1] Le détail de ces fêtes se trouve dans le *Mercure de France* du mois de juin 1739, p. 1242.

— Le roi est parti le 9 pour Compiègne, où il fera un séjour de deux mois. La reine et M. le Dauphin sont du voyage.

Juillet. — Il y a eu un camp à Compiègne où était le régiment du roi et quelques autres. M. le comte d'Eu, second fils de M. le duc du Maine, commandait le camp et y a fait une très-grande dépense. On a jeté des ponts sur la rivière ; on a fait l'attaque du fort polygone et tous les exercices de guerre, pour le divertissement et l'instruction de M. le Dauphin. On dit que tout y a été servi à merveille, surtout de la part de l'infanterie.

Août. — Depuis le retour du roi, on s'occupe de préparatifs de la plus grande magnificence pour le mariage de Madame première. C'est M. le duc d'Orléans qui l'épouse au nom de l'Infant, le mercredi 26, dans la chapelle de Versailles. Il y aura ensuite un grand feu d'artifice, que l'on construit depuis longtemps dans le jardin, vis-à-vis de la grande galerie, et le soir le banquet royal où le roi soupera avec la reine et toutes les princesses du sang. Le 27, M. le marquis de Las Minas, ambassadeur d'Espagne, fera tirer un feu d'artifice sur la rivière, vis-à-vis de son hôtel, qui est sur le quai Malaquais, quelques maisons avant les Théatins[1], et donnera chez lui un grand souper à toute la cour et à tous les ministres étrangers. Son hôtel est sur la même ligne et à la même hauteur, pour les appartements, qu'une maison voisine qui appartient à M. Glucq de Saint-Port, conseiller au grand conseil[2], à qui il l'a de-

---

[1] L'entrée du couvent des Théatins porte aujourd'hui le numéro 21 du quai Voltaire.

[2] L'hôtel occupé par M. de Las Minas, appartenait aussi à M. de

mandée pour y faire ouvrir une communication. M. de Saint-Port s'est excusé sur ce que nombre de seigneurs et dames de la cour lui avaient demandé des places pour voir le feu. M. l'ambassadeur en a parlé à M. le cardinal, qui a écrit à M. de Saint-Port qu'il lui ferait plaisir de céder sa maison. Cela a passé pour un ordre poli, et, afin d'en éviter un autre, il l'a abandonnée. Il s'est trouvé une seconde maison, par de là celle de M. de Saint-Port, aussi convenable, appartenant à M. de Villemur, receveur-général des finances de Paris. Même demande. M. de Villemur s'est excusé sur ce qu'il avait deux caisses publiques, mais il a eu ordre de céder son premier appartement pour percer pareillement les murs de communication. En sorte que M. de Las Minas aura, par ce moyen, vingt croisées d'enfilade.

Le 28, il y aura repos, et le 29, la Ville fera tirer un très-beau feu d'artifice que l'on construit, et qui tient toute la plate-forme où est le cheval de bronze sur le Pont-Neuf. Le roi viendra voir ce feu sur le balcon du vieux Louvre.

Les décorations de ces trois feux sont entreprises par Servandoni, fameux peintre [1], et l'on dit que l'artifice a été conduit et sera tiré par un ingénieur de Saxe [2] que l'on a fait venir ici, parce qu'ils sont très-ha-

Saint-Port dont le père l'avait acheté, en 1709, de M. de Chamillart. Barbier commet une erreur en disant que ce M. Glucq de Saint-Port faisait partie du grand conseil. Il était conseiller au parlement et, à cette époque, doyen de la cinquième des enquêtes.

[1] Jean-Nicolas Servandoni, né à Florence en 1695, peintre habile et célèbre architecte. On lui doit la façade de l'église de Saint-Sulpice, à Paris.

[2] Il se nommait Elric et était capitaine d'artillerie dans les troupes du roi de Prusse.

biles en Saxe pour les feux d'artifice. On y fait des feux de beaucoup supérieurs aux nôtres.

Le 30, il y aura un grand bal à l'hôtel-de-ville, pour lequel on a fait, de la cour, une grande salle couverte bien planchéiée, garnie de décorations en marbres et dorées, qui, selon les apparences, feront un très-bel effet.

— Le prince de Hesse-Rhinfelds[1], frère de madame la duchesse de Bourbon, a été blessé dans une bataille aux environs de Belgrade, et on a reçu la nouvelle qu'il était mort de ses blessures, ce qui a causé un très-grand chagrin à cette princesse qui aimait fort son frère.

— Les malheurs ne vont pas seuls; il est arrivé histoire dans la maison de Condé. Il est revenu à M. le Duc que madame sa femme avait quelques particularités avec M. le marquis de Bissy, commissaire général de la cavalerie[2], jeune homme bien fait; qu'elle lui avait donné son portrait et qu'il y avait eu des lettres respectives. Cela a d'autant plus surpris notre seigneur duc, que madame la jeune Duchesse était très-resserrée, toujours avec des dames et n'ayant aucune liberté de voir des hommes. Il a fait grand bruit et pris à partie toutes les dames qui sont attachées à la princesse; on dit même qu'il a traité très-durement madame la Du-

[1] François-Alexandre, prince de Hesse, né le 5 décembre 1710, fut tué au combat de Crotska, livré aux Turcs par les troupes de l'empereur, le 22 juillet 1739.

[2] Officier principal qui commandait la cavalerie légère sous l'autorité du colonel général et du mestre de camp général, ou en leur absence. Il avait un régiment particulier qui lui était affecté, qui portait le nom de Commissaire-Général et marchait le troisième en rang. Le marquis de Bissy était brigadier de cavalerie du mois de mars 1736.

chesse, sa mère, jusqu'à lui reprocher qu'elle avait été la m......... de ses filles et qu'elle voulait l'être de sa femme. Madame la Duchesse qui a beaucoup d'esprit, l'a traité à son tour comme un fou, non-seulement d'avoir un pareil soupçon sur sa femme, mais même de faire aussi grand fracas pour une chose aussi légère qu'une simple galanterie. On a dit qu'il voulait renvoyer la princesse dans son pays, d'autres que sous prétexte de la mort de son frère, elle avait demandé à se retirer dans un couvent. Ce qui est certain, c'est que M. de Lézonnet, conseiller au parlement, qui a l'expectative de chef du conseil de M. le Duc, à la place de M. de Fortia, conseiller d'État, et qui se mêle, à ce qu'on prétend, de bien des choses qui ne regardent pas un chef du conseil, a fait fermer toutes les portes des garde-robes derrière l'appartement de madame la Duchesse. Il a agi bien imprudemment.

— On prétend aujourd'hui qu'on a fait entendre à M. le Duc qu'une affaire d'éclat lui ferait tort à la cour et dans le public, et que les choses sont pacifiées. On dit aussi que c'était une simple fille de garde-robe qui recevait et rendait les lettres, que nulle personne n'était dans le secret. Ce qui est encore certain, c'est que le marquis de Bissy a eu ordre de se rendre à son régiment, ce qui est une espèce d'exil dans un temps où pas un colonel n'y est.

— Le feu de Versailles était très-vaste, le dessin de la décoration était beau, et l'illumination d'un grand goût. L'enceinte des chaises, où était le monde placé par billets, joignait le bâtiment, et régnait le long de la galerie qui était très-bien illuminée ; on y jouait à différentes tables. Avant le feu, les seigneurs venaient se montrer aux fenêtres et voir le public. Le roi, la reine et Madame vinrent ensuite se placer à la fenêtre du milieu sur un tapis, et le roi donna le signal par une fusée qu'il tenait à la main. Les jardins étaient éclairés au loin par des lampions, et les cours du château étaient garnies de quantité de pots à feu qui faisaient un très-bon effet.

— Le feu de l'ambassadeur d'Espagne, qui était vis-à-vis son hôtel, contre le parapet du Louvre, fut fort bien exécuté pour l'artifice, mieux même que celui de Versailles. Je ne le vis point. La peine de prendre place sur la terrasse de Versailles, d'avoir été exposé cinq heures de temps au soleil, en attendant la nuit, et le voyage, m'avaient rebuté d'artifice. J'allai le soir, après le feu, voir la décoration qui était encore illuminée et éclairée par derrière les toiles. Cela faisait une confusion qui ne répondait pas à ce qu'on avait attendu.

— Pour la fête de la Ville, elle surpassait toutes les autres par la magnificence et la galanterie. A la vérité, sa position était extrêmement avantageuse. Les deux bords de la rivière jusqu'au Pont-Royal, garnis d'échafauds remplis de monde, faisaient un grand spectacle. Rien n'était plus galant que les bateaux qui se promenaient des deux côtés de la rivière, et qui étaient figurés en petits navires. L'artifice du grand feu fut beau, mais il n'eut pas le succès qu'on attendait. La police avait ordonné de fermer les fenêtres et d'avoir des tonneaux pleins d'eau dans tout le voisinage du Pont-Neuf, crainte d'incendie; mais cette précaution fut fort inutile. Le morceau d'artifice, qui devait terminer, et qui aurait été surprenant en raison de la grande quantité de feu qui devait partir à la fois, manqua par la malice des artificiers de Paris qui étaient employés pour servir le feu à différents endroits : cela par jalousie de métier contre l'entrepreneur étranger qui ne savait pas le français; jusque-là que le roi envoya lui-même demander si le feu était fini, parce qu'on attendait toujours quelque chose d'extraordinaire, et que, pendant un gros quart d'heure, on tira fusée à fusée. Cette insolence a été punie : on en a mis plusieurs en prison. On parlait de leur faire perdre leurs maîtrises et de punition corporelle ; mais ils en ont été quittes pour des amendes considérables.

— A l'égard du bal qui se donna le lendemain à la Ville, il était de la dernière magnificence. La salle que l'on avait construite dans la cour était accommodée et illuminée au mieux, et l'on tournait en haut dans les appartements qui sont autour de la cour, et qui étaient diversement ornés avec des toiles peintes en or et en argent. Il y avait sept ou huit cabinets remplis non-seulement de toutes sortes de rafraîchissements, biscuits, oranges, pommes d'api, mais aussi de daubes, de pâtés et de toutes sortes de vins; même de liqueurs et paquets de confitures sèches. Tout cela était offert par nombre d'officiers, à six heures du matin de même que pendant la nuit, avec une affluence étonnante de masques, car on n'entrait que masqué, avec des billets. On avait même eu la précaution de destiner des cabinets portant des inscriptions au-dessus des portes : *Garderobes pour les femmes, garde-robes pour les hommes*, avec des femmes de chambre dans les unes, et des hommes dans les autres. Au surplus, un ordre infini par la quantité de sentinelles distribuées à chaque escalier et à toutes les portes. Cette fête a fait un honneur infini à M. Turgot, prévôt des marchands, pour sa sortie de place, et elle a dû coûter beaucoup[1]. On croyait que le roi viendrait, mais il ne vint pas[2].

ANNÉE 1740.

Janvier. — M. Hérault est toujours mal, et changé comme un homme qui n'en peut pas revenir. Il y a divers bruits sur le sujet de sa maladie qui dure déjà depuis longtemps. Les uns disent que c'est jalousie de sa femme, qui est une des jolies femmes de Paris, sur le compte de qui on a mis M. le duc de Boufflers, et depuis M. le duc de Durfort. Ce lieutenant de police n'a pas osé murmurer; il n'aurait pas manqué d'être chansonné. D'autres disent qu'il y a de la malignité dans sa maladie, et que les médecins n'ont pas osé l'en avertir de crainte de lui donner des soupçons sur la conduite de sa femme, que l'on excuse cependant, en disant qu'elle peut avoir cet accident de naissance, étant fille de M. Moreau de Séchelles, intendant de Maubeuge, lequel, au vu et au su de Paris, a été traité aux Invalides, il y a nombre d'années, et y a même pensé périr.

[1] Indépendamment des descriptions de ces fêtes, imprimées dans le format in-4°, qui furent vendues dans les rues, il parut plus tard une *Description des fêtes données par la ville de Paris à l'occasion du mariage de madame Louise-Élisabeth de France*, etc. Paris, 1740, 22 pages in-fol. avec treize planches.

[2] Il y a ici une lacune dans le manuscrit, et Barbier ne reprend sa narration qu'au mois de janvier 1740.

— M. le duc de Bourbon est tombé malade à Chantilly, depuis dix à douze jours, d'une dyssenterie violente à laquelle il était sujet depuis plusieurs années. M. Silva, son médecin, a appelé M. Du Moulin. Ils ne l'ont pas cru en danger, cependant il est mort mercredi, 27, à midi. Tous les princes et princesses, ses frères et sœurs et de la famille, y étaient depuis huit jours avec la jeune Duchesse. Il laisse une veuve, âgée seulement de vingt-cinq ans, et un prince de trois ans et demi[1]. Il a fait un testament par lequel il nomme madame la Duchesse, sa femme, et M. le comte de Charolais, tuteurs honoraires du prince, et un conseil de tutelle, composé de M. de Lézonnet, pour chef, de MM. Cochin et Huart, avocats, et de M. Gougenot, attaché depuis longtemps à la maison, qui sera tuteur honoraire. Il a défendu de vendre les meubles et la vaisselle d'argent. Il ne récompense qui que ce soit de sa maison, soit principaux officiers ou subalternes, soit domestiques : il laisse ce soin au conseil de tutelle.

Ce prince sera peu regretté du public. Il a contre lui un grief qui ne s'efface pas aisément, celui de lui avoir fait manger le pain très-cher pendant un temps considérable. A l'égard de sa femme, elle était infiniment gênée, n'ayant pas la liberté de voir les personnes qui pouvaient lui convenir, quoique l'on sût publiquement que, de son côté, le prince avait madame la comtesse d'Egmont pour maîtresse. D'ailleurs, la dernière histoire de madame la Duchesse avec

---

[1] Louis-Joseph de Bourbon, prince de Condé, né le 9 avril 1736, qui, pendant la révolution, commanda l'armée dite *de Condé*. Il mourut le 13 mai 1818.

le marquis de Bissy, et la conduite qu'a tenue M. le Duc à ce sujet, n'ont pas disposé cette princesse à regretter son mari. Au surplus, son sort n'est pas fort heureux, à la liberté près. Elle n'était point en communauté, et elle n'a d'autres reprises qu'une dot de la somme de vingt-cinq mille livres et un douaire de trente mille livres par an, ce qui est fort au-dessous de la dépense que doit faire cette princesse; en sorte qu'elle n'a de ressources que dans les pensions que le roi peut lui donner. On ne croit pas même qu'elle puisse accepter la garde noble du jeune prince, à cause des dettes mobiliaires qui vont, dit-on, à cinq millions, et des grands biens substitués qui n'y entrent pas.

— Le roi a accordé au jeune prince de Condé la charge de grand maître de sa maison, dont M. le comte de Charolais, son oncle, fera les fonctions. On croyait que ce pourrait être pour M. le duc de Chartres; mais on dit que M. le Duc d'Orléans, qui avait toujours été brouillé avec M. le Duc depuis la mort de M. le régent, n'a pas voulu le demander. Pour le gouvernement de Bourgogne, le roi l'a promis au jeune prince quand il aura l'âge de dix-huit ans. Il sera exercé, en attendant, par M. le duc de Saint-Aignan, actuellement ambassadeur à Rome, qui n'est pas riche, et auquel ce gouvernement vaudra bien cent cinquante mille livres par an.

— Tout le monde prévoyait bien que M. de Lézonnet ne resterait pas un moment dans la maison après la mort de M. le Duc, par la manière indigne dont il s'était conduit vis-à-vis de madame la Duchesse, dans la dernière affaire. Comme il n'y a pas de loi qui exempte un prince d'être c..., quand cela arrive, ou du moins quand il le soupçonne, un homme de confiance ne doit jamais entrer dans sa passion et l'aigrir. Il rend service à toutes les parties intéressées en diminuant les objets. On dit qu'aussitôt la mort de M. le Duc, M. le comte de Charolais s'est transporté dans l'appartement de M. de Lézonnet, à Chantilly, et y a mis le scellé avec son cachet. On ne peut mieux marquer le mépris personnel et la méfiance sur sa probité. Aussi, jeudi soir, M. de Lézonnet, voulant prévenir son congé, a donné sa démission de l'emploi de chef du conseil de tutelle. Il avait été nommé exécuteur testamentaire avec un legs d'un diamant de cinquante mille livres. Il aura le diamant, et ne se mêlera en rien de l'exécution. C'est M. de Fortia, conseiller d'État, et qui était toujours en chef dans la maison de M. le Duc, qui a été choisi pour chef du conseil de tutelle à sa place. C'était lui qui avait produit M. de Lézonnet, et celui-ci n'avait rien négligé pour le supplanter. M. le comte de Charolais a aussi admis au conseil de tutelle M. Visinier, avocat, son conseil.

Février. — Le corps de M. le Duc, qui avait été amené à Paris, le vendredi 29, a été exposé pendant huit jours dans l'hôtel de Condé[1], depuis le mercredi 3. Le 10, le convoi s'est fait à sept heures du soir. Il n'y avait pas le cortége et le nombre de gens à cheval que l'on attendait. Le corps était dans un chariot à huit chevaux, très-élevé, à la hauteur du balcon de la Comédie française, d'où je le vis passer[2]. Il a été porté

[1] La rue et la place de l'Odéon ont été construites sur l'emplacement de cet hôtel qui donna son nom à la rue de Condé.

[2] Voir, pour les détails de ces obsèques, le *Mercure de France* du mois de janvier 1740, p. 382.

à Enghien, autrefois Montmorency¹, où sera dorénavant la sépulture des princes de la maison de Condé, parce que la terre de Vallery a été vendue. On doit même faire revenir de Vallery tous les cercueils des princes de cette maison ² pour les mettre à Enghien.

— Il est vrai, et je sais du conseil, que M. le Duc a laissé pour huit millions de dettes. Il faisait des dépenses considérables, surtout à Chantilly, sans connaissance de ses affaires, et sans ordre de la part de M. de Lézonnet. On convient que s'il avait vécu encore trois ans sur le même pied, ses affaires auraient été entièrement dérangées, ce qui paraît bien extraordinaire pour un prince très-puissant, et qui a dû faire des profits très-considérables dans le Système. On vendra tous les effets mobiliers et des bijoux de toute espèce, pour payer en partie les dettes.

— M. Bauyn d'Angervilliers, ministre et secrétaire d'État de la guerre, est mort le 15 de ce mois, âgé de soixante-trois ans environ. Il avait été intendant de Strasbourg et de Paris, et avait succédé à M. Le Blanc. Il était fort expérimenté dans ce qui regardait ce département, mais il était un peu dur, de difficile abord, et n'était pas aimé des seigneurs. Son père était maître

---

¹ Après la mort de Henri de Montmorency, décapité en 1632, cette seigneurie était revenue à Charlotte-Marguerite de Montmorency, femme de Henri de Bourbon, deuxième du nom, prince de Condé, et avait passé ainsi dans cette dernière maison. Louis XIII l'érigea de nouveau en duché-pairie, en 1633, et Louis XIV changea le nom de Montmorency en celui d'Enghien, par des lettres patentes du mois de septembre 1689.

² Depuis Louis de Bourbon, premier du nom, prince de Condé, mort en 1569, tous les descendants de la branche aînée de cette famille avaient été inhumés à Vallery, château situé à vingt kilomètres de Sens.

de la chambre aux deniers, et avait été homme d'affaires, d'où l'on croyait communément qu'il était sans naissance. Mais son grand-père, qui avait laissé sept ou huit enfants, était conseiller à la cour des aides, et son bisaïeul était Prosper Bauyn, conseiller de grand'-chambre, dont Scaliger, qui avait apparemment perdu quelque procès à son rapport, avait fait l'anagramme: *Bos in purpura*. Ses ancêtres étaient dans le parlement depuis deux cents ans.

— Le bruit de Paris a été que M. Orry serait secrétaire d'État de la guerre, et que M. Amelot aurait la place de contrôleur général des finances, ce qui le dégradait furieusement, à mon avis. On donnait sa place de secrétaire d'État des affaires étrangères à M. de Chavigny, nommé ambassadeur en Portugal en remplacement de M. d'Argenson l'aîné, celui-ci ayant refusé de partir par suite de quelques difficultés avec M. le cardinal par rapport au payement des appointements.

— Ce M. de Chavigny, au reste, est un homme de beaucoup d'esprit et très-habile dans les négociations. Il est fils d'un simple particulier de la ville de Beaune, en Bourgogne, et il a un autre nom[1]. Il s'était présenté à la cour de Louis XIV comme fils du marquis de Chavigny, ancien lieutenant général, de bonne maison de Bourgogne, qui s'était retiré depuis longtemps dans ses terres, et qu'on avait perdu de vue en cour. Il avait même présenté à Louis XIV des lettres de son prétendu père, que le roi montrait en disant aux seigneurs:

---

[1] Théodore Chevignard de Chavigny. Son frère était président à mortier au parlement de Bourgogne.

« Voyez comme on écrivait autrefois avec esprit dans ma cour. » Il fut bien reçu sous ce titre; mais la fourberie ayant été découverte, il fut chassé avec son frère. Il a voyagé, a profité de ses talents, puis, du temps de M. le duc d'Orléans régent, il s'est raccroché à la cour, et a été employé dans des négociations. Ce prince considérait le mérite et s'embarrassait peu de l'équivoque sur les noms. Il s'est depuis poussé et maintenu avec hardiesse; enfin le voilà nommé ambassadeur en Portugal, toujours sous le nom du marquis de Chavigny, et, comme l'on voit, reconnu capable de grande place.

— Cette nouvelle n'a pas eu de suites. Le roi a rendu, le 17 de ce mois, la place de secrétaire d'État de la guerre à M. le marquis de Breteuil, chancelier de la reine et cordon bleu, qui l'avait occupé quatre ans dans le temps de la disgrâce de M. Le Blanc[1]. Ce choix a eu l'applaudissement général du public. M. de Breteuil est fort poli, gracieux, aimant à faire plaisir, et fort aimé. On dit qu'on le doit à mademoiselle de Charolais qui n'a pas quitté le roi qu'il ne lui eût accordé son agrément.

— Il paraît, depuis quelques jours, un mémoire imprimé pour M. l'abbé Le Camus[2], frère du premier président de la cour des aides, contre le commissaire Dalby et autres. Il est signé de M. Chesnel de la Charbonnelais, avocat. Il est fort bien écrit, et c'est une pièce épouvantable contre M. le premier président Le Camus. Le fait est que M. le premier président,

---

[1] En 1723. Voir t. I, p. 181.

[2] Robert-Jean, né en 1700. Il avait été capitaine de dragons avant d'embrasser l'état ecclésiastique.

madame la marquise de Maulevrier et l'abbé Le Camus, frères et sœurs, ont été faits, par leur père et mère, légataires universels par tiers et avec substitution réciproque. Il n'y avait pas grand bien. M. le premier président Le Camus n'a jamais eu que deux cent mille livres de biens de patrimoine, tout au plus. L'abbé a formé sa demande en distraction de sa légitime, ce qui est de droit. Cela l'a brouillé avec son frère, qui l'a menacé de son crédit, et, par l'entremise de gens affidés au premier président, il y a eu une transaction, au mois de juillet 1738, par laquelle l'abbé Le Camus a cédé à son frère tous ses biens paternels et maternels, montant à six mille sept cent quarante livres de rente, moyennant cinq mille livres de pension viagère. Le premier président n'a pas manqué de se faire subroger aux droits de l'abbé pour suivre, au nom de celui-ci, sa demande en distraction de légitime, afin de disposer librement de cette portion eu égard à madame la marquise de Maulevrier, appelée également à la substitution. Depuis cette transaction, M. le premier président Le Camus a sollicité et obtenu une lettre de cachet, à la faveur de laquelle l'abbé a été conduit aux îles Sainte-Marguerite où il lui fait tenir, dit-on, sept cent cinquante livres par an. L'abbé Le Camus demeurait rue Neuve-Saint-Étienne-du-Mont; le commissaire Dalby a mis le scellé dans sa maison, comme de la part du roi, et, avant de procéder juridiquement à la levée des scellés, on a enlevé des effets, titres et papiers. Ensuite, pour ne pas payer trop longtemps les loyers, on a fait vendre les gros meubles à la requête d'un nommé Franbourg, créancier de l'abbé, sur un faux domicile, sans son aveu; de façon que Franbourg, contrôleur des rentes à Paris, passant sur le pont Saint-Michel, et ayant appris par hasard qu'on vendait les meubles de l'abbé Le Camus, voulut former opposition entre les mains de l'huissier qui lui apprit que c'était à sa requête que se faisait la vente. La surprise de Franbourg arrêta tout; ce qui fut suivi, de sa part, de procédure en désaveu, contre le procureur, et en nullité de ce qui avait été fait.

En cet état, l'abbé Le Camus, apparemment par un fondé de procuration, a interjeté appel de la sentence sur laquelle on avait vendu ses meubles, et a rendu plainte contre l'enlèvement et divertissement de tous ses effets, titres et papiers. Information faite en conséquence : arrêt du conseil, obtenu par M. le premier président Le Camus, à la fin de 1739, par lequel le roi a évoqué à lui l'appel, la plainte et l'information, et a nommé pour commissaires M. Hérault et des conseillers du Châtelet. C'est depuis cette commission qu'a paru le mémoire imprimé pour instruire la cour et la ville du caractère intéressé, de la fourberie et du mauvais cœur de M. le président Le Camus, et des prévarications qu'il a fait faire au commissaire Dalby. Il est dit même, dans le mémoire, que ce commissaire, qui a déjà été noté et que l'on traite de *monstre* dans la société, est tranquille sur l'événement de cette affaire; qu'il dit n'avoir agi que par ordre écrit et qu'il a de quoi perdre M. le président Le Camus[1]. Il y a aussi copies de lettres écrites par ce dernier à son frère l'abbé, aux îles Sainte-Marguerite, pour lui faire entendre que

---

[1] Ce commissaire, en effet, ne fut point immédiatement destitué; il continue à figurer dans l'Almanach royal de 1741.

tout cela ne vient pas de lui; que la lettre de cachet, en vertu de laquelle il a été exilé, n'a été donnée que sur un mémoire présenté au ministre par un particulier prétendu ami de l'abbé, contenant le déréglement de sa vie et de sa conduite; en sorte que cela compromet le ministère, qui sûrement n'a donné de pareils ordres que sur les sollicitations secrètes du président.

— L'abbé Le Camus était, dit-on, un assez mauvais sujet, c'est-à-dire un homme qui voyait mauvaise compagnie, et qui n'avait point les allures d'un homme de son nom, étant petit-neveu du cardinal Le Camus[1]. Il aimait peut-être un peu trop les femmes et le vin; mais il ne faisait tort qu'à lui-même et à sa fortune sans faire mal à personne. Il était curieux de fleurs et avait un beau jardin, dans sa maison, avec une quarantaine de très-beaux orangers, qu'on a pris soin de faire enlever depuis son exil. Il avait de quoi vivre à l'aise à sa façon. De juger s'il n'était pas aussi sage que ceux qui, par des dehors du monde et de représentation et par des bassesses infinies, obtiennent des bénéfices et des évêchés, sans aucun sentiment de religion, pour satisfaire avec plus d'éclat l'ambition, le luxe et tous les autres vices de nos ecclésiastiques, c'est une autre affaire. Il est seulement probable que cette vie privée, même un peu libertine, n'intéresse ni l'État ni le public, et que cela ne mérite ni la perte de la liberté, ni la privation de son bien.

— On dit que cette affaire est suivie et suscitée par quelque personne en place, car il y avait eu une dé-

---

[1] Étienne Le Camus, évêque de Grenoble, mort en 1707.

fense envoyée à tous les imprimeurs d'imprimer aucun mémoire pour le sieur abbé Le Camus. Cette défense est copiée dans le mémoire avec le portrait que le président avait fait de son frère. On ne connaît point au palais l'avocat qui a signé ce mémoire, quoiqu'il soit sur le tableau [1]. On dit qu'il a quelque relation dans la maison de M. de Fulvy, frère du contrôleur général, dont il est pour ainsi dire le secrétaire ou l'intendant sans titre. Mais comme le mémoire contient des traits épouvantables contre un magistrat du premier ordre, chef d'une cour souveraine, et qui a l'honneur de porter le cordon bleu ; qu'on le fait passer à découvert pour un fripon et pour une bête, en rejetant tout en apparence sur les conseils des gens d'affaires à qui il s'est livré, les avocats se sont assemblés et ont jugé à propos de rayer du tableau ce M. Chesnel de La Charbonnelais qui, je crois, n'a fait que signer le mémoire et n'en est pas l'auteur. Le bâtonnier alla même ces jours-ci, à la tête des anciens avocats, à la chambre de la cour des aides, en rendre compte à M. le premier président qui leur témoigna sa reconnaissance de leur zèle et de leur justice. On dit que ce président ne paraît point démonté de cette triste aventure et qu'il se présente à son ordinaire. Ce que l'on peut dire, c'est que la cour des aides est très-fâchée d'un pareil éclat contre son chef ; mais qu'elle cesserait de l'être si cela allait au point de l'obliger à se démettre de sa charge. Il n'est ni aimé, ni estimé de sa compagnie : c'est un homme assez poli, mais un petit sujet, sans esprit, qui ne sait soutenir

---

[1] Il y figure comme reçu en 1731.

ni la dignité de sa place, ni sa compagnie dans les occasions.

— Nous avons eu, cette année, un hiver remarquable. Il fait froid depuis le mois d'octobre, et à partir de celui de novembre, la terre n'a point dégelé. Depuis la veille des Rois, le froid a été excessif, et la rivière a été prise. On a fait déménager tous ceux qui logent sur les ponts, par précaution, dans la crainte d'une débâcle précipitée; mais elle est arrivée sans fracas, parce qu'il y a eu plusieurs faux dégels qui n'ont duré que deux jours. La gelée a repris de nouveau ces jours-ci. Il y a eu des jours aussi froids qu'en 1709, surtout hier, 25. Un hiver si long a causé une grande cherté sur tous les vivres, et est terrible pour les pauvres gens. Le roi, qui ne peut plus chasser depuis longtemps, monte souvent à cheval dans le manége de Versailles, fait des parties de traîneaux sur les canaux, et va à ses différentes maisons de campagne.

Mars. — M. le président Le Camus a répandu, dans le public, un mémoire imprimé, d'une feuille, pour sa justification sur la transaction; il dit mépriser tout le reste du mémoire de son frère. Il fait un calcul du bien de celui-ci, des charges de pensions viagères et de douaire, sans dire à qui, des dépenses pour l'exécution des lettres de cachet qui paraissent considérables. Ce mémoire est très-mal fait, et l'on convient qu'il ne peut être que de lui; il n'est signé, du reste, de qui que ce soit. Il ne sert qu'à prouver la lésion de l'abbé et à faire la condamnation de M. le premier président Le Camus. Il aurait fait bien plus sagement de ne rien dire. On assure que depuis ce mémoire, il s'est désisté, par un acte, du profit de la transaction. L'affaire se poursuit toujours ; car il y a des monitoires aux coins des rues pour découvrir ceux qui ont enlevé les effets de l'abbé Le Camus : mais il n'est pas douteux que tout ne se soit fait par les ordres et par les gens du président.

— Le cardinal de Fleury se porte mieux que jamais. Ses deux petits-neveux les abbés de Fleury[1], car toute la famille des Rocozel a pris le nom, ont soutenu des thèses en Sorbonne. Il y a assisté et reçu le concours de tous les grands qui sont à Paris, ambassadeurs et autres.

— Notre saint-père Clément XII est mort. Les cardinaux se sont rendus de tous côtés à Rome, pour le conclave; nous y avons le cardinal de Tencin qui a, dit-on, le secret de la cour de France, sur l'élection du nouveau pape. Le cardinal de Rohan et le cardinal d'Auvergne sont aussi partis pour Rome. Le premier a quinze ou seize jeunes abbés de condition avec lui, qui logeront dans son palais et y seront nourris. Il a toujours vécu avec la grandeur et la magnificence d'un prince. Son neveu, l'abbé de Ventadour, est du voyage. Cet abbé n'avait été recteur que pour l'entreprise sur l'Université de Paris, en faveur de la bulle *Unigenitus*, car on en a nommé un autre à sa place, qui est, à l'ordinaire, un pédant de l'Université. On ne se soucie pas, en cour, ou on a remis à un autre temps de faire accepter la constitution par les autres facultés de l'Université, comme le droit et la médecine ;

[1] Pierre-Augustin-Bernardin, abbé de l'abbaye de Notre-Dame-de-Buzay, diocèse de Nantes, qui avait déjà soutenu une thèse en 1737 (Voir ci-dessus, p. 129), et Henri-Marie-Bernardin, dit l'abbé de Ceilhes, né en 1718, abbé de Royaumout, diocèse de Beauvais, frère du précédent.

celle de théologie, à cause de la Sorbonne, était la plus importante.

— Le roi a fait l'acquisition[1], dès la fin de l'année dernière, de la maison de Choisy qu'avait madame la princesse de Conti, dernière décédée. La situation de cette maison, sur la rivière, est charmante. On y travaille à force depuis trois mois, autant que le temps l'a permis, pour y faire des augmentations de logement. Le roi en a fait un gouvernement qu'il a donné à M. le comte de Coigny, jeune seigneur, colonel général des dragons et fils du maréchal de France. Cette nouvelle maison fera tort au gouvernement de la Muette, qu'a M. le marquis de Beringhen. Le roi se plaît fort à Choisy, qu'on appelle Choisy-le-Roi, et il y fait souvent des voyages de trois jours. La proximité de la forêt de Sénart lui donnera encore plus de goût. Il a déjà pris plusieurs terres voisines : les voisins se seraient bien passés de cet événement.

Mai. — Le froid a continué jusque dans le mois de mai, de manière que l'on a beaucoup appréhendé pour les biens de la terre. A l'exception des marchands de bois, qui ont vidé tous leurs chantiers et qui ont fait beaucoup d'argent, tout le public est mal à son aise. L'Église et les magistrats se sont unis pour apporter des secours temporels et spirituels, et, pour cet effet, par un mandement de M. l'archevêque, du 20 mai, il a été ordonné des processions solennelles et générales de tout le clergé, aux églises de Notre-Dame et de Sainte-Geneviève, ce qui s'est fait pendant neuf jours avec un grand concours de peuple de toutes les paroisses. La

---

[1] Du duc de La Vallière, héritier de la princesse de Conti. Voir ci-dessus, p. 230.

princesse d'Orléans, reine douairière d'Espagne, suit à pied, avec une grande édification, la procession de Saint-Sulpice, sa paroisse.

Heureusement, et avec le secours de la nouvelle lune le 18, le temps s'est un peu calmé et radouci, en sorte qu'il n'a pas été nécessaire de faire la grande procession de la châsse de Sainte-Geneviève[1], que les religieux de cette abbaye, aussi bien que les cours souveraines, évitent autant qu'il est possible, par les embarras qu'elle cause.

— Le roi a fait un voyage de Marly, avec la reine et toute la cour, depuis le 5 jusqu'au 28. Il va quelquefois coucher à Choisy, qui est la maison de campagne favorite pour faire les petits soupers. On vit partir ces jours-ci, d'un des petits pavillons de Marly, madame de Mailly très-parée, dans une chaise de poste du roi, avec deux pages de l'écurie à cheval et des flambeaux. Tous les jours, nouvelle partie de chasse où le roi se fatigue beaucoup; il a été même un peu incommodé. Dans une chasse, la suite du roi se trouva très-éloignée des rendez-vous et sans chevaux de relais. Les chevaux étaient tellement rendus qu'aucun seigneur ne fut en état de suivre le roi pour le retour à Marly. Un seul page le suivit pendant une lieue et resta en chemin. Le roi, étant mieux monté que les autres, revint seul pendant six lieues; il arriva, par conséquent, le premier à Marly, se fit changer de linge, sans vouloir qu'on le frottât, et but quatre verres de vin pur pendant qu'on l'habillait. Il se moqua fort de tous les

---

[1] On s'était borné à découvrir la châsse, suivant l'arrêt du parlement du 20 mai.

seigneurs qui arrivaient les uns après les autres, et ensuite il se mit à souper jusqu'à trois heures du matin, ce qui a causé son incommodité.

Juin.—Les commissaires nommés par le roi se sont rendus à l'assemblée générale du clergé[1], et y ont obtenu, de ces messieurs, un secours de trois millions cinq cent mille livres. Le clergé possède à présent plus d'un grand tiers des biens du royaume à titre gratuit, c'est-à-dire sans beaucoup de peine, surtout par les principaux bénéficiers et par les grandes abbayes. Il est fort singulier qu'il faille tant de cérémonies pour obtenir d'eux un secours pour l'État.

Juillet.—Le roi est parti le 16 pour Compiègne, avec toute la cour, pour y chasser. Les ministres sont toujours de ce voyage, le conseil aussi et tant pis pour ceux qui y ont affaire. Dans toutes les maisons royales, il y a à présent des petits appartements pour les petits soupers particuliers.

—La comtesse de Mailly est toujours en faveur auprès du roi. Il ne se fait pas un souper ni une partie sans elle. A l'égard du marquis de Nesle, son père, il est toujours en exil pour les impertinences qu'il a débitées, avec ses créanciers, contre les maîtres des requêtes, commissaires de sa commission. C'est un homme d'esprit, mais très-fou et d'une hauteur extraordinaire. Il est à présumer, s'il était d'un autre caractère, qu'avec le crédit de sa fille il aurait arrangé ses affaires. Mais il faut toujours que cela passe par le canal du cardinal.

---

[1] L'assemblée du clergé s'était ouverte le 1ᵉʳ juin, dans le couvent des Grands-Augustins.

—Si le marquis de Nesle mourait, madame la comtesse de Mailly, sa fille aînée, se trouverait appelée, à cause de son mari, à une substitution de plus de deux cent mille livres de rente. Mais j'ai entendu dire qu'il y a un grand garçon de quinze ans, fils de M. le prince de Soubise et de madame la marquise de Nesle, né pendant le mariage, baptisé sous le nom du marquis de Nesle, élevé secrètement par la maison de Rohan, qui pourrait bien un jour paraître pour recueillir seul tous ces grands biens. Cela fera un bon procès. A la vérité, les circonstances ne seraient pas favorables pour lui à présent.

Août. — M. Hérault, ci-devant lieutenant général de police et intendant de Paris[1], est mort le 6 de ce mois, âgé de quarante-neuf ans. Il laisse quatre ou cinq enfants de deux lits. On avait toujours compté que, dans les mouvements étonnants qu'il y a eu de son temps, au sujet des recherches pour les affaires de la constitution, il avait gagné des sommes considérables. Il est très-singulier, et il est cependant vrai, qu'il meurt mal à son aise. Sa veuve, fille de M. Moreau de Séchelles, trouvera tout au plus de quoi avoir ses reprises et son douaire. Le public a peine à se persuader à ce sujet; mais comment ferait-on pour le cacher, y ayant des mineurs de deux lits à l'égard de qui il faut que les choses se fassent en règle. M. Hérault n'avait pas de grands biens de patrimoine, c'est-à-dire environ cent cinquante mille livres; mais quand, après avoir été vingt-trois ans lieutenant de police, il laisserait un mil-

---

[1] Il avait été nommé intendant de Paris au mois de décembre 1739, et sa charge de lieutenant de police avait été donnée à M. Feydeau de Marville, maître des requêtes, son gendre.

lion, il n'y aurait ni à se cacher, ni à se récrier. M. Hérault n'était pas un homme d'esprit, ne sachant jamais quel parti prendre. A présent qu'il est mort, on en dit ce que l'on en sait. Il avait la confiance du cardinal; il était obligé de faire une assez grosse dépense, et il était sans aucun ordre dans sa maison et pour ses affaires domestiques. Il a laissé faire la fortune à bien des gens qui lui étaient attachés. Le sieur Chaban, qui l'avait suivi à son retour de l'intendance de Tours, et qui était un de ses premiers secrétaires, logeant chez lui et son homme de confiance, a plus de cinq cent mille livres de biens, au dire de tout le monde. Il y a plus de dix exempts, qu'il avait malheureusement choisis pour ses gens de confiance, qui ont chacun gagné, pendant son temps, plus de trois cent mille livres; et, quant à lui, il a fort mal fait ses affaires. Sa mort est très-fâcheuse pour M. de Marville, son gendre, qui a sa place de lieutenant de police, et qui avait besoin d'être élevé et instruit dans cette charge pendant quelques années.

— M. de Fontanieu, maître des requêtes, intendant de Grenoble, et de l'armée d'Italie, dans la dernière guerre, a eu la place de conseiller d'État de M. Hérault. Il ne s'était pas fait aimer en Italie, et il ne s'y était pas même oublié pour la fortune, quoique fort riche de lui-même : mais il est beaucoup protégé du cardinal. Le père Fontanieu était du Languedoc, homme de rien, artisan. Sa femme était assez jolie, et l'on dit que la connaissance du cardinal est très-ancienne. Il peut avoir des raisons de sentiment pour protéger le fils. C'est un homme d'esprit et ambitieux.

— M. Turgot est sorti de place de prévôt des marchands; il est regretté. Il a eu beaucoup de goût pour l'embellissement de Paris[1], et une grande attention pour toutes les provisions. M. de Vatan, maître des requêtes et intendant de Tours, a été élu en sa place.

—Les pluies continuelles font beaucoup appréhender pour la récolte. On a jugé à propos d'implorer ici, pour la seconde fois, le secours du ciel. On a découvert la châsse de Sainte-Geneviève, et on a recommencé pendant neuf jours les processions générales du clergé de Paris, ce qui s'est fait avec grande dévotion.

Septembre.—M. de La Fare, évêque de Laon, toujours occupé de renouveler les disputes de l'Église, a fait imprimer une Instruction pastorale, au mois de septembre 1739, sur la conduite qu'on doit tenir à l'égard de ceux qui sont notoirement rebelles à la constitution *Unigenitus*. Par arrêt du 1er de ce mois, ce mandement a été non-seulement supprimé, mais la cour a fait défense de faire aucuns actes ou écrits qui tendissent à autoriser le refus des sacrements ou de la sépulture, sur le fondement de l'appel de la constitution. Messieurs les évêques, qui se sont trouvés tous rassemblés à Paris[2], et qui venaient d'accorder de l'argent au roi, ont obtenu, par leur crédit, un arrêt du conseil du 6 de ce mois, qui annule la disposition de l'arrêt du parlement quant aux défenses y portées, et fait défense de l'exécuter.

—Il y a quelque chose de plus intéressant dans l'État :

[1] C'est à lui que l'on doit le beau plan en perspective de Paris en vingt-six feuilles in-fol., levé et dessiné par Bretez et achevé de graver en 1739.
[2] Pour l'assemblée générale du clergé.

d'un côté quelque apparence de guerre avec les Anglais, et de l'autre la disette du blé.

La cherté du pain, qui a couru dans plusieurs provinces, il y a près d'un an, est enfin venue à son tour à Paris. Il y a déjà du temps que nous mangions le pain à trois sous la livre, par le moyen du blé d'ordonnance qui était dans les magasins, et que l'on forçait les boulangers de prendre dans les marchés. Comme il était un peu gâté, le pain s'en ressentait; mais comme la provision de ce blé est à sa fin, le ministère est embarrassé et cherche des arrangements pour faire venir des blés, d'autant que le pain est à présent à quatre sous et demi. Cet événement n'était pas difficile à prévoir.

— Il est fort extraordinaire qu'on manque ici de blé, n'y ayant point eu de stérilité entière depuis longtemps; mais que cela vienne d'une mauvaise administration ou autrement, ce qui était arrivé dans les provinces devait faire prendre des mesures. L'on dit qu'il faut toujours parer la disette du pain, et ne jamais se mettre dans l'obligation d'y porter remède. Actuellement tous nos bons magistrats s'assemblent depuis quinze jours, non-seulement pour remédier à la cherté, mais pour que les marchés soient fournis. C'est là le dangereux. A cet effet il a été rendu deux arrêts, par le parlement en vacations, le 22. L'un porte défense de faire d'autres espèces de pain que du *bis blanc* et du *bis*, et de faire du pain mollet et des petits pains[1]. L'autre, d'employer aucuns grains, pendant un an, soit à faire

---

[1] Pareil arrêt avait déjà été rendu en 1725 (Voir t. I, p. 226). Les boulangers vendaient quatre sortes principales de pain : le pain mollet, le pain blanc, le bis blanc, et le bis. Suivant l'arrêt du 22, le pain *bis blanc* devait être composé de la pure fleur de farine, de la moitié de la

de la bière, soit à faire de la poudre à poudrer, soit pour servir aux tanneurs. L'exécution du premier arrêt était indiquée au samedi 24; cependant on a encore eu ce jour-là du pain à l'ordinaire, au prix de quatre sous et demi. On a été obligé de mettre des gardes de soldats aux gardes dans les marchés, pour empêcher que les boulangers ne fussent pillés; et les cuisinières se font escorter par un laquais et quelques hommes pour aller chercher du pain.

— Ce qui inquiète, en ceci, est l'indifférence du roi pour ces calamités; cela ne le détourne ni de ses chasses, ni de ses voyages[1]. On dit que le cardinal lui ayant parlé de la guerre et de la cherté du pain, il ne lui répondit quoi que ce soit, ce qui avait affligé le cardinal qui s'en allait passer quelques jours à sa maison d'Issy. Le roi ayant su cela, alla à Issy, le 18, voir le cardinal, en se rendant à Choisy, où il a passé quelques jours avant de partir pour Fontainebleau[2]. On dit qu'il fut une heure avec lui. On n'a pas approuvé ce voyage ni cette visite, comme peu convenables au roi. Il semble que ce soit une espèce d'excuse, et il devait se faire rendre compte de l'état présent des choses par tous les ministres, sans les aller chercher.

---

farine blanche d'après la fleur, et de moitié de fins gruaux; le *bis*, de moitié de la farine blanche d'après la fleur, de moitié des fins gruaux, et de tous les gruaux avec toutes les recoupettes. Une sentence de police, du 14 octobre, condamna un boulanger à six cents livres d'amende pour avoir contrevenu à l'arrêt du parlement.

[1] On peut voir dans le *Mercure de France* du mois de septembre 1740, p. 2107 et suivantes, les détails des fréquents voyages que le roi faisait à Choisy et des fêtes qui y étaient données.

[2] Il n'est pas fait mention de cette visite dans le *Mercure* ni dans les autres journaux du temps.

— Le 22, on retrancha le pain à Bicêtre à ceux enfermés dans la maison de force. Au lieu d'une livre, on ne leur distribua, pour leur journée, qu'une demi-livre de pain avec du gruau cuit dans l'eau. Ces malheureux murmurèrent, forcèrent les portes et firent une sédition qui dura presque toute la journée, et qui obligea d'y envoyer des détachements de soldats suisses et français qui sabrèrent et tirèrent sur quelques-uns. On craignait le feu. Cela fut apaisé, et, le lendemain, on dit qu'on en a pendu. Il est triste de faire périr des hommes qui demandent du pain; mais, cependant, on est forcé de faire des exemples. Un homme pendu en contient dix mille. On dit aussi qu'on leur a donné, dès le lendemain, leur pitance ordinaire.

— Le 23, le cardinal passa dans la place Maubert pour aller au collége de Navarre[1] dont il est proviseur. Son carrosse fut entouré et arrêté, en sortant du collége, par la populace qui criait misère et demandait du pain. Il eut la présence d'esprit de leur jeter de l'argent pour les amuser, et il passa.

— M. le cardinal de Tencin, qui suivait nos affaires à la cour de Rome, et qui a apparemment réussi pour nos intérêts dans l'élection du pape Lambertini[2], a eu, dans la nomination faite ces jours-ci aux bénéfices, l'archevêché de Lyon, depuis longtemps dans la maison de Villeroi, et sur lequel comptait beaucoup un de Brissac, qui est actuellement évêque[3].

---

[1] Il est occupé maintenant par l'École polytechnique.

[2] Prosper Lambertini, élu pape le 17 août, à la suite d'un conclave qui avait duré six mois. Il prit le nom de Benoît XIV.

[1] Emmanuel-Henri-Timoléon de Cossé de Brissac, évêque de Condom, sacré en 1736.

L'abbé Fouquet, cousin de M. le comte de Belle-Isle, qui a été agent du clergé et qui n'a que trente-quatre ans, a eu, du même coup, l'archevêché d'Embrun.

— Le roi a nommé, au commencement de ce mois, dans la place d'intendant de Paris, M. d'Argenson, conseiller d'État, chancelier de M. le duc d'Orléans. Il y avait trois prétendants que l'on nommait : M. Turgot, M. Bignon, intendant de Soissons, et M. de Fontanieu. Quelques-uns parlaient aussi de M. de Fulvy ; mais la nouvelle est venue de Compiègne à M. d'Argenson. C'est un beau présent, car cela vaut quarante mille livres de rente sans beaucoup de peine. M. d'Argenson a beaucoup d'esprit, et remplit avec distinction tout ce dont il est chargé. Il est d'une figure et d'un abord aimable. Il est fort aimé du cardinal et du chancelier, avec lequel il est souvent en relation par rapport à la direction de la librairie qui lui a été donnée. Cet homme, qui est jeune et d'un beau nom par la naissance, pourra bien aller plus loin.

Octobre. — Vendredi, 30 septembre, le sieur Duval, commandant le guet à cheval, arrêta, en vertu d'une lettre de cachet, M. Pecquet[1], premier commis des affaires étrangères, que l'on a conduit au château de Vincennes, après avoir mis le scellé sur ses papiers. C'est un homme de cinquante ans, en grande considération, élevé dans le ministère par M. Pecquet, son père, dont il a la place.

Cette nouvelle a fort surpris et a donné lieu à de

---

[1] Antoine Pecquet, né à Paris vers 1701, mort en cette ville le 27 août 1762, auteur de divers écrits parmi lesquels on distingue un traité des *Lois forestières de France* (Paris, 1753, 2 vol. in-4°).

grands raisonnements dans Paris. On a dit que c'était pour intelligence secrète avec M. Chauvelin, et qu'on avait arrêté plusieurs directeurs des postes qui avaient trempé dans cette correspondance. On a prétendu que M. Chauvelin était gardé à vue, etc.; mais rien n'était plus faux que toutes ces nouvelles. M. Chauvelin n'a aucune part dans ceci, et l'affaire est toute simple. M. Amelot n'a jamais eu de confiance dans M. Pecquet, parce que celui-ci avait paru être fort estimé de M. Chauvelin. M. Pecquet n'avait plus le secret des affaires; il avait même demandé à se retirer et il passait une partie de son temps à sa terre, près de Fontainebleau, où il a été arrêté. M. Amelot, pour donner la place de premier commis à M. Le Dran, frère du chirurgien, qui n'était qu'en second, lui a cherché querelle. On dit que M. Pecquet, étant venu pour travailler avec lui, voulut prendre un fauteuil qui était près de son bureau, comme il avait accoutumé de faire et comme il avait toujours fait avec M. Chauvelin. M. Pecquet n'était pas en effet regardé comme un simple commis. M. Amelot lui dit, d'un ton aigre, de prendre un tabouret; M. Pecquet répondit, s'échauffa, ce qui donna lieu à des vivacités de part et d'autre, dont M. Amelot s'est plaint à M. le cardinal comme d'un manque de respect; et, sous prétexte qu'il ne convenait pas de chasser simplement de sa place un homme d'État qui avait connaissance de bien des choses, on l'a fait arrêter. Tout ceci est si vrai que depuis que M. Pecquet est à Vincennes, il n'a point été interrogé; il a eu la liberté de voir sa femme et ses enfants, et, de plus, depuis quelques jours, le roi, par un brevet, lui a conservé une pension de six mille livres qu'il avait sur les postes. Mais il est toujours à Vincennes et le scellé sur ses papiers. Cette conduite du ministère, par rapport à un homme de la considération de M. Pecquet, a paru fort extraordinaire et a été blâmée de tout le monde.

— Par rapport aux blés, on a pourvu, par une déclaration du roi[1], à en faire diminuer le prix en supprimant, pour un an, tous les droits qu'on payait dans la conduite des grains. Il est certain qu'il en vient pour Paris de toutes les provinces, même de Naples et de Sicile; et, pour punir ceux qui ont fait des amas, on dit que, dans la généralité de Paris, on a pris un état de tous les blés qui étaient dans les greniers, et qu'on a fait défense aux fermiers et aux propriétaires d'en amener aux marchés jusqu'à nouvel ordre, avec injonction de rendre compte de la quantité dont ils sont chargés et d'en avoir soin. Pendant ce temps, on vend et débite à mesure ceux qui arrivent. L'abondance est même très-grande dans les marchés. Le pain est diminué de deux liards par livre. Il était, le dernier marché, 29 septembre, à quatre sous six deniers. On compte qu'il diminuera ainsi, à mesure, et l'on fera vendre apparemment les blés qui étaient resserrés quand il sera venu à un prix raisonnable. Ces opérations paraissent assez justes, mais faites un peu tard, parce qu'il y a trois mois que la cherté dure, et elle durera encore longtemps pour grand nombre de particuliers qui souffrent.

— Sur la fin du mois dernier, il est arrivé une aventure dont la fin n'a pas été heureuse. Un nommé Gaulard, chirurgien dentiste, demeurant rue de la

---

[1] Déclaration du roi, du 26 octobre, qui exempte de tous droits les blés, grains et légumes qui entreront dans le royaume.

Comédie, dans la même maison où le sieur Mauriat a assassiné une femme, était garçon ou associé de Fauchard[1] qui est le premier homme de Paris pour les dents. Ce Gaulard était un homme de trente ans, gagnant, à ce qu'on dit, trois ou quatre mille livres par an, débauché, voyant des filles et dépensant beaucoup. Il connaissait, entre autres, mademoiselle Varlet[2], fille servant aux plaisirs de la ville de Paris, laquelle, en ouvrant devant lui une armoire, lui laissa voir beaucoup d'or, environ deux cent cinquante louis, en quoi consistait sa petite fortune. Un jour, Gaulard proposa à cette fille une partie d'Opéra-Comique et un souper, et l'engagea à mener sa fille de chambre avec elle. Il les conduisit, prétexta d'être obligé d'aller une heure de temps chez une femme de qualité, pour les dents, prit le même carrosse de remise, revint chez mademoiselle Varlet, entra dans sa chambre, força l'armoire, s'empara des deux cent cinquante louis et de quelques hardes, et les porta en différents endroits. Ensuite il retourna trouver mademoiselle Varlet, soupa avec elle et la ramena chez elle. Cette fille fut désolée de se voir volée, fit du bruit, et se donna, le lendemain, les mouvements nécessaires. Elle eut, par certaines circonstances, des soupçons sur Gaulard et porta ses plaintes au lieutenant de police. On dit que Gaulard lui renvoya la moitié de l'argent, par un prêtre de Saint-Sulpice, ce qui ne satisfit point mademoiselle Varlet. Le lieutenant de police envoya chercher Gaulard, lequel ayant donné de mauvaises

---

[1] Pierre Fauchard, habile dentiste, né en Bretagne à la fin du XVIIe siècle, mort à Paris le 22 mars 1761, père du célèbre comédien Grandménil.

[2] Elle avait été actrice à l'Opéra.

raisons, a été arrêté et est sur-le-champ convenu de tout.

Comme Fauchard a beaucoup d'amis parmi les gens de condition, que même il a épousé la fille de Du Chemin [1], comédien, dont la troupe étant à Fontainebleau était à portée de solliciter, l'instruction du procès a traîné en longueur tant au Châtelet qu'au parlement. On a dit ici que mademoiselle Gaussin [2], première comédienne, avait été introduite dans le cabinet du roi et s'était jetée à ses pieds, et que nombre de seigneurs avaient sollicité. On comptait que Gaulard aurait sa grâce et, en dernier lieu, qu'on avait commué la peine aux galères, car cela a fait l'entretien de tout Paris. Mais l'action préméditée a paru trop noire; on a pensé que cela pourrait autoriser des enfants de famille dans le libertinage à tenter de pareils tours, qu'il n'y aurait plus de sûreté. Le roi a constamment refusé la grâce, et hier, samedi 29, le pauvre Gaulard a été pendu en place de Grève et en grande compagnie.

— Ceci a bientôt été oublié par le plus grand événement qui pût arriver en Europe. Le 20 de ce mois, l'empereur Charles VI [3] est mort à Vienne, en sorte qu'il ne reste plus aucun mâle de la maison d'Autriche. Le lendemain, l'archiduchesse Marie-Thérèse [4], sa fille

---

[1] Jean-Pierre Du Chemin, qui excellait dans les rôles de financier, avait débuté à la comédie française en 1717, et se retira en 1740.

[2] Jeanne-Catherine-Marie-Madeleine Gaussin, qui remplissait les premiers rôles avec beaucoup de talent. Elle avait débuté en 1731, et resta au théâtre jusqu'en 1763.

[3] Charles VI, né le 1er octobre 1685, empereur le 12 octobre 1711, roi de Hongrie le 22 mai 1712, roi de Bohême le 5 septembre 1723.

[4] Née le 13 mai 1717. Voir ci-dessus, p. 127, note 1.

aînée, mariée à François-Étienne de Lorraine, grand-duc de Toscane, a été proclamée reine de Bohême, reine de Hongrie et archiduchesse d'Autriche. La nouvelle de cette mort a annoncé ici un deuil sur la durée duquel on a été fort partagé; mais il n'y a encore rien de décidé là-dessus publiquement, parce que la mort n'est point notifiée. En attendant, les politiques sont ici très-occupés de l'élection du roi des Romains, et du choix qui sera fait pour cette grande place.

Novembre. — Le roi est parti de Fontainebleau le 15. Depuis son retour, on a distribué ici un manifeste de la France, par rapport à la guerre entre l'Espagne et l'Angleterre[1]. Ce n'est point une déclaration de guerre; mais le ton y est si absolu pour faire entendre que la France ne souffrira pas plus longtemps les entreprises de la nation anglaise en Amérique, qu'il faut de nécessité que l'Angleterre abandonne ses projets, sans quoi la guerre sera inévitable.

— La fille bâtarde que feu M. le Duc a fait reconnaître par des lettres patentes enregistrées au parlement et qui ont été arrêtées à la chambre des comptes, a été mariée, le 15 ou 16 de ce mois, sous le nom de mademoiselle de Verneuil[2], à M. le comte de La Guiche, parent de madame la comtesse de Lassay, que M. le comte de Lassay, premier écuyer de madame la Duchesse, première douairière, et son favori depuis très-longtemps, a fait son héritier et qui se trouvera,

---

[1] A la suite de démêlés entre l'Espagne et l'Angleterre, au sujet du commerce en Amérique, et qui remontaient à 1735, ces deux puissances s'étaient réciproquement déclaré la guerre à l'automne de 1739.

[2] Henriette, dite mademoiselle de Verneuil, légitimée de Bourbon, fille naturelle de Louis-Henri de Bourbon.

par conséquent, très-riche. Madame la Duchesse l'a menée dans sa loge, à l'Opéra, le 18 et le 19 de ce mois. Elle était couverte de pierreries. Elle a quinze ans et est assez jolie.

— Pour madame la jeune Duchesse, seconde douairière, elle est retombée. On commence à désespérer de son état; il y a même de forts soupçons sur sa maladie.

— Pendant le voyage de Fontainebleau, il a couru un faux bruit, à Paris, que madame la comtesse de Mailly était exilée. Voici ce qui y a donné lieu.

Madame de Mailly connaissait et était en liaison avec M. le marquis de la Chétardie, nommé ambassadeur en Moscovie, auprès de la czarine. Il alla prendre congé d'elle et lui offrit ses services dans cette cour. Elle lui dit qu'elle n'y avait pas grande relation et le remercia; mais elle fit réflexion que c'était dans ce pays qu'on avait les belles peaux et les belles fourrures. Elle le pria donc de lui faire l'emplette d'une fourrure et de deux perses[1], en lui recommandant que la fourrure ne passât pas trois cents livres et les deux perses à proportion, parce qu'elle ne voulait pas du beau, n'étant pas assez riche pour cela. Elle ajouta qu'elle remettrait l'argent, sur sa lettre d'avis, à qui il lui manderait. Le marquis se chargea avec plaisir de la commission.

M. de la Chétardie, après son arrivée à Saint-Pétersbourg, s'étant mis un peu au fait du pays, s'informa comment on pourrait avoir de ces fourrures. Il est vrai qu'il y en a là des plus belles; mais on lui dit que c'était la czarine qui s'en emparait et qui en faisait une

---

[1] Sorte de toile peinte qui vient de Perse. A cette époque, « une belle *perse* l'emportait sur une étoffe de soie. » (*Dictionnaire de Trévoux*.)

espèce de magasin, en sorte qu'il était difficile d'en avoir. Cet ambassadeur, jeune et gracieux, qui était sur un grand pied dans la cour de la czarine, s'adressa au comte de Biron, duc de Courlande, favori de l'impératrice, pour sa commission. Celui-ci lui dit la difficulté d'en avoir, et lui demanda si cela l'intéressait d'une certaine façon et s'il pouvait lui demander pour qui c'était. Le marquis de la Chétardie lui raconta naturellement que c'était pour madame de Mailly, mais qu'elle ne voulait y mettre qu'un certain prix. Le duc de Courlande lui répondit de ne plus s'embarrasser de cela, et l'assura qu'il ferait son affaire mieux que personne. Il en parla à la czarine, et, comme il s'agissait de faire un présent à la maîtresse du roi de France, on choisit deux fourrures magnifiques, l'une de trente mille livres et l'autre de soixante mille livres; c'est extrêmement cher dans le beau. On choisit pareillement douze perses, dont six d'une beauté parfaite. Le duc de Courlande fit faire lui-même le paquet, et dit un jour à M. de la Chétardie : « Votre affaire est faite, il n'y a qu'à l'envoyer en France. » M. de la Chétardie, qui ne savait ni ce qui était dans le paquet ni le prix, demanda au duc de Courlande ce qu'il avait à lui rembourser. Ce dernier lui dit que c'était une bagatelle, et qu'il avait été charmé, et la czarine aussi, de lui faire ce petit plaisir.

On adressa donc le paquet à M. Amelot, avec une lettre. Les uns disent qu'elle était écrite par M. de la Chétardie, d'autres par le duc de Courlande, parce que M. de la Chétardie avait été obligé de faire un voyage au moment du départ du courrier. Quoi qu'il en soit, il y avait dans la lettre : « A l'égard du paquet de telle façon qui vous est adressé, je vous prie de le remettre à Madame..... », sans nom ni désignation. M. Amelot fut fort embarrassé, ne pouvant savoir pour qui c'était, ni si ce n'était pas pour Madame de France. Un beau jour, après le conseil, il en parla au roi devant les autres ministres. Tous furent aussi embarrassés que lui. M. le comte de Maurepas dit : « Mais ce pourrait être pour madame de Mailly, qui connaissait M. de la Chétardie et qui lui aura donné quelque commission : il faudra s'éclaircir de ce fait. » Le soir, le roi, à son petit souper avec ses seigneurs et madame de Mailly, entreprit de badiner celle-ci sur ce qu'elle recevait des présents des cours étrangères, sans rien dire. Madame de Mailly, qui se fait un point d'honneur, par hauteur, de ne demander aucune grâce ni pour elle ni pour qui que ce soit, délicatesse assez mal placée, qui, de son naturel, est un peu étourdie, et qui, peut-être, avait déjà bu quelque petit verre de vin, se sentit piquée de la raillerie. Elle ne savait encore rien du fait. Elle prit son sérieux, et répondit au roi qu'elle n'était ni femme ni fille de ses ministres, qu'elle ne recevait de présents de personne, et tout de suite elle tomba sur madame de Maurepas, sur madame Amelot et sur madame de Fulvy. Elle dit, entre autres, que celle-ci avait un pot-de-vin sur toutes les marchandises de la compagnie des Indes, ce qui, en tout cas, peut être très-vrai. La scène devint grave, les seigneurs gardèrent le silence et le roi prit son sérieux ; mais le raccommodement ne fut pas long à faire, et il n'a plus été question de cela.

— Je sais un autre fait de son étourderie que l'on ne croirait pas, si je ne le tenais d'original. Le sieur La

Roque[1] qui fait le *Mercure galant*, a été à l'extrémité avant le voyage de Fontainebleau. Cette commission produit six à sept mille livres de rente, ce qui est très-gracieux pour un homme de lettres. Fuzelier[2], poëte, qui a fait plusieurs pièces, garçon d'esprit et mal à son aise, a fait des mouvements auprès de M. de Maurepas, de qui cela dépend, pour avoir cette commission. Comme il est de tout temps ami du marquis de Nesle et de madame de Mailly, il alla trouver celle-ci, un matin, dans son lit, et lui dit : « Madame, je viens vous prier de me rendre un service. » Elle se défendit d'abord sur ce qu'elle ne demandait quoi que ce soit, mais il la tourmenta tant qu'elle lui dit : « As-tu un mémoire? — Oui, madame. » Elle le prit et le lut. « Qu'on me lève, dit-elle : mes porteurs. Va m'attendre chez M. de Maurepas, j'y vais dans le moment. » Elle y arrive. M. de Maurepas n'était pas chez lui. Elle dit à son valet de chambre qu'elle reviendra, qu'elle prie M. de Maurepas de l'attendre, et, par un effort d'imagination, pour servir plus chaudement Fuzelier, elle va tout de suite chez M. La Peyronie, premier chirurgien du roi. « Je viens, lui dit-elle, vous demander une grâce qu'il faut que vous m'accordiez absolument. Je vous demande, pour Fuzelier, que je protége, un privilége exclusif pour distribuer le mercure. » M. La Peyronie tombe de son haut; il lui témoigne la dispo-

---

[1] Antoine de La Roque, né à Marseille, ancien militaire, avait eu le privilége du *Mercure de France*, en 1722. Ce recueil avait porté, pendant longtemps, le titre de *Mercure galant*.

[2] Louis Fuzelier, Parisien, auteur d'un grand nombre de pièces de théâtre. Après la mort de La Roque, en 1744, il eut la direction du *Mercure* jusqu'en 1752, époque de sa mort, conjointement avec La Bruère.

sition où il est de lui accorder tout ce qui dépend de lui, mais, en même temps, l'impossibilité de le faire sur cet article. Il lui dit que cela n'a jamais été, que cela ne convient en aucune façon à un homme de lettres, et que Fuzelier n'y a pas pensé. Malgré ses instances, madame de Mailly, persuadée que la demande était ridicule, s'en retourna alors chez M. de Maurepas, tout en colère, et lui dit : « Je venais vous demander une grâce pour Fuzelier, mais il faut qu'il soit fou de me faire faire des démarches pour chose qui ne se peut pas. Je viens de chez M. La Peyronie qui me l'a bien assuré. — Mais, madame, répondit M. de Maurepas, je suis informé de ce que demande Fuzelier : cela n'a point de rapport à M. La Peyronie. — Comment, reprit-elle, il demande le privilége exclusif du mercure? — Cela est vrai, répondit le ministre, son cousin, c'est le *Mercure galant* qui est un ouvrage d'esprit. — Ah! dit-elle que cet animal-là ne s'explique-t-il. Si cela est ainsi, je vous le recommande. »

Il n'y a point de trait d'une étourderie et d'une absence d'esprit pareilles. On pourrait même penser plus mal. Fuzelier a eu l'agrément pour faire le *Mercure*, mais malheureusement le sieur La Roque s'est rétabli et est en parfaite santé à présent.

— Le pain est toujours à quatre sous et demi la livre.

Décembre. — M. le duc d'Orléans a remercié et renvoyé M. le comte d'Argenson, son chancelier, attaché à lui depuis nombre d'années et auparavant au duc d'Orléans, son père. Il a pris, pour le remplacer, le marquis d'Argenson, son frère aîné, conseiller d'État, et qui avait été nommé ambassadeur en Portugal. Ceci a causé de grands bruits dans Paris. On compte que cela s'est fait d'intelligence entre le roi, M. le duc d'Orléans et le cardinal, parce qu'on parle de faire le comte d'Argenson secrétaire d'État des affaires étrangères, et qu'il n'était pas convenable de lui donner une place de ministre, pendant qu'il était attaché à un prince du sang. Au Palais-Royal, la chose s'est faite sérieusement. On prétend que M. d'Argenson a été renvoyé sèchement, comme ayant trop d'affaires pour remplir celles de la maison d'Orléans. On croit pourtant qu'il n'a eu la place d'intendant de Paris que par le crédit de M. le duc d'Orléans. On dit, d'un autre côté, que c'est une fausse démarche de M. d'Argenson dont on connaît l'ambition et à qui le cardinal, qui, de l'avis de tout le monde, passe pour le plus fin et le plus faux politique de toute la cour, a peut-être fait entendre qu'il pourrait prétendre à toutes les places s'il n'était pas attaché aussi étroitement à M. le duc d'Orléans.

— On a fait une chanson sur les trois médecins empiriques, où l'on dit que le cardinal de Richelieu *saignait* beaucoup, parce qu'il a fait couper quelques têtes; que le cardinal de Mazarin *purgeait*, parce qu'il tirait de l'argent, et que l'ordonnance du cardinal de Fleury est pour la *diète*, à cause de la cherté du pain.

—Il faut un peu parler des bons mots qui courent la ville. Un étranger a fait marché pour le p....... d'une fille d'Opéra [1] qui est un peu équivoque. Il a payé;

---

[1] Mademoiselle Dazencour ou Dazincourt, danseuse, fille naturelle de Blondy, célèbre danseur, qui était à cette époque chargé de la composition des ballets.

mais n'ayant pas trouvé à cette jeune fille ce qu'on lui avait promis, il a compté, sur la bonne foi des conventions, que cela changeait le marché, et qu'il lui fallait rendre une bonne partie de la somme. Sur cette contestation, les parties s'en sont rapportées à la décision de mademoiselle Carton, ancienne actrice, chanteuse de l'Opéra, qui a décidé, après avoir entendu les faits, que l'homme devait savoir que quand la toile est levée, on ne rend plus l'argent.

Il est d'usage, à l'Opéra, de rendre l'argent à ceux qui sortent pendant tout le prologue, jusqu'au commencement du premier acte. Bien des jeunes gens viennent se montrer au spectacle, entendent le prologue en partie ou tout entier, et sortent ensuite. On joue présentement *Amadis de Gaule*[1], où il y a toujours un très-grand monde, et on a affiché, sur l'escalier, qu'on ne rendrait point l'argent la toile levée et l'opéra commencé. La réponse de Carton est extrêmement jolie.

— Une autre fille de l'Opéra[2] a été accusée, par plusieurs de ses compagnes, d'avoir été...... dans sa loge, en s'habillant, par le marquis de Bonnac, jeune seigneur. En conséquence, suivant les règles de police de cette congrégation, elle a été chassée de l'Opéra. Pour se justifier dans le public de cette calomnie, elle a fait courir un petit mémoire imprimé[3], fait par une

[1] Tragédie lyrique de Quinault, musique de Lulli, représentée, pour la première fois, le 15 janvier 1684; reprise en 1701, 1707, 1718, 1731 et enfin au mois de novembre 1740.

[2] Mademoiselle Petit, danseuse.

[3] *Factum pour mademoiselle Petit, danseuse de l'Opéra, révoquée, complaignante au public.* 1740, in-12. Cette aventure donna encore naissance à plusieurs autres écrits qui furent également imprimés.

bonne plume, mais que je n'ai pu avoir. Il a été couru, parce que, à propos de rien, elle fait un parallèle entre les filles d'Opéra et les fermiers généraux. Ainsi, ces derniers sont détestés de ceux aux dépens de qui ils s'enrichissent; les filles, au contraire, sont adorées de ceux qu'elles ruinent, etc.

— On dit, de même, que le maréchal de Broglie a formé opposition au scellé de l'empereur, pour revendiquer ses culottes que les Allemands lui ont prises en Italie, quand ils ont surpris de nuit notre camp[1] et que le maréchal a été obligé de s'enfuir en chemise.

— Cette année est réservée aux grands événements. Depuis deux mois il a plu considérablement, et il y a une inondation générale dans le royaume. Aujourd'hui, 25, jour de Noël, Paris est entièrement inondé. D'un côté, la plaine de Grenelle et tout le canton des Invalides, le grand chemin de Chaillot, le Cours et les Champs-Élysées, tout est couvert d'eau. Elle vient même, par la porte Saint-Honoré, jusqu'à la place Vendôme. Le quai du Louvre, le quai des Orfévres, le quai de la Ferraille, le quai des Augustins, la rue Fromenteau, jusqu'à la place du Palais-Royal, tout est en eau. On ne passe plus qu'en bateau. Le côté de Bercy, de la Râpée, de l'Hôpital-Général, de la porte et quai Saint-Bernard, c'est une pleine mer. La place Maubert, la rue de Bièvre, la rue Perdue, la rue Galande, la rue des Rats et la rue du Fouarre, c'est pleine rivière. Toutes les boutiques sont fermées; on est réfugié au premier étage, et c'est un concours de bateaux comme en été, au passage des Quatre-Na-

---

[1] Voir ci-dessus, p. 58.

tions. Sur le port au blé, l'eau va au-dessus des portes cochères. La place de Grève est remplie d'eau ; la rivière y tombe par-dessus le parapet. Toutes les rues des environs sont inondées. Dans les maisons à portes cochères, les bateaux entrent jusqu'à l'escalier, comme feraient les carrosses. Il y a plus : dans toutes les rues de Paris où il y a des égoûts, l'eau de la rivière y gonfle, se répand dans les rues, et il faut y passer dans des bateaux ou sur des planches. La rue de Seine, faubourg Saint-Germain, est remplie d'eau qui entre des deux côtés dans les maisons, en sorte qu'on ne sait quel chemin prendre pour aller dans Paris en carrosse, d'autant plus qu'il y a des gardes qui empêchent de passer sur tous les ponts qui sont couverts de maisons. La police a fait déménager, il y a deux jours, tous les marchands et locataires qui sont sur le Pont-Saint-Michel, le Pont-au-Change, le Pont-Notre-Dame et le Pont-Marie. L'eau est si rapide et si haute qu'on craint fort qu'elle ne les jette à bas. Les arches, surtout celles des deux bouts, sont à peu près bouchées ; on ne passe donc que sur le Pont-Royal et le Pont-Neuf, car le pont de la Tournelle n'est pas accessible. Tous les habitants de l'île Notre-Dame sont enfermés et ne peuvent point sortir en carrosse, ni du côté du Pont-Marie, ni du côté de la porte Saint-Bernard, dont le quai est rivière. Les gens de pied ne passent plus même sur le pont de bois [1] qui va à Notre-Dame. On dit aussi que la rivière des Gobelins est débordée, et que le faubourg Saint-

---

[1] Le Pont-Rouge, ainsi nommé parce qu'il était peint de cette couleur, servait à communiquer entre l'île de la Cité et l'île Saint-Louis.

Marcel est plein d'eau. Pour aller à Versailles, on va à présent par les Chartreux et par Châtillon ; on ne passe ni sur le pont de Neuilly, ni sur celui de Sèvres. On remarque que la crue d'eau est au moins aussi forte à présent qu'en 1711 ; apparemment qu'elle suit les grands hivers. Celui de cette année a été plus long et aussi fort que celui de 1709.

Les suites de ceci sont terribles, non-seulement pour la perte que font un grand nombre de particuliers, mais aussi par la difficulté d'amener les provisions à Paris. Le pain vaut toujours quatre sous et demi la livre, et tout le reste est très-cher.

— Dans tous les endroits où la rivière s'est répandue, ce sont le prévôt des marchands et les échevins qui ont la police. Dans la place Maubert, les bateliers exigeaient quatre sous, et même plus, par personne. Cela est infiniment peuplé ; les uns déménagent des meubles, les autres ont besoin d'aller chercher de quoi vivre, ou sont obligés d'aller à la messe dans ces fêtes. Ce qui serait bien difficile, ce serait d'avoir du secours la nuit pour des malades, et il est impossible qu'il n'y en ait pas dans ce cas. Le 26, la Ville a envoyé des archers pour mettre l'ordre ; elle donne quarante sous par jour aux bateliers, et ils ne peuvent plus prendre qu'un liard par personne. Il y en a un qui a été mis en prison pour avoir exigé douze sous pour passer une pauvre femme et son enfant. On a vu, dans la place Maubert, porter le bon Dieu dans un bateau et le monter, par une échelle, à la chambre du premier étage, et descendre un corps mort de la même manière. Le faubourg Saint-Antoine est plein d'eau. Il y en a jusqu'à l'autel, dans l'église des Célestins.

— Aujourd'hui, 29, l'eau est diminuée, et il gèle assez fort. Il est temps que cela cesse, car les moulins à eau ne vont pas, en sorte que ce n'est pas tout d'avoir beaucoup de blé dans Paris : il faut de la farine. Le peuple de Paris, qui est doux et habitué à payer le pain quatre sous six deniers, se croit heureux de ce qu'il n'a point augmenté dans une pareille inondation.

— On dit que M. le contrôleur général a eu l'impudence de dire au roi que, dans Paris, le pain ne valait que dix-huit deniers pour les pauvres et deux sous six deniers pour les riches, et que le marquis de Souvré[1], qui était présent, s'écria : « Ah! mon Dieu, je suis volé! » Le roi lui ayant demandé ce qu'il voulait dire; il répondit : « Sire, mes gens me comptent depuis longtemps le pain à cinq sous. » C'est un seigneur de beaucoup d'esprit et fort libre avec le roi qui lui dit ces jours passés : « Souvré, qui faites-vous empereur[2]? — Ma foi, sire, dit Souvré, je m'en embarrasse peu, mais si Votre Majesté voulait, elle nous en dirait des nouvelles mieux que qui que ce soit. — Non, dit le roi, je ne m'en mêlerai pas : je regarderai cela du mont pagnote[3]. — Ah! sire, répliqua Souvré, Votre Majesté y aura bien froid et y sera bien mal logée. — Pourquoi? dit le roi. — Sire, répondit

---

[1] Louis-François Le Tellier de Rebenac, marquis de Souvré, né le 17 septembre 1704, lieutenant général au gouvernement de Béarn, brigadier d'infanterie, depuis l'année 1734, et colonel du régiment de Souvré.

[2] On se préparait alors à l'élection de l'empereur d'Allemagne. Voir ci-dessus, p. 269.

[3] Le mot pagnote signifie, *poltron, lâche*. On appelle mont pagnote un lieu élevé hors de portée du canon, d'où l'on peut assister sans péril à un siége, à un combat, etc.

Souvré, c'est que vos ancêtres n'y ont jamais fait bâtir de maison. » La réponse est fort jolie, et à l'égard de la demande, on n'en peut rien dire, parce que le roi est fort dissimulé.

— Le roi a nommé ministre plénipotentiaire à la diète de Francfort, pour l'élection de l'empereur, M. Fouquet, comte de Belle-Isle, cordon bleu et lieutenant général, qui est non-seulement grand militaire, mais qui a travaillé extraordinairement dans le cabinet. Le cardinal, quoique ménager, lui a dit que le roi voulait que cela se passât au plus grand. Le comte de Belle-Isle, qui est magnifique, ne demande pas mieux, en sorte qu'il prépare des équipages superbes et une maison considérable. Il aura, à ce qu'on dit, douze pages, le reste à proportion et une grande suite de gentilshommes volontaires. Il vise à être duc et pair et maréchal de France. Quelle étoile différente de ce grand-père, procureur général du parlement de Paris, et surintendant des finances, que M. Colbert a culbuté, à qui il voulait faire couper la tête et qui, par grâce, est mort à Pignerol, après dix ans de prison !

— Il y a eu quelques maisons à Paris détruites et renversées par les eaux, entre autres une rue Saint-Dominique, vis-à-vis le couvent de Bellechasse[1], appartenant à M. le duc de Saint-Simon et occupée, en partie, par le sieur Viau, marchand de bois. Il y en avait une partie vieille, et l'autre rebâtie à neuf. La partie

---

[1] Couvent de religieuses chanoinesses du Saint-Sépulcre qui s'étaient établies, en 1635, dans cet endroit nommé *Bellechasse*, et qui en avaient pris le nom. Le prolongement de la rue Bellechasse, entre les rues Saint-Dominique et de Grenelle, a été ouvert sur l'emplacement de cette maison religieuse.

vieille a résisté; l'autre, à trois heures de la nuit, s'est écroulée de fond en comble dans les caves qui étaient remplies d'eau. Le sieur Viau n'était pas à Paris. Sa fille, de vingt ans, qui couchait dans l'appartement de son père, eut le bonheur, cette même nuit, d'aller coucher avec sa servante, qui habitait la partie vieille, pour se rassurer de la peur qu'elle avait. Tous les meubles et les papiers de ce marchand sont dans l'eau et en danger d'être perdus. Un mari et une femme, logés au second étage, sont tombés dans leur lit jusque dans les fondements. Une poutre, qui s'est arrêtée de travers, dans la chute, les a préservés d'être écrasés, mais il y a eu trois ou quatre personnes écrasées et noyées.

— Vendredi, 30, on a découvert la châsse de Sainte-Geneviève. L'eau avait déjà commencé à diminuer : la pleine lune y avait peut-être quelque part. Quoi qu'il en soit, en deux jours, l'eau s'est retirée considérablement, et elle a quitté les rues avec l'année.

— On a su, par un fermier général fort entendu qui a le détail des entrées de Paris, que la ville avait été à deux jours de sa perte, par l'impossibilité d'aborder aux moulins à vent ni de jouir des moulins à eau.

— Le parlement et les magistrats préposés à la police de Paris ont continuellement travaillé, à la fin des vacances, de concert avec la cour, pour des arrangements, et le parlement a rendu des arrêts qui marquent bien l'extrémité où l'on est réduit et les craintes de l'avenir. Il a défendu de faire des gâteaux pour les Rois, et il a fait un règlement pour la subsistance des pauvres dans les campagnes de son ressort, avec ordre à tous les pauvres de sortir de Paris dans six semaines, sous des peines afflictives[1]. Cela est sage, parce qu'effectivement tous les pauvres et fainéants de la campagne abondent dans cette ville. De là deux inconvénients : la difficulté des provisions, à cause d'une plus grande consommation, et la crainte des maladies contagieuses par la mauvaise nourriture de cette multitude de pauvres. Mais l'exécution de la taxe ou cotisation sur les biens de campagne, pour la subsistance des pauvres de chaque paroisse, sera difficile, aussi bien que le retour de tous ces pauvres dans leurs villages. Comment sortiront-ils de Paris, pour aller à trente ou quarante lieues, sans argent, et, quoique natifs d'un village, où logeront-ils s'ils n'y ont point de maisons? Je ne vois pas que tous ces cas soient prévus. Il y a déjà longtemps, indépendamment de la disette de blé, qu'on s'est plaint, dans Paris, de la grande quantité de pauvres, et que dans les campagnes il n'y avait pas de monde pour travailler. On a rendu des arrêts, et il y a eu des archers établis à cet effet; mais cela n'a jamais été bien exécuté. Si cela l'avait été depuis trois ou quatre ans, on ne se trouverait pas dans l'embarras présent. Il n'est parlé en aucune façon de Paris, dans l'arrêt; il semble ne regarder que la campagne, et l'on s'attend à quelque autre règlement pour la subsistance des pauvres honteux qui sont à Paris et qui ne peuvent se retirer ailleurs.

---

[1] Arrêt de la cour du parlement du 30 décembre, qui pourvoit en même temps aux moyens d'assurer leur subsistance.

ANNÉE 1741.

Janvier. — La diminution de la rivière n'a pas continué comme on l'espérait ; elle est toujours fort grosse. La plaine de Grenelle, les maisons et un moulin à vent qui est au-dessous, sont en pleine rivière. Le pavé pour aller à Versailles, le long du Cours, est couvert d'eau, et il n'y a point de chemin libre pour aller à Saint-Germain. Toutes les caves à Paris sont pleines d'eau : il y a des ordres pour visiter les fondements quand elle sera retirée. La Ville a fait abattre un grand nombre de vieux bâtiments à la descente du Pont-Marie, sur le quai des Morfondus et autres endroits.

— La chambre des comptes n'a pas trouvé bon le règlement fait par le parlement pour la subsistance des pauvres, et elle a rendu un arrêt, au commencement de ce mois, qui fait défense de l'exécuter. Le chancelier a écrit au premier président du parlement de ne point s'assembler, que le roi leur donnerait satisfaction à cet égard, et il a fait défense d'imprimer l'arrêt de la chambre des comptes, qui en effet ne paraît point. Enfin, le 9, le roi étant dans son conseil, a cassé et annulé l'arrêt de la chambre des comptes, comme ayant été rendu incompétemment et sans aucun pouvoir, etc.

Cela a donné lieu à des railleries sur la chambre des comptes qui, en général, n'est pas trop estimée et qui, malgré son ancienneté, est regardée aujourd'hui comme une compagnie trop nombreuse, onéreuse et en quelque façon inutile par la différence des temps et par l'empire général que les ministres veulent s'attribuer.

> De par la chambre et sa buvette,
> Défense de faire la cueillette
> Pour la veuve et pour l'orphelin :
> Avec ces magistrats, dont le ventre est bien plein,
> Les pauvres ont vraiment très-grand tort d'avoir faim !

> La chambre qui n'a la police
> Que sur omelette et saucisse,
> Vient de casser étourdiment
> Votre arrêt, gens du parlement.
> Pour faire à ces grimauds la nique,
> Et pour écarter la critique
> De ce sénat ignorantin,
> Rendez, comme jadis, vos arrêts en latin.

Cela s'est fait sur-le-champ, dans le palais, au sortir de l'assemblée du parlement tenue pour mettre l'arrêt du conseil sur les registres de la cour. On en veut, dans le public, à la chambre des comptes, et cela depuis longtemps, sur les bons déjeuners de la buvette et sur leur ignorance en général.

— On a pensé aux moyens de procurer quelque soulagement pour les pauvres particuliers des paroisses de Paris, car le règlement du parlement, comme je l'ai dit, ne regarde que la campagne. On a imaginé de faire une loterie royale en faveur des pauvres, par arrêt du conseil du 22 de ce mois. Le fonds de cette loterie est de dix millions, en cinquante mille billets à raison de deux cents livres chacun, et de cinq mille cent trente-cinq lots.

— Les eaux se sont enfin retirées après avoir endommagé bien des maisons à Paris.

— J'ai peut-être oublié de remarquer que M. l'évêque de Senez, grand personnage dans l'Église, par sa condamnation au concile d'Embrun, est mort à l'abbaye de la Chaise-Dieu [1], où il était relégué, âgé de quatre-vingt-huit ou quatre-vingt-neuf ans, dans une extrême piété et ayant vécu, jusqu'à la fin, dans un travail continuel. On l'a ouvert et l'on assure que, par l'intelligence du médecin et de son valet de chambre, on a eu l'adresse de prendre son cœur qui est venu en dépôt à Paris. Peut-être cela n'est-il pas vrai, et il est même à présumer qu'il y avait des ordres, dans cette abbaye, pour que tout se passât secrètement et régulièrement à sa mort. Mais si cela est, ou qu'on le croie, ce qui revient au même, l'on verra sûrement ce cœur-là faire quelque jour des miracles dans Paris, et renouveler quelque scène fameuse qui fera oublier M. Pâris; car enfin, celui-ci a été le martyr de la foi.

Février. — Le roi, pour donner un titre d'éclat à M. le comte de Belle-Isle, a fait sept maréchaux de France [2] dont il est le dernier. Cette promotion a fort étonné. M. de Maillebois et M. de Belle-Isle sont deux bons officiers et d'ailleurs à la mode; ils n'ont point par devers eux d'action d'éclat, mais il y a deux ou trois ans que le premier commande dans l'île de Corse [3], qui est une commission ennuyeuse et fatigante. M. de

---

[1] Jean Soanen, natif de Riom, nommé en septembre 1695 à l'évêché de Senez, suspendu et renfermé dans l'abbaye de la Chaise-Dieu (voir t. I, p. 264), y mourut le 26 décembre 1740, âgé de quatre-vingt-quinze ans.

[2] MM. le marquis de Brancas, le duc de Chaulnes, le marquis de Nangis, le prince d'Isenghien, le duc de Duras, Desmarets, le marquis de Maillebois et le comte de Belle-Isle.

[3] Il avait remplacé le comte de Boissieux, mort le 1er février 1739.

Belle-Isle qui n'est pas d'un nom assez élevé, avait besoin, pour son ambassade, d'un titre de guerre le plus respecté en Allemagne. Tout le monde convient aussi que c'est le seul homme qui rassemble supérieurement les qualités nécessaires pour un grand général et pour un grand négociateur. Pour les cinq autres, ils n'ont attiré que des chansons. Il n'y a pas longtemps que l'on parlait du duc de Chaulnes, commandant les chevau-légers, comme ayant l'esprit baissé; mais le cardinal a toujours beaucoup aimé et protégé la famille de Luynes[1]. On ne sait pas par où les autres sont parvenus à cette dignité, les uns du côté des femmes, les autres du côté des hommes. On a passé par-dessus les grands officiers ou lieutenants généraux, M.[2] qui est fort âgé, M. le marquis de Dreux, M. le marquis de Ravignan de Mesmes, M. de Quadt, M. le marquis de Savines et M. de Guerchy. Ces officiers ont toujours servi et ont tous des actions distinguées. Dans la dernière guerre de 1732, c'est M. de Ravignan qui, au siége de Philisbourg, proposa, parce que la tranchée était pleine d'eau, d'aller à découvert sur le revers de la tranchée, pour gagner le chemin couvert, et qui y conduisit ses troupes, l'épée à la main, à la face de toute l'artillerie de la place, laquelle fut prise.

Tout le public a rendu justice à ces messieurs. Cette promotion a fait bien des ennemis au cardinal; mais, en même temps, elle prouve son autorité suprême, car il y a trente lieutenants généraux entre M. de Ravignan, qui même est un homme de condition, et MM. de Maillebois et de Belle-Isle. Ni l'un ni l'autre

[1] Les ducs de Chaulnes étaient sortis de la famille d'Albert de Luynes.
[2] Ce nom est illisible dans le manuscrit.

n'ont fait des actions de commandements marqués et utiles, quoique braves gens; le dernier est petit-fils de M. Fouquet, surintendant des finances, dont on sait les malheurs; mais on ne va pas plus loin pour la famille. L'autre est petit-fils de M. Desmarets, contrôleur des finances.

Mars. — Le rôle que tient le cardinal de Fleury dans les circonstances présentes, devient miraculeux à l'âge de quatre-vingt-neuf ans, car il est sûr que tout roule sur lui. Il paraît tranquille, ainsi que le roi et toute la cour, comme s'il n'y avait aucun mouvement dans l'Europe. Le roi n'est occupé qu'à aller à la chasse, à faire tous les jours ses petits soupers, jusqu'à deux et trois heures du matin, avec les jeunes seigneurs et les dames, et à faire de très-fréquents voyages à son château de Choisy, pendant lesquels le cardinal va à sa maison d'Issy et les autres ministres viennent à Paris, comme des écoliers qui ont congé. A la vérité, le dedans du royaume souffre beaucoup; les provinces sont dans un misérable état; la taille est plus forte qu'elle n'a été; il n'y a point d'argent et les vivres et les fourrages sont très-chers. Cela a donné lieu à un conte de Paris. On a dit que le roi avait fait un rêve dans lequel il avait vu quatre chats, l'un aveugle, l'autre borgne, un maigre et un gras. Qu'il avait demandé à Bachelier, son premier valet de chambre et son favori décidé, ce que cela signifiait. Bachelier avoua de bonne foi son ignorance sur les rêves, mais il indiqua un soldat des gardes françaises, fort habile en ce genre, que l'on fit venir et qui, après bien des instances et la parole du roi pour sa sûreté, expliqua que le chat aveugle était le roi lui-même, qui ne voyait rien de ce qui se passait;

le chat borgne, le cardinal, qui ne voyait les choses qu'à demi ; le chat maigre, le peuple, et le chat gras, le contrôleur général et les gens d'affaires. Ce rêve a couru Paris sur l'invention de quelques plaisants, et l'application en est assez juste.

Avril. — Le prince de Carignan, premier prince du sang de Savoie et le plus proche parent du roi[1], est mort à Paris, au commencement de ce mois, âgé de cinquante et un ans. C'était un fort bon prince, mais extrêmement décrié par ses débauches avec nombre de filles de l'Opéra dont il était le premier directeur, et pour le dérangement de ses affaires. Ses créanciers sont sans nombre, et il tenait, à cet égard, la conduite d'un escroc, attrapant tant qu'il pouvait marchands et autres. C'est ce qui a fait dire qu'il y avait un homme à l'Opéra qui jouait toutes sortes de rôles, hors celui de prince. Il laisse pour cinq millions de dettes qui pourront se payer soit par la vente de l'hôtel de Soissons, dont le prix sera considérable, soit par tous ses effets mobiliers. Son écurie est rare : il y a un grand nombre de chevaux à six mille livres pièce et à quatre mille livres. Il avait un jeu à l'hôtel de Soissons qui lui rapportait un gros revenu et qui a été fermé la veille de sa mort, attendu que sa veuve n'en a pas besoin. Par suite de conventions elle a une pension du roi de France de cent soixante mille livres par an, ce qui lui suffira pour mener un train convenable à son état.

— Ceci a fait un grand bien à Paris. Le duc de Gèvres avait un pareil jeu, qui lui rapportait cent trente mille livres par an payées tous les premiers jours du

[1] Voir t. I, p. 442, note 2.

mois. Ces deux jeux étaient la ruine des enfants de famille de Paris, de bourgeois, d'officiers et autres. Cela faisait la ressource d'un grand nombre de crocs, donnait lieu à des vols au sortir du jeu et à des accidents funestes. Il n'y a pas plus de deux mois qu'un officier ayant perdu tout ce qu'il avait, revint désespéré à son auberge, et se mit une si bonne dose d'opium dans le corps qu'il en creva la nuit.

Le cardinal a saisi la mort du prince de Carignan pour faire cesser le jeu de M. le duc de Gèvres. Comme la maladie a duré quelques jours, le duc, qui est fort bien en cour, était instruit de son dessein, et le jour de la mort, il a fait fermer son jeu comme de lui-même, pour en faire un sacrifice au public. Le duc de Gèvres a toujours vécu en grand seigneur. Il avait vingt gentilshommes attachés à lui avec pension, une grande table et une écurie considérable. Heureusement qu'il ne pouvait pas faire grande dépense en femmes. Ses biens personnels étaient abandonnés à ses créanciers; par ce coup il se trouve réduit à peu de revenu. Dès le lendemain, il a congédié une grande partie de ses domestiques, a envoyé au marché un grand nombre de chevaux, et n'a plus de table. C'est un seigneur fort aimé de tout le monde, s'employant tous les jours pour faire plaisir. Il ne paraît pas qu'on lui donne aucune indemnité, cependant l'on croit qu'on lui accordera quelque somme d'argent pour payer ses dettes les plus pressées. Il y a plusieurs personnes mal à leur aise par ces deux contre-temps et qui ont des affaires sur le corps. Il y a eu même quelques notaires dérangés pour des engagements avec le prince de Carignan, entre autres le sieur Boivin qui a quitté son étude et sa maison, et que l'on dit s'être noyé. Il demeurait rue des Marmousets.

— M. le marquis d'Antin, vice-amiral, fils de madame la comtesse de Toulouse, est mort à Brest, peu de temps après son arrivée [1], âgé de trente-cinq ans. Il est bien heureux, car il était perdu par tout le mal qu'on en dit. M. de Roquefeuille, chef d'escadre, rapportait contre lui, en cour, des mémoires épouvantables signés des officiers même de son bord. On ne lui donnait que trois qualités, de fripon, de lâche et d'impertinent par ses hauteurs. Il n'y avait aucune discipline dans sa flotte. On croit qu'il s'est battu, et qu'il est mort de ses blessures, par la raison qu'il est parti d'ici M. Morand, fameux chirurgien et son ami, qui n'a pas eu le temps d'aller jusqu'à Brest. On compte que si c'eût été maladie ordinaire, on aurait mandé un médecin, et il est sûr qu'il n'a pas été en état de supporter la litière pour venir à Paris.

— A l'égard du dedans du royaume, il n'est pas en très-bon état; les provinces souffrent beaucoup : il n'y a pas d'argent. Ici, à Paris, l'on mange toujours le pain à trois sous neuf deniers la livre, ce qui fait une cherté longue. Il n'est pas douteux qu'on emploie à présent le blé que le ministère a fait venir en grande quantité, et l'on est persuadé qu'il n'y perd rien. Jusqu'ici le temps ne nous annonce pas une année heu-

---

[1] Antoine-François de Pardaillan de Gondrin, marquis d'Antin, avait eu le commandement d'une escadre de vingt-deux vaisseaux, envoyée en Amérique au mois de septembre précédent. Il revint à Brest, avec le reste de cette escadre, au commencement d'avril 1741, et mourut le 24 du même mois, âgé seulement de trente-deux ans, étant né le 10 novembre 1709.

reuse. Il y a neuf semaines qu'on n'a vu d'eau, et il fait actuellement froid, d'où l'on craint fort que les foins et les avoines n'augmentent plutôt que de diminuer. On ne s'aperçoit point de la misère à Paris, où tout est d'une grande magnificence en équipages et en habits, surtout les hommes, et ce luxe a pris dans tous les états.

—Les deux jeux de l'hôtel de Soissons et de l'hôtel de Gèvres avaient autorisé bien des femmes à avoir des jeux défendus dans leurs maisons, ce qui était difficile à empêcher. Par la cessation de ces jeux, on a rendu une nouvelle ordonnance qui défend tous les jeux de hasard chez quelque personne que ce soit.

Mai. — Le 10 de ce mois, aventure fort singulière. Un homme, habillé en ouvrier, entra en plein midi dans l'allée d'un faïencier, rue Saint-Martin, aux environs de la rue aux Ours, et se reposa sur les premières marches d'une montée, tenant dans sa main une huguenote[1] dans un torchon. Une servante, qui balayait l'allée, lui demanda ce qu'il faisait : il répondit qu'il se reposait. Il posa son paquet sur les marches et se mit en devoir de p...... La servante s'étant retirée pour un moment, l'homme s'en alla pendant ce temps et courut. La servante lui cria en vain de reprendre ce qu'il oubliait. Le faïencier étant survenu, on découvrit la huguenote, et l'on y trouva la tête d'un homme, cuite avec des herbes et du gros lard. Le spectacle parut effrayant. On courut chercher le commissaire et la garde, qui portèrent ce dépôt à la morgue du Châtelet, où tout le peuple a été en foule pour voir

[1] Sorte de marmite sans pieds.

cette tête. On n'a point trouvé l'homme et on ne sait que penser de ce fait.

— Huit jours après la revue¹, M. le duc de Gramont, colonel du régiment des gardes françaises, est mort âgé de cinquante-trois ans : il ne laisse point d'enfants mâles. Cette place, qui rapporte cent vingt mille livres de rente, et qui est une des plus considérables de l'état militaire, a été fort courue. M. le cardinal de Fleury avait envie d'en profiter pour en donner quelque autre au duc de Fleury, son neveu. On parlait de M. le duc de Villeroi, capitaine des gardes du corps, et de M. le prince de Soubise, commandant des gendarmes. La maison de Noailles, et toute cette famille, qui est nombreuse, sollicitait vivement pour le comte de Gramont, frère du défunt, et qui devient duc par sa mort; mais comme il n'a aucun poste considérable à remettre, cela ne faisait pas le compte du cardinal. Enfin, un beau matin, le roi a déclaré à ce dernier qu'il avait donné le régiment des gardes à M. le comte de Gramont. Cette façon de donner a fort étonné et mortifié le cardinal, qui est dans l'habitude, depuis longtemps, de disposer des places.

— M. le duc de La Trémoille a fait la sottise de s'enfermer avec sa femme qui a eu la petite vérole. Il a gagné cette vilaine maladie et en est mort, en quatre jours de temps, le 23 de ce mois, âgé de trentre-trois ans. Il est extrêmement regretté de tout le monde. Il était revenu, depuis longtemps, des fantaisies des jeunes seigneurs, et s'était attaché à sa femme dont il laisse

¹ La revue des régiments des gardes françaises et suisses avait eu lieu dans la plaine des Sablons le 8 mai.

deux enfants, un fils et une fille[1]. Toutes ses affaires, qui étaient en direction, sont rangées depuis six mois : il ne devait plus rien et jouissait de deux cent mille livres de rente, en fonds de terre. C'est, sans contredit, le plus grand seigneur de la cour après les princes. Il avait infiniment d'esprit[2], et, en s'attachant à des occupations sérieuses, cela aurait fait, dans la suite, un grand homme d'État. Il aurait fait bien plus sagement d'avoir peur de la mort dans cette occasion, que lors de la malheureuse histoire qui a couru sur son compte dans la guerre d'Italie.

Sa charge de premier gentilhomme de la chambre a fait du bruit. Les trois autres premiers gentilshommes l'ont demandée au roi pour le petit duc, son fils, âgé de trois ou quatre ans. Ils ont offert de faire son service alternativement. A la vérité, ils travaillaient pour eux, pour pareille occasion. M. le duc de Gèvres, qui n'a point d'enfants en qualité d'impuissant déclaré, a même dit au roi qu'il était glorieux pour Sa Majesté d'avoir un premier gentilhomme du nom de La Trémoille. M. le duc d'Orléans, qui ne se mêle de rien, a sollicité vivement pour le fils, en disant au roi que c'était son seul parent à la cour. La maison de Condé, le prince de Conti, M. le duc de Bouillon, grand chambellan, oncle, ont aussi fortement demandé pour le jeune duc. Madame de

---

[1] Jean-Bretagne-Charles-Godefroi, né le 5 février 1737, et une fille née au mois de mars 1740.

[2] Quelques personnes le regardent comme le véritable auteur du roman d'*Angola, histoire indienne,* imprimé pour la première fois en 1744, que les uns attribuent au chevalier de La Morlière, tandis que d'autres croient y reconnaître le style de Crébillon fils.

Mailly, d'un autre côté, a demandé cette place très-sérieusement, et bon jeu bon argent, pour M. le duc de Luxembourg, qui est aussi d'un grand nom.

Il s'agissait d'un coup de parti pour le crédit du cardinal, à cause de la dernière affaire du comte de Gramont. Enfin, il l'a emporté. Le mercredi matin, 31 mai, le roi étant dans son lit, fit demander qui était dans l'antichambre. L'huissier lui nomma plusieurs seigneurs, entre autres M. le duc de Fleury [1] : il dit de le faire entrer. M. le duc de Gèvres, qui était à côté du lit, se retira un peu. Le roi dit au duc de Fleury : « Je vous donne la charge de premier gentilhomme de feu M. le duc de La Trémoille, » et il lui remit un petit billet pour porter au cardinal. Après de profonds remercîments, le duc de Fleury sortit, alla chez son oncle et demanda à lui parler. Il était neuf heures, et le cardinal travaillait avec M. Amelot. Bergerac, son valet de chambre, annonça le duc de Fleury. Le cardinal répondit qu'il était à travailler. Bergerac rentra dire que le duc venait de la part du roi. « Oh ! que me veut le roi, dit-il, qu'il attende. » Bergerac rentra encore. « Mais monseigneur, M. le duc de Fleury a une lettre du roi à vous remettre. — Eh bien, qu'il entre donc, » faisant fort le fâché. M. le duc de Fleury entra avec force révérences, lui remit la lettre ou billet et lui dit : « Mon oncle, j'étais obligé de vous informer que le roi a eu la bonté de me donner tout à l'heure la place de premier gentilhomme. » Le cardinal se leva en gesticulant des bras comme un homme fâché, disant qu'il

---

[1] André-Hercule de Rosset, marquis de Rocozel, duc de Fleury, né le 27 septembre 1715, brigadier de dragons en 1740. Voir ci-dessus, p. 129, note 2.

ne souffrira pas cela, et bien des mauvais propos. Enfin il dit à son neveu : « Voilà qui est bien, » et à M. Amelot : « Allons, monsieur, je vous demande pardon, si nous sommes obligés de finir notre travail, mais il faut bien que j'aille remercier le roi. Qu'on m'habille. »

M. Amelot, à qui on n'avait demandé aucun secret, a redit la scène qui est d'un grand et d'un petit comédien. Le cardinal savait parfaitement ce qui devait se passer le matin et le billet dont son neveu serait chargé. Il avait fait venir exprès M. Amelot pour être témoin de ses mines, et pour faire croire qu'il n'avait pas de part à cela. Le cardinal a écrit, le même jour, à madame la duchesse de La Trémoille, pour lui dire que s'il avait été consulté, le roi lui aurait rendu la justice qu'elle avait lieu d'attendre, etc. C'est un si grand galimatias, qu'une personne d'esprit qui venait de lire la lettre n'a pas pu la rendre juste[1].

Je crois que le cardinal aura employé une raison d'exclusion pour le jeune duc, qui aura déterminé le roi. Madame la duchesse de La Trémoille est grande janséniste[2], entourée de femmes et d'hommes de cette secte, gens même peu convenables pour elle. Elle n'agit que par eux, et le cardinal aura représenté au roi que ce petit seigneur sera élevé dans ces sentiments. Cela peut avoir suffi.

Juin. — Mercredi, 14 de ce mois, à onze heures et demie du matin, madame la jeune duchesse de

---

[1] Cette lettre est imprimée dans les *Mélanges historiques*, etc., de Boisjourdain, t. II, p. 124.

[2] On trouve, à cet égard, une anecdote assez curieuse dans le *Journal de la cour et de Paris*, de novembre 1732 à novembre 1733, *Revue rétrospective*, 2ᵉ série, t. V, p. 388.

Bourbon est morte, âgée de vingt-six ans et neuf mois. On l'a ouverte en présence de douze médecins et chirurgiens, et cela s'est fait apparemment avec cet appareil à cause des mauvais bruits qui avaient couru, à son sujet, sur le compte de M. le Duc. Depuis son veuvage, elle a toujours été malade et elle a beaucoup souffert. On la croyait attaquée du poumon comme sa sœur[1]. On dit cependant qu'elle est morte de la suite d'un lait répandu de sa couche, que les médecins n'ont point connu. Elle a été fort regrettée. Elle était jeune, jolie et bonne. Elle avait été fort gênée avec M. le Duc qui, depuis son mariage, avait toujours eu pour maîtresse madame la comtesse d'Egmont. Elle commençait à jouir et elle pouvait jouir longtemps. Elle était en possession de plus de deux cent mille livres de rente, tant des bienfaits du roi que par les bons procédés de M. le comte de Charolais qui aimait beaucoup sa belle-sœur.

Elle a été exposée pendant huit jours dans une chapelle ardente, dans son appartement, à l'hôtel de Condé, avec toute la magnificence possible. Le parlement a refusé d'aller en corps jeter de l'eau bénite. Cependant il y avait été pour M. le Duc, son mari. Apparemment qu'il prétendait y avoir une différence par rapport aux princesses. M. le comte de Charolais s'est donné beaucoup de mouvement pour l'obliger à faire cette démarche, jusque-là qu'il avait dit que le corps de la princesse resterait plutôt dix ans dans l'hôtel, dans un appartement particulier, avec six cierges autour de son corps, s'il n'y allait pas. Enfin le roi a

---

[1] Christine-Jeanne de Hesse-Rhinfelds, seconde femme de Charles-Emmanuel III, roi de Sardaigne, morte le 13 janvier 1735.

envoyé ordre au parlement, par une lettre de cachet, d'aller jeter de l'eau bénite, et, en conséquence, il y a été le 23, ce qui a retardé le convoi. Samedi, 24, jour de Saint-Jean, a eu lieu le convoi de la princesse[1], qui a été enterrée à dix heures du soir, aux Carmélites du faubourg Saint-Jacques[2].

Juillet. — M. le duc de Chartres, qui a à présent seize ans, est revenu à Paris, le 6 de ce mois, du voyage qu'il vient de faire pour voir les principales villes de Flandre et quelques ports de mer. Il était conduit par le maréchal de Puységur et il avait deux cents personnes à sa suite. Ce prince est fort puissant pour son âge et le seul de la maison d'Orléans; il est temps de le marier, et l'on présume que ce voyage a été le préliminaire de son établissement. Enfin, il a vu ce que le roi de France n'a pas encore eu la curiosité de voir. Tous ses voyages se terminent à Rambouillet, la Muette et Choisy, lesquels il réitère très-souvent, ce qui coûte plus, à ce que l'on dit, que les dépenses que Louis XIV faisait en bâtiments et en fêtes. Le roi ne passe jamais huit jours de suite à Versailles, ce qui fait même grand tort à toutes les affaires. Le cardinal qui ne cherche qu'à se tranquilliser, part toutes les fois pour sa maison d'Issy. Les autres ministres reviennent aussitôt à Paris, sans jour fixe ni marqué; en sorte qu'on ne sait plus, à moins d'être au fait des nouvelles de cour, les trouver ni à Versailles ni à Paris.

[1] Voir, pour les détails des cérémonies, le *Mercure de France* du mois de juin 1741, p. 1472 et suiv.

[2] Il était situé rue d'Enfer, et la rue du Val-de-Grâce a été ouverte, en grande partie, sur son emplacement. C'est dans ce couvent que madame de La Vallière prit le voile, en 1675, sous le nom de sœur Louise-de-la-Miséricorde.

— La reine d'Espagne[1], qui demeure au Luxembourg, étant partie pour faire une promenade de quinze jours à Compiègne, avant que le roi n'y allât, ce voyage a donné lieu à des nouvelles de Paris, et il s'est répandu que M. le duc de Chartres épouserait Madame seconde, avec maison et titre d'Altesse Royale, et qu'ils logeraient au Luxembourg; mais cela n'a aucun fondement ni aucune apparence.

— Il s'est élevé dans la maison de Condé une petite guerre intestine, à laquelle la mort de la jeune duchesse a donné lieu.

Après la mort de M. le Duc, on avait nommé pour tuteurs honoraires au jeune prince de Condé, madame la Duchesse et M. le comte de Charolais, son oncle[2]. Par la mort de la Duchesse, ce dernier reste seul. Madame la Duchesse, première douairière, aïeule maternelle du jeune prince, a demandé à son fils de remplir la place vacante et d'être tutrice honoraire conjointement avec lui. Refus de la part du comte de Charolais; requête de madame la Duchesse pour procéder à une assemblée des parents. Plainte respective des parties dans le public; discours même peu mesurés et peu séants, tout ainsi que dans le bourgeois. Il faut savoir que M. le comte de Charolais hait et méprise madame sa mère, et que madame la Duchesse ne considère pas trop monsieur son fils. Cette inimitié vient de loin et ils ont peut-être raison tous deux. Madame la Duchesse se conduit par les conseils de M. le comte de Lassay, son premier écuyer. M. le comte de

---

[1] Louise-Élisabeth, fille du régent.
[2] Voir ci-dessus, p. 244.

Charolais tient enfermée dans une maison près de Montmartre, et depuis longtemps, madame de Courchamp¹, femme du maître des requêtes vivant. Il ne vient à l'hôtel que pour assister au conseil. On ne lui parle que là; on adresse ses lettres au suisse de l'hôtel de Condé. Du reste, il n'a point d'autre domicile que la petite maison et on ne le voit nulle part, hors à Versailles, quand il faut faire les fonctions de grand maître, ou à Chantilly pour chasser.

Il est encore vrai que, dans le conseil, les trois avocats peuvent faire de belles et sages délibérations; mais l'avis de Monseigneur l'emporte toujours et il fait ce qu'il veut. On dit à cela qu'il entend fort bien les affaires; qu'il est fort appliqué, fort zélé pour le petit prince son neveu. Cela peut être : et même il faut avouer que la manière dont il s'est présenté à tout cela, depuis la mort de M. le Duc, et que les égards qu'il a eus pour madame la Duchesse, lui ont fait beaucoup d'honneur dans le public; mais il se trouve, d'un autre côté, que la substitution des biens finit dans la personne du jeune prince de Condé; et que si, par hasard, il venait à mourir pendant sa minorité, M. le comte de Clermont et M. le comte de Charolais, frères, succéderaient également dans les biens nobles. Les princesses tantes, Mademoiselle, mademoiselle de Clermont, mademoiselle de Sens et madame la princesse de Conti, succéderaient également avec les deux princes, leurs frères, dans tous les propres qui ne sont point fiefs, et madame la Duchesse aïeule serait seule héritière des meubles et acquêts, ce qui intéresse encore tous les

---

¹ Voyez les *Lettres de mademoiselle Aïssé*, cinquième édition, page 174.

princes et princesses ses enfants. Les voilà tous, par là, intéressés dans l'administration des grands biens de ce mineur; d'autant qu'il y a beaucoup de dettes. C'est ce qui a fait agir madame la Duchesse.

M. le comte de Charolais a offert à madame sa mère l'éducation de son petit-fils. Elle répond à cela qu'elle n'en veut point à titre de gouvernante seulement, sans le titre de tutrice honoraire.

Par arrêt du parlement, du 5 de ce mois, il a été dit que les parents seraient assemblés à la diligence de M. le comte de Charolais, par-devant MM. Pucelle et Canaye, doyens du parlement, pour y donner leur avis s'il y avait nécessité ou utilité de nommer au prince un nouveau tuteur honoraire, ou s'il ne lui était pas plus avantageux de n'en avoir qu'un. M. le comte de Charolais a fait assigner vingt-six parents, quoiqu'il n'en faille ordinairement que sept, ou tout au plus dix, dans un avis de parents, dont le premier est M. le duc d'Orléans, M. le comte de Clermont, le prince de Dombes et le comte d'Eu, fils de madame la duchesse du Maine, grande tante du mineur, les princes de la maison de Lorraine, le prince de Rohan, MM. de Luxembourg et de Montmorency, de La Rochefoucault, de Matignon, etc. Le prince de Conti en est débarrassé, parce qu'il n'a pas vingt-cinq ans. M. de Charolais a été voir tous ces messieurs, et leur a dit, qu'aux termes de l'arrêt, il était déshonoré dans le monde si on nommait madame la Duchesse, sa mère; qu'il n'y avait pas de règle pour qu'un mineur eût toujours deux tuteurs honoraires, et que l'un étant mort, celui qui reste suffit; que madame la jeune Duchesse était nommée par le testament de M. le Duc, et d'ailleurs était mère; qu'elle ne s'était mêlée de rien et que tout avait roulé sur lui; que, d'ailleurs, si on en substituait un second, ce ne pouvait être qu'en cas qu'il y eût un oncle du côté de la mère; que si on jugeait qu'il y eût nécessité de lui donner sa mère pour adjoint, ce serait faire entendre qu'il a mal géré ou qu'il est incapable de gérer. Ceci a fort intrigué les parents qui sont liés avec tous ces princes et princesses, et qui ne veulent se brouiller avec aucun d'eux. D'un autre côté, le comte de Charolais peut être chef de la maison de Condé, et un prince puissant, grand maître de la maison du roi. C'est un mâle contre des princesses, la partie n'est pas égale.

—Les deux commissaires de la cour se sont assemblés au palais, dans la chambre de Saint-Louis, où l'on a dressé procès-verbal de tous les avis contenus et rédigés dans des procurations dont étaient porteurs des procureurs au parlement. M. le comte de Charolais a eu dix-sept voix pour le maintenir seul dans la qualité de tuteur honoraire. L'avis de M. le duc d'Orléans était même fait avec un grand éloge, et plusieurs autres aussi. Le prince de Rohan a déclaré que, si les règles ne s'y opposaient pas, il était d'avis d'admettre madame la Duchesse; MM. de La Rochefoucault s'en sont rapportés à justice, en sorte que M. le comte de Clermont a été seul d'un avis décidé pour donner la tutelle à madame la Duchesse, sa mère. Depuis, cette dernière a présenté une autre requête par laquelle elle indique trente autres parents qu'elle a demandé devoir être assignés pour donner aussi leur avis. Elle s'est opposée à la clôture du procès-verbal, et elle a demandé que les parties fussent renvoyées à l'audience pour y établir ses droits plus solennellement. La cour a ordonné à ce sujet un délibéré. Quelque chose qui arrive, voici une désunion bien cimentée dans toute cette maison, et du froid de part et d'autre avec tous les seigneurs de la cour. Tout le monde convient que le roi, premier parent et chef de la famille, devait interposer son autorité et décider lui-même cette question, sans en laisser maître le parlement.

Sur le délibéré, par arrêt du 24 de ce mois, madame la Duchesse a été déboutée de toutes ses demandes, et M. le comte de Charolais a gagné sa cause. On n'a pas voulu exposer la mère et le fils, dans une affaire de pique, à faire dire, en pleine audience, des faits désagréables et peut-être indécents. M. le comte de Charolais est encore plus piqué contre ses frères et sœurs que contre madame sa mère qui a eu l'imprudence de lui écrire, avant toutes choses, qu'elle était persécutée par tous ses enfants pour demander la tutelle honoraire de son petit-fils. C'est cette lettre qui a animé le comte de Charolais à faire toutes les démarches pour faire exclure madame la Duchesse, et le parlement s'est trouvé autorisé à le faire par un avis de parents des plus amples. Au surplus, la procédure de madame la Duchesse a été fort mal enfournée. Le premier arrêt, du 5 juillet, et l'avis de parents fait en conséquence, n'ont eu pour objet que de savoir, en général, s'il fallait un second tuteur honoraire au prince mineur; ce n'est que lors du procès-verbal que madame la Duchesse a demandé, en qualité d'aïeule, à être nommée tutrice de son petit-fils, en sorte qu'il n'a point été question de l'exclure personnellement.

— M. le maréchal de Belle-Isle est parti de Versailles le 25 de ce mois¹, pour retourner à Francfort, après avoir reçu tous les honneurs possibles. On dit que, quand il sortait de chez le roi, il avait une cour et une suite de seigneurs et d'officiers tout aussi grande que le roi même.

— Parmi ces grands et intéressants mouvements, le public s'est imaginé que le cardinal ne pourrait suffire aux affaires, ce qui ne serait pas bien surprenant à quatre-vingt-dix ans. Il s'est répandu qu'il avait eu plusieurs faiblesses, et qu'il cherchait lui-même à se décharger un peu de ce fardeau. On lui a cherché un successeur ou, du moins, un adjoint, et, comme chacun a ses partisans, on a parlé de M. Chauvelin et de M. le comte de Maurepas. Mais comme il doit y avoir une haine irréconciliable entre lui et M. Chauvelin, à cause des discours tenus par ce dernier, discours bien peu mesurés pour des gens en place, on sent que le retour du premier serait la perte du second qui, par conséquent, doit tout employer pour l'empêcher. Toutes les princesses de la maison de Condé et de Conti, qui sont pour M. Chauvelin, aussi bien que madame de Mailly, favorite de Sa Majesté, et Bachelier, son premier valet de chambre et son favori secret, entreprennent de les raccommoder. « Quatre mille hommes n'y parviendraient pas, disait une personne, mais deux ...... femmes de cour y réussiront. » On parle aussi du maréchal de Belle-Isle et même du chevalier ; enfin on met encore sur les rangs le maréchal de Noailles et le cardinal de Tencin. Telles sont les nouvelles de Paris, mais l'on

---

¹ Il était arrivé à Paris au commencement du mois et avait assisté, le 11, à un conseil tenu à Versailles.

dit au vrai qu'il n'en est aucunement question. Le cardinal s'est fait bien des ennemis et sa longue présence commence à ennuyer.

— Tout était préparé pour un grand voyage de Compiègne, mais le roi a déclaré, dans un souper, à Choisy, jeudi, 27 de ce mois, qu'il n'y aurait point de Compiègne. Cela fait juger qu'il y aura guerre et qu'il ne conviendrait pas d'exposer le roi à ses parties de chasses dans la forêt de Compiègne qui, de bois en bois, va jusque dans les Ardennes, et où il pourrait fort bien être surpris par quelque parti.

— Les préparatifs pour la campagne[1] se font avec une précipitation qui n'a point d'exemple ; les officiers ont ordre d'être à leurs régiments le 10 août. C'est un embarras étonnant pour tous les équipages ; les chevaux et les mulets sont hors de prix, et ces messieurs ont encore plus de peine à trouver de l'argent.

Août. — Le roi a envoyé au parlement, le 11 de ce mois, des lettres patentes pour l'enregistrement d'un traité de commerce et de navigation entre la France et la Hollande, passé dès le 21 août 1739, avant la mort de l'empereur. L'enregistrement a eu lieu le 18 de ce mois ; mais ce qui est surprenant, c'est qu'on n'en a rien su dans Paris jusqu'à la publication qui ne s'est faite que plus de quinze jours après.

— L'abbé de Saint-Albin, archevêque de Cambrai, a fait publier un mandement, le 25 juillet dernier, contre

[1] Par suite de l'alliance faite avec l'électeur de Bavière, la France envoyait en Allemagne deux armées, l'une sous les ordres du maréchal de Belle-Isle, commandée, en son absence, par MM. de Leuville, de Ségur, etc., lieutenants généraux, et l'autre commandée par le maréchal de Maillebois.

une consultation des avocats de Paris; il traite ceux-ci d'insolents et d'ignorants. Soyer, un de nos avocats des plus ardents pour le jansénisme, et qui avait travaillé à cette consultation, a voulu en porter ses plaintes au premier président ; mais l'on dit qu'il a eu de lui pour toute réponse qu'il était encore jeune et un peu étourdi. M. Le Peletier peut avoir grande raison au fond ; mais il ne s'accréditera pas, par cette voie, auprès de l'Ordre des avocats, en général, et du parti janséniste.

— Quatre artificiers [1] de la ville de Paris qui, par malice, avaient fait manquer le feu d'artifice donné par la Ville, sur la rivière, au sujet du mariage de Madame première avec don Philippe, lequel feu avait été entrepris par un Saxon, et qui, pour ce, ont été longtemps en prison [2], ont voulu donner des preuves de leur science et de leur capacité. Ils ont obtenu un privilége, pour douze ans, pour faire tirer un feu d'artifice tous les ans à la fête de Saint-Louis, sur la rivière, entre le Pont-Royal et le Pont-Neuf. La Ville leur avait donné tout le bord de la rivière pour y construire des loges et échafauds, et même six pieds sur les quais, dans tout le tour de ce terrain, pour y mettre des chaises afin que personne ne pût approcher des parapets et voir sans rien payer.

Ces artificiers ont loué considérablement ce terrain, par toise, à des particuliers qui ont entrepris des écha-

---

[1] Les sieurs Guérin, père et fils, Testard et Dodemant, comme on le voit par la *Description historique de l'édifice que les sieurs, etc., auront l'honneur de présenter pour bouquet à Sa Majesté, à la fête de Saint-Louis 1741*. Paris, Gonichon, 4 pages in-4°.

[2] Voir ci-dessus, p. 242.

fauds. Les deux bords de la rivière étaient remplis de loges tapissées dont les places se louaient quatre livres, et même plus, et de chaises dans le bas. Tout a été presque rempli et formait un spectacle magnifique. Le feu a été tiré le jour de Saint-Louis. Il a été parfaitement exécuté, et tout le monde est convenu que depuis longtemps on n'en avait vu un aussi beau. Il y a eu plusieurs morceaux où c'était un enfer par la quantité d'artifice et le bruit. Le roi n'y est point venu, non plus que la reine, le dauphin et les dames [1].

Septembre. — Le roi, pour subvenir aux dépenses considérables qu'il est obligé de faire, a imposé le dixième sur tous les biens du royaume, pour commencer au 1er octobre prochain, et il y a un article particulier pour faire contribuer arbitrairement à cette taxe les commerçants et ceux qui font profiter leur argent. Il y a eu, à ce sujet, des remontrances au roi de la part du parlement soit pour ne faire commencer cette taxe qu'au 1er janvier, soit par rapport à l'imposition du commerce, soit enfin parce que la France n'a de guerre déclarée avec aucune puissance, et qu'il n'est point parlé de guerre dans la déclaration. Mais la réponse du roi à ces remontrances ou formalités bien inutiles a été qu'il était le maître d'imposer des taxes quand il le jugeait à propos, et, conformément à cette réponse, la déclaration a été enregistrée le 7 de ce mois.

— Madame de Vintimille du Luc [2], sœur de madame la comtesse de Mailly, est accouchée d'un gar-

---

[1] Les artificiers n'usèrent de leur privilége que cette seule fois.

[2] Pauline-Félicité de Mailly de Nesle, née au mois d'août 1712, avait épousé, le 27 septembre 1739, Jean-Baptiste-Hubert de Vintimille, des comtes de Marseille du Luc, etc.

çon, sur quoi M. le comte de Vintimille, son mari, a tenu de fort mauvais propos, comme n'ayant pas grande part à cet enfant, que l'on disait être d'un bien plus haut rang [1]. Mais cela n'a pas grande apparence, attendu la liaison connue avec madame de Mailly, sa sœur. Au demeurant, cette pauvre comtesse de Vintimille est morte ces jours-ci à la suite de sa couche [2], d'une maladie appelée la *millière*, dont est morte la reine de Sardaigne, et qui est nouvelle en ce pays. Elle était laide, mais avait beaucoup d'esprit. Elle amusait le roi et était de toutes ses parties, et il est vrai qu'elle avait beaucoup de crédit auprès de Sa Majesté.

— Tout le monde a été très-surpris du chagrin réel que cette mort a causé au roi. Il n'a jamais paru si touché, et il en a donné des marques trop publiques. Il n'a vu personne ce jour-là, et il s'est retiré, pendant quatre ou cinq jours, avec quatre ou cinq personnes seulement, à Saint-Léger, qui est une petite maison proche de Rambouillet, appartenant à madame la comtesse de Toulouse. On a aussi dérangé pour quelque temps les voyages de Choisy. Madame la comtesse de Mailly est néanmoins toujours des parties de Saint-Léger, où le roi a fait plusieurs petits voyages. En hommes, ce sont principalement le prince de Soubise, fort aimé du roi, et le duc de Richelieu. On disait que la jeune veuve du marquis d'Antin [3], qui est extrêmement

---

[1] Cet enfant, dont la ressemblance avec Louis XV était frappante, fut, dans la suite, appelé à la cour le *Demi-Louis*.

[2] Le 9 septembre. Le bruit courut qu'elle avait été empoisonnée.

[3] Mademoiselle de Carbonnel de Canisy, née en 1725, et que le marquis d'Antin avait épousée au mois d'avril 1737. Elle se remaria plus tard avec le comte de Forcalquier.

jolie, était de ces parties, d'où l'on craignait que madame la comtesse de Toulouse ne se servît de ce moyen innocent pour exclure madame de Mailly et mettre en faveur le maréchal de Noailles ; mais cette nouvelle n'a pas eu de suite.

Octobre. — On ne parle plus des voyages du roi à Choisy ni même des petits soupers. Comme cela causait des dépenses considérables, le cardinal a apparemment obtenu ces retranchements. Les voyages à Saint-Léger ou à la Muette, et les petits soupers, ne se font plus qu'entre cinq ou six personnes.

— M. d'Aguesseau de Fresne, conseiller d'État, fils du chancelier, a épousé, en secondes noces, mademoiselle Le Bret, fille du premier président de Provence. C'est lui qui a été l'auteur de la suppression des avocats aux conseils et de plusieurs nouveautés, et il n'en faut pas davantage pour se faire généralement haïr. Aussi a-t-on fait les vers suivants sur ce mariage :

> Démons, rassemblez-vous : l'oracle s'accomplit.
> De Fresne, au cœur pervers, né du sang d'Asmodée,
> S'accouple. Venez tous honorer l'hyménée :
> C'est de lui sûrement que naîtra l'Antechrist.

— Il se fait actuellement un grand mariage à Saverne, chez le cardinal de Rohan[1]. Le prince de Soubise, qui est fort aimé du roi, épouse mademoiselle de Carignan, fille du prince qui est mort ici. Ce mariage illustre beaucoup la maison de Rohan et rendra le

---

[1] Le cardinal de Rohan, grand aumônier de France, occupait le siège épiscopal de Strasbourg, et Saverne était la résidence ordinaire des évêques de cette ville. Charles de Rohan, prince de Soubise, était né le 16 juillet 1715, et Anne-Thérèse de Savoie, le 1er novembre 1717.

prince de Soubise le plus proche parent du roi à cause de sa femme. Madame la princesse de Carignan, sa mère, a loué l'hôtel du Petit-Luxembourg, où est morte mademoiselle de Clermont [1]. M. Joly de Fleury avait offert douze mille livres de loyer de cet hôtel [2], pour loger avec toute sa famille, qu'il a su bien établir. Mais madame de Carignan a eu la préférence, c'est-à-dire en donnant un loyer plus fort.

Décembre. — Les nouvelles, dans Paris, se débitent toujours assez défavorablement. Tantôt nous n'avons plus d'argent, ou nos troupes meurent de faim, tantôt l'armée est presque périe par la maladie, ou nous avons été battus. Cela ne peut venir que du parti janséniste, qui voit avec peine la grandeur du roi. Cela leur annonce une nécessité d'obéir. Ils n'aiment point, non plus, le gouvernement du cardinal, qui non-seulement vit toujours, mais qui a la tête assez bonne, à plus de quatre-vingts ans, pour suffire aux opérations les plus importantes et pour faire de ce règne le plus beau et le plus grand de l'histoire de France.

ANNÉE 1742.

Janvier. — Mehemet-Effendi [3], ambassadeur extraordinaire de Turquie, pacha à trois queues, fils de l'ambassadeur qui vint en France il y a vingt et un ans [4],

---

[1] Marie-Anne de Bourbon Condé, dite *Mademoiselle de Clermont*, était morte le 11 août précédent, à l'âge de quarante-trois ans.

[2] L'hôtel du Petit-Luxembourg, situé rue de Vaugirard, a été affecté récemment au logement du vice-président de la République.

[3] Son véritable nom était Zaïd-Effendi.

[4] Voir t. I, p. 78 et suivantes.

et qui y vint avec son père, est arrivé dans le mois de décembre, au faubourg Saint-Antoine, dans la maison de MM. Titon, qu'on lui avait préparée. Il a, avec lui, son gendre qui est un homme bien bâti, son fils, jeune homme de douze à treize ans, et cent quatre-vingts personnes pour sa suite. Ce n'est que la maison d'un simple pacha, et, comme pacha à trois queues, il a le droit d'avoir trois fois autant de monde; mais, comme il est défrayé aux dépens du roi, cela aurait causé trop de dépenses et trop d'embarras.

Ce ministre est un homme de quarante-cinq ans, d'esprit, et sachant le français aussi bien que nous autres. Il a reçu les visites des seigneurs et dames de la cour et aussi de toute la ville. Il a reçu tout le monde avec politesse; faisait asseoir, reconduisait suivant les rangs et causait librement. On en a été extrêmement content, et même toute sa suite était polie. Il avait cent hommes de garde, des dragons de Mailly, qu'on avait fait venir exprès. Ces visites générales n'ont pas été approuvées de bien des gens qui ont regardé cela comme un effet de curiosité, de même qu'on va voir l'ours, surtout quand cela tombe dans le public et dans les simples particuliers ; cela pouvait avoir sa raison. Cependant on y a entré assez facilement sans nom et sans être connu.

— Dimanche, 7 de ce mois, l'ambassadeur a fait son entrée à Paris. Elle a été fort belle. Cette entrée est à cheval. Il y avait les inspecteurs de police, le guet à cheval, la connétablie : en troupes, le régiment de dragons de Mailly, le régiment de cavalerie de Beaucaire, et les grenadiers à cheval. Toutes ces troupes étaient très-lestes et bien montées. La suite de l'ambassadeur était fort bien habillée et montée sur les chevaux de l'écurie du roi; les esclaves, qui étaient à pied, tenaient les chevaux des principaux Turcs; ils avaient des babouches, mais jambes nues. Il y avait six chevaux de présent pour le roi, menés par des esclaves, et qui avaient des couvertures. Celui pour le roi avait une superbe étoffe. Il y avait une tente dressée sur un charriot tiré par huit chevaux du roi, et un faisceau d'armes, fusils et pistolets très-richement travaillés, porté sur deux mulets. On dit que les présents qu'on ne voyait point sont considérables. L'ambassadeur était à cheval entre M. le maréchal de Noailles et M. de Verneuil, introducteur des ambassadeurs, lesquels avaient nombre de gens de livrée : les carrosses du roi et des princes suivaient comme à l'ordinaire. L'ambassadeur est sorti du faubourg Saint-Antoine à onze heures, et il est arrivé à l'hôtel des ambassadeurs extraordinaires, rue de Tournon [1], avant trois heures. La route a été la même jusqu'au Pont-Neuf; là, on a pris le quai du Louvre, le Pont-Royal et le quai des Théatins jusqu'à la rue Dauphine, pour étendre la marche. Comme il faisait une gelée très-vive, et que le pavé n'était pas praticable pour les chevaux, on a couvert de fumier haché le faubourg et la rue Saint-Antoine, et le reste de la route a été couvert de sable. Cela a été accommodé dans l'après-midi et la nuit du samedi. Cette entreprise à coûté douze mille livres au roi. L'ambassade a passé le long de la rue de Condé, devant le palais du Luxembourg, et est redescendue par la rue de Tournon, parce que les troupes ont eu de quoi s'éten-

---

[1] Cet hôtel, qui avait appartenu au maréchal d'Ancre, est aujourd'hui une caserne, occupée par la garde républicaine.

dre. Quoiqu'il fît un froid très-vif et très-violent, les fenêtres et les rues ont été garnies de tout Paris.

— L'ambassadeur turc est à l'hôtel des ambassadeurs extraordinaires rue de Tournon. Il y a, à la porte de la rue, des gardes de la connétablie, et en dedans une garde de douze Cent-Suisses de la garde du roi, avec un exempt. Quand il sort en carrosse, il est accompagné de quatre gardes de la connétablie, avec un officier, qui sont à cheval et l'épée à la main.

Il a été en cérémonie, avec sa suite, à l'Opéra et à la comédie, dans la loge du roi. Il avait trois premières loges et trois secondes au-dessus. On a affiché à la comédie française : « Son excellence Zaid-Effendi, ambassadeur extraordinaire du Grand-Seigneur, honorera de sa présence, etc., » ce qui ne se fait que pour les princesses du sang, en sorte qu'il a ici tous les grands honneurs. La raison de cette distinction sur les autres ambassadeurs extraordinaires est apparemment la rareté de ces ambassades. Celui-ci, qui sait et parle le français comme nous, et mieux que tous nos autres ambassadeurs, a ici bien plus d'agrément que ses prédécesseurs. Il va au spectacle avec plaisir et il l'aime; il va manger chez les autres ambassadeurs; il reçoit compagnie et cause, et il est fait à toutes nos façons.

— La grande inquiétude de Paris est à présent l'élection de l'Empereur, qui a dû se faire le 24 de ce mois. On dit qu'on a proposé à M. le cardinal de faire savoir cette nouvelle de Francfort en cinq heures, par le moyen de canons qu'on aurait postés de deux en deux lieues; mais le transport des canons, pour cette opération, aurait coûté douze mille livres, et M. le cardinal n'a pas voulu faire cette dépense : il est plus patient.

Février et *Mars*. — L'électeur de Bavière[1] a été élu roi des Romains, le 24 janvier, et empereur d'une voix unanime par tous les électeurs. Il a été couronné à Francfort.

— Le marquis de Ségur, assiégé dans Lintz par le comte de Kevenhuller, a été obligé de se rendre, et il a capitulé[2] le plus honorablement qu'il a pu. Les dix mille hommes qu'il commandait, tant Français que Bavarois, ont été faits prisonniers; ils sont néanmoins sortis, à la charge de ne point servir d'un an contre la reine de Hongrie. Il est vrai que celle-ci a depuis donné permission au marquis de Ségur, et à deux autres officiers généraux de servir. Ils ont cru d'abord se faire un mérite de cette grâce; mais on l'a interprétée au contraire à leur honte.

— Comme Paris est toujours rempli d'un grand nombre d'Autrichiens de cœur, qui sont charmés des mauvais événements, on a mis à la Bastille quelques particuliers imprudents qui ont dit en plein café que l'empereur était *Jean sans Terre*, et qu'on serait obligé de lui meubler un appartement à Vincennes. Dans le fait, il reste à Francfort, et il lui serait difficile d'aller ailleurs en sécurité[3].

Avril. — M. le comte de Clermont, abbé de Saint-Germain des Prés, avait depuis sept ou huit ans pour maîtresse mademoiselle de Camargo, fameuse danseuse de l'Opéra, d'où elle était sortie. Elle faisait sa résidence dans le château de Berny[4], terre de l'abbé de

---

[1] Charles-Albert, né le 6 août 1697.
[2] Le 23 janvier.
[3] Les Autrichiens s'étaient emparés de Munich et de toute la Bavière.
[4] Magnifique château à douze kilomètres de Paris, au delà de Bourg-

Saint-Germain, mais on n'en parlait plus. M. le comte de Clermont a changé de maîtresse. On dit même que la Camargo y a donné les mains pour sortir de l'esclavage où elle était. Ce prince a pris mademoiselle Le Duc, autre danseuse de l'Opéra, qui n'est pas jolie, mais bien faite. Il l'a enlevée au président de Rieux, fils du grand Samuel Bernard, et il a fait pour elle des dépenses considérables.

La Camargo, qui aime infiniment la danse, est rentrée à l'Opéra, peut être aussi comme asile de protection. Le président de Rieux, pour se venger du tour qui lui avait été fait, à déterminé, avec de l'argent, mademoiselle Camargo à l'écouter. Cela a fait du bruit dans Paris. Le président se ruine avec cette conduite, et il n'a que soixante-quinze mille livres de rentes substituées avec lesquelles il ne pourrait plus vivre. On avait parlé de l'obliger à se défaire de sa charge, car la conduite d'un président des enquêtes doit être plus grave et moins indécente; mais cela est tombé et il est en place.

— Pendant la semaine sainte, il a fait extrêmement beau, ce qui a favorisé le concours ordinaire de tout Paris aux ténèbres de Longchamp, où, pour mieux dire, à la promenade dans le bois de Boulogne. Mademoiselle Le Duc y a paru le mercredi et le jeudi saint. Elle y a été de Paris, avec deux compagnes, dans un carosse à six chevaux, et il y avait, dans le bois de Boulogne, pour la promener, une petite calèche toute neuve, que le prince avait fait faire, bleue et argent, et en dedans, de velours bleu brodé en argent, attelée de six petits chevaux pas plus forts que des ânes : cela était

la-Reine, dont l'abbaye de Saint-Germain des Prés avait fait l'acquisition en 1686.

de la dernière magnificence. Mademoiselle Le Duc, pleine de diamants, a été vue ainsi de tout Paris. Cela a non-seulement blessé l'amour-propre de toutes les femmes, mais cela a fort scandalisé le public et a donné lieu à des chansons très-vives contre M. l'abbé qui a eu, dit-on, une forte réprimande de madame la Duchesse, sa mère[1].

— Le roi a fait une chanson, et la plus jolie de toutes, sur M. le comte de Clermont :

>Un char à ta catin,
>   Mon cousin !
>Ce n'est pas son allure.
>Le char à Pataclin[2],
>   Mon cousin ;
>Et un habit de bure,
>   Mon cousin.
>Oh! voilà l'allure,
>   Mon cousin,
>   Voilà son allure.

— Autre histoire. Il y a six jeunes conseillers au parlement qui sont d'assez mauvais sujets, qui font des lettres de change, qui ont des contraintes par corps, et qui déshonorent leur place. M. le chancelier a voulu leur enjoindre de se défaire de leurs charges; cela a donné lieu à quelques assemblées du parlement, qui a cru ne pas devoir déférer à cet espèce d'ordre. Il a craint que cela ne fût de quelque conséquence pour la compagnie, surtout à cause des affaires du temps,

---

[1] Cette anecdote est rapportée avec quelques détails de plus, sous le titre de : *le Triomphe du vice*, dans les *Mélanges historiques*, etc., de Boisjourdain, t. III, p. 89.

[2] La directrice de l'hôpital où on enferme les filles de joie.

(*Note de Barbier.*)

si le ministère prenait pied de vouloir éloigner du corps les personnes qui pourraient lui être suspectes. Cependant le parlement s'étant réservé la connaissance de cette affaire, on en a obligé quatre à se défaire de leurs charges, savoir : Porlier de Rubelles, fils de M. Porlier, maître des comptes, qui était auparavant bailli du Temple, et qui a gagné considérablement au Système ; Pâris, fils de Pâris de la Montagne ; Aubry, fils de défunt M. Aubry, ancien conseiller des requêtes du palais ; et de Lalive, fils d'un receveur général des finances. On a conservé M. Fermé, fils du conseiller de grand'chambre, et M. Dubois d'Anisy, fils du président Dubois, des requêtes du palais, à condition néanmoins de les faire voyager pendant quelque temps.

— A la rentrée du parlement, après Pâques, cela a fait la matière des mercuriales, qui ont été prononcées par M. Joly de Fleury, procureur général. Comme ce discours ne pouvait tourner qu'à la honte de la magistrature, personne n'est entré dans la grand'chambre. M. le procureur général, après son discours, a laissé sur le bureau un projet de réglement qui contient, dit-on, quatorze articles, tirés des anciennes ordonnances, touchant la conduite et la décence des magistrats. On ne sait point au juste ce qu'ils contiennent. On dit qu'il était défendu aux magistrats de paraître en habit gris aux environs de Paris, dans le cours de l'année. Le parlement a nommé deux commissaires de chaque chambre pour examiner ce réglement. Ils se sont assemblés deux fois, dans la chambre de la Tournelle ; mais les assemblées ont cessé et cela est tombé sans aucune suite, ce qui arrive assez ordinairement dans ces sortes d'affaires.

Mai. — M. Orry est fort mal depuis longtemps. On doute même qu'il en puisse revenir, et il ne paraîtrait regretté ni de la cour, ni de la ville. Il est actuellement aux eaux de Bourbonne, à soixante lieues d'ici. Pour ne pas lui faire de peine, il y fait également le contrôle général. Il y a deux courriers qui vont et viennent tous les jours pour les signatures nécessaires. En conséquence, les quatre intendants des finances, pour ne pas lui donner de jalousie, sont tous partis pour leurs terres. Par ce moyen, dans un temps aussi critique que celui-ci, les finances se trouvent pour ainsi dire abandonnées. Comme c'est le favori du cardinal, personne ne veut s'en faire un ennemi. Telle est la façon dont le roi est servi, quoique bien le maître d'y remédier.

— Le vent du nord, qui a continué dans ce pays et qui a succédé alternativement avec le chaud de la saison, a causé des maladies considérables par des rhumes, courbatures, fièvres, fluxions de poitrine. Cela a causé, par la corruption de l'air, une espèce de maladie épidémique : sans être dans l'armée de Bohème, il meurt une très-grande quantité de monde à Paris.

Juin. — Le 18 de ce mois, notre reine d'Espagne douairière[1], fille de M. le régent, demeurant au Luxembourg, est morte, âgée de trente-deux ans, d'une goutte remontée. Elle a demandé, par son testament, à être enterrée dans le cimetière Saint-Sulpice. Le public a été inquiet du cérémonial qui s'observerait, comptant que reine, veuve du cousin germain du roi

---

[1] Louise-Élisabeth d'Orléans, née le 11 décembre 1709. Voir t. I, p. 265, note 1.

de France, elle devait être enterrée à Saint-Denis. On a demandé à l'ambassadeur d'Espagne s'il voulait avancer l'argent pour cette cérémonie, qui coûterait trois cent mille livres. Il a répondu qu'il avait écrit à sa cour, et qu'il ne ferait rien sans ses ordres. Nous sommes dans un mauvais temps, l'Espagne et nous, pour faire honneur aux morts! Quoi qu'il en soit, par une composition entre le duc d'Orléans, son frère, l'ambassadeur d'Espagne et le curé de Saint-Sulpice, et pour se conformer en partie à son testament, on l'a enterrée, trois jours après sa mort, dans un caveau sous le maître-autel de Saint-Sulpice. On l'a vue, pendant deux jours, dans son lit de parade, sans pompe, peu de tentures et d'armoiries, dans la cour du Luxembourg. Il n'y a point eu de hérauts d'armes autour de son corps, ni prince, ni princesse chargés de la part du roi et de la reine de lui jeter de l'eau bénite. Les cours souveraines n'y ont point été : point de charriot; elle a été portée à Saint-Sulpice dans un simple carrosse[1]. C'est ainsi qu'en attendant des nouvelles d'Espagne, a été enterrée cette reine. Le testament a servi d'excuse.

M. le duc d'Orléans hérite, à cette mort, de deux cent mille livres de rente pour les quatre millions qui lui avaient été donnés en dot par le roi et qui sont sur le trésor royal, et de plus huit cent mille livres de pierreries. Il se charge de payer, en quatre années, les dettes qui vont à peu près à la même somme de huit cent mille livres. M. le duc d'Orléans fait aussi à

---

[1] Voir, pour les détails de la marche, le *Mercure de France*, du mois de juin 1742, p. 1479.

tous les domestiques et officiers une pension viagère de la moitié de leurs appointements et gages. M. le duc d'Orléans a pris le grand deuil; il drape, sans armes, et toute sa maison est en pleureuses, le tout à cause de la qualité de reine.

— A la cour, les choses vont toujours de même. Le cardinal se porte fort bien, parle, raisonne et travaille tant bien que mal : c'est, à tous égards, *res miranda*. Le roi va à la chasse et à Choisy. Madame de Mailly est toujours sur les rangs.

— Les variations de l'air ont causé bien des maladies, et il est mort ici beaucoup de monde. A présent, il fait une très-grande chaleur et on aura un bon été. Pour la campagne, elle est au parfait; il n'y aura pas beaucoup de foin ni d'avoine, parce qu'il n'y a pas eu assez de pluie dans le temps; mais pour la récolte et la vigne, on dit que, de mémoire d'homme, il n'y a pas eu d'apparence d'une plus belle année. Les seigles et orges vont se couper, et on ne tardera pas à couper les blés. Pour la vigne, il faut encore attendre. Cette joie générale a été un peu troublée pour quelques-uns, par différents orages survenus, à la fin de ce mois, avec des grêles qui, aux environs, ont tout perdu, dans vingt lieues de pays; mais c'est malheur particulier.

Juillet. — La consternation est dans Paris; le roi de Prusse nous abandonne et a fait, dès le 11 juin, un traité avec la reine de Hongrie[1], etc. Ce qu'il y a

---

[1] Barbier trace ici un tableau très-alarmant de la fâcheuse situation dans laquelle la France se trouve placée vis-à-vis du reste de l'Europe, et dit que « le public de cour et de ville est déchaîné contre le maréchal de Belle-Isle qui a sacrifié la France à son ambition, en préférant risquer

de singulier, c'est qu'après l'arrivée de ces tristes nouvelles, le roi a été à Choisy, le cardinal à Issy, et tous les ministres sont venus, à Paris, à l'ordinaire, dans la plus grande sécurité du monde.

— On a fait, sur tout ceci, de petits vers latins fort jolis :

« Aut nihil aut Cesar bavarus duc esse volebas,
« Et nihil et Cesar factus utrumque simul. »

Cela est charmant, car, de fait, le duc de Bavière est empereur, mais il n'a plus aucun pays, et, par conséquent, il est hors d'état de soutenir la majesté impériale.

— Autres :

« Gallinis septem Gallus bene sufficit unus,
« Fœmina sed septem sufficit una viris.

Un bon coq suffit à sept poules, et la reine de Hongrie montre les dents à sept hommes : Bavière, Prusse, Pologne, Palatin, Cologne, France et Espagne.

— On a fait mettre ici nombre de nouvellistes à la Bastille : cela est encore d'une administration puérile. Il est vrai qu'il y a, dans Paris, beaucoup de gens mal intentionnés qu'on appelle *autrichiens*; mais, ma foi, quand les nouvelles sont généralement mauvaises et que cela tient au mauvais commandement, il n'est pas possible que le bon Français ne se plaigne pas et qu'il crie victoire !

son projet avec trente mille hommes seulement, dans l'espoir que le cardinal viendrait à manquer tout d'un coup, et qu'il conduirait cette affaire à sa fantaisie. »

— M. de Broglie est campé sous le canon de Prague[1]. Comme il a à craindre des habitants de la ville, portés pour la reine de Hongrie, il a fait dresser une batterie de canon sur la ville. Il a fait enlever la vaisselle d'argent, les meubles précieux, les bijoux et les richesses des seigneurs et particuliers, les a fait mettre dans une église, avec des étiquettes portant le nom des propriétaires, et a fait garnir cette église avec des matières combustibles. Il a fait aussi désarmer toute la ville, jusqu'aux épées. Il y a trois mille hommes du camp qu'on relève toutes les vingt-quatre heures, et qui gardent les endroits de dépôt. Enfin, il a fait dire aux magistrats, qu'au moindre bruit qu'il entendrait de sédition, rebellion ou conspiration, il ferait tout brûler et tout passer au fil de l'épée. Ce sont des mesures violentes, mais nécessaires.

— J'ai vu des lettres de Prague, du 1er juillet, d'un capitaine aide-major du régiment du roi, très-entendu, et qui a le détail de tout le régiment. Il parle du camp de M. le maréchal de Broglie, sous Prague, comme d'un chef-d'œuvre. Il n'est pas possible qu'on le force sans risquer toute l'armée ennemie. On n'y manque de rien, et il y a des provisions pour longtemps. On n'est inquiet que pour le fourrage qui est très-rare. M. le maréchal de Belle-Isle a le commandement du dedans de la ville de Prague et des issues, et il y a communication de la ville au camp de M. de Broglie. La discipline y est admirable; pour ne pas être surpris,

[1] Par suite de la défection du roi de Prusse, le maréchal de Broglie avait été contraint de se retirer sous les murs de Prague, ville qui avait été prise par l'électeur de Bavière, le 26 novembre précédent, et que défendait le maréchal de Belle-Isle.

la garnison de Prague campe sur le rempart, et M. de Belle-Isle fait toutes les nuits la patrouille. Dans la ville, il y a une correspondance de sergents, tous les quarts-d'heure, pour savoir ce qui se passe d'un bout de la ville à l'autre. Il est défendu de marcher et de s'assembler dans la ville plus de trois personnes, à peine d'être fusillé sur-le-champ, sans informations. Il est défendu aux Juifs, qui sont au nombre de vingt mille, de sortir de leurs maisons. Il est ordonné, la nuit, d'avoir de la lumière sur toutes les fenêtres. Défense de se mettre aux fenêtres avant huit heures du matin; défense d'être dans les rues passé huit heures du soir. Enjoint aux habitants d'avoir des provisions pour trois mois dans chaque maison.

— Je viens d'apprendre une nouvelle bien triste. Il a fait, ce mois-ci, à Prague, un orage affreux. Le chevalier d'Argenson, officier dans le régiment du roi, second fils de M. le comte d'Argenson, conseiller d'État, intendant de Paris, était à un poste avec des soldats. Le tonnerre est tombé et l'a tué[1] avec quatorze hommes. Oh! parbleu, on ne va pas à la guerre pour être tué d'un coup de tonnerre. Cela est ridicule à tous égards.

Août, — Il n'est guère possible d'avoir des nouvelles[2]. Les passages sont bouchés par les ennemis qui sont continuellement en course. Les courriers ont peine à venir, même par la Saxe, et d'ailleurs on dé-

---

[1] Suivant la *Chronique du règne de Louis XV* (1742-1743), le chevalier d'Argenson aurait été tué en servant de second au duc de Fleury, dans un duel que celui-ci avait avec son lieutenant-colonel. (*Revue rétrospective*, 1ʳᵉ série, t. IV, p. 444).

[2] Du blocus de Prague.

cachette les lettres ici, à la poste. On raye tout ce qui est nouvelles, de manière à n'y rien connaître, et l'on dit qu'il y a au bas de la lettre : *Par ordre du roi*.

— Il a paru ici une satire en trente vers, des plus vives contre le ministère[1]. Le roi y est appelé un mineur de trente ans, et le cardinal traité d'imbécile. Cela ne lui fait pas de déshonneur, car il est d'âge à l'être sans qu'on puisse le trouver mauvais. Je n'ai pas pu avoir cette satire dont on cherche l'auteur à pied et à cheval. On parle aussi d'une estampe insolente : le cardinal est à quatre pattes, le derrière à nu, et la reine de Hongrie à cheval sur lui, avec une poignée de verges, qui le fouette. Quelle différence avec cette estampe où, au bout d'un bureau, il marquait sur une carte, avec une baguette, les États qu'il destinait à chaque puissance !

— M. le président Chauvelin, neveu du garde des sceaux exilé à Bourges, exerce, depuis quelques années, la charge de président à mortier appartenant à M. Peletier de Rosambo, fils du premier président, jusqu'à ce qu'il soit en âge. M. de Rosambo doit être reçu, ou, pour mieux dire, prendre place à la Saint-Martin prochaine. Au moyen de cela, le président Chauvelin n'aurait plus aucun titre; mais le roi lui a accordé, le 2 de ce mois, des lettres de président à mortier honoraire, ce qui lui conservera toujours le même titre et les mêmes honneurs, et le droit de siéger le dernier à la grand'chambre. Il n'y a point d'exemple de cette grâce; les présidents à mortier mêmes n'en sont point contents, attendu que cela

[1] Elle est imprimée dans les *Mélanges*, etc., de Boisjourdain, t. II, p. 144.

peut faire une planche et multiplier, par conséquent, le titre de président à mortier. Cette faveur singulière a donné lieu à bien des discours, à cause du garde des sceaux dont le public, en général, souhaiterait le retour, comme le seul ministre capable de remédier à notre mauvaise situation.

— On continue d'inquiéter les nouvellistes dans les cafés ou dans les promenades publiques. En effet, il y a bien des gens malintentionnés qui profitent de la disette de nouvelles pour en annoncer de très-mauvaises pour la France.

— M. le maréchal de Maillebois, est parti, le 9 de ce mois, de Westphalie, avec son armée, pour aller à Prague. Les plaisants de Paris appellent l'armée de Maillebois, *l'armée de la rédemption des captifs*.

— Le parti, pour le départ de l'armée de Maillebois, a été long à prendre. On dit qu'il fallait attendre les circonstances, être sûr des Hollandais, et que le roi de Prusse, qui s'est retiré, eût désarmé. Il faut dire aussi qu'il y avait une léthargie dans le conseil. Le cardinal ne savait quel parti prendre; les secrétaires d'État le laissaient dans l'inaction, et cela pour leur politique particulière, pour faire échouer le maréchal de Belle-Isle. Ils ont connu, quand ce maréchal est revenu en cour, de Francfort[1], pour déterminer le roi et le cardinal à envoyer des troupes en Allemagne, que c'était un ouvrier à craindre. Ce fut lui qui ordonna et qui fit tout expédier dans les bureaux. Le ministre de la guerre et les autres se trouvèrent très-petits garçons.

— Un particulier, que je connais, nommé M. Demelé,

---

[1] Voir ci-dessus, p. 305, note 1.

très-connu du cardinal, garçon d'esprit et de mérite, qui n'a jamais été que mousquetaire, avait déjà fait, depuis la mort de l'empereur, un grand et fort beau mémoire sur l'intérêt de la France, et sur les droits des rois et des puissances. Ce mémoire, qui tendait à faire l'électeur de Bavière empereur, avait été présenté et examiné par le cardinal, et communiqué même à M. de Belle-Isle, à qui, peut-être, il n'a pas été inutile pour son plan et son projet. Ce même particulier, piqué de l'inaction où l'on était dans la position critique où nous a mis la trahison du roi de Prusse[1], a travaillé et fait de nouveaux mémoires pour le secours de Prague. Il a été, de son chef, trouver le cardinal, à Issy, lui a représenté l'état critique où l'on était, l'a pressé sur la gloire de son ministère, sur celle du roi, sur les troupes et la noblesse que l'on sacrifiait. Le cardinal s'est laissé toucher et l'a renvoyé travailler avec le maréchal de Puységur, qui est son homme, et les ministres de Breteuil et Amelot. Cela a été long à opérer, et on a eu beaucoup de peine à déterminer tous ces ministres à se prêter à ce grand projet. Il a fallu, d'ailleurs, qu'il fût communiqué au roi.

— Le roi a nommé ministre d'État, le 25 de ce mois, M. le comte d'Argenson, intendant de Paris, et M. le cardinal de Tencin, archevêque de Lyon.

— Ce n'est pas tout. Le roi a supprimé, par une lettre de cachet écrite par le comte de Maurepas au parlement, les lettres patentes, qui avaient été scellées, et par lesquelles il avait accordé à M. le président Chauvelin, le titre de président à mortier honoraire.

---

[1] Voir ci-dessus, p. 321.

Il est dit, dans la lettre de cachet, que pour éviter à l'avenir de pareils inconvénients, le roi ne souffrira plus de places de président à mortier, occupées par d'autres que par des titulaires. En sorte qu'on ne gardera plus ces places pour des jeunes gens qui ne sont pas en âge, comme avaient fait M. de Blancmesnil pour M. de Novion, et M. le président Chauvelin pour M. de Rosambo.

Cet arrangement a été fait par le cardinal à Dravet[1], maison de campagne d'un de ses secrétaires[2] où il va souvent, et où il a été pendant les huit jours que le roi est resté à Choisy.

— Il est certain qu'il y avait, en cour, quatre factions pour le ministère. Celle du maréchal de Noailles; la seconde, pour M. Chauvelin, qui a, entre autres partisans, Bachelier, premier valet de chambre du roi, et madame la comtesse de Mailly. L'on peut dire, en outre, que celui-ci est généralement souhaité du public comme le seul capable de remédier aux affaires présentes. La troisième faction est pour le cardinal de Tencin, et la quatrième pour le maréchal de Belle-Isle. Il faut en ajouter une cinquième, qui est celle des quatre secrétaires d'État, qui sont infiniment liés entre eux, dont l'intérêt serait que le roi prît le parti de travailler par lui-même, avec eux, sans avoir de ministre en chef.

— A l'égard de M. le comte d'Argenson, ceci est pour lui une distinction respectable. La place de ministre

---

[1] Village à vingt kilomètres au sud de Paris, près de la forêt de Sénart. Il se nommait anciennement *Dravern*, d'où l'on fit par abréviation *Dravé* ou *Dravet*. On l'appelle aujourd'hui *Draveil*.

[2] M. Monglas.

d'État est la récompense de services rendus dans les premières places soit d'épée, soit dans les ambassades, soit dans les charges de secrétaire d'État. Il a beaucoup de mérite, une figure aimable, et une grande politesse. Il a tout au plus cinquante ans, mais, depuis longtemps, il a travaillé aux matières qui pouvaient conduire au grand. Il a été instruit d'abord par son père, qui était un grand génie, et ensuite par M. le duc d'Orléans, régent, dont il était le chancelier et le favori. Il n'avait pas de grandes vues d'élévation en restant attaché à M. le duc d'Orléans d'aujourd'hui, et, par l'événement, il est heureux d'avoir été remercié par ce prince. Il est intimement lié avec M. le comte de Maurepas, et ceci le désigne ou pour être à la tête des finances ou pour avoir la place de chancelier de France, après la retraite de M. d'Aguesseau.

— Le coup que vient de porter le cardinal à M. le président Chauvelin, lui a fait beaucoup de déshonneur dans le public. On regarde cela comme l'effet de la plus cruelle vengeance sur le nom Chauvelin. Le président est assez aimé dans le public et fort estimé dans le palais. C'est le cardinal lui-même qui lui avait fait obtenir du roi le titre de président honoraire du parlement, grâce sans exemple, et dont il a reçu des compliments de toute la France. Quinze jours après on le révoque !... Cet homme devient le jouet du ministère et du public ! Cela est affreux, d'autant que du grand banc [1] du palais M. le premier président a été seul en cour faire des représentations.

— Le contrôleur général Orry se porte un peu

---

[1] On appelait les présidents à mortier *Messieurs du grand banc.*

mieux, et il est à sa maison de campagne de Bercy. Pour sa convalescence, on avait préparé un feu d'artifice sur la rivière, vis-à-vis son jardin, qui devait être tiré mardi, 28. Le public même s'y était rendu en bateau et sur le bord de l'eau. Le feu n'a point été tiré, et le soir même on a tout défait : le fait est certain. On dit que c'est par ordre de la cour, attendu qu'on ne doit tirer des feux sur la rivière que pour les fêtes publiques. D'autres disent que c'est lui-même qui a donné cet ordre, sur le chagrin qu'il a eu de la nomination des deux nouveaux ministres. On n'y connaît rien, car il a toujours été l'ami et l'homme du cardinal.

Septembre. — M. le cardinal de Tencin arriva hier, 12, à Paris. Il était parti en poste de Lyon le 8, et il se porte bien.

— Madame la duchesse de Mazarin, Mailly en son nom, dame d'atours de la reine, est morte en huit jours de temps, le 11 du mois, âgée de cinquante-cinq ans. Sa place est donnée à madame la duchesse de Villars, fille de M. le maréchal de Noailles, qui était dame du palais. On en a laissé le choix à la reine. La duchesse de Villars a infiniment d'esprit. Elle s'est mise depuis deux ou trois ans dans la dévotion, avec madame la princesse d'Armagnac, sa sœur. Elle était auparavant comme toutes les femmes de la cour.

— M. le maréchal de Maillebois a l'honneur d'avoir dans son armée un prince du sang. Tous nos princes, le comte de Charolais, le prince de Conti, le prince de Dombes et le comte d'Eu, avaient demandé et sollicité vivement du roi de leur permettre d'aller servir en Bohême. Le roi les a refusés absolument et avec raison. Nous n'avons pas de guerre personnellement, le théâtre de la guerre est dans un pays étranger et fort éloigné. On était incertain de l'événement et les princes sont assez chers pour ne pas les exposer.

M. le prince de Conti, après des instances réitérées, a pris son parti. Il s'est mis en route, sans rien dire, le 20 ou le 21 de ce mois, en poste, avec deux simples domestiques, et l'on dit qu'en six jours il a joint l'armée de M. de Maillebois. On dit aussi, qu'il avait chargé le chevalier Desalleurs de lui préparer des équipages. Cela était médité depuis longtemps. Le roi a paru fort piqué de cette désobéissance. Il a envoyé un courrier à M. de Maillebois, et le prince, à son arrivée, a été trois jours aux arrêts; mais il y avait une seconde lettre pour le mettre à son aise. On disait, dans Paris, que le roi avait mandé à M. de Maillebois de lui donner le commandement de la cavalerie, mais cela n'est pas : il sert seulement comme volontaire. Ceci est très-louable pour ce prince qui par ardeur et par gloire veut servir. Mais il est pourtant de conséquence pour l'autorité du roi, qu'un prince ne serve point dans les armées contre ses ordres. Quoiqu'il n'eût pas un sou, il a rassemblé, dans sa famille et ses amis, une somme de soixante mille livres qu'il a emportée avec lui.

Octobre. — Le roi continue ses voyages de Choisy et de Saint-Léger, comme à l'ordinaire. Il arrive toujours beaucoup de courriers, et on tient des conseils. Le cardinal de Fleury prend à présent du repos à Issy; le cardinal de Tencin va travailler tous les jours avec lui et travaille aussi avec le roi. Cela le désigne bien comme successeur de l'autre.

— On n'entend rien ici à la conduite de notre armée en Bohême. Nous sommes à la fin du mois et elle n'est pas plus avancée que le premier jour qu'elle y est entrée[1]. Nos troupes, qui étaient pleines d'ardeur, sont découragées, et il faut que, sans aucun succès, elles passent l'hiver dans un climat contraire où il en périra beaucoup. On dit qu'il n'y a qu'un cri contre M. de Maillebois, et sur cela même il court une petite chansonnette qui ne lui fera pas honneur.

> Voici les Français qui viennent,
> Hongrois, sauvons-nous.   (bis).
> Oh! nenni-da, dit la reine,
> C'est Maillebois qui les mène,
> Je m'en f....

Novembre. — On prétend que le roi ayant été informé, par le comte de Saxe, de toutes les fautes qu'avait faites M. de Maillebois, a fait donner ordre à ce maréchal de revenir ici. Madame de Maillebois, fille du maréchal d'Aligre, et qui est une très-méchante femme, a crié comme un diable, à la cour, auprès du cardinal; mais tout ce bruit n'a rien fait. On a fait encore, sur ce maréchal, une autre petite chanson, et si tous les bruits qui courent sur son compte sont véritables, il mériterait mieux que cela.

— Il y a une nouvelle bien autrement intéressante. On dit que le roi s'est brouillé avec madame la comtesse de Mailly. On n'en sait pas le sujet, et quoiqu'il y ait longtemps que cela dure, on dit que la rupture a été vive. Madame de Mailly l'ayant pris sur le haut ton, le roi a fait démeubler son appar-

---

[1] L'approche de l'armée du maréchal de Maillebois, avait cependant obligé le prince Charles de Lorraine, qui commandait les troupes autrichiennes, à lever le siége de Prague, le 14 septembre.

tement, le 3 de ce mois, et lui a annoncé qu'il y avait une chaise de poste toute prête pour la conduire où elle voudrait. On dit aussi qu'elle est venue descendre à l'hôtel de Toulouse, où elle est malade. On publiait, en même temps, que c'était un sermon du curé de Saint-Barthélemy, le jour de la Toussaint, à Versailles, qui avait touché le roi; mais il y a bien autre histoire sur le tapis. On dit que c'est pour prendre pour maîtresse madame de La Tournelle [1], veuve du marquis de La Tournelle et sœur cadette de madame la comtesse de Mailly, laquelle a été nommée dame du palais de la reine depuis peu de temps.

— Ceci donne lieu à bien des discours un peu vifs. Madame de La Tournelle est jeune et assez belle. On dit qu'elle a fait ses conditions, savoir : qu'elle serait maîtresse déclarée; qu'elle aurait un état de maison; qu'elle n'irait point aux petits soupers du roi dans les petits appartements, mais qu'elle aurait, tous les soirs, dix couverts chez elle, et qu'elle nommerait elle-même les personnes qui y souperaient; qu'elle aurait, de plus, cinquante mille écus de pension assurés pour sa vie. On dit encore que le roi paye les dettes de madame la comtesse de Mailly, qui vont, dit-on, à cinq cent mille livres, et qu'il lui fait cinquante mille livres de pension.

Ceci a donné lieu à plusieurs chansons indiscrètes. Comment empêcher la cour et la ville de chansonner [2]?

---

[1]. Marie-Anne de Mailly de Nesle, née au mois d'octobre 1717, mariée, le 14 juin 1734, à Jean-Louis, marquis de La Tournelle, mort le 23 novembre 1740.

[2].
    Madame Alain est toute en pleurs,
        V'là c'que c'est qu' d'avoir des sœurs, etc.

(Recueil de chansons, etc., de M. de Maurepas, vol. XXXI.)

— Il y a eu dimanche, jour de Saint-Martin, un premier voyage à Choisy avec madame de La Tournelle. Les autres personnes étaient : mademoiselle de La Roche-sur-Yon, princesse du sang, madame la duchesse de Luynes, dame d'honneur de la reine, madame la duchesse de Chevreuse, femme de grande vertu, madame de Flavacourt, sœur de madame de La Tournelle et madame d'Antin, jeune et fort jolie.

— Tous les princes reviennent de Flandre [1] cette semaine; M. le duc de Chartres, le prince de Dombes, le comte d'Eu et le duc de Penthièvre [2], pour lequel il faut, à l'hôtel de Toulouse, l'appartement qu'on avait donné à madame de Mailly. On dit que le roi donne à celle-ci un logement au vieux Louvre, au magasin des meubles, rue des Poulies, qu'il lui assure quarante mille livres de pension et qu'il paye effectivement les dettes de M. le comte de Mailly, son mari, auxquelles le roi l'avait obligée de s'engager; ces dettes montent à cinq cent mille livres.

— M. le cardinal qui a été malade à Issy, même avec de la fièvre, paraît toujours avoir le même crédit, ce qui étonne tout le monde et fait bien des mécontents. Aussi, a-t-on fait tout nouvellement plusieurs couplets de chanson sur l'air courant : *V' là c' que c'est qu' d'aller au bois*, sur le ministère présent et sur tous les ministres, dont le portrait est bien tapé. Cela a

---

[1] On avait réuni une armée en Flandre, sous le commandement du maréchal de Noailles. Le départ des princes pour cette armée avait conduit Barbier à conjecturer « qu'il n'y aurait rien de ce côté, car on ne hasarderait pas une tête aussi chère que celle de M. le duc de Chartres. »

[2] Louis-Jean-Marie de Bourbon, duc de Penthièvre, fils du duc de Toulouse, né le 16 novembre 1725.

été fait sûrement par gens de la cour, qui sont au fait de ces Messieurs. Il paraît même que ce sont des amis du Chauvelin, quoiqu'il ne soit pas parlé de lui. Mais c'est le servir que d'abaisser tous les autres, surtout le cardinal de Tencin, et il ne paraît pas que son crédit augmente en cour. Voici cette chanson :

> Le désordre est ici complet,
>   Comme tout le monde sait;
> Qui peut donc se taire, en effet,
>   De voir l'éminence [1]
>   Dans sa décadence,
> Traiter le roi comme un baudet,
>   Comme tout le monde sait?
>
> Voyez les ministres qu'il fait,
>   Comme, etc.
> Vous jugerez à leur portrait
>   Des maux de la France,
>   Avec quelle instance
> Faut balayer le cabinet,
>   Comme, etc.
>
> Tencin, ce fourbe si parfait,
>   Comme, etc.
> Visa toujours au grand objet [2];
>   Sa sœur infernale
>   Avec sa morale
> L'y conduira par un forfait,
>   Comme, etc.
>
> Monsieur Orry [3] est un valet
>   Comme, etc.

[1] Le cardinal de Fleury.
[2] Le ministère.
[3] Contrôleur-général ; il montrait beaucoup de dureté.

Coupe bras et jambes tout net ;
     Voilà sa science
     Pour toute finance,
Plus opiniâtre qu'un mulet,
     Comme, etc.

Maurepas[1], dans son cabinet,
     Comme, etc.
Voit tous les objets assez net,
     Mais comme son père
     Méchante vipère,
Dans le mal d'autrui se complaît,
     Comme, etc.

Saint-Florentin[2], tout rondelet,
     Comme, etc.
Suit son cousin comme un barbet ;
     Il fait le bon drille
     Auprès de la fille,
Il est savant en quolibet,
     Comme, etc.

Breteuil[3] n'est qu'un nigaudinet,
     Comme, etc.
Duverney l'instruit en secret,
     Et puis il ânonne,
     Toujours nazillonne
A chaque récit qu'il vous fait,
     Comme, etc.

Amelot[4], pauvre perroquet,
     Comme, etc.
Rend l'étranger tout stupéfait
     De sa contenance
     A son audience,
Et des réponses qu'il leur fait,
     Comme, etc.

[1] Ministre de la marine.
[2] Il avait la feuille des bénéfices.
[3] Ministre de la guerre.
[4] Ministre des affaires étrangères ; il était bègue.

D'Argenson[1] n'est qu'un freluquet,
   Comme, etc.
Mais son ironique caquet,
   Chez son éminence,
   Passant pour science,
Tout soudain ministre l'a fait,
   Comme, etc.

— On a publié ici une ordonnance de milice pour lever trente mille hommes dans toutes les villes du royaume. Il y est porté qu'on fera tirer les fils des artisans et des petits marchands, et l'on dit que cela n'a jamais été fait dans toutes les guerres de Louis XIV.

— Il y a près de trois mois qu'il s'est formé, dans cette ville, une compagnie de brigands, pour voler et assassiner dans les rues. Ils avaient de gros bâtons, d'un pied et demi de long, les uns armés de fer au bout, formant une espèce de marteau à battre du papier, d'autres garnis de plomb. Avec cette arme, ils assommaient un homme par derrière, d'un coup ou deux sur la tête. Il y a plusieurs personnes ainsi assommées entre neuf et dix heures du soir, même dans les grandes rues, de manière qu'on ne voyait personne dehors passé dix heures, et on a été obligé de doubler le guet pour la garde de Paris. On les appelait les *assommeurs*. Sur la fin d'octobre, on a pris le nommé Raffiat, jeune homme, crieur de listes de loteries, que l'on a regardé comme le chef de cette troupe. On a pris vingt personnes hommes et femmes. On disait, dans Paris, qu'il y avait des jeunes gens de famille; mais cela ne paraît pas, à moins que les surnoms et

[1] Secrétaire d'État.

professions ne soient déguisés pour ne point déshonorer, ce qui serait néanmoins difficile à arranger avec les formalités de la justice.

Par arrêt du parlement du 4 décembre, Raffiat et Roussel ont été condamnés à être rompus vifs. Le 5, ils ont eu la question, et ils ne sont sortis du Châtelet qu'à sept heures, après avoir jasé. Étant arrivés à la Grève, ils ont pris le parti de monter à l'hôtel de ville pour dire le reste. Ils y ont passé toute la nuit et jusqu'au jeudi, 6, au soir, à faire des déclarations et à envoyer chercher du monde. Roussel a enfin été rompu vif, à six heures du soir, Raffiat à neuf, et ils ont expiré sur la roue.

— Par autre arrêt, du 13, Rocher, tailleur, et Vaucher, compagnon orfèvre, ont aussi été condamnés à être rompus vifs. Ils ont été conduits le 14 à la Grève, où ils ont fait la même cérémonie. Ils ont passé la nuit à l'hôtel de ville, ont été rompus samedi, 15, à dix et onze heures du matin, et ont expiré sur la roue. Il y a apparence que ces déclarations pour prolonger le temps, porteront malheur à tous les autres accusés. Le lieutenant criminel en a la fatigue de reste.

— En exécution du même arrêt du 13, le nommé Desmoulins, âgé de dix-sept à dix-huit ans, a été conduit à la Grève le lundi, 17. Il a aussi fait la même cérémonie de l'hôtel de ville, où il a passé la soirée et la nuit jusqu'au mardi, midi. On dit qu'il a fait venir bien des gens et qu'il a été encore confronté avec les autres prisonniers, car tous ces coquins n'avaient rien déclaré à la question. Il a donc été rompu, mardi 18, à midi. C'était un garçon si robuste et si résolu, qu'il est resté vingt-deux heures vif sur la roue. On a relayé de confesseurs pendant la nuit, d'autant que la place, sur un échafaud, est un peu froide. Ledit sieur Desmoulins a bu plusieurs fois de l'eau et a beaucoup souffert. Enfin, voyant qu'il ne voulait pas mourir et que le service était long, M. le lieutenant criminel a envoyé demander à Messieurs de la Tournelle la permission de le faire étrangler, ce qui a été fait ce matin, mercredi 19, à dix heures, sans quoi il y serait peut-être encore. Messieurs ses compagnons ou autres de même volonté, doivent voir qu'on ne badine pas. Je ne sais pas pourquoi, dans tous ces arrêts, on ne parle que du sieur Portuille, sergent aux gardes, assassiné, car il est vrai que, dans le mois de septembre, il y a eu dix ou douze hommes assassinés ou assommés, même des gens connus, entre autres un M. Mandolf, qui était en liaison avec M. le duc d'Orléans et autres personnes de grande distinction, pour les charités des prisonniers pour dettes. Il a été assassiné, avant dix heures du soir, dans la grande rue Saint-Martin.

— Les choses sont toujours dans le même état : madame de La Tournelle est de tous les voyages de Choisy, avec bonne compagnie, madame la Duchesse, mademoiselle de La Roche-sur-Yon et autres dames. On dit qu'il n'y a que de quoi loger six femmes. Madame de La Tournelle est présumée la favorite, mais sans aucune des distinctions dont on avait parlé, c'est-à-dire sans preuve. On ne parle plus de madame de Mailly.

— Il y a bien du mouvement en cour, par rapport au ministère. Le cardinal de Fleury est toujours malade, à Issy ; il a eu de fortes faiblesses, auxquelles il n'a résisté que par la force de son tempérament.

C'est une espèce de longue agonie, qui pourrait coûter beaucoup à la France, dans une guerre aussi mal commencée et mal suivie que celle-ci. Il n'y a pas de temps à perdre pour y remédier et, tant que le cardinal vit, on craint son ascendant sur l'esprit du roi. Les ministres vont, pour la forme, travailler avec lui à Issy. Comme la tête n'y est plus, on ne résout quoi que ce soit, et les ministres ne sont occupés qu'à des menées et à des intrigues de cour, pour se conserver ou pour primer sur les autres au moment de la mort.

— On a fait des couplets de chanson intitulés : le *Testament du Cardinal*[1]. Cela est infiniment mauvais pour lui et les autres ministres. Ce sont sûrement des gens de la cour même qui font ces chansons. On en verra bien d'autres quand Son Éminence n'y sera plus.

— Ce qui est certain, c'est que nous sommes à Noël et que l'armée de M. de Broglie est encore en Bavière, campée sous la toile, ce qui est bien dur par le froid qui augmente tous les jours. Toute la maison du roi est revenue de Flandres et elle a déjà l'ordre pour y retourner dans le mois de mars. On parle aussi d'augmentation de troupes, en cavalerie et en infanterie, pour la campagne prochaine. Si Dieu n'y met la main, tout sera extrêmement brouillé dans l'Europe, et l'année 1743 nous apprendra bien des choses.

[1] Douze couplets, sur l'air : *Or, écoutez*, etc. Maurepas seul y était ménagé :

> Le Maurepas est un sujet,
> Mais trop rempli de son objet;
> Il veut élever la marine,
> Et ce serait notre ruine.
> J'ai toujours borné ses desseins,
> De peur de fâcher nos voisins.

ANNÉE 1743.

Janvier. — Samedi, 5, M. le marquis de Breteuil, étant à Issy chez M. le cardinal de Fleury, tomba en apoplexie, ou du moins, si elle n'était pas absolument formée, il se trouva fort mal. On ne lui donna pas de secours prompt, crainte peut-être d'effrayer le cardinal, et on lui conseilla de remonter dans sa chaise de poste pour retourner à Paris où il serait mieux soigné. Le froid le saisit dans le chemin, et il mourut le soir. Il était ministre secrétaire d'État de la guerre, chancelier de la reine et grand maître des cérémonies de l'Ordre du Saint-Esprit, et n'avait pas soixante ans. Ce n'était pas la peine de le mettre dans les chansons faites il n'y a pas long-temps. Le roi a donné sa place de secrétaire d'Etat de la guerre à M. d'Argenson, qui ne peut pas avoir beaucoup d'expérience sur le fait des affaires militaires, mais qui a de l'esprit, et qui s'en acquittera mieux que M. de Breteuil. D'ailleurs, le bureau de la guerre est extrêmement bien monté en premiers commis, et cela irait presque seul sans les circonstances critiques où l'on se trouve. On ne parle pas encore des autres places du défunt.

— Il y a du malheur, cette année, pour les avocats au parlement.

Première aventure. Madame la princesse de Listenay, Mailly en son nom, et sœur de défunte madame la duchesse de Mazarin, avait obtenu du roi, par le crédit de madame de La Tournelle, sa cousine, un bon pour avoir une place de fermier général, pour un particulier qui avait déposé, chez un notaire, une somme de cinquante mille livres. Le bon étant signé, a été remis entre les mains de M. Bigorre, avocat, qui s'est mêlé de cette négociation et qui avait six mille livres pour lui. Il y avait huit mille livres à une autre femme et le reste à madame de Listenay.

Quand le particulier a voulu faire usage du bon auprès de M. le contrôleur général, cela a fait du bruit, parce que ces sortes de grâces ne sont pas d'usage. Elles intéressent même le crédit des ministres. En conséquence, des lettres de cachet ont été expédiées. On a arrêté une femme, que l'on a conduite à la Bastille, laquelle a déclaré, dans son interrogatoire, que c'était M. Bigorre qui avait fait et fabriqué ladite ordonnance. D'après cela, on a été, à dix heures du soir, pour enlever M. Bigorre qui n'était pas chez lui, rue Saint-André-des-Arts, et l'on a mis le scellé. Sur quoi il s'est répandu, dans Paris, qu'un avocat avait contrefait la signature du roi, ce qui était grave.

M. Bigorre, qui s'était caché pour laisser passer cette première fureur, a été deux jours après chez M. de Marville, lieutenant général de police, chargé de cette affaire, et lui a conté les circonstances, après quoi il a été renvoyé chez lui; on a levé les scellés, et il s'est trouvé, par l'événement, que le roi a été obligé de convenir, près de ses ministres, que c'était lui qui réellement avait signé l'ordonnance, sauf à leur promettre de ne plus donner de pareils bons. On a repris chez M. Bigorre les six mille livres d'argent, à quatorze cents livres près qu'il avait employées à payer quelques dettes, et chez l'autre femme, les huit mille livres, à peu de chose près. A l'égard de madame de Listenay qui a besoin d'argent et qui en mangerait bien d'autre, il n'y a eu ni exempt ni lieutenant de police en état de lui faire rendre ce qu'elle avait. Elle a tout envoyé promener, et le particulier qui voulait être fermier général par cette voie n'a eu ni la place ni la plus considérable partie de son argent. Cela était assoupi, mais apparemment que M. Bigorre, pour se justifier dans le monde, a voulu conter trop exactement cette affaire qui regarde de près le roi et les ministres. Ces jours-ci, il a été arrêté et mis à la Bastille, pour le punir de son imprudence. En tous cas, il avait été décidé, même avant ceci, qu'il serait rayé du tableau pour s'être mêlé de choses qui ne concernent point sa profession.

— Seconde aventure. M. Bontemps père, ancien premier valet de chambre et favori de Louis XIV, avait épousé, il y a quelques années, en secondes noces, une lingère. Il est mort, il y a quelque temps, fort âgé, sans laisser de biens, ayant mangé toute sa vie. Il a laissé, du premier lit, un fils qui est premier valet de chambre du roi et fort en crédit, et des filles mariées. Procès entre ces enfants et la belle-mère, qui prétendait prendre son douaire sur le brevet de retenue de la charge de premier valet de chambre. Cette affaire a été portée jusqu'au conseil des dépêches[1], et il y a eu des écrits dans lesquels les enfants de M. Bontemps, entre autres le sieur Du Breuil, un des gendres, qui se faisait appeler le marquis Du Breuil, ont reproché à la veuve son état et sa naissance.

[1] Conseil présidé par le roi, où étaient portées les affaires d'administration générale, et même les contestations entre particuliers, lorsqu'il y était question d'affaires relatives à l'administration.

Cette veuve avait pour avocat et pour conseil, M. Domyné. Elle a fait un mémoire en son nom, où elle parle elle-même, et qui n'est point signé d'avocats. Il y a seulement, au bas du mémoire, une consultation signée de M. Domyné, en quatre lignes, qui ne dit autre chose sinon qu'il est d'avis que la demande de la veuve Bontemps est bien fondée sur les moyens employés dans le mémoire; mais on compte que celui-ci a été fait par M. Domyné. Pour se venger, la veuve Bontemps, après y avoir rendu compte de sa généalogie et dit qu'elle est d'une bonne et ancienne famille d'Orléans, dans laquelle elle n'a eu personne dont elle puisse rougir, attaque le sieur Du Breuil en lui disant qu'il devrait mieux se connaître; qu'il a été commis chez un oncle à elle, et qu'ensuite il a été facteur à Orléans.

Par le jugement du conseil des dépêches, la veuve a perdu son procès et le roi a ordonné la suppression du mémoire; mais le sieur Du Breuil, qui a été démasqué par ce mémoire, n'a pas été content de cette satisfaction. Soit qu'il y ait eu d'autres circonstances entre lui et M. Domyné, soit qu'il l'ait seulement regardé comme l'auteur du mémoire, il a pris le parti de se venger par lui-même. Pendant plus de deux mois après le jugement du procès, il a guetté M. Domyné, et enfin mercredi, 9 de ce mois, comme ce dernier revenait, à onze heures et demie, du grand conseil où il avait plaidé, dans la petite rue Bailleul qui rend dans la rue de l'Arbre-Sec, le sieur Du Breuil a donné au sieur Domyné, qui était en robe, plusieurs coups de bâton sur la tête. Du premier coup il l'a jeté par terre. Les coups ont été si rudes que M. Domyné a été fort en danger et l'on ne sait point encore ce qui arrivera. On compte que cela est un véritable assassinat prémédité, parce qu'un homme qui ne voudrait donner des coups de bâton à un autre que pour le corriger et le déshonorer, ne l'assomme pas sur la tête à coups réitérés. On disait aussi qu'il était parti sur-le-champ, en poste.

M. Domyné s'est présenté le lendemain, jeudi, au parlement, c'est-à-dire par une requête, pour rendre plainte en la cour et demander permission d'informer. Mais la cour a renvoyé l'affaire au Châtelet. Les conclusions du procureur général étaient néanmoins pour la retenir. La cour s'est déterminée sur ce que cela avait été fait dans la rue, qu'on n'en savait pas le sujet, et que cela n'était point arrivé dans les fonctions de la justice. On dit, d'un autre côté, que le sieur Du Breuil a rendu plainte lui-même, le même jour, portant que M. Domyné lui a donné en passant un grand coup de coude, d'un air de mépris; que l'ayant repoussé vivement, il est tombé sur des tonneaux, lesquels ont roulé, et qu'alors M. Domyné a roulé sur le pavé, ce qui lui a occasionné plusieurs contusions à la tête. On dit même que, dans l'information faite à sa requête, il a quelques témoins qui déposent de ce fait, en sorte qu'il qualifie cette action de rencontre et de cas fortuit; mais personne n'est la dupe de cette information de témoins gagnés. La nature du coup est constatée par le procès-verbal des chirurgiens. Au demeurant, M. Domyné en sera pour ses coups de bâton, car on dit encore que c'était un bâton et non pas une canne. Le sieur Du Breuil a été décrété de prise de corps, mais il s'est enfui.

Au reste, il ne paraît pas que M. Domyné soit plaint, au palais, par ses confrères. Il est fils d'un avocat au présidial de Vitry-le-Français, fort estimé, et aura, dit-on, un jour, cinquante mille écus de bien. Il a lui-même du mérite et est assez employé; mais il est, même avec ses confrères, d'une hauteur et d'une insolence insupportables. Suivant les apparences, lui guéri, ayant satisfaction ou non, n'aura d'autre parti que de se retirer en province[1]. C'est affaire malheureuse pour un jeune homme de trente-deux ans environ.

— A l'égard du public, c'est histoire qui ne lui déplaît pas, parce que les avocats ne sont point aimés en général. On se plaint de leur hauteur et on dit que cela les rendra plus circonspects dans leurs plaidoiries et leurs écrits, où quelquefois ils se lâchent trop pour se livrer à la passion des parties. C'est le luxe qui a amené tous ces inconvénients. Les magistrats, en général, en sont charmés et disent beaucoup de sottises des avocats. Cependant ils n'ont recours qu'à eux dans leurs affaires. C'est jalousie de métier et l'effet de la supériorité de bien, d'aisance et de rang dans des gens qui, en général, n'ont pas plus de naissance que les autres. L'affaire de la constitution a attiré aux avocats la façon dont on les regarde. Les magistrats ont été piqués de ce qu'on avait regardé les avocats comme ayant pris leur parti et les ayant soutenus. Il ne faut jamais trop se familiariser avec ses supérieurs. Les avocats, qui consistent en trente ou quarante

---

[1] Domyné continua cependant à figurer sur le tableau des avocats au parlement. Il avait été reçu en 1734.

composant la tête de la consultation et de la grande plaidoirie dans Paris, n'avaient qu'à se tenir chez eux et continuer leurs fonctions avec la décence convenable. Ils n'ont pas besoin du parlement, parce qu'ils ont, dans leur cabinet, une juridiction volontaire et recherchée de la cour et de la ville, même encore aujourd'hui. Ce corps est trop considérable par le nombre, et trop inégal dans sa fortune, pour pouvoir prendre aucun parti dans des affaires publiques.

— Le cardinal de Fleury est malade et abandonné de M. Du Moulin. Dimanche, 13, il alla à la messe soutenu par deux personnes, n'en pouvant plus, avec une toux sépulcrale. Lundi, la fièvre, et mardi, 15, il a été toute la journée dans une espèce d'agonie. On le dit mort à Paris, et M. l'archevêque étant allé à Issy, dans l'après-midi, on crut que c'était pour jeter de l'eau bénite. Point du tout; le mercredi, il s'est trouvé mieux. Dans ces circonstances, il y a eu de terribles intrigues en cour. Le cardinal de Tencin a son parti, mais il est bien haï en général. Il y a un très-fort parti pour M. Chauvelin, entre autres la maison de Condé, etc.; mais les ministres sont contre.

— Le cardinal est toujours mal, d'autant qu'il ne peut rien avaler, et qu'on est obligé de lui faire prendre du bouillon en lavement; mais il n'a point de fièvre et la tête est assez bonne. Tous les ministres y vont quand ils peuvent et y envoient tous les jours. Le cardinal de Tencin y passe ses soirées. Il y joue, dit-on, au piquet avec le nommé Marquet, que le cardinal a protégé et fait entrer dans les sous-fermes, et cela dans la chambre du cardinal, pour l'amuser.

Madame la maréchale de Noailles, mère du maréchal d'aujourd'hui, laquelle a au moins quatre-vingt-sept ans, mais qui est vive, qui court dans Paris et écrit toute la journée, envoya savoir de ses nouvelles. Il fit réponse de dire à la maréchale « qu'elle avait plus d'esprit que lui, qu'elle savait vivre, et que, pour lui, il cessait d'être. » C'est, en effet, une chandelle qui s'éteint et qui a peine à finir. Bien des gens attendent cette fin, et toute la cour craindra encore jusqu'à son ombre, huit jours après qu'il aura été enterré.

— Depuis huit jours, le cardinal est à l'extrémité, ne prenant rien que quelques cordiaux. On le dit mort un jour et le lendemain on voit le bulletin. On lui a dit les prières des agonisants, et il répondait, car il a encore toute sa raison. Aujourd'hui, 29, le bulletin porte qu'il a des assoupissements, qu'il est sans pouls et qu'il ne parle plus; il demande ses besoins par signes. On compte que la gelée le soutient et qu'il partira au dégel. La reine a été lui rendre visite plus par cérémonie que par cœur, ayant toujours été fort gênée sur ses volontés et sur les grâces. Le roi y a été trois fois, mais la dernière il ne lui parla pas. Il s'approcha de son lit, et, comme le cardinal n'entendait pas, il s'en alla sur-le-champ.

— Enfin le sort en a décidé. M. le cardinal de Fleury est mort mardi, 29, à midi un quart. M. le comte de Maurepas et M. Amelot ont été annoncer cette mort au roi. On dit qu'il a d'abord été ému et qu'il leur a dit, après s'être remis, que jusqu'ici il s'était servi des conseils de M. le cardinal de Fleury, mais qu'il comptait qu'ils feraient de la sorte qu'il n'aurait pas besoin de mettre quelqu'un entre eux et lui. Si cette réponse est fidèlement rendue, elle est assez dans le grand pour annoncer qu'il n'y aura plus de premier ministre, ou du moins quelqu'un en faisant les fonctions.

— On se loue fort de la façon dont tout ceci commence. Le roi paraît vouloir travailler avec ses cinq ministres, en particulier et en général. Il paraît que M. Chauvelin, de Bourges, n'a pas grande espérance de rétablissement, et que M. le cardinal de Tencin est coulé à fond. Ce dernier n'a pas évité le petit couplet :

> Eût-on jamais cru qu'à Moïse
> Tencin pût être comparé ?
> Ils ont vu la terre promise,
> Mais aucun d'eux n'y est entré.

Le cardinal s'y est pris trop tard pour le mettre en place.

Février. — Il faut qu'il y ait de furieuses cabales à la cour : toutes ces chansons piquantes[1] en sont la preuve. A propos des premières qui ont été faites sur tous les secrétaires d'État[2] et que le roi avait vues lui-même, on dit qu'il fit remarquer à M. le duc de Richelieu que M. le comte de Maurepas y avait été bien ménagé, et que ce duc lui aurait répondu : « Sire, cela n'est pas bien étonnant, c'est lui qui les a faites. » Ce qui aurait

---

[1] Voici le premier couplet d'une de ces chansons rapportées par Barbier :

> L'on dit que Son Excellence
> La sultane de Choisy,
> Continue sa contredanse
> Avec notre grand Sofi,
> Et l'on est dans l'espérance
> D'un petit Mamamouchi.

[2] Voir ci-dessus, p. 335, et 340, note 1.

causé une pique entre M. de Maurepas et M. de Richelieu.

— Pour le coup, en voici une qui se débite, dont on ne soupçonnera pas M. de Maurepas d'être l'auteur : cela part de cruels ennemis. Elle est sur le même air : *V'là c'que c'est qu' d'aller au bois*. Ce vaudeville a été funeste aux gens en place.

> Le Maurepas est chancelant,
>   V'là c' que c'est qu' d'être impuissant[1] ;
> Il a beau faire l'important,
>   Bredouiller et rire,
>   Lorgner[2] et médire,
> Richelieu dit, en le chassant,
>   V'là c'que c'est qu' d'être impuissant[3].

— M. Amelot a la charge de M. de Breteuil de prévôt de l'Ordre du Saint-Esprit, et M. Orry celle de trésorier, par la démission de M. le comte de Maurepas. Ainsi voilà tous les ministres en cordon bleu, hors M. le comte d'Argenson, qui a le cordon rouge.

— On continue toujours à être dans l'admiration du roi. Il a déclaré à ses ministres que quelque part qu'il soit, à Choisy ou à la Muette, il sera toujours prêt à les entendre quand il y aura quelque affaire pressée. Il est accessible, il parle à merveille, il rend justice et il travaille avec connaissance de cause. Il a dit à M. Boyer qu'il fallait ranger autrement la feuille des bénéfices, qu'il y avait nombre d'officiers qui se sacrifiaient pour son service qu'il fallait récompenser dans leurs enfants

---

[1] On l'a accusé de tout temps d'être faible sur l'article. (*Note de Barbier*.)

[2] Il a la vue basse. (*Ibid.*)

[3] Cette chanson avait six couplets : « Il est devenu de mode de la danser en rond parce que l'on sait que le roi l'a dansée à la Muette. » (*Chronique du règne de Louis XV*. Revue rétrospective, 1re série, t. V, p. 215.)

et qu'il n'en avait pas aperçu jusqu'ici sur la feuille. Ce M. Boyer, à qui le roi a donné la feuille des bénéfices, est précepteur de M. le Dauphin et ancien évêque de Mirepoix. Il est fils d'un avocat au parlement de Paris, était théatin et grand prédicateur.

— Il y a une terrible nouvelle. M. Chauvelin, de Bourges, a fait présenter au roi, le 2 ou le 3 de ce mois, une lettre et un mémoire. Ce mémoire n'a point été supposé par ses ennemis. Il est, dit-on, écrit et signé de la main de Chauvelin. Il contient sa justification, la condamnation de la conduite du cardinal pour les affaires, des avis sur le gouvernement et l'éloge du roi. Celui-ci avait été touché de la lettre, mais il a été indigné du mémoire et n'a pas pu s'empêcher de faire paraître sa colère et son indignation contre M. Chauvelin, qui osait attaquer la mémoire du cardinal; jusque-là qu'il a envoyé sur-le-champ chercher M. de Maurepas, à qui il a dit la chose, et à qui il a demandé où il exilerait M. Chauvelin, qui méritait d'être puni. M. de Maurepas a répondu, en homme politique, que M. Chauvelin était assez puni d'être éloigné de Sa Majesté. Mais, pressé par le roi, il lui a donné l'exemple du garde des sceaux Châteauneuf[1], qui avait été exilé à Issoire. Sur quoi le roi lui a ordonné d'expédier la lettre de cachet pour exiler M. Chauvelin à Issoire, sans en parler, et le jeudi, 7, avant qu'on pût avoir des nouvelles de cet événement de Bourges, par la poste, le roi a annoncé la nouvelle à son souper.

— La lettre de cachet a été adressée à M. l'intendant

[1] Charles de l'Aubespine, marquis de Châteauneuf, nommé garde des sceaux en 1630, fut disgracié en 1633. Il reprit les sceaux en 1650, mais ils lui furent de nouveau retirés l'année suivante.

de Bourges, et portée par un courrier du cabinet. L'arrivée de ce courrier s'étant répandue dans la ville, on a cru que c'était le retour de M. Chauvelin en cour, et tout le monde se préparait à aller lui en faire compliment; mais il y a eu, en peu de temps, une nouvelle bien opposée. On dit, d'un autre côté, que M. le cardinal de Fleury, dans la seconde visite que lui fit le roi, remit à celui-ci un portefeuille particulier qu'il le pria d'examiner et de ne communiquer à personne. On croit que, dans les instructions secrètes pour le roi sur les qualités de ses ministres et autres personnes qui l'approchent, il y avait quelque note contre M. Chauvelin. Le roi conserve toujours beaucoup d'estime pour ce qui vient du cardinal qui, en effet, lui était fort attaché, qui n'a point amassé de trésors, et qui gouvernait avec économie. Il n'a point touché aux monnaies pendant son ministère; on a toujours payé exactement, soit à la Ville, soit les troupes : il y a bien des gens qui pensent qu'on regrettera la tranquillité de son ministère.

— La reine a enfin obtenu ce qu'elle voulait. Le roi a donné la place de chancelier de sa maison à M. le comte de Saint-Florentin; il le charge seulement de payer soixante mille livres à la succession de M. le cardinal, pour la dédommager du don qu'il lui avait fait de cette charge, et le roi se charge du reste. Cette place donne le tabouret chez la reine à madame la comtesse de Saint-Florentin, qui en est fort aimée.

— Grand mouvement dans la ville de Paris. Le 13 de ce mois, on a affiché une ordonnance du roi[1] pour la levée de la milice dans cette ville et une ordonnance de

---

[1] L'ordonnance était du 10 janvier.

M. de Marville, lieutenant général de police, que le roi commet pour l'exécution.

La milice est fixée à dix-huit cents hommes dans Paris, garçons de l'âge de seize ans jusqu'à quarante et de cinq pieds au moins. Dans l'ordonnance générale du 30 octobre dernier, pour toutes les villes du royaume qui avaient été exemptes de la milice jusqu'ici, il n'était question que des petits marchands et artisans. Dans celle-ci, il est dit que les enfants de tous les corps et communautés des marchands et artisans tireront au sort, ainsi que les gens de peine et de travail et autres habitants qui ne seront pas dans le cas d'être exemptés par leur état, leurs charges ou emplois; cela a été étendu, par l'ordonnance de M. de Marville, à tous les domestiques. Les déclarations de ceux qui sont dans le cas de tirer doivent se faire chez le commissaire du quartier, de manière que le fils d'un gros marchand riche, élevé dans l'aisance et avec éducation, sera compris dans une même liste avec le propre laquais de son père, les domestiques, les ouvriers, garçons de boutique, cordonniers, crocheteurs, porteurs de chaises, brouetteurs, cochers de place de son quartier et autres gens de cette espèce désignés dans l'ordonnance. Cela est humiliant et dur, et l'on peut dire même que cela l'est trop.

Le dessein du gouvernement est apparemment d'avoir des armées formidables pour la campagne prochaine. Suivant la répartition faite par l'ordonnance du 30 octobre, il ne fallait que dix-huit cents hommes dans la généralité de Paris. A présent, on demande ce même nombre dans la seule ville de Paris. Au reste, depuis deux mois, c'est étonnant le nombre de gens qui ont été engagés de force ou de bonne volonté dans Paris. On ne voit que des cocardes et tout est plein de racoleurs. Il est dit, en outre, par l'ordonnance, que tous les gens sans aveu, profession ou domicile fixe, comme domestiques hors de condition, ouvriers sans maîtres et vagabonds, sont miliciens de droit, ainsi que ceux qui ne se seraient pas déclarés chez les commissaires dans la huitaine. Si cela pouvait s'exécuter, le roi aurait plus de monde qu'il n'en pourrait payer, et, en ce cas, le tirage serait fort inutile. On pourrait même tirer une somme d'argent très-considérable, dans Paris, de tous les corps des marchands, communautés d'artisans, et aussi de tous les domestiques en condition, pour l'exemption du tirage, cette année.

—Les deux ordonnances dont il vient d'être question, ont été imprimées à l'imprimerie royale et vendues publiquement au palais, sur le quai de Gèvres, chez des libraires et par des colporteurs, dans les rues et dans les maisons, mais à voix basse. Elles n'ont point été criées par les colporteurs, comme cela se fait ordinairement. Cette différence vient apparemment de ce qu'elles ne sont point enregistrées au parlement, parce que tout ce qui est pour le militaire ne s'y enregistre pas; mais il est fort plaisant que, par cette raison, on n'ose pas faire crier dans les rues une ordonnance émanée du roi et du gouvernement, et aussi importante que celle-ci.

— Depuis l'affiche de ces ordonnances, on ne parle que de cela, avec murmure de la part du peuple, et grand mécontentement de la part des marchands dont les fils sont élevés avec la même éducation que les gens d'un état au-dessus. On en voit plusieurs, en effet, remplir des charges dans les cours souveraines. Il y a eu des placards séditieux, écrits à la main, affichés la nuit au coin des rues, contenant des menaces contre le lieutenant général de police, et même de mettre le feu aux quatre coins de la ville.

— Depuis ces ordonnances, le lieutenant de police a fait distribuer, à chacun des commissaires, des décisions de la cour, écrites à la main, en soixante et tant d'articles, pour l'exécution de cette milice. Cela contient un dénombrement des états, l'exemption de ceux qui n'ont point de charges, mais qui, par leur état ou emploi, ne tireront point, ni leurs enfants, et les conditions pour exempter ceux qui sont sujets à la milice.

Les avocats au parlement, inscrits sur le tableau, sont exempts et leurs enfants [1], ainsi que les avocats aux conseils. La distinction du tableau est bien imaginée, car toutes sortes de gens se font recevoir avocats au parlement, étant jeunes, et se livrent ensuite à toute autre occupation ; cela faisait une confusion et un avilissement de la qualité d'avocat qui ne doit être prise, à juste titre, que par celui qui en fait la profession.

Par ces décisions, depuis les princes du sang jusqu'aux conseillers du Châtelet et même aux avocats, il y aura exemption pour tous leurs domestiques, sans limitation de nombre. Il y a une clause singulière pour les avocats au parlement et aux conseils, et les banquiers

---

[1] Cet affranchissement personnel n'a été expliqué que pour comprendre, comme sujets à la milice, les avocats qui ne sont pas sur le tableau.

(*Note de Barbier.*)

en cour de Rome[1], qui fait un seul article : « Pourvu qu'ils n'abusent pas du privilége qu'on veut bien leur accorder. » Cela a été mis apparemment du nombre d'avocats inscrits au tableau. Il y en a cinq cents qui n'ont point de laquais. Ils pourraient, dans cette occasion, en prendre un et même deux, et retirer ainsi des ouvriers et fils d'artisans qui, par là, se trouveraient exempts du tirage. Les fermiers généraux et gens de finance ont le même privilége pour des domestiques sans nombre. Il n'y a que les procureurs, notaires, et quelques marchands, à qui on ne permet qu'un seul domestique. On voit, par tous ces arrangements, que tous les laquais ne tireront pas, ce qui ne remplit pas l'idée que l'on semblait avoir de repeupler les campagnes par la diminution des domestiques dans Paris.

A l'égard des marchands des six corps, pour leurs enfants, cela dépend du plus ou moins qu'ils payent de capitation. Celui qui paye cent livres exempte ses enfants, un apprenti, garçon et domestique. Celui qui paye cinquante livres et au-dessus, exempte seulement l'aîné de ses enfants, et celui qui ne paye qu'au-dessous de cinquante livres, n'a plus d'exemption. Les libraires, imprimeurs et marchands de vin sont accolés dans un même article et ont le même privilége.

Les artisans qui payent cent cinquante livres de capitation, ou soixante-quinze livres, ont les mêmes exemptions.

Les procureurs et les notaires exemptent un premier et un second clerc. Les autres tirent, à moins qu'ils

---

[1] Ou *expéditionnaires de cour de Rome* : officiers chargés de faire venir des expéditions de la cour de Rome, comme dispenses, etc.

n'en soient exempts par l'état de leur père, d'autant qu'il y a beaucoup d'enfants de famille de province.

On voit, par ces décisions qui ne sont point encore publiques et que j'ai seulement vues, comme bien d'autres peuvent le faire, entre les mains des commissaires, que le but est de tirer beaucoup d'argent à l'avenir, parce que tous les marchands et artisans aisés aimeront mieux augmenter leur capitation que de voir leurs enfants sujets à la milice. Quant aux domestiques, cette liberté entière du nombre avec exemption, pourrait être suspecte pour quelque taxe dans la suite, comme on en a déjà parlé, ne paraissant pas raisonnable d'exempter des laquais, quels que soient leurs maîtres, et de faire tirer les propres enfants des marchands. Au surplus, cette nouvelle de milice fait engager un grand nombre d'ouvriers qui préfèrent, par honneur, la qualité de soldat à celle de milicien.

— M. Chauvelin est arrivé en bonne santé à Issoire. On était incertain de la personne qui avait présenté au roi le fatal mémoire. On dit que c'est M. le duc de Villeroi, capitaine des gardes, fort aimé du roi. Il lui dit que son suisse lui avait remis un paquet venant de Bourges, de M. Chauvelin, dans lequel il avait trouvé ce qui était à remettre à Sa Majesté; que sa première idée avait été de le jeter au feu, et de n'en jamais parler; que cependant il n'avait pas osé prendre cela sur lui, et qu'il suppliait Sa Majesté de ne pas lui en savoir mauvais gré. Le roi prit la lettre et le mémoire et fit paraître bientôt qu'il n'en était pas content. Il a pourtant fait écrire à M. le président Talon, qui a épousé la nièce de M. Chauvelin, que ceci n'influerait en aucune façon sur lui.

— M. le comte de Saxe est arrivé à Paris, il y a plus de huit jours. On dit qu'il a travaillé avec le roi en particulier. Il parut à l'Opéra, vendredi 22 de ce mois, où il fut claqué des mains, par le public, avec grande distinction.

— Mercredi, 20, on représenta à la Comédie française la tragédie de *Mérope*, veuve du fils du grand Alcide et mère d'Eghiste. Cette pièce a été composée par M. de Voltaire, qui est le roi de nos poëtes. Le même sujet a été traité par M. Maffei [1], auteur italien. Cette tragédie, dans laquelle il n'y a pas un seul mot d'amour ni d'intrigue, a été trouvée si belle, que M. de Voltaire, qui parut après la pièce dans une première loge, fut claqué personnellement pendant un quart d'heure, tant par le théâtre que par le parterre. On n'a jamais vu rendre à aucun auteur des honneurs aussi marqués.

Mars. — Il règne, cet hiver, une maladie générale dans le royaume, qu'on appelle *grippe*, qui commence par un rhume et mal de tête : cela provient des brouillards et d'un mauvais air. Depuis quinze jours, même un mois, il n'y a point de maison, dans Paris, où il n'y ait eu des malades ; on saigne et l'on boit beaucoup, d'autant que cela est ordinairement accompagné de fièvre ; on fait prendre aussi beaucoup de lavements. On guérit généralement après quelques jours ; les gens âgés sont plus exposés que les autres. Le parlement de Dijon et un autre ont vaqué par le nombre des malades.

[1] La tragédie de *Mérope* du marquis de Maffei parut imprimée, pour la première fois, en 1710. Il s'en fit des traductions dans plusieurs langues, et elle fut représentée à Paris, sur le théâtre italien, au mois de mai 1717.

— Les commissaires les plus anciens de chaque quartier, au nombre de vingt, sont subdélégués pour faire les opérations de la milice. En conséquence, des exempts portent successivement dans toutes les maisons un imprimé pour venir faire la déclaration de ceux qui doivent tirer, et pour les faire venir. On prend, en même temps, leur nom, le lieu de leur naissance, leur profession, et on les mesure, ce que le clerc du commissaire écrit sur du papier non marqué. Cette opération est longue, parce que chaque quartier contient bien du monde, et l'on évite la confusion. Cela s'exécute par tous les artisans et gens de métier depuis huit jours, un peu en murmurant, mais sans bruit. Ces avis imprimés ne sont adressés à personne nommément, mais ils paraissent l'être à chaque propriétaire des maisons, pour avertir les principaux locataires ou locataires particuliers. Les commissaires suivent, dans cette opération, les instructions particulières qui leur ont été envoyées de la part de M. le lieutenant général de police, et, comme ces instructions ont transpiré et sont à la connaissance de tout le monde, les personnes qui sont exemptes ne vont point faire de déclaration. On trouve toujours extraordinaire, dans Paris, que le fils d'un marchand, même d'un artisan aisé, comme il y en a beaucoup, soit sujet à tirer, et que presque tous les domestiques soient exempts.

— Le roi a effectivement bien besoin de monde, car l'armée revenue de Prague et celle qui est à présent en Bavière, sont extrêmement délabrées. Les régiments de trois bataillons n'ont pas de quoi en faire un, et il faut compléter et recruter toutes les compagnies avec de la milice ancienne, car quand les troupes sont en pays étranger, les recrues ne regardent plus les capitaines, mais le roi.

— M. le maréchal de Belle-Isle est aussi arrivé en cour au commencement de ce mois. Il est extrêmement incommodé de sa sciatique, et ne peut marcher que soutenu par deux hommes. Il revient avec de grandes décorations; prince de l'Empire, chevalier de la Toison d'or, cordon bleu, maréchal de France et duc. Cet homme a un grand nombre d'ennemis. On lui impute tous les malheurs qui nous sont arrivés, quoiqu'il ait rempli, et à jour dit, l'objet de sa négociation, qui était de faire élire empereur l'électeur de Bavière. On a répandu, dans Paris, qu'il avait été mal reçu du roi, qu'il était disgracié et même exilé à sa terre de Vernon, près Gisors. Il est cependant vrai qu'il a travaillé plusieurs fois avec le roi, soit en présence de M. Amelot pour les affaires étrangères, soit de M. d'Argenson pour le militaire; mais cet esprit remuant et ambitieux est craint des ministres.

— A propos de ministres, M. le maréchal et duc de Noailles est du nombre. Un beau jour qu'il conduisait, comme simple courtisan, le roi qui allait au conseil, le roi lui dit : « M. le maréchal, entrez, nous allons tenir conseil, » et lui marqua sa place à sa gauche, le cardinal de Tencin étant à sa droite. Ce nouveau ministre ne plaît pas à nos secrétaires d'État. Il a infiniment d'esprit, sait de tout, possède mieux qu'eux ce qui regarde la guerre, et il a été à la tête des finances. Vis-à-vis du roi, il a un âge et des dignités respectables et il est allié à toute la cour.

— Les régiments des gardes françaises et suisses ont commencé à partir avant le 20 de ce mois. Il ne reste que vingt-cinq hommes par compagnie pour la garde du roi, et tous les drapeaux sont partis, ce qui n'est, dit-on, jamais arrivé du temps de Louis XIV.

Avril. — Le roi travaille toujours fort assidûment, et les voyages de Choisy ne sont plus si fréquents. Le secret règne de même que dans le temps passé. Le roi ne veut plus permettre de vendre les régiments que l'on a eus par don et qu'on n'a point achetés, ce qui est fort bien pour récompenser les braves gens.

— A Paris, les opérations de la milice deviennent plus sérieuses qu'on n'avait pensé. On s'est arrangé à faire tirer chaque quartier séparément, ce qui compose, dans Paris, vingt et un quartiers[1]. Le lieu pour le tirage est l'hôtel des Invalides, dans les cours du fond. On a envoyé, à cet effet, par des exempts de police, des billets imprimés dans toutes les maisons d'un quartier, à ceux qui devaient tirer et qui avaient été inscrits sur le registre du commissaire, dans la première opération. Ces billets portaient de se trouver tel jour, à sept heures du matin, à l'hôtel des Invalides. On a indiqué un jour différent pour chaque quartier, et le premier a été fixé au lendemain des fêtes de Pâques, mercredi, 17 de ce mois. Cela a commencé par une partie du faubourg Saint-Germain, le lendemain, le quartier du Luxembourg, etc., suivant la distribution des commissaires.

---

[1] Paris n'était divisé qu'en vingt quartiers. En 1720, on avait proposé d'en créer un nouveau sous le nom de quartier *Gaillon*, et il y eut même des lettres patentes, du mois de décembre, pour son embellissement; mais cet arrêt ne reçut pas d'exécution. Barbier compte vingt et un quartiers parce que le quartier Saint-Antoine se subdivisait en deux sections : Saint-Antoine, et faubourg Saint-Antoine.

Le premier jour a été plus embarrassé pour l'ordre, mais cela a été fort bien exécuté. Les soldats des Invalides étaient sous les armes, postés à toutes les portes, et personne n'entrait que ceux pour tirer. Le guet à cheval, c'est-à-dire quelques brigades, est dans les environs des Invalides et aussi dans le quartier d'où partent les miliciens. Le commissaire du quartier tirant appelle ceux qui doivent tirer : on les fait passer d'abord par-dessous une mesure de cinq pieds juste et on renvoie ceux qui ne les ont pas. M. de Marville est là, comme commissaire du roi, avec le gouverneur de la Bastille. Il y a aussi des médecins et chirurgiens pour visiter ceux qui ont allégué quelque incommodité, et qui ont des certificats de leur médecin. Ensuite on divise le quartier par troupes de trente. On ne fait tirer que trente à la fois, dans trente billets qui sont dans un grand chapeau, tenu tantôt par M. de Marville, tantôt par son secrétaire ou par un autre. Il y a cinq billets noirs, ce qui fait le sixième. Chacun tire à son tour; on inscrit celui qui a un billet noir, on prend son signalement en forme, et on lui donne une cocarde de ruban bleu et blanc pour mettre à son chapeau. Cela s'est ainsi pratiqué chaque jour avec ordre et sans aucun tumulte. Ceux qui ont des billets blancs s'en vont et courent de bon cœur; ceux qui ont des billets noirs prennent cela avec patience. Le tout boit de côté et d'autre, au retour. On pouvait avoir lieu de craindre quelque révolte et on avait pris les mesures en conséquence, mais tout a été doux. Un rien quelquefois révolte et excite la populace, et quelque chose de sérieux l'abat et l'étourdit. Aujourd'hui, 27, le faubourg Saint-Marceau a passé à six heures du matin pour se rendre aux Invalides, avec un tambour et des violons, comme pour une fête. On ne voit, dans les rues, que des miliciens avec leurs cocardes et qui ont bu. Cela a dérangé les artisans dont tous les ouvriers sont en l'air, et qui ne peuvent en trouver pour leurs ouvrages.

— Dans le nombre de ceux qui ont dû être inscrits, et qui étant inscrits ont dû aller tirer, il y en a qui se sont soustraits et cachés et que l'on appelle *fuyards*. Ceux des miliciens qui en peuvent trouver, les font prendre par des exempts, on les mène en prison et ils sont miliciens à la décharge de ceux qui les découvrent. Les exempts eux-mêmes en fournissaient pour de l'argent. Cela a fait quelque rumeur dans les premiers jours, et on a défendu aux exempts cette manœuvre.

— On dit que le nombre des tirants pour la milice se montera, dans Paris, à trente mille hommes, ce qui ferait, pour le sixième, cinq mille hommes au lieu de dix-huit cents. Les marchands et les gros artisans se plaignent toujours fort de ce que l'on fait tirer leurs enfants, apprentis et garçons, et de ce qu'on ne fait point tirer la livrée, qui est en grand nombre à Paris. Ce sont tous gens sortis des campagnes pour éviter la milice dans les provinces, et cela a dépeuplé les campagnes.

Mai. — L'opération du tirage a fini, comme on avait dit, du 7 au 8 mai. Les derniers ont été le faubourg Saint-Antoine, qui a tiré dans la cour du château de Vincennes, apparemment pour ne pas leur faire traverser Paris en allant aux Invalides. On craignait le plus ceux-ci, qui sont remuants et une grande populace; mais tout s'est passé joyeusement. Ils se sont rendus de bon matin à Vincennes, avec tambours et trompettes.

— Ce qui embarrasse le plus, à présent, ce sont les sollicitations pour dégager nombre de ceux à qui sont échus des billets noirs, et le mouvement pour arrêter les *fuyards* que l'on dénonce et que l'on arrête tous les jours. La prison de l'Abbaye-Saint-Germain[1] et les autres, en sont remplies.

— On dit que les six corps des marchands ont voulu, par députés, aller présenter une requête au roi, par rapport à leurs fils ou premiers garçons; mais ils n'ont pas absolument réussi. Ils ne sont pas parvenus jusqu'au trône, et, de ministre en ministre, ils ont été renvoyés au lieutenant de police dont ils n'ont pas été bien reçus. Cependant, j'ai appris que dans la librairie et imprimerie, il était tombé seize billets noirs, et que M. le comte d'Argenson leur en avait remis huit. Peut-être a-t-on fait la même grâce à chaque corps de marchands à proportion.

— Le 17, les miliciens de plusieurs quartiers, jusqu'à concurrence du premier bataillon, ont reçu ordre, par une ordonnance affichée au coin des rues, laquelle a été publiée au prône des paroisses, de se rendre lundi, 20, à Saint-Denis. Tout s'y est rendu exactement et on leur a fourni leur habillement complet, avec deux chemises, cols, havresacs et guêtres. L'habit et veste sont blancs avec un bouton jaune et un chapeau bordé d'or, en faux, s'entend.

— Samedi, 25, le père de Neuville[2] prononça, dans le chœur de Notre-Dame, l'oraison funèbre de

---

[1] La prison de l'Abbaye, place Sainte-Marguerite. Elle était, dès lors affectée à la détention des militaires.

[2] Charles Frey de Neuville, jésuite, auteur de divers ouvrages de théologie, etc. Ses *Sermons* ont été imprimés en 8 vol. in-12. Paris, 1776.

M. le cardinal de Fleury. Il n'y avait pas un catafalque comme aux têtes couronnées, mais un lit de parade, à piliers, fort élevé, sur une estrade. Cela était assez magnifique. M. le chancelier, le conseil du roi et tous les ministres y ont assisté, et, de plus, toutes les cours souveraines mandées pour cet effet par lettres de cachet. Cet honneur ne peut lui avoir été rendu que comme premier ministre, quoiqu'il n'en eût pas le titre.

— Depuis quelques années, les médecins de la faculté de Paris et les chirurgiens de la même ville, sont en procès par jalousie de métier, pour leurs droits respectifs les uns vis-à-vis des autres dans l'exercice de leurs professions : surtout par rapport à la prééminence et supériorité que les médecins ont eues sur le corps des chirurgiens. Ceux-ci étaient obligés de leur payer un écu d'or tous les ans, et de leur rendre un espèce d'hommage par députés, depuis que, par édit de 1656, les chirurgiens-barbiers exerçant la barberie, avaient été réunis au corps des chirurgiens de robe longue. Ce procès a été appointé pour ne pas être sitôt décidé, et depuis cet appointement ils se disputaient par des écrits anonymes.

Deux circonstances ont été favorables aux chirurgiens. La première, la perfection de leur art qui, ayant été porté à un haut degré, leur a attiré l'approbation et la confiance des grands et du public, et leur a fait obtenir l'établissement d'une académie royale de chirurgie. La seconde, la grande faveur, auprès du roi, de M. La Peyronie, premier chirurgien qui est un homme d'esprit et entreprenant et fort supérieur pour le crédit et l'intrigue à M. Chicoyneau, premier médecin, qui est un homme tranquille. En sorte qu'il a paru, dans ce mois, une déclaration du roi[1] qui casse l'édit d'union de 1656, rétablit les chirurgiens de robe longue, et les sépare entièrement des perruquiers et de tout ce qui a rapport à la barberie. Elle ordonne qu'à l'avenir il ne sera plus reçu de maître chirurgien qu'il n'ait un certificat du cours des études, qu'il n'ait étudié en physique et qu'il ne soit reçu maître ès arts dans l'université de Paris. Ces dispositions sont précédées d'un grand éloge sur la perfection, l'utilité et l'honneur de cette profession.

Au moyen de ce changement, le procès est jugé et perdu tacitement pour les médecins; il n'est plus question d'hommage. Il y a plus, tous ceux qui seront reçus par la suite étant lettrés, joindront à la science de la chirurgie et de l'anatomie, la connaissance des livres de médecine, et, dans quinze ans d'ici, seront préférés aux médecins dont la science, en effet, n'est que conjecturale. Cela fera un très-grand tort à la faculté de médecine quand une fois, par le décès des chirurgiens d'aujourd'hui, il n'y aura plus que des chirurgiens maîtres ès arts, qui ne seront plus en boutique : il faut convenir que cette réunion de la barberie avait extrêmement avili cette profession.

Juin. — Madame la Duchesse douairière[2], fille de Louis XIV, est morte, ces jours-ci, dans son beau palais de Bourbon, contre les Invalides, âgée de soixante-treize ans. Elle a défendu, par son testament, toute cérémonie, en sorte qu'on ne lui a rendu aucuns hon-

---

[1] Donnée à Versailles le 23 avril 1743, enregistrée en parlement le 7 mai suivant.

[2] Louise-Françoise de Bourbon, madame la Duchesse, née le 1ᵉʳ juin 1673, mariée à Louis de Bourbon, IIIᵉ du nom, veuve le 4 mars 1710.

neurs, et, deux jours après, mardi 18, elle a été enterrée aux Carmélites. Elle laisse un gros mobilier, huit cents actions de la Compagnie des Indes, près de cinq cent mille livres d'argent, et ne doit rien. Elle a fait pour trente mille livres de rente, de legs, en pensions à ses domestiques. Elle a joui de la vie et bien représenté.

Juillet. — Mardi, 2, la consternation était dans Paris au sujet d'une action qui s'est passée le 27 juin entre M. le maréchal de Noailles et l'armée du roi d'Angleterre, à Aschaffembourg, sur le Mein. La nouvelle d'une défaite considérable fut répandue par le nommé Carpentier, valet de chambre de M. le duc de Rochechouart, premier gentilhomme de la chambre, lequel valet de chambre arriva la veille, à trois heures après midi, apporter la triste nouvelle que son maître avait été tué à la tête de son régiment. Il était parti sur-le-champ, lorsque l'action durait encore, et il répandit que la bataille était perdue, que la maison du roi était taillée en pièces, et que nous avions perdu beaucoup de monde. Paris fut rempli de cette nouvelle, de manière que c'était réellement une désolation dans les jardins et cafés où se tiennent les assemblées des nouvellistes, et dans toutes les boutiques.

Le mercredi, 3, la joie reprit dans la ville, sur la nouvelle d'un courrier arrivé le mardi au soir, qui apportait, au contraire, le détail d'une victoire complète. Mais depuis mercredi, il n'est point arrivé en cour de courrier de distinction; qui que ce soit n'a reçu de détails de l'armée, de manière qu'aujourd'hui, vendredi, ce ne sont plus les mêmes nouvelles et l'alarme a recommencé. Ce qui intrigue le plus tout le monde c'est que personne ne reçoit de lettres. Il est vrai qu'il y a eu ordre à la poste de l'armée, à Strasbourg, et même à Dunkerque, d'arrêter tous les courriers. Le 6, il a été parlé de l'affaire dans la *Gazette de France*, mais d'une manière fort mesurée et fort politique, et toutes les lettres ont été enfin distribuées le même jour, à midi. Apparemment qu'on voulait auparavant donner une espèce de relation dans la *Gazette*.

Tout le monde convient que le projet du maréchal de Noailles[1] était excellent; mais il n'a pas eu le temps de l'exécuter, par la précipitation de M. le duc de Gramont, ou, pour mieux dire, sa désobéissance; joint à cela la lâcheté du régiment des gardes qui a lâché pied et s'est enfui. M. le duc de Gramont croyait devenir maréchal de France, aussi l'appelle-t-on M. de Gramont du *bâton rompu*.

— On ne dit ici rien de nouveau, si ce n'est que Voltaire, notre fameux poëte, est encore exilé. On n'en sait pas précisément la raison. On dit que c'est peut-être pour avoir fait une critique un peu hardie de l'Oraison funèbre du cardinal de Fleury[2]. Il est allé en Prusse, auprès de son ami le roi de Prusse, à qui on a fait dire un bon mot : qu'il ne concevait pas la France; que nous avons un grand général, qui est le maréchal de Belle-Isle; un grand ministre, M. Chauvelin; un grand poëte, Voltaire, et que tous trois sont disgraciés.

[1] Son plan d'attaque. Nous avons retranché ici les diverses relations de la malheureuse bataille de Dettinghen que Barbier a insérées dans son *Journal*, telles qu'elles se répandaient successivement dans Paris.

[2] Sous le faux prétexte d'un exil, Voltaire était, au contraire, dit-on, envoyé secrètement en mission près du roi de Prusse, pour pénétrer les intentions de ce monarque à l'égard de la France.

— M. le maréchal de Broglie est aussi disgracié. Il a quitté son corps d'armée qu'il a laissé sous le commandement du comte de Saxe; il est revenu à Strasbourg, et de là il a eu ordre d'aller dans ses terres, en Normandie. On n'entend rien à cette prétendue disgrâce.

Août. — Au commencement de ce mois, il est arrivé ici à la Bastille un prisonnier d'État en chaise, escorté de cinquante hommes, et qui était parti de Strasbourg avec deux cents hommes de garde. Le bruit s'est répandu généralement, dans Paris, que c'était le prince de Guise, colonel d'un régiment dans l'armée commandée par le comte de Saxe, jeune homme de vingt-deux ans. On disait que le comte de Saxe avait découvert sa trahison et sa correspondance avec la reine de Hongrie et ses généraux, où il les instruisait de tout ce qui se faisait, et qu'en conséquence il l'avait fait arrêter et conduire ici. Cette nouvelle est devenue moins certaine, et, enfin, on dit à présent que c'est un marquis de Pont, officier qui a fait plusieurs extravagances à l'armée. Cette affaire est tombée sans un éclaircissement bien solide.

Septembre. — Le roi, qui est parti pour Fontainebleau le 10 ou le 12 de ce mois, y reste jusqu'au 25 novembre. Il y a beaucoup de femmes et peu d'hommes. C'est là ordinairement où se font les grands coups du conseil pour tirer de l'argent et pour les grandes opérations.

— Il y a une grande nouvelle à Paris. Le 25 de ce mois, M. Le Peletier, premier président du parlement, s'est transporté à Fontainebleau, et a remis au roi la démission de sa place. Il n'a que cinquante-deux ans. Le motif de cette démarche est une surdité qui lui est survenue, qui l'empêche d'entendre les avocats aux audiences, et même les conseillers au rapport. Cette démarche a fort surpris. On quitte rarement de pareilles places; mais cela est de la famille. Le grand-père[1] a quitté la place de contrôleur général en faveur de M. de Pontchartrain qu'il a fait placer au préjudice de Le Peletier de Souzi, son frère, qui était intendant des finances : il avait beaucoup de crédit auprès de Louis XIV. C'est lui qu'on a appelé depuis le ministre *Claude*. M. Le Peletier, père de celui actuel, a remis aussi sa place de premier président, et à l'égard du fils, les uns disent qu'il prévoit quelques édits à charge au peuple, qu'il aurait peut-être peine à faire passer à sa compagnie, près de laquelle il ne s'est pas bien conservé dans les derniers temps. D'autres disent qu'il a eu, et qu'il a encore des chagrins domestiques de la part de sa femme, sœur du marquis d'Ecquevilly, qui est d'humeur particulière. Chacun fait le raisonnement à sa fantaisie. Il n'a point encore de successeur nommé ; on a parlé d'abord de M. de Maupeou, second président. C'est un homme extrêmement gracieux, d'un bel extérieur, de l'esprit et propre à avoir affaire à la cour ; mais il est mangé de goutte, qui est une grande incommodité. Depuis on a parlé de M. de Lamoignon de Blancmesnil ; c'est un homme de mérite, mais dur : de M. le procureur général, M. Joly de Fleury, qui est âgé, qui ne vit que de fèves

---

[1] Claude Le Peletier, né en 1631, magistrat d'un très-grand mérite, fut président de chambre au parlement, prévôt des marchands en 1668, contrôleur général en 1683, et surintendant des postes, en 1691. Il possédait une très-belle bibliothèque qui renfermait une partie des manuscrits de Pithou, dont il était arrière-petit-fils par sa mère.

à l'eau et qui ne va plus au palais qu'en chaise à porteurs : de M. Gilbert, à présent conseiller d'État, qui est un grand magistrat, et d'une grande probité. De tout cela, le plus dangereux concurrent est le procureur général qui est un homme non-seulement très-savant, mais supérieur à tous les gens en place, en esprit et en politique. J'ai toujours cru voir de l'affectation dans sa chaise à porteurs.

Octobre. — Le roi a donné la place de premier président à M. de Maupeou[1]. On dit que M. Le Peletier lui a beaucoup servi et qu'il l'avait même seul averti de son dessein, en véritable ami, de manière que M. de Maupeou avait eu le temps de ménager ses amis. Depuis sa démission, M. le duc de Gèvres, M. le duc de Villeroi et autres, ont fait de grands mouvements pour M. de Blancmesnil ; mais en trois jours de temps ils n'ont pu réussir. Le roi a nommé M. de Maupeou le jeudi, et M. de Maurepas a bien aidé ce dernier.

— M. de Maupeou n'est pas riche. On ne lui donne que quarante mille livres de rente. Madame sa mère, dont il est fils unique, et qui est âgée, en a vingt-cinq ou trente ; mais il lui faut deux cent mille livres pour payer le brevet de retenue et cent cinquante mille livres pour des meubles, équipages et vaisselle d'argent. Cette illustration, qui est à la vérité bien grande pour lui et pour sa famille, l'incommodera dans les commencements. Il a un grand avantage dans sa femme, fille de M. Lamoignon de Courson, femme entendue sur tout, de beaucoup d'esprit et d'un grand arrangement dans

---

[1] René-Charles de Maupeou, né en 1688, président à mortier en 1717 ; il fut un instant chancelier en 1768, et mourut en 1775.

le détail de sa maison. C'est un trésor dans une place de représentation et de grande dépense.

Il a un fils[1] qui va prendre la place de président à mortier, dans laquelle il avait été reçu en survivance. C'est un rare sujet pour l'esprit, la science et la politesse. Cela va le mettre à portée de se faire connaître dans le grand en cour et auprès des ministres, et, de plus, de lui faire trouver un mariage très-avantageux.

— M. Le Peletier, après avoir pris ses arrangements, est parti pour la Bretagne; il va dans ses grandes terres, où il y a apparence qu'il restera quelque temps. Il a partagé ses meubles et sa vaisselle d'argent entre sa femme, son fils et lui. Madame Le Peletier va loger près Saint-Paul avec dix-huit mille livres de rente, de son bien, que son mari lui laisse; elle n'aura pas de quoi soutenir un grand train. M. le président de Rosambo se trouve avec trente-quatre mille livres de rente pour lui et sa femme. M. son père lui laisse la jouissance du château de Madrid, qu'il a acquis sur sa tête et celle de sa femme. On dit que M. Le Peletier doit trois ou quatre cent mille livres. Malgré cela, la surdité et le dérangement ne sont pas tant cause de sa démarche, que la mésintelligence entre lui et sa femme. Elle dure depuis le moment où il a fait sortir de chez lui une demoiselle Faure, fille d'un maître des comptes, qui a dix ou douze mille livres, qui était intime amie de madame Le Peletier, et qui

[1] Nicolas-Charles-Augustin de Maupeou, né en 1714; il devint premier président du parlement en 1763, et succéda à son père, dans le poste de chancelier, en 1768. Ce fut lui qui envoya le parlement de Paris en exil, en 1771, et qui le remplaça par une nouvelle cour à laquelle on donna le nom de *parlement Maupeou*. Exilé lui-même, lors du rappel du parlement, en 1774, il mourut le 29 juillet 1792.

logeait avec eux à l'hôtel. M. le premier président avait même défendu à sa femme de la voir en quelque endroit que ce fût. On n'a pas bien su le sujet de cette querelle. Cette fille avait trente ans, de l'esprit et était assez aimable. Il a paru que cela a été un grand sacrifice pour madame Le Peletier. S'il n'y avait pas de la brouillerie, cette dame aurait été en Bretagne avec son mari, ou elle aurait attendu son retour soit en logeant chez son frère, soit chez son fils. Mais la restitution du revenu de sa dot, et le parti de prendre une maison et un logement particulier, prouvent le dérangement et justifient le premier président. Celui-ci va vivre tranquille, et ménager pour son fils et sa fille mariée au second fils du maréchal de Montmorency.

— Le prince Charles [1] a fait plusieurs tentatives pour passer le Rhin, mais sans succès. On dit qu'il boit beaucoup, et les grivois de notre armée lui ont fait le couplet :

> Quand Charlot a bu du vin,
> Il veut passer le gros Rhin ;
> Mais la digestion faite,
> Il fait battre la retraite :
> Lampons, lampons, camarades, lampons.

— Lundi, 21, le roi a déclaré, à Fontainebleau, madame la marquise de La Tournelle duchesse de Châteauroux. Il lui donne ce duché, qui vaut quatre-vingt-dix mille livres de rente, pour elle, ses hoirs et ayants cause. Ce duché a été vendu au roi, il y a quelques années, par M. le comte de Clermont, qui avait besoin d'argent pour payer ses dettes, et il n'a point été

---

[1] Le prince Charles de Lorraine.

uni au domaine. Le roi, en même temps, a formé une maison considérable à madame de La Tournelle, en sorte qu'il ne doit plus y avoir de petits soupers. Le roi soupera chez madame la duchesse de Châteauroux, et cela se passera dans le grand, à l'exemple de Louis XIV. Cela fait une grosse dame. On dit qu'elle est grosse de huit mois et qu'elle fera ses couches à Paris, où elle aura son hôtel; on parle, pour Versailles, de l'appartement qu'avait feu madame la Duchesse, et l'on ajoute que le roi lui donne des meubles superbes. Ce qui s'était dit, dans le commencement de cette affaire, s'exécute, et cela est bien plus séant pour le roi et pour elle. Cet événement doit causer une grande mortification à madame la comtesse de Mailly de ne pas s'être comportée de façon à mériter ces honneurs : quoiqu'elle paraisse être dans la dévotion, elle ne le ressent pas moins.

Novembre.—A présent que nombre d'officiers sont à Paris, on apprend des nouvelles de l'armée. Ils se plaignent beaucoup des officiers généraux ; point de tête, ni de commandement. J'ai vu des mousquetaires qui étaient à la bataille d'Ettinghen; ils conviennent que le duc d'Harcourt qui commandait la cavalerie et qui a été blessé, a fort bien fait; mais que, lui excepté, ils n'ont pas vu un officier général. M. le maréchal de Noailles vint leur dire : « Enfants, il est temps de donner !... » et il ne reparut plus.

—J'ai vu aussi des capitaines du régiment de Champagne, qui a fait des merveilles dans l'affaire du passage des trois mille Autrichiens [1]. On a mis cette affaire sur

---

[1] Le 30 août précédent, le prince Charles avait fait passer le Rhin à trois mille grenadiers de son armée.

le compte de M. de Balincourt, lieutenant général, et il était dans son lit pendant l'action. Il avait fait retirer le détachement sur les trois heures du matin, comptant que l'avis qu'il avait eu du passage était faux, et il s'était allé coucher. Nous avions un capitaine de Champagne, avec cinquante hommes, dans un petit fort, sur le bord du Rhin, qui, étant attaqué, envoya deux hommes au plus vite demander du secours. Ce capitaine a fait des prodiges de défense. Si les trois mille hommes s'étaient emparés du fort, le prince Charles aurait fait passer toute son armée. Les officiers de Champagne qui sortirent les derniers, entendant de la mousqueterie, allèrent avertir M. de Balincourt qui n'en voulait rien croire. Ils dirent qu'ils allaient néanmoins toujours en avant pour se tirer d'inquiétude, et il les laissa aller. Ils trouvèrent les deux soldats en chemin. L'ardeur du régiment pour arriver ne peut s'exprimer. Ils avaient aussi avec eux un régiment de dragons qui entra dans le fort et fit des merveilles. Le régiment de Champagne n'était que de huit cents hommes, parce qu'il n'est pas complet à beaucoup près. A peine distinguait-on les Allemands par les bonnets. On donna la baïonnette au bout du fusil, et le carnage était si grand que nos soldats tuaient sans vouloir faire de quartier. Les officiers ne les arrêtèrent qu'en leur disant qu'ils avaient des camarades prisonniers qu'il fallait retirer par des échanges. On cessa et on fit quatre cents prisonniers, dont quatorze officiers. On s'en retourna ainsi au camp après avoir préalablement dépouillé tous les morts car nos soldats ne prennent rien aux vivants. Un grenadier de Champagne fit prisonnier le commandant ennemi, qui lui offrit une bourse de quarante-trois louis. Il la refusa et lui prit seulement son sabre et son bonnet. Voilà à qui on a l'obligation de cette action.

— D'un autre côté j'ai entendu parler, par gens de condition, de M. le duc de Chartres. On n'est point content de sa conduite. Indépendamment de la bravoure que ces gens-là comptent, comme de droit, on dit qu'il n'était occupé qu'à aller surprendre des officiers dans leurs gardes pour les faire mettre aux arrêts. Point de table : on ne mangeait chez lui que prié, et cela ne se faisait pas honorablement. On attribue cela aux mauvais conseils de M. de Balleroy, son gouverneur. On regrette M..... [1] qu'il avait anciennement. On se loue fort, au contraire, du comte de Clermont, du duc de Penthièvre et des princes de Dombes et d'Eu. A l'égard du prince de Conti, on sait qu'il n'était pas en état de tenir maison, et il récompense cela par ses façons guerrières.

— On parle de plusieurs édits bursaux passés à Fontainebleau. Cette aventure n'est pas gracieuse pour le nouveau premier président. Jusqu'ici il n'a encore eu que le beau et l'onéreux pour la dépense qu'il a été obligé de faire, car son repas de la Saint-Martin était superbe. Il y avait soixante-dix couverts en quatre tables. Le dessert a, dit-on, coûté plus de six mille livres. Il a reçu, à la vérité, du gibier et des présents de tous côtés. Depuis la Saint-Martin il a tous les jours vingt-cinq couverts; mais dans sept ou huit jours il

---

[1] Ce nom est resté en blanc dans le manuscrit, mais c'est M. de Bombelles dont il est ici question. Voir ci-dessus, p. 102.

faudra faire passer ces édits et cela ne plaira pas à la compagnie bourgeoise.

— M. le duc de Chartres épouse mademoiselle de Conti [1] qui est belle, bien faite, et qui a cinquante mille écus de rente. Le duc d'Orléans en a déjà reçu les compliments. On dit que madame la duchesse de Modène est piquée. Elle comptait sur ce mariage pour sa fille [2]. Son altesse royale madame la duchesse d'Orléans ne veut point du mariage de cette dernière avec le duc de Penthièvre[3] dont les enfants n'auront peut-être point de rang. Elle aime fort sa petite-fille, qu'on parle aussi de marier avec le prince de Conti. Le mal est qu'ils ne sont riches ni l'un ni l'autre.

Décembre. — Le 9 de ce mois[4], M. le duc de Chartres et mademoiselle de Conti ont été fiancés dans le cabinet du roi, et le lendemain, mardi, le mariage a été célébré, dans la chapelle du château de Versailles, par M. le cardinal de Rohan, grand aumônier. Le roi a donné un repas que l'on a improprement appelé banquet royal, parce qu'il n'y en a que pour le mariage des princes ayant le titre d'altesse royale. A ce repas étaient le roi, la reine, M. le Dauphin, madame la duchesse de Chartres et les princesses des maisons de Condé et de Conti, qui sont tantes et qui avaient été invitées comme n'y étant pas de droit. M. le duc d'Orléans et M. le duc de Chartres, après avoir présenté la

---

[1] Louise-Henriette de Bourbon-Conti, née le 20 juin 1726.

[2] Marie-Thérèse-Félicité d'Est, princesse de Modène, née le 6 octobre 1726.

[3] Ce mariage se fit cependant au mois de décembre 1744.

[4] Barbier commet ici une erreur : les fiançailles eurent lieu le 17 décembre et le mariage le 18.

serviette au roi, se retirèrent et allèrent souper dans leur appartement. Le soir, le roi donna la chemise à M. le duc de Chartres, et la reine à madame. Le mercredi, les mariés reçurent la visite du roi, de la reine et de toute la cour, et le jeudi ils revinrent au Palais-Royal. Le vendredi, madame la duchesse de Chartres alla à l'opéra de *Roland* [1] dans la loge du roi, attendu que le duc d'Orléans n'avait pas encore repris les loges du Palais-Royal. Enfin le samedi ils allèrent à la Comédie française comme cela se fait par usage dans les gros mariages de Paris.

— Il a été question de faire enregistrer au parlement quatorze édits bursaux pour remplir les cinquante millions dont le roi a besoin. La plupart sont des augmentations de finances qu'on demande aux gens en charge, excepté les cours souveraines; mais il y a aussi le rétablissement des droits d'entrée sur toutes les denrées comme en 1745, ce qui fait un peu crier.

M. le contrôleur général a été trouver le premier président et lui a dit que le roi avait absolument besoin d'argent, pour ne pas être dans la nécessité de cesser le payement des rentes sur la ville et des gages : qu'il avait en vain cherché un autre arrangement; mais que si le parlement trouvait quelque expédient plus convenable, on le suivrait avec plaisir, parce qu'il n'était point du tout jaloux de sa besogne. Le premier président s'est fort bien tiré de ce pas. On a nommé des commissaires de chaque chambre pour examiner ces édits; on a arrêté des remontrances, et on a en-

[1] *Roland*, opéra de Quinault, musique de Lulli, représenté, pour la première fois, le 8 janvier 1685, avait été repris la veille, 19 décembre, pour la cinquième fois.

voyé des députés à Versailles. Le roi les a fort bien reçus, après quoi le tout a été enregistré et publié dans la bonne ville de Paris.

— Depuis ce temps, le roi a accordé à M. le premier président un logement dans le château, à Versailles. M. de Maupeou est le premier qui ait eu cette faveur : c'est être traité en ministre. Il doit cela, aussi bien que sa place, au crédit de M. le comte de Maurepas, dont la grand'mère, madame la chancelière de Pontchartrain, était Maupeou. On croit aussi que cela tend à traiter directement avec M. le premier président, des affaires où on aura besoin d'enregistrement, et que, peu à peu, on travaille peut-être à éloigner les remontrances et députations des robins, dont les figures ne plaisent pas en cour.

— Le petit de Mortemart[1], fils du duc de Rochechouart tué à la bataille d'Ettinghen, est mort ces jours-ci, âgé de quatre ans, ce qui rend vacante la place de premier gentilhomme de la chambre. Il y a eu de grandes sollicitations en cour, pour cette place, de la part de M. le duc de Luxembourg, et encore plus par les gentilshommes de la chambre et par M. le duc de Bouillon, grand chambellan, pour le petit duc de La Trémoille[2], âgé de six à sept ans, son petit-neveu. Le roi a refusé, en disant qu'il savait les égards qui étaient dus à la maison de La Trémoille, et que le jeune duc, quand il serait en âge, aurait des preuves de sa

[1] Louis-François-Charles-Augustin de Rochechouart, duc de Mortemart ; le roi lui avait accordé la place de premier gentilhomme, après la mort de son père.

[2] On avait déjà sollicité pour lui, sans succès, la survivance de la charge de son père. Voir ci-dessus, p. 295.

protection; mais il a donné la place à M. le duc de Richelieu. Ce seigneur a beaucoup d'esprit et a la protection de madame la duchesse de Châteauroux; mais il n'a pas, à beaucoup près, la naissance de M. de La Trémoille, sur quoi l'on a dit que le roi avait fait M. de Richelieu *gentilhomme*. Je pense, au surplus, que le roi fait bien de ne pas rendre ces places éminentes héréditaires, et de les faire mériter par les services des seigneurs de son royaume.

ANNÉE 1744.

Janvier. — On fait toujours ici de très-grands préparatifs de guerre, tant sur terre que sur mer, et on a engagé une infinité de monde dans Paris, ce qui vaut beaucoup mieux qu'une milice. M. le prince de Conti est nommé pour commander en chef en Italie. On travaille à force à ses équipages qui seront magnifiques.

— Il est arrivé un malheur dans la ville de Brest. Le feu a pris à un magasin, et a brûlé, non-seulement le bâtiment, mais encore une partie des agrès et des bois de marine. On dit cependant que la perte ne va qu'à un million huit cent mille livres. On ne sait point comment cet accident est arrivé. On se méfie de quelque trahison de la part des Anglais ou de la reine de Hongrie, d'autant que la même chose est arrivée l'année dernière; mais il ne paraît pas que l'on fasse à cet égard la moindre recherche. Cela tombe.

— On parle, depuis plus de deux mois, de la conversion et de l'abjuration de M. le comte de Saxe, pour le faire apparemment maréchal de France; mais cette nouvelle n'a pas de suite.

Février. — On a publié, dans Paris, les lettres patentes confirmatives du don fait par le roi, au mois d'octobre dernier, à madame la marquise de La Tournelle[1], du duché-pairie de Châteauroux, reversible à la couronne au défaut d'hoirs mâles issus de ladite dame. Ces lettres ont été enregistrées au parlement, à la chambre des comptes et à la cour des aides. Elles sont fort honorables pour la maison de Mailly. Le roi y déclare que c'est une des plus grandes et des plus illustres maisons du royaume, alliée à la sienne et aux plus anciennes de l'Europe. Le roi la traite de cousine. Une réflexion se présente d'abord. Il est étonnant qu'on n'ait point jusqu'ici décoré les mâles du titre de duc, et que cette illustration commence par les femmes. Il peut y avoir quelque chose à critiquer dans le préambule des lettres, vu les circonstances présentes; l'auteur n'a pas été prudent. On pouvait aussi se dispenser de les faire crier dans les rues, ce qui a donné lieu de parler.

— Madame la duchesse de Châteauroux se comporte bien plus convenablement que n'a fait madame la comtesse de Mailly, sa sœur. Cela pourra même procurer au marquis de Nesle, leur père, une situation plus avantageuse, malgré le dérangement de ses affaires. Il a des prétentions fondées sur la principauté de Neuchâtel[2], et on dit que le roi doit la lui acheter.

[1] Voir ci-dessus, p. 373.

[2] Neuchâtel, ville et comté souverain de Suisse, à 32 kilomètres de Lausanne. Dix-sept ou dix-huit prétendants se disputèrent la possession de ce comté après la mort de la duchesse de Nemours, en 1707. Voir, à ce sujet, le *Dictionnaire* de Moréri, article *Neufchâtel*.

— Il paraît depuis trois semaines, sur notre horizon, une comète avec une assez grande queue, ce qui suffit pour occuper nos astronomes et nos géomètres.

— La goutte n'a pas perdu ses droits sur les personnes en place. M. de Maupeou, premier président, est dans son lit depuis quinze jours. Il a été dans le mouvement et dans les repas d'obligation depuis la Saint-Martin; d'autant qu'il a marié, le mois dernier, monsieur son fils, président à mortier, à mademoiselle de Roncherolles de Pont-Saint-Pierre, fille de grande condition, dont il aura près de cinquante mille livres de rente. C'est un mariage très-honorable[1].

M. d'Argenson, ministre de la guerre, a la goutte dans la poitrine. On parle de lui comme d'un homme confisqué, d'autant qu'on le soupçonne d'avoir depuis longtemps une autre maladie. Que de regrets du passé dans ces grandes places!...

— Le départ de la flotte de Brest[2], du 6 de ce mois, fait faire ici de grandes nouvelles. Comme elle est chargée d'une grande quantité d'armes et de munitions, on ne dit pas moins que c'est pour faire une descente en Écosse, et que le fils aîné[3] du chevalier de Saint-Georges, autrement nommé *le prétendant*, est dessus cette flotte.

---

[1] Messieurs de Roncherolles étaient conseillers d'honneur-nés, au parlement de Rouen.

[2] Elle entra dans la Manche et vint croiser devant le port de Dunkerque.

[3] Charles-Édouard-Louis-Philippe-Casimir, né à Rome le 31 décembre 1720, fils de Jacques Stuart, dit le chevalier de Saint-Georges, et de Marie-Clémentine Sobieski; il était venu d'Italie en France sous le nom du baron Spinelli.

— L'équipage du prince de Conti est parti de Paris pour l'Italie, le 12. Il était magnifique, composé de plus de quatre-vingts mulets, de trente-six chevaux de main, de plus de vingt hommes de suite, à cheval, de deux carrosses de campagne pour les officiers supérieurs, et de cinq ou six fourgons.

— Le jeudi gras, 13 de ce mois, triste aventure à Paris. Le sieur Baptiste, ancien notaire de soixante-cinq ou soixante-six ans[1], un des plus employés et des plus accrédités de Paris, demeurant dans une belle maison à lui, vis-à-vis Saint-Roch, alla, à huit heures du matin, par delà le Pont-Royal et se jeta dans la rivière. Il fut aperçu, on alla après lui et d'un coup de croc il fut retiré. On l'a dit mort, mais il ne l'est pas. Il a même vendu sa charge depuis deux jours, cent trente mille livres[2], ce qui est exorbitant. On dit que c'est à l'occasion d'un dépôt considérable qu'il avait à M. le marquis de Puységur, qui lui en a demandé la meilleure partie pour payer des dettes et pour se rendre à l'armée. Comme il n'avait point cet argent et qu'il s'est trouvé pressé, cela lui a fait perdre la tête. On ne sait pas positivement à quoi montent les oppositions. Au scellé, il y avait déjà cent cinquante opposants. On ne connaît pas, non plus, la cause de cette déroute, car on dit qu'une grande partie de la charge de trésorier du sceau de M. Nepveu, son beau-frère, qui est de plus de cinq cent mille livres, lui appartient. Il n'a point d'enfants. Sa femme et lui ne faisaient point de dépense apparente; mais on dit qu'il en avait

[1] Il exerçait depuis l'année 1717.
[2] Quarante mille livres la charge, quatre-vingt-dix mille livres la pratique. (*Note de Barbier.*)

de secrètes. Il était d'ailleurs connu pour très-négligent et très-étourdi. Quoi qu'il en soit, ce triste événement fera un tort considérable à tous les notaires qui achètent à présent leur charge et leur pratique un prix excessif, et qui font des dépenses trop fortes pour leur maison, par rapport au luxe général.

— Le mardi gras, autre événement bien triste. L'intendant de M. le marquis de Clermont-Resnel occupait le premier dans une maison appartenant au chapitre Saint-Honoré, au commencement de la rue des Petits-Champs, louée par un gros tapissier qui tient des chambres garnies. Il alla à l'Opéra et dit à son laquais de lui faire bon feu pour son retour. Celui-ci en fit effectivement et sortit. La chambre bien fermée, un tison roula sur le parquet et y mit le feu, de façon que le plancher, les meubles, tout était en feu, sans qu'on s'en fût apparemment aperçu. Il y avait, au-dessus de cette chambre, douze personnes, femmes et hommes, qui avaient peut-être trop bien dîné. Quoi qu'il en soit, le plancher a effondré, et des douze personnes il y en a eu sept de brûlées qu'on n'a retrouvées qu'en morceaux, le lendemain, entre autres M. Le Lièbre, procureur au parlement. Cinq se sont sauvées, par qui on a su qu'ils étaient douze. Le feu a commencé dans sa force à huit heures du soir et a duré toute la nuit. Tous les magistrats y ont été, moines et soldats aux gardes. La maison, qui est très-profonde, a été entièrement brûlée et détruite. Le secours qu'on a donné n'a pu servir que pour les maisons voisines. La flamme était si forte que les vitres d'un café, de l'autre côté de la rue, ont été toutes cassées.

— Le 20 de ce mois, M. le marquis de Langeron,

maréchal de camp, M. Du Chayla, lieutenant général, et un autre, ont eu ordre de se rendre, avec un simple valet de chambre, à Dunkerque. Ils sont partis la nuit du 21 : on compte que c'est pour un autre embarquement de troupes. On n'en sait pas davantage; mais on ne parle plus à Paris que du projet sur l'Angleterre.

— Depuis huit jours, les colonels des régiments qui doivent s'embarquer à Dunkerque ont reçu des ordres successivement pour s'y rendre dans vingt-quatre heures. Le duc de Valentinois, le duc d'Antin et autres sont partis il y a trois jours, et, comme ils pouvaient n'avoir pas d'argent prêt, n'ayant point été avertis, on leur a donné à chacun cent louis. Ils partent en poste avec un simple valet de chambre. Le comte de Saxe, qu'on croyait devoir commander sur la Moselle, est le général de cette expédition avec le titre de capitaine général. Il est parti le 22 ou le 23 et est maintenant à Dunkerque. Le prince de Galles n'est pas apparemment sur la flotte de Brest et partira avec les troupes de débarquement de Dunkerque.

— Il est certain qu'on a frappé ici quinze cents médailles d'argent qui portent d'un côté le prince de Galles, et de l'autre les armes des trois royaumes.

Mars. — Une nouvelle sûre est que M. le prince de Conti est parti de Paris cette nuit, samedi 7, à trois heures. Il courait à trente chevaux et arrivera à Toulon dans quatre jours.

— On assure que l'auteur de ce grand projet[1] est le cardinal Aquaviva[2]; que ce qui a retardé un peu a été

---

[1] Le débarquement en Angleterre.
[2] Trojan d'Aquaviva d'Aragona, né en 1695, nommé cardinal en 1732.

la difficulté qu'il y a eu de faire donner au chevalier de Saint-Georges son abdication des trois royaumes en faveur de son fils aîné; mais c'était une condition absolue : que le roi en a d'abord conféré avec M. de Maurepas et M. Amelot; qu'ensuite il en a parlé à M. le contrôleur général, à cause des fonds nécessaires, et que le cardinal de Tencin et le maréchal de Noailles n'en ont été instruits que depuis un mois.

—Pendant tout ce fracas de nouvelles, en voici une autre dans Paris. M. Laideguive, le jeune, notaire et secrétaire du roi, est parti en poste, la nuit du 3 au 4 de ce mois, est en fuite, et fait une banqueroute affreuse. C'est une consternation générale dans Paris, car tout le monde y tient presque directement ou indirectement, par la quantité de dépôts qui étaient faits chez lui. On dit la banqueroute de trois millions; on ne sait pas encore. Le scellé est mis dans la maison et les oppositions sont sans nombre. La veille de sa fuite, il avait vendu sa charge à son maître clerc et toute sa vaisselle d'argent. Il y a apparence qu'il emporte beaucoup d'or, des actions et des lettres de change. On ne parle que de cela, depuis deux jours, dans Paris.

La conduite de cet homme, qui n'a pas plus de quarante ans, ne se conçoit pas. Il est né avec quatre cent mille livres de patrimoine, et il en a eu deux cent cinquante mille de sa femme, fille de madame Chanet, grosse marchande d'étoffes. Il était séparé de biens par son contrat de mariage; il pouvait gagner aisément plus de quarante mille livres par an, dans son étude; il n'a point d'enfants et il n'avait pas le temps de faire de la dépense.

La manie de cet homme était de faire toutes les affaires de Paris. Tous les matins il courait la ville en fiacre, à midi donnait audience, comme un ministre, dînait peu, étant délicat : sortait à quatre heures dans son carrosse ; faisait encore tout Paris, rentrait chez lui, ressortait, revenait à onze heures et mangeait seul un poulet. Il est question non-seulement de dépôts détournés, mais de faux contrats et de friponneries insignes. Il faut voir ce que cela deviendra. Cet événement est infiniment triste pour Laideguive l'aîné, son cousin germain, qui est très-habile notaire, et d'une réputation entière et reconnue des grands et des petits.

— Ces deux affaires successives de Bapteste et de Laideguive ont mis la frayeur dans Paris sur le compte des notaires dont la plus grande partie se sont établis avec très-peu de bien, ont acheté des charges bien cher et font beaucoup de dépense. On court après les dépôts, et, comme leur profit le plus sûr est de faire valoir l'argent, on parle de cinq ou six qui doivent manquer incessamment et qui se seraient soutenus sans ces aventures. Cela donnera lieu à quelques arrangements de la part du ministère public.

— M. Talon, président à mortier du parlement, est mort ces jours-ci. Le roi a donné l'agrément, pour acheter la charge, à M. Chauvelin[1] qui avait déjà exercé une pareille charge. La disgrâce de son oncle n'influe pas absolument sur lui.

— On instruit la procédure extraordinaire contre

[1] Jean-Baptiste-Louis Chauvelin était fils de Louis Chauvelin, quatrième du nom, frère aîné du garde des sceaux. Il avait été nommé président à mortier en 1736, pour six ans, pendant la minorité de Le Peletier de Rosambo, son cousin, titulaire de la charge. Voir ci-dessus, p. 325.

Bapteste, notaire, et il y a apparence qu'il en sera de même par rapport à Laideguive, dont les friponneries sont en bien plus grand nombre et de toute espèce. On dit que sa conduite est horrible par le nombre des contrats qu'il a passés sous des noms en l'air et surtout de Marguerite Sirot, qui était gouvernante dans sa maison.

— M. le comte de Saxe qui commandait les troupes de l'embarquement de Dunkerque, est à Paris. Il était à l'Opéra-Comique le 24 de ce mois. M. Du Chayla, lieutenant général, est aussi de retour de Dunkerque. On regarde toujours ce grand projet comme échoué [1], et grands et petits ne parlent pas avantageusement de notre situation.

— On a publié aujourd'hui, 30, dans les rues de Paris, la déclaration de guerre [2], datée du 15, contre le roi d'Angleterre, électeur de Hanovre. Elle contient un manifeste et les sujets de plaintes du roi contre le roi d'Angleterre personnellement, plutôt que contre la nation anglaise qui paraît ménagée avec affectation.

Avril. — M. le maréchal de Noailles a été nommé dans un grand conseil, le dernier du mois passé, pour commander l'armée de Flandre. Voici la politique que l'on dit à ce sujet.

M. le maréchal de Noailles ne voulait point servir cette année : il s'en est défendu autant qu'il a pu. Il ne laisse pas que d'avoir un certain âge; mais la vraie raison est qu'il veut rester dans le conseil, comme ministre, pour devenir maître du ministère auprès du

---

[1] Un coup de vent avait dispersé la flotte le 6 mars, et forcé d'abandonner le projet de descente en Angleterre.

[2] Elle est dans tous les journaux du temps.

roi, s'il est possible. Les autres ministres qui le craignent, parce qu'il a effectivement beaucoup d'esprit, l'expérience de la cour, une supériorité d'âge et un grand crédit par ses grandes alliances, se sont réunis pour l'éloigner en lui faisant avoir le commandement de l'armée, et peut-être pour le faire échouer dans ses entreprises et le perdre par là. Tous les avis s'étant réunis dans le conseil, le roi le nomma. Il remercia très-humblement avec des protestations de zèle, et au sortir du conseil il monta dans une chaise de poste et vint trouver la maréchale de Noailles, sa mère, qui a quatre-vingt-cinq ou quatre-vingt-six ans, mais qui a plus d'esprit et de politique à elle seule que tous les ministres ensemble. Elle envoya sur-le-champ son fils à Versailles et lui dit qu'elle lui enverrait, sur le soir, des instructions.

Le maréchal, travaillant avec le roi pour ses ordres, l'a déterminé, par vingt raisons, à faire la campagne, mais non pas avec l'appareil de Louis XIV. On dit donc que le roi ira à Compiègne, et que là il partira pour l'armée, peut-être à cheval, sans autre train que sa garde et les officiers nécessaires ; qu'il n'aura point de table et mangera chez le maréchal de Noailles. Celui-ci lui a fait entendre que faire marcher la reine, par conséquent les dames de la cour, le chancelier, les ministres et les conseils de Sa Majesté, cela causerait un grand embarras et une dépense considérable, qu'il convenait mieux d'aller en guerrier.

Si cela est, les ministres vont être la dupe de leur intrigue. Car le maréchal sera seul avec le roi, et non-seulement l'instruira de ce qui regarde la guerre et le service, mais travaillera avec lui sur tous les paquets qu'il recevra de Paris, ainsi que pour tous les ordres qu'il voudra donner aux ministres. Cela ne plairait pas à M. d'Argenson, ministre de la guerre, contre lequel il doit avoir une ancienne inimitié qui vient du père. Je me souviens que lorsque M. d'Argenson père devint garde des sceaux et administrateur général des finances, tout à la fois, en 1718, M. d'Argenson, aujourd'hui ministre, me dit que son père avait eu en un jour les places de ses deux ennemis, qui étaient M. d'Aguesseau et M. le duc de Noailles [1].

— M. le comte de Saxe a enfin été nommé maréchal de France. Il n'est plus parlé d'abjuration; ainsi il ne sera point reçu à la connétablie.

— Le prince de Conti a fait lever ici une compagnie de gardes que l'on dit être composée de gentilshommes, au nombre de soixante-dix. Ils sont habillés assez magnifiquement de sa livrée avec des boutonnières de galon d'argent assez large, et des bandoulières bleues aussi galonnées d'argent. Ils sont partis aujourd'hui, 11 avril, pour se rendre à Aix. Ils n'étaient encore que trente-huit et il y avait peut-être dix chevaux de gardes que l'on menait en main. Ce sont tous jeunes gens bien faits. Ils marchaient deux à deux et avaient l'épée à la main. On dit que c'est le droit des princes du sang, et que les gardes du grand prince de Condé marchaient ainsi. Le capitaine des gardes du prince de Conti est un ancien capitaine, chevalier de Saint-Louis, qui a, dit-on, brevet de colonel.

— Nouvelle dans Paris. M. Amelot de Chaillou, ministre et secrétaire d'État des affaires étrangères, a été

[1] Voir tome 1ᵉʳ, p. 13.

remercié de ses services, hier, 27, de la part du roi, par M. le comte de Maurepas. Ceci est fort singulier dans les circonstances présentes. Dans le temps de nos mauvaises opérations, on disait, dans Paris, que M. Amelot n'était pas capable de remplir un poste aussi délicat; mais depuis la mort du cardinal Fleury, le roi et le conseil ont eu tout le temps de s'en apercevoir, et c'est au moment où l'on a la guerre de tous côtés, lorsque le conseil d'État va être partagé par l'absence du roi, que l'on change le ministre des affaires étrangères?.... M. Amelot se retire avec une pension de vingt-quatre mille livres, dont douze mille passeront à sa femme et à ses enfants. Il est dit seulement dans la *Gazette de France* qu'il a remis au roi ses charges de secrétaire d'État et de surintendant des postes.

Mai. — Dimanche, 3, à trois heures un quart du matin, le roi est parti de Versailles pour aller coucher à Péronne. Il a été en poste, avec des relais de vingt gardes du corps. Lundi, il a dû arriver de bonne heure à Valenciennes, et depuis Péronne il y avait des détachements de troupes pour l'escorter.

— M. le premier président Maupeou reçut dimanche, après midi, une lettre du roi, adressée à son parlement, par laquelle il lui marque qu'il a cru nécessaire au bien de son État d'aller visiter ses armées : qu'il est parti incognito et qu'il compte que, pendant son absence, ils continueront leur zèle et leur attention pour le bien de la patrie.

Ce matin, lundi 4, il y a eu assemblée de chambres. Cette lettre a embarrassé le parlement, car il n'y a point d'exemple d'un cas pareil. Quand Louis XIV allait à l'armée, il écrivait trois jours auparavant à son parlement, qui envoyait des députés pour lui souhaiter un heureux voyage; mais ici le roi était près de Valenciennes quand on a lu la lettre. Il a été question de savoir si on enverrait des députés au roi, à l'armée. Il eût été plaisant de voir arriver là au moins un président à mortier et trois conseillers de grand'chambre, en robes, sans savoir peut-être même où trouver le roi. Mais l'avis a été que M. le premier président écrirait une lettre au roi de la part du parlement, et je crois ce parti plus convenable.

— M. de Court[1], lieutenant général de la flotte de Toulon, est revenu ici disgracié; il est, dit-on, exilé à sa terre de Gournay[2], près Paris, qu'il aimait tant et dont il aurait bien mieux fait de ne pas sortir à l'âge de quatre-vingts ans, et après plus de vingt ans de repos. On dit que c'est M. de Gabaret, chef d'escadre, qui a le commandement de la flotte. On fait assez bien de ne pas employer de lieutenant général, parce que, dans la marine, ils sont tous trop âgés.

— Le voyage du roi se fait sur un autre pied qu'on avait dit. Tous les officiers de quartier[3] de la chambre, de la garde-robe, de la bouche, etc., partent. Cela est bien plus convenable, surtout pour la bouche. On

---

[1] Il commandait l'escadre française qui, de concert avec l'escadre espagnole, avait livré combat, le 22 février précédent, devant Toulon, à la flotte anglaise sous les ordres de l'amiral Matthews. Cette affaire, où l'on s'attribua la victoire des deux côtés, avait été l'objet de plaintes réciproques de la part des Français et des alliés.

[2] Gournay, à vingt kilomètres de Paris, sur la rive gauche de la Marne, et dans une situation charmante. Les jardins, créés par M. de Court, étaient renommés pour leur beauté.

[3] Ceux qui se trouvaient alors appelés à remplir les trois mois de service qui leur étaient imposés par leurs charges.

disait que M. d'Argenson avait arrêté à la hâte quarante cuisiniers; mais il pouvait se trouver un malheureux, surtout dans une guerre comme celle-ci, où il entre du personnel entre les puissances. Le détachement des mousquetaires gris et noirs qui était ici, est parti, ainsi que ceux des gendarmes et chevau-légers. Les Cent-Suisses, au nombre de quatre-vingts, et les gardes de la porte, partent aussi; il ne reste ici que six compagnies de gardes françaises, et peut-être cent gardes du corps pour la reine et le dauphin, qui sont à Versailles et qui ne viendront pas à Paris. Tout cela rend la ville bien déserte, et elle le sera encore plus dans deux mois que chacun se retirera à la campagne.

— On a su seulement l'arrivée du roi à Valenciennes, où le régiment de Noailles, qui y était, a l'honneur de monter la garde chez le roi. C'est la faveur du régiment du général qui a fait sortir de Valenciennes les régiments plus anciens, et qui n'a pas fait avancer le régiment des gardes françaises, qui est à Arras.

— Il n'est point encore question des Hollandais. On dit seulement qu'il arriva ici de leur part, avant le départ du roi, un ambassadeur extraordinaire, qui n'avait autre chose à nous proposer qu'une trêve pour nous amuser encore, et à qui le roi dit seulement, quand il lui fut présenté : « Je sais ce que vous avez à me dire et de quoi il s'agit. Je vous ferai réponse en Flandre. » Cette réponse est haute et convenable au roi de France.

— On ne parle ici que des actions du roi, qui est d'une gaieté extraordinaire, qui a visité les places voisines de Valenciennes, les magasins, les hôpitaux; qui a goûté le bouillon des malades et le pain des soldats : cela contiendra les entrepreneurs. Il veut connaître tous les officiers et leur parle avec politesse. Il n'est point question de femmes. Madame la duchesse de Châteauroux ira passer l'été à Plaisance, belle maison contre Nogent, par delà Vincennes, appartenant à M. Pâris Duverney, entrepreneur général des vivres de l'armée de Flandre.

— Aujourd'hui samedi, 16, on a chanté un *Te Deum* dans l'église de Notre-Dame, en action de grâces de la conquête du comté de Nice, et faite par les armées de don Philippe et du prince de Conti. Toutes les cours y étaient invitées. Il y a eu aussi ordonnance du roi affichée pour faire des feux de joie dans les rues, ce qui a été exécuté avec zèle par tous les bourgeois de Paris, malgré la pluie qu'il faisait le soir. Ce *Te Deum* de notre part est singulier, d'autant que nous n'avons point de guerre déclarée avec le roi de Sardaigne et que nous ne sommes que troupes auxiliaires d'Espagne. Quand le comte de Saxe a pris la ville d'Égra, il y a deux ans[1], comme troupes auxiliaires de l'Empereur, on n'a point chanté ici de *Te Deum*. Cette différence viendrait-elle de ce que l'armée d'Espagne, en Italie, est commandée par le gendre du roi[2], et nos troupes par un prince du sang?

— M. Fagon, intendant des finances, conseiller au conseil royal, et conseiller d'État, fils du premier médecin de Louis XIV, est mort à soixante-cinq ans environ, après avoir été taillé. Il était garçon et jouissait de soixante mille livres de rente de son

[1] Le 20 avril 1742.
[2] Voir ci-dessus, p. 217.

bien. C'était un homme particulier, assez dur, qui avait refusé plusieurs fois la place de contrôleur général, bon travailleur et qui savait parfaitement les finances.

Sa place d'intendant a été donnée à M. Boulogne, premier commis des finances, homme fort riche, fort bien en cour. C'est une grande fortune pour lui qu'une pareille place de distinction, et en même temps cela doit faire un meilleur intendant des finances qu'un simple maître des requêtes, qui, après avoir été conseiller au parlement, aurait cette place par crédit.

La place de conseiller au conseil royal, qui est une très-grande place, est donnée à M. le marquis d'Argenson, à présent chancelier de M. le duc d'Orléans, et la place de conseiller d'État à M. Trudaine, intendant des finances. C'est un homme de beaucoup d'esprit, qui travaille toute la journée à tout ce qui mène aux plus grandes places. On avait déjà parlé de lui pour contrôleur général.

— M. le marquis d'Argenson n'est plus chancelier de M. le duc d'Orléans. On dit que c'était une condition de la place que le roi lui a donnée. Il ne gagne pas à ceci, car la place de chancelier vaut au moins trente mille livres de rente. M. le duc d'Orléans a pris, pour le remplacer, M. Bidé de La Granville, conseiller d'État : on dit que c'est un homme assez dur.

— On a dit aussi que M. le duc de Chartres, qui est à l'armée du roi, était tombé de cheval et qu'il s'était un peu blessé à cause de sa pesanteur. Cela a donné beaucoup d'inquiétude à madame la duchesse de Chartres, qui est partie de Paris avec madame la princesse de Conti, sa mère, pour se rendre à Lille, après en avoir eu la permission du roi. Je crois que la chute de cheval n'est qu'un prétexte, et qu'il y a de la politique dans ce voyage de la part de la princesse de Conti qui a tout l'esprit possible ; premièrement pour rapprocher les deux époux et avoir, s'il se peut, quelque prince, ce qui est intéressant pour la maison d'Orléans et celle de Conti : d'autant plus que le duc de Chartres, qui est très-puissant, ne passe pas pour être grand acteur à ce métier-là ; en second lieu, la princesse de Conti sera plus à portée du roi. Enfin, peut-être pour commencer une cour de femmes à l'armée du roi.

Juin. — La politique de la princesse de Conti a eu son effet. Madame la duchesse de Châteauroux, la duchesse de Lauraguais[1], la comtesse d'Egmont et plusieurs autres dames de la cour, sont enfin parties au commencement de ce mois pour se rendre à Lille. Madame la duchesse de Modène est aussi partie depuis avec quelques dames, en sorte qu'il y a une cour en forme. Le public, en général, n'a pas trouvé ce voyage de son goût. Il voulait que le roi se contentât de la cour de ses officiers. Il est pourtant vrai de dire que les femmes ont accompagné Louis XV à l'armée, et que la reine ne voulant point y aller, cela se passe fort décemment par le concours de trois princesses du sang et de nombre de dames. Celles-ci sont même présumées y aller pour faire compagnie à madame la duchesse de Chartres qui a eu un prétexte légitime pour se rendre

[1] Diane-Adélaïde, troisième fille du marquis de Nesle, né le 13 janvier 1714. Elle avait épousé, au mois de décembre 1742, Louis de Brancas, duc de Villars, appelé le duc de Lauraguais, colonel du régiment d'Artois.

à l'armée. Quoi qu'il en soit, le public n'a point approuvé le départ de madame de Châteauroux, d'autant plus que l'on a écrit de l'armée, et que l'on a dit dans Paris, que le roi a fait ses dévotions le jour de la Pentecôte.

— On dit à présent, comme chose sûre, que le déplacement de M. Amelot vient de ce que le roi de Prusse, avant de nous abandonner en Bohême, ce qui a passé pour trahison, avait écrit au roi trois lettres que le cardinal de Fleury avait reçues et tenues secrètes, et dont il avait défendu à M. Amelot de parler au roi; qu'alors le roi de Prusse, piqué de ne pas recevoir de réponse, avait pris son parti. Cela s'est découvert; le comte de Rottembourg, envoyé extraordinaire du roi de Prusse, en a montré au roi les copies. M. Amelot a été obligé de convenir du fait, et sur ses excuses, le roi lui a demandé de qui il était ministre : du cardinal ou de lui? Une pareille aventure vérifiée empêchera dorénavant chaque ministre d'avoir ces déférences pour un ministre supérieur.

— La nouvelle de la prise de Menin[1] a fait grand plaisir aux bons citoyens qui se trouvent dans une situation plus flatteuse que l'année dernière, aussi commence-t-on à chanter. Il y a eu *Te Deum*, à l'ordinaire, chanté avec symphonie et grand chœur de musique, et il a été tiré, à la Grève, un fort beau feu d'artifice à neuf pilliers. Tout l'hôtel de ville, dans la façade, a été illuminé, fort magnifiquement, ce qui a attiré un grand concours de monde. Le soir il n'y a point eu de

---

[1] Cette ville avait capitulé le 4 juin, après sept jours de tranchée ouverte.

feux de joie dans les rues de Paris; mais toutes les maisons ont été illuminées par ordonnance de police, ce qui faisait un plus bel effet. Tous les bourgeois étaient en foule à se promener la nuit : un rien suffit pour consoler le Parisien des inconvénients de la guerre.

— Le lendemain des réjouissances publiques, la bourgeoisie de Paris n'a pas été remerciée gracieusement. On a affiché, au coin des rues, une petite ordonnance de police émanée du roi, pour obliger les corps et communautés des marchands et artisans, et autres habitants, de fournir trois cents hommes de milice pour compléter les trois bataillons de milice de la bonne ville de Paris, sans tirer au sort, à cause du petit nombre, mais sur un état de répartition du lieutenant général de police. En sorte que c'est une continuation de levée de milice, dans cette ville, et sur les marchands, à qui cela ne plaît pas.

Juillet. — M. le comte de Maurepas arriva ici le 4, de sa tournée dans les ports de Provence [1]. On dit qu'il a trouvé la marine en très-mauvais ordre, surtout pour la construction des vaisseaux, où l'on a employé de très-mauvais bois qui est en danger d'éclater et de se fendre, si on tirait de suite les bordées de canon. On dit, à présent, que c'est la raison qui a empêché M. de Court de faire donner sa flotte comme il aurait voulu dans l'action contre Matthews. M. le comte de Maurepas est parti le jour même pour aller trouver le roi à Boulogne-sur-Mer, et lui rendre compte de son voyage.

---

[1] Il était parti, pour cette tournée, le 18 juin.

— Le siége de la ville de Furnes[1] tient plus longtemps qu'on ne croyait. C'est encore M. le comte de Clermont qui fait ce siége. C'est lui qui a tout fait, depuis l'ouverture de cette campagne, et qui se présente à tout sans réserve et en brave général. On voit, par là, le respect que l'on doit aux discours de ville et du public. Car que n'a-t-on pas dit contre lui, l'année dernière, et le tout à cause de mademoiselle Le Duc, sa maîtresse? Le public sera le sot de cette affaire, car quand un prince est brave et s'expose, lui qui pourrait s'en dispenser par sa qualité d'abbé de Saint-Germain des Prés, il lui est permis de faire ce qu'il veut à la ville, sans que de petits particuliers, qui auraient peur d'une fusée dans les rues, ou des femmes qui enragent de voir une fille dans une belle calèche, soient en droit d'y trouver à redire.

— Le 12, il y a eu grandes réjouissances dans cette ville à cause de la prise de la ville d'Ypres[2], un *Te Deum* dans l'église de Notre-Dame, à grand chœur de musique, où M. le Dauphin est venu de Versailles, ce qui a rendu cette cérémonie plus brillante et plus nombreuse. Après le *Te Deum*, M. le Dauphin a été promener au petit Cours[3]. A huit heures et demie il est revenu à l'hôtel de ville, qui était magnifiquement accommodé au dedans. On a tiré, dans la place, un feu d'artifice bien plus beau que celui pour Menin. M. le

---

[1] Cette ville avait été investie le 26 du mois précédent.

[2] Elle s'était rendue le 26 juin.

[3] On appelait ainsi le Cours-la-Reine pour le distinguer des Champs-Élysées qui lui étaient contigus et auxquels on avait d'abord donné le nom de Grand-Cours. Le Cours-la-Reine était entouré de fossés et fermé par des grilles à ses deux extrémités.

Dauphin a soupé dans la grande salle, seul ; mais il y avait plusieurs tables pour toute la cour. La façade de l'hôtel de ville était ornée et illuminée dans une grande magnificence ; mais le vent et une pluie très-indiscrète en ont empêché l'effet et la durée. M. le Dauphin est parti à onze heures et demie, et, dans son chemin, par la rue Saint-Honoré et la place de Vendôme, il a trouvé toutes les maisons illuminées magnifiquement, autant que cela pouvait être par une pluie à verse. Malgré cette pluie, qui n'a été violente que sur les onze heures, il y avait un concours de peuple étonnant pour voir les illuminations. J'ai vu passer devant ma porte une douzaine de polissons, avec deux tambours à la tête, et des flambeaux, portant deux figures habillées, l'une représentant la reine de Hongrie et l'autre le prince Charles, une pipe dans la bouche. Je crois que la police aurait empêché cela si elle eût pu le prévoir, parce qu'il faut toujours respecter les princes.

Août. — Il y a eu, le 12 de ce mois, un *Te Deum*[1] solennel à Notre-Dame. Toutes les rues ont été illuminées, mais cependant succinctement, parce que le bourgeois est affligé du passage du Rhin[2] et des ravages que font les hussards et les pandours du prince Charles. Ce dernier s'est même emparé de Saverne et y a fait son quartier. Les hussards et pandours ont mis à contribution une partie de la basse Alsace, ravagé toute la récolte, brûlé des villages, coupé les arbres de la fo-

[1] Pour la prise des retranchements des vallées de Sture et de Château-Dauphin que l'armée franco-espagnole, sous le commandement du prince de Conti et de l'infant d'Espagne don Philippe, avait emportés les 18 et 19 juillet.

[2] Le 1ᵉʳ juillet, le prince Charles avait fait passer le Rhin à son armée et avait transporté le théâtre de la guerre en Alsace.

rêt de Hagueneau dont ils se sont fait des retranchements, tué et massacré, violé des couvents de religieuses qu'ils renvoyaient toutes nues au milieu des champs, et mille cruautés de toute espèce. Le prince Charles, à Saverne, n'a pas même fait épargner la belle maison de campagne de M. le cardinal de Rohan, évêque de Strasbourg. On a cassé les glaces, les marbres, les parquets et détruit toutes les palissades des jardins. Voilà les suites du passage qu'on a laissé faire au prince Charles, et qu'on aurait pu sûrement empêcher avec plus d'attention.

— Le 7 de ce mois, le roi est tombé malade à Metz[1]. Il a eu la fièvre qu'on a d'abord regardée comme fièvre d'accident et de fatigue, et peut-être même de chagrin du passage du prince Charles et des désordres de ses troupes; il avait fait aussi un grand souper avec toute sa cour, dans lequel on avait beaucoup bu à la santé du roi de Prusse, avec lequel ce grand traité[2] dont on a tant parlé est enfin certain, et aussi à la santé de « mon cousin, le *Grand* Conti[3]. » Il l'a ainsi surnommé, dans ce souper, et le nom lui en est resté. Le reste de la nuit ne fut peut-être pas plus tranquille.

Depuis le 7 jusqu'au 11, le roi a été saigné trois fois et purgé autant. A peine savait-on cet accident dans Paris. On l'avait caché et le public en croyait le roi

---

[1] A la nouvelle du passage du Rhin par le prince Charles, le roi avait quitté la Flandre, le 19 juillet, avec une partie de ses troupes, pour aller prendre le commandement de l'armée d'Allemagne. Il était arrivé à Metz le 4 août.

[2] Le traité du 5 avril, conclu entre Louis XV et Frédéric II, par lequel ce dernier s'engageait à soutenir l'empereur Charles VII contre la reine de Hongrie.

[3] A cause des brillants faits d'armes de la campagne d'Italie.

parti pour Strasbourg. Cette fièvre est devenue fièvre maligne infiniment dangereuse, et du 11 au 14, le roi a été à l'extrémité et plus de cinq heures sans parler et sans connaissance. On ne savait point non plus ce malheur à Paris : on ne croyait pas que la maladie avait eu ces suites. Je sais que le vendredi, 14, à dîner chez le premier président, on comptait qu'il y avait du mieux.

— La nuit du 14, il arriva un courrier portant la nouvelle que le roi avait reçu tous ses sacrements, et ordre à la reine, à M. le Dauphin et à Mesdames, de partir sur-le-champ pour Metz, pour se rendre auprès du roi qui avait demandé à les voir. Les ordres furent donnés toute la nuit. Il n'y avait plus moyen de rien cacher. Le lendemain, 15, jour de l'Assomption, cette nouvelle se répandit dans Paris. La reine avait passé sur les boulevarts à huit heures; M. le Dauphin devait partir à midi, et Mesdames à six heures du soir, le tout à cause de la difficulté des chevaux de poste.

Cette nouvelle a mis Paris dans une alarme et une consternation qu'on ne peut exprimer, et cela dans tous les états, grands, petits et peuple. Le samedi, 15, et le dimanche, 16, la grande poste fut remplie et investie de carrosses et de peuple qui attendaient des courriers. On ordonna, à Notre-Dame et partout, les prières de quarante heures. Il vint un courrier le 16, après midi, qui disait aller droit à Meudon, où était la reine de Pologne, mère de la reine, qui est venue ici pour passer un mois avec sa fille. Ce courrier d'ailleurs ne dit rien du roi, et, en effet, c'était un courrier que la reine envoyait à sa mère. Je passai moi-même, à sept heures, chez M. de Maurepas, où il n'y avait aucune nouvelle. Le silence de ce courrier et le défaut de nouvelles firent croire que le roi était mort. Le 17 au matin, tout Paris alla ou envoya à la poste. Chacun avait les larmes aux yeux; mais enfin, sur les dix heures, il arriva un courrier qui dit que le roi avait mieux passé la nuit du 15 au 16, qu'il avait dormi, et qu'il s'était réveillé avec beaucoup moins de fièvre. Cela remit un peu les esprits et cela fit l'entretien de tout Paris. Depuis lundi, 17, tous les jours, matin et soir, la poste a été remplie de monde. Les commis ne savaient à qui répondre. Il est arrivé des courriers tous les soirs qui ont dit que le roi allait mieux, et, pour satisfaire l'ardeur des habitants de Paris, on a pris le parti de faire des bulletins que l'on a affichés en plusieurs endroits de la cour de la poste, et même aux portes des ministres. On peut dire que le roi n'aura jamais une occasion plus marquée et plus éclatante de l'amour et de l'attachement de son peuple. Le corps de Ville de Paris n'ayant pas des nouvelles de la santé aussi souvent qu'il le voulait, par la difficulté des chevaux de poste sur la route, a fait un établissement le 15, jour du danger de la maladie. Il a envoyé trente ou trente-cinq hommes sur la route, de deux en deux lieues, avec des chevaux. Le premier étant une fois arrivé à Metz, on aura, à la Ville, le bulletin deux fois par jour; mais on ne pouvait avoir la première nouvelle, par cette correspondance, que le 21 de ce mois.

— On a su par les bulletins arrivés le 20 et le 21, que le roi était beaucoup mieux; mais il est certain qu'il a été à toute extrémité entre le 12, le 13 et le 14, et que les médecins n'en attendaient plus rien. Au surplus on dit que cette maladie vient d'un coup de soleil, d'une indigestion, d'un grand souper où on avait beaucoup bu, et d'un épuisement dans la nuit suivante.

— Tout le public a déclamé contre M. le duc de Richelieu, madame la duchesse de Châteauroux et M. La Peyronie, premier chirurgien. On a prétendu que pendant les trois premiers jours de la maladie, qui n'était d'abord qu'une fièvre ordinaire, ils étaient tous les trois renfermés dans la chambre du roi, et qu'ils ne laissaient entrer personne. On disait même que l'on avait refusé la porte à M. le duc de Bouillon, grand chambellan; mais cela n'est pas vrai. M. Chicoyneau, premier médecin, n'a pas quitté le roi depuis le premier moment de sa maladie. Je crois que les médecins de Paris, qui ont de grands débats avec les chirurgiens, et qui enragent contre La Peyronie, ont fait courir ces bruits pour discréditer celui-ci. Ils ont même fait une chanson contre lui à ce sujet, sur l'air *des Pendus*. Elle est vive. En voici le premier couplet :

> Or, écoutez, petits et grands,
> L'histoire du chef des merlans [1],
> Qui s'est joué, l'infâme traître,
> Des jours de son roi, de son maître,
> Et qui faillit nous perdre tous
> Pour complaire à madame Enroux [2].

On dit de plus que M. le duc de Richelieu avait retardé autant qu'il avait pu la présence du père Pé-

---

[1] Il est chef des perruquiers que l'on appelle *merlans* parce qu'ils sont blancs. (*Note de Barbier.*)

[2] Madame de Châteauroux.

russeau, jésuite, confesseur de Sa Majesté; mais que M. Fitzjames, évêque de Soissons, premier aumônier, a fait venir le confesseur, s'est emparé du roi pour l'exhorter à la mort et lui a fait recevoir les sacrements de la manière la plus authentique et la plus solennelle. Le roi a permis, lorsqu'on lui a donné l'extrême onction, de laisser entrer tout le monde de la ville de Metz, hors la populace : cela a fait, par conséquent, un grand concours. Là, M. l'évêque de Soissons a fait faire au roi une espèce d'amende honorable. Il a demandé pardon à Dieu et à ses peuples du scandale qu'il avait donné. Il a reconnu qu'il était indigne de porter le nom de roi très-chrétien et de fils aîné de l'Église, et il a promis d'exécuter toutes les conditions que M. l'évêque de Soissons avait exigées de lui. Elles étaient de renvoyer madame la duchesse de Châteauroux; sur quoi le roi a répondu de lui-même : « Et madame la duchesse de Lauraguais aussi, » qui est sa sœur. En conséquence, M. d'Argenson a porté l'ordre, de la part du roi, à madame de Châteauroux de se retirer à quatre lieues de Metz avec madame de Lauraguais, et la nuit d'après, à deux heures, on leur a porté un second ordre de se retirer très-loin. Elles sont parties pour Paris, où elles sont arrivées le jeudi 20. Cela avait fait un tel scandale dans Metz, qu'elles ont été obligées, pour sortir de la ville, de baisser les stores du carrosse, crainte d'être insultées par la populace. Elles n'ont eu que ce qu'elles méritaient en étant chassées plus indignement que les dernières p......, car ceci a fait dire, dans le public, qu'après le grand souper du 6, M. le duc de Richelieu avait enfermé le roi avec les deux sœurs pour leur faire passer la nuit, et que le lendemain il avait craché le sang d'épuisement. Voilà la cause de sa fièvre et de ses grands maux de tête.

— A Paris, la nouvelle de ces renvois a infiniment satisfait le public, qui avait reçu très-mal le premier voyage de toutes ces femmes en Flandre. On s'était toujours douté que le départ des princesses de Chartres, de Modène et de Conti, n'avait été qu'un prétexte pour faire marcher les autres femmes, et on avait encore plus critiqué la suite de celles-ci dans le départ du roi de Flandre pour l'Allemagne. On regarde donc l'action de M. l'évêque de Soissons comme la plus belle chose du monde, parce que le scandale ayant été public, on trouve qu'il fallait que la réparation le fût aussi. On fait déjà ce prélat cardinal, archevêque de Paris. Le public admire souvent les grands événements sans réflexion. Pour moi, je prends la liberté de trouver cette conduite très-indécente, et cette réparation publique un scandale outré. Il faut respecter la réputation d'un roi et le laisser mourir avec religion, mais avec dignité et majesté. A quoi sert cette parade ecclésiastique? Il suffisait que le roi eût, dans l'intérieur, un sincère repentir de ce qu'il avait fait, pour cacher le dehors. Il était très-juste que madame de Châteauroux ne reparût plus, mais il fallait concerter son éloignement avec des ménagements; trouver un prétexte au départ de quelques princesses avec toutes les femmes de cette cour, qui n'avaient plus que faire à Metz, surtout la reine venant d'arriver, et ne pas déclarer publiquement, par un exil personnel et subit, l'intrigue qui a succédé à madame la comtesse de Mailly, dont, à parler vrai, le public ne pouvait avoir que des soupçons. Je ne sais pas ce qui arrivera après trois mois de parfait rétablissement, mais je trouve cette conduite légère, imprudente et trop satisfaisante pour l'autorité ecclésiastique sur les princes, dans les moments critiques.

Quoi qu'il en soit, madame la comtesse de Mailly est ici, à Paris, dans une haute dévotion. Depuis la nouvelle du danger du roi, elle n'a pas, dit-on, quitté les églises, et elle ne quitte pas non plus la maison de Noailles. On commence, à présent, à lui pardonner et à l'estimer : au contraire, on se déchaîne à toute outrance contre sa sœur, que l'on regarde comme la cause de la maladie du roi. Il est certain que ceci fait une sortie bien honteuse pour madame de Châteauroux. On fait naître aussi par là de nouveaux soupçons sur madame de Lauraguais. C'est scandale sur scandale !

— Le lundi, 17, après la nouvelle du courrier qui a un peu remis les esprits sur la santé du roi, le parlement s'étant assemblé, a arrêté que M. Dufranc, greffier de la grand'chambre, et en qualité de secrétaire du roi près le parlement, partirait l'après midi comme député de la cour, pour se rendre à Metz s'informer de la santé du roi. Toutes les cours souveraines ont aussi envoyé pareillement des députés.

M. Dufranc est revenu le 21, au soir. On savait déjà que le roi allait de mieux en mieux, mais M. Dufranc a apporté encore de meilleures nouvelles. Samedi, le parlement s'est assemblé et a ordonné qu'on chanterait un *Te Deum* dans la grande salle du palais. Les avocats assistent au *Te Deum* du parlement. C'est un ancien usage, et ils y ont un nombre de places, quarante environ, pour les anciens.

A midi, le parlement a envoyé chercher M. de Marville, lieutenant de police, et lui a ordonné de faire imprimer et afficher son ordonnance, par ordre du parlement, pour faire des illuminations dans Paris, le soir même. Ce grand zèle pouvait être un peu précipité dans une maladie de cette conséquence, mais il a été justifié par l'événement. Quoi qu'il en soit, le lieutenant de police et les commissaires ont fait leurs opérations, et bien que cela n'ait pu être rendu public, dans Paris, que sur les deux heures après midi, le soir, à huit heures, toute la ville a été illuminée mieux qu'elle n'a jamais été. Il y avait des lampions ou chandelles jusqu'aux fenêtres du quatrième étage. Les rues Saint-Denis, Saint-Martin, Saint-Honoré et Saint-Antoine étaient un spectacle à voir, et il y a eu quantité de maisons magnifiquement décorées. Le peuple était en joie dans les rues, et il n'est pas possible de donner une marque plus sincère et plus vive de l'amour du peuple pour le roi.

— Malgré tous nos corps d'armée en Allemagne, le prince Charles a fait repasser le Rhin à son armée, sur trois points[1]. Il était passé quand on en a eu avis, ou du moins quand le maréchal de Noailles a fait donner. Cette nouvelle a fort indisposé Paris contre le maréchal, que l'on a regardé, de plus en plus, comme ayant peur du canon. On a écrit qu'il avait donné jusqu'à trente-cinq ordres différents dans un jour, et qu'il ne savait quel parti prendre. On dit qu'on a attaché, la nuit, à la porte de son hôtel, à Paris, une épée de bois. On disait: « La paix est faite, le maréchal a chassé les

---

[1] Le 24 août.

ennemis de l'Alsace. » Il fallait, dit-on, mettre en lettres d'or :

> Homicide point ne seras,
> De fait ni de consentement.

Tous ces brocards-là, réitérés, viendront aux oreilles du roi par quelque endroit, et perdront le maréchal, malgré tout son crédit; d'autant qu'il est nécessaire que les troupes aient confiance dans le général.

Septembre. — Depuis le rétablissement de la santé du roi, quelque curieux a fait quatre vers dans le style et sous le nom de prophétie de Nostradamus :

> Au cri du chat [1] tout chacun tremblera ;
> Le coq sera pris par la crête ;
> L'enfant tout nu perdra son arbalète [2],
> Et la Camuse [3] un pied de nez aura.

— Jeudi, 10, on a chanté un *Te Deum* pour le rétablissement de la santé du roi. Il y a eu un feu d'artifice tiré à la Grève, fait par des artificiers italiens [4]; il a été assez beau par la variété. Toutes les rues de Paris ont été illuminées, et il y a eu quantité de simples particuliers qui se sont distingués par une dépense considérable, indépendamment des hôtels des princes, seigneurs et gens attachés à la cour, qui ont été illuminés avec des charpentes ou placages et lustres faits exprès, et garnis de lampions [5].

---

[1] Mi-août : le roi était très-mal. (*Note de Barbier.*)

[2] L'Amour a eu du dessous. (*Ibid.*)

[3] La Mort. (*Ibid.*)

[4] Les frères Ruggieri, artificiers de la Comédie italienne.

[5] Il n'est pas sans intérêt de remarquer que Barbier ne fait aucune mention de ces mots : *Vive Louis le bien-aimé!* qui, suivant les relations officielles, « étaient écrits presque partout en lettres de feu, et annonçaient que la nation déférait au monarque un titre qui est au-dessus de

Sur le Pont-Neuf, dans les places publiques et plusieurs autres endroits, il y avait deux pièces de vin que l'on distribuait avec des cervelas et des pains, et devant chaque distribution de vin, il y avait une charpente de gradins pour cinq ou six musiciens, qui jouaient des instruments. Le peuple a couru une partie de la nuit dans les rues.

Le feu de la Grève était en face de l'hôtel de ville. Il était entouré d'une charpente, en arcades, haute jusqu'au second étage, qui formait un carré dans la place. Les placages de cette charpente étaient garnis de lampions et le haut était orné en guirlandes et de petites lanternes avec des lustres, ce qui était d'un goût infiniment galant et superbe. Mais le défaut de ce feu, dans une place aussi irrégulière et aussi vilaine que la Grève, c'est qu'il était placé, formé et entouré de façon qu'il était uniquement construit pour l'hôtel de ville et nullement pour le peuple qui ne pouvait le voir aisément, quoique le premier objet de la réjouissance. Cela a fort indisposé le public contre M. de Bernage, nouveau prévôt des marchands, sur lequel il y a eu ce couplet de chanson :

> Monsieur le prévôt des marchands,
> Ma foi vous vous moquez des gens !
> Vous placez si bien l'édifice
> Du feu que tout Paris attend,
> Qu'il faudra, pour voir l'artifice,
> Avoir sa place au firmament.

Il ne faut qu'une misérable aventure pareille pour

tous les autres, parce qu'il les renferme tous. » (*Gazette de France* du 19 septembre 1744.)

discréditer M. de Bernage dans l'esprit du public, et faire trouver mauvais tout ce qu'il fera dans la suite.

— Les réjouissances ne finissent pas dans cette ville de Paris. Il n'y a point de corps et de communauté, de quelque espèce que ce soit, qui ne fasse chanter un *Te Deum*. On ne voit que cela affiché, tous les jours, au coin des rues, et le jour du *Te Deum* chaque particulier de la communauté illumine sa fenêtre. Jusqu'aux charretiers du port Saint-Bernard!... On entend chaque soir tirer de tous côtés. Les colléges font aussi des fêtes et des illuminations. Indépendamment des *Te Deum* pour la santé du roi, on n'en a jamais tant vu aussi pour la prospérité des armes.

— Le 23 de ce mois, M. Orry, contrôleur général, a fait tirer son feu qui était placé sur la rivière, un peu au-dessus de la terrasse de sa maison de Bercy. Son jardin était illuminé magnifiquement, et le feu a été fort beau. Il est certain que celui-ci a bien été fait pour le public, car, du côté de la porte Saint-Bernard, c'était une telle affluence de carrosses et de peuple à pied, qu'on ne s'apercevait ni de la guerre, ni des vacances. Il y en avait aussi beaucoup de l'autre côté de la rivière et l'on voyait le feu jusqu'au pied, dans l'eau, de tout côté. Cette fête a été d'autant plus belle qu'il faisait une fort belle nuit, au clair de lune près qui était de trop.

— Le comte de Clermont, prince du sang, est avec un corps de douze mille hommes du côté de la Bavière. On le nomme aujourd'hui *prince* de Clermont. Le roi a dit qu'il y avait bien des personnes de ce nom et qu'il fallait appeler son cousin prince de Clermont, pour le distinguer des autres.

Octobre. — Dimanche, 4, les garçons charbonniers ont fait chanter un *Te Deum* à Sainte-Geneviève, avec une grand'messe; ils marchaient en corps avec les trompettes et hautbois de la Ville et huit pains bénits. Celui qui rendait le pain bénit était à la tête, tout habillé de blanc, souliers, chapeau et plumet blancs, une épée au côté, et une perruque toute noire. Les autres, au nombre de cent environ, étaient habillés chacun avec leurs habits bourgeois.

— Les porteurs d'eau ont fait aussi chanter un *Te Deum*. Apparemment ceux de la place Maubert et du quai des Augustins, de deçà la rivière[1]. Il y avait sur l'affiche *Porteurs d'eau de l'Université de Paris*.

— Le roi s'est rendu le 7 au camp devant Fribourg[2]. Le régiment des gardes suisses est à ce siége, quoiqu'il ne passe pas ordinairement le Rhin. Mais quand le roi passe ce fleuve en personne, comme il est de sa garde et de sa maison, il le passe aussi.

— On n'a point reçu de lettres du siége de Coni[3] depuis le 19. La nouvelle la plus générale hier, 28, est qu'on a été obligé de lever le siége. Il n'y a cependant encore rien de certain à cet égard, et je remarque toujours que sur dix personnes, il y en a les trois quarts plus disposées à parler mal de nos entreprises et à saisir les mauvaises nouvelles.

---

[1] Par rapport à Barbier qui demeurait rue Galande. On divisait Paris en trois parties principales: la Cité, la Ville et l'Université. Cette dernière partie comprenait tout ce qui se trouve sur la rive gauche de la Seine.

[2] Le 30 septembre, le maréchal de Coigny avait ouvert la tranchée devant cette ville, qui capitula le 1er novembre.

[3] Le prince de Conti et l'infant don Philippe assiégeaient cette place depuis le 13 septembre. L'approche de la mauvaise saison les obligea à abandonner cette entreprise.

Novembre. — Mardi 10, M. le duc de Châtillon, gouverneur de M. le Dauphin [1], a reçu une lettre de cachet qui lui a été portée par M. de La Luzerne, officier des gardes du corps, par laquelle il est exilé à son duché de Châtillon, en Poitou, avec la duchesse sa femme. Ordre de partir de Versailles dans une demi-heure, sans pouvoir parler ni à monseigneur le Dauphin, ni à la reine. Ils sont venus sur le champ à Paris, d'où ils sont partis vendredi matin, 13. Madame de Châtillon devait partir à la fin de ce mois pour aller au devant de madame la Dauphine, en qualité de sa première dame d'honneur. Lui-même devait être premier gentilhomme de la chambre de M. le Dauphin et décoré du titre de maréchal de France; c'est la récompense ordinaire. Cela fait un terrible changement!

On cherche la raison d'une pareille disgrâce, mais on ne la sait pas. On dit que c'est pour avoir conduit M. le Dauphin à Metz, sans ordre, contre les représentations de M. le chancelier et de M. le premier président, qu'il reçut mal. Ceux-ci croyaient que, dans le cas de la mort du roi, il était plus prudent de garder ici le nouveau roi que de l'exposer. On dit, pour excuser M. de Châtillon, que son dessein était de présenter le nouveau roi aux troupes pour les encourager. D'autres disent qu'il a tenu des discours peu mesurés au Dauphin, sur le compte de madame la duchesse de Châteauroux, même qu'il avait écrit en Espagne au sujet de la place de surintendante de la maison que le roi lui avait donnée. Il faut que ce soit quelque chose de grave, mais on n'en sait rien positivement. M. le

[1] Le mariage du dauphin venait d'être déclaré avec Marie-Thérèse-Antoinette-Raphaël, infante d'Espagne, née le 11 juin 1726.

duc de Châtillon, au surplus, était un homme d'un esprit médiocre, choisi par le cardinal de Fleury. Homme très-haut, dévot sévère et très-exact dans ses devoirs, peut-être haï de M. le Dauphin.

— M. de Balleroy, gouverneur de M. le duc de Chartres [1], et qui l'avait suivi à l'armée, n'a pas eu la peine de revenir à Paris. Il a reçu en chemin une lettre d'exil. Celui-ci a très-mal élevé le prince qui s'est fait haïr des troupes par ses hauteurs. On prétend que par les conseils de madame la princesse de Conti, sa belle-mère, très-capable d'en donner, il a fait ses excuses à Metz à tous les officiers de son régiment, et leur a dit qu'ils verraient par la suite qu'il avait appris à vivre.

— Vendredi, 13, le roi, qui était venu en poste, est monté dans le carrosse qui l'attendait vers Bercy et est entré à Paris à six heures. M. le duc de Gèvres, gouverneur, et la Ville l'ont reçu par delà la porte Saint-Antoine. Il a fait ensuite son entrée jusqu'aux Tuileries, par le chemin des ambassadeurs. Il était dans un grand carrosse, lui cinquième. Il y avait eu quelques bourgeois du faubourg Saint-Antoine, en habit uniforme, avec un simple bouton d'or et veste galonnée, qui avaient été à cheval au-devant du roi; je ne sais pas s'ils l'ont accompagné jusqu'au Louvre; je ne les ai point aperçus dans la marche, dans la rue de la Ferronnerie. En tout cas c'était peu de chose que cette troupe, qui était environ de cent hommes.

Les rues n'étaient point tendues, mais elles étaient illuminées, ou du moins elles devaient l'être, car il faisait non-seulement de la pluie, mais un si grand vent

---

[1] Voir ci-dessus, p. 102.

que toutes les lumières étaient éteintes, et qu'on ne pouvait pas venir à bout de les rallumer.

— Samedi, 14, le roi est venu à Notre-Dame, en grand cortége, accompagné de toute la famille royale, pour rendre grâce à Dieu de bien des choses à la fois : de son rétablissement, de ses conquêtes et de son retour. Il a entendu une grand'messe chantée dans le chœur avec la musique de Notre-Dame et symphonie. Comme ce concours de la maison royale en pareil cas est fort rare, je me suis transporté dans la nef de Notre-Dame. Mesdames de France sont arrivées les premières. Elles étaient fort parées, en diamants et en blanc, en petit deuil; tout le reste de la cour était en noir[1], hors le roi et la reine. Le roi était habillé en velours brun ciselé[2], brodé d'or ; il est encore un peu maigre et un peu changé. Il a pris sa place dans le chœur où il a bien attendu la reine un demi-quart d'heure. Elle avait une robe brodée d'or et chargée de réseaux d'or. Quoiqu'il fît mauvais temps, pluie et vent, et qu'on ne sût pas positivement cette grande visite à la Sainte-Vierge, l'église, où tout le monde entrait, et le parvis Notre-Dame, étaient remplis de peuple et autant sur la route.

— Le roi, de retour au Louvre[3], a dîné à son petit couvert. Le soir, il y a eu concert chez la reine où tout le bourgeois en noir a été reçu, ce qui est commode pour les femmes. Il en a été de même au souper

[1] A cause du deuil que l'on avait pris le 15 octobre, et dont la durée était de six semaines, pour *Anonyme*, Madame de France, sixième, morte le 28 septembre.

[2] Velours dont le dessus est découpé au ciseau et forme ainsi des fleurs, etc.

[3] C'est-à-dire aux Tuileries. Voir la note 2, t. I, p. 8.

du roi avec la reine, M. le Dauphin et Mesdames.

— Dimanche, 15, le roi est venu dîner à l'hôtel de ville. On avait préparé et accommodé magnifiquement l'hôtel de ville en dedans. La grande salle était tendue de damas cramoisi avec des galons d'or faux, et toute remplie de lustres. La chambre du roi, à gauche, au-dessus de l'arcade[1], était en velours cramoisi avec frange d'or. Il y avait ensuite un cabinet et une garde-robe ornés de lustres, de pendules et de curiosités en porcelaine de Saxe, sur les cheminées et sur des coins. On avait fait faire des cheminées très-belles, en marbre, avec des glaces magnifiques. La chambre pour la reine, était au bout de la grande salle, du côté du Saint-Esprit[2], et l'appartement pour M. le Dauphin était sur la cour. Celle-ci était ornée de lustres et de guirlandes de lampions, et tout le bâtiment, tant en dehors qu'en dedans, avait été reblanchi.

La place de Grève était entourée d'une colonnade de cartons peints en marbre, avec des trophées dorés au-dessus, et des guirlandes d'illumination d'une colonne à l'autre. Au commencement de la place, vis-à-vis la grande arcade, était un grand arc de triomphe, de la même hauteur, en charpente, couvert de toile en peinture. Sur le sommet il y avait un char de carton blanc, à quatre chevaux, où était le roi, et derrière lui la victoire qui le couronnait. Sur la Grève, en descendant à la rivière, était une grande fontaine carrée,

---

[1] Cette pièce, qu'on appelle le salon du *Zodiaque*, a longtemps servi de cabinet au secrétaire général de la préfecture de la Seine.

[2] L'Hôpital du Saint-Esprit attenant à l'hôtel de ville du côté du nord, et sur l'emplacement duquel on éleva, en 1810, l'hôtel particulier du préfet de la Seine. Cette pièce sert maintenant de cabinet au préfet de la Seine.

où il y avait quatre bouches, dans les quatre faces, pour jeter du vin dans quatre cuvettes de pierre peintes en marbre, pour le peuple, et tout le carré de cet emplacement était entouré de poteaux, sur lesquels il y avait de grandes girandoles pour des lampions. Tout le long du quai Peletier, sur le parapet, il y en avait de même. Le toit de l'hôtel de ville était aussi couvert de lampions.

Malgré la dépense de toutes ces illuminations, la place de Grève est si vilaine et si difforme par elle-même, que cette décoration ne faisait point un bel effet. Le grand arc de triomphe était trop massif et n'était pas placé au milieu de la place : on l'avait mis pour faire face à l'arcade et pour être devant la chambre du roi. On ne savait pas si le repas de la Ville serait un souper, et s'il y aurait bal ou non.

Messieurs de la Ville avaient fait faire un pont de bateaux qui traversait la rivière au port Saint-Landry. On comptait apparemment qu'il y aurait un *Te Deum* à Notre-Dame, après lequel le roi viendrait à l'hôtel de ville, et Messieurs de la Ville devaient promptement passer sur ce pont, pour être plus tôt rendus chez eux, afin de recevoir le roi. Il y a eu là bien des préparatifs inutiles.

Le roi est donc venu, dimanche, avec le cortége de toute sa maison, à cheval, pour dîner. Il est arrivé à deux heures. Il avait avec lui M. le Dauphin, M. le duc de Chartres, M. le duc de Penthièvre, et autres seigneurs. Il a dîné dans la grande salle, à une table de trente couverts. Le repas a été, à ce que l'on a dit, des plus magnifiques, et surtout le dessert pour les figures en sucre. Il y avait, dans cette salle, environ deux cents personnes sur des banquettes, principalement des femmes, placées par billets, et au bout de la salle un concert de quarante musiciens pendant le dîner. Les ministres et les seigneurs de la cour occupaient les trente couverts. Le prévôt des marchands était derrière le fauteuil du roi, et les échevins en place, derrière M. le Dauphin et M. le duc de Chartres. Il y avait plusieurs autres tables dans l'hôtel de ville, pour les pages, les Cent-Suisses et les gardes du corps. Il y avait entre autres, pour les gardes du corps, une table de vingt-deux couverts, qui a été cinq fois renouvelée et servie à neuf; il y avait toutes sortes de vins et de liqueurs jusque sur cette table, qui a été servie à deux soupes, neuf entrées, roti, entremets et dessert monté. Ça été une consommation étonnante.

— Dans les fêtes de l'hôtel de ville, les échevins se servaient ordinairement des suisses de la garde pour servir et pour porter les plats. Comme il n'y avait de suisses à Paris que pour le service du roi, ils ont pris un autre arrangement, et fait afficher, plus de quinze jours avant l'arrivée du roi, qu'ils emploieraient des domestiques de Paris actuellement en service, avec un certificat des maîtres. J'en ai donné à un de mes gens. Il a été enregistré, avec bien d'autres, et ensuite reçu et employé sur un rôle, après le choix qui avait été fait. On leur a dit qu'il fallait venir en bas blancs, culotte de velours ou de panne noire et en veste blanche, et on avait fait faire des habits bleus avec un bordé d'argent. Ils ont pris une centaine de domestiques qu'ils ont partagés par dixaine avec un valet de chambre pour chef. Le samedi, 14, ils se sont rendus à l'hôtel de ville, et on leur a donné, à chacun, une bourse de cheveux et une carte avec un cachet, pour entrer le 15, à huit heures du matin. On a fait une distribution de ces gens pour toutes les tables, et on leur a mis à la boutonnière un ruban avec un cachet, pour les distinguer. Le mien a été employé pour le service des gardes du corps, qui étaient servis par deux maîtres d'hôtel, en noir, un valet de chambre, chef, et sept laquais ainsi habillés uniformément; les chefs avaient un bordé d'or. Après leur service, ils ont eu entre ceux de chaque quadrille, un dîner à neuf. Ceux qui portaient les plats pour la table du roi, étaient ceux le plus de la connaissance des échevins. Après le départ du roi, ils ont remis les habits de la Ville, repris les leurs, et on leur a donné une carte pour revenir, le jeudi, 19, comme ayant été employés pour le service intérieur de l'hôtel de ville.

Le roi a été fort gai au dîner, malgré le temps, car il a plu à verse sans discontinuer, depuis six heures du matin jusqu'à huit heures du soir, en sorte que le peuple qui a voulu voir arriver et sortir le roi a été parfaitement mouillé, ainsi que les toiles des décorations de la place et les lampions.

La reine, ni Mesdames de France, ni par conséquent aucunes femmes, n'ont point dîné à la Ville, comme on se l'imaginait, puisqu'on avait préparé l'appartement de la reine. On dit, dans le public, qu'il y a un cérémonial à cet égard, et que les reines de France ne mangent point à l'hôtel de ville, quand elles n'ont point fait d'entrée publique à Paris. Je ne sais point ce fait, attendu qu'il y a très-longtemps que nous n'avons eu ici de reine. Ce qui est certain, c'est que celle-ci n'est point encore venue à l'hôtel de ville.

A six heures, le roi alla au salut des Jésuites de la rue Saint-Antoine, où la reine était déjà avec Mesdames. Après le salut, toute la cour repassa par la place de Grève qui était tout illuminée, et ils se promenèrent dans Paris jusqu'à huit heures.

— J'allai, sur les sept heures, pour voir la Grève; il y avait un si grand concours de peuple et de carrosses, qu'il ne me fut pas possible d'y entrer. Je pris la rue Saint-Honoré pour arriver au Carrousel, où je ne pus aborder, ni par la rue Saint-Nicaise, ni par le derrière des guichets. La rentrée du roi et de la reine avait causé un si grand embarras que l'on risquait beaucoup. Je fis prendre par le premier guichet pour tomber sur les quais dont je fis le tour par-dessus le Pont-Royal, non pas même sans peine. C'était le plus beau coup d'œil de tout Paris.

Sur le quai des Théatins, l'hôtel de Mailly, occupé par M. le duc d'Aumont, premier gentilhomme de la chambre, au moyen de placages de menuiserie autour de toutes les croisées, de lustres et de girandoles de lampions, était illuminé du haut en bas, aussi bien que le jardin et la terrasse. Ensuite la façade des Théatins. Les hôtels de l'ambassadeur d'Espagne, de Bouillon, de La Roche-Guyon, du duc de Fleury, du maréchal comte de Saxe, étaient avec des charpentes de différents dessins tout garnis et remplis de lumières. Du côté du Louvre, les galeries occupées par l'imprimerie royale, les médailles, la monnaie du roi et divers particuliers, et le jardin de l'Infante étaient aussi illuminés. En sorte qu'entre le Pont-Royal et le Pont-Neuf, ces deux quais faisaient un effet surprenant.

— Mardi, 17, à midi, Mesdames de France dans trois carrosses à huit chevaux, la reine avec les princesses et ses dames dans six carrosses à huit chevaux, et le roi avec M. le Dauphin, les princes et les seigneurs de la cour, ont été en pompe et grand cortége entendre la messe à Sainte-Geneviève. Je les ai vu passer et repasser dans la rue Saint-Jacques. Le roi a fort bon visage et l'air gai ; M. le Dauphin aussi.

— L'après-midi, le roi et la famille royale ont été promener, sur le soir, dans Paris qui était entièrement illuminé. Je suis parvenu, à près de neuf heures, au Carrousel, après la rentrée du roi, pour voir à mon aise le château des Tuileries dont toute la façade, jusqu'à la calotte du milieu, était illuminée avec tant de magnificence et de goût, que cela avait l'air d'un palais enchanté. Cela a dû bien amuser M. le Dauphin et Mesdames de France, qui ne connaissaient pas Paris. Le roi a paru aussi fort satisfait de son peuple.

— Chaque soir le roi a soupé avec sa famille, en public. Tout le monde, hommes et femmes en noir, y entrait autant qu'il en pouvait tenir; car on dit qu'on s'y portait, qu'on faisait avec grande peine le service et qu'on était obligé d'en sortir.

— On dit, comme certain, que le duc de Bouillon est disgracié et qu'il a eu ordre de se retirer dans sa terre de Navarre[1]. Je ne l'ai point vu dans le carrosse du roi, où il a une place de droit par sa charge de grand chambellan. On dit que c'est pour avoir traité très-mal M. La Peyronie, à Metz, dans les premiers jours

---

[1] Le château de Navarre, magnifique édifice construit sur les dessins de Mansard, à un kilomètre de la ville d'Evreux.

de la maladie du roi qui avait défendu l'entrée de sa chambre. On parle aussi de la disgrâce de M. le duc de La Rochefoucault, grand-maître de la garde-robe du roi, fort respecté à la cour et même fort aimé du roi. Enfin, on a dit encore que M. l'évêque de Soissons était exilé; mais il n'y a pas d'apparence, même de disgrâce, puisqu'il suit le roi partout, comme premier aumônier, et qu'il a dit la messe royale à Sainte-Geneviève[1].

— Mercredi, 17, le roi et toute la famille royale sont retournés à Versailles dont les habitants les attendaient avec impatience. Ils ont trouvé sur leur chemin une compagnie d'habitants à cheval, en habit uniforme[2]. Quoique le public de Paris eût été suffisamment en l'air, pendant cinq jours, aux fêtes, etc., un homme m'a dit le lendemain, jeudi, qu'il y avait plus de deux cents fiacres de Paris sur la place du Château et, par conséquent, les appartements pleins de monde pour voir encore souper le roi.

— M. de Villeneuve[3] qui avait été nommé secrétaire d'État des affaires étrangères, le 3 de ce mois, a remercié le roi de cet honneur sur ce qu'il n'était pas capable de remplir exactement cette place importante à cause de son âge et de ses infirmités. Il n'a cependant que soixante-trois ou soixante-quatre ans, mais il a une rétention d'urine. Le roi a nommé, à sa place, M. le mar-

---

[1] Il reçut, plus tard, l'injonction de se rendre dans son diocèse.

[2] Voir pour l'entrée du roi et les fêtes qui eurent lieu à cette occasion, l'article du *Mercure de France* du mois de novembre 1744, vol. I, p. 103, intitulé : *Journal du voyage du roi depuis son départ de Fribourg*.

[3] Louis Sauveur, marquis de Villeneuve. Il avait été ambassadeur à Constantinople, de l'année 1728 à l'année 1741.

quis d'Argenson, l'aîné, qui était conseiller d'État au conseil royal, et il a donné au comte d'Argenson, ministre de la guerre, la place de surintendant des postes et relais de France, ce qui rapporte au moins trente mille livres de revenu, pour le dédommager des dépenses qu'il a faites dans cette campagne avec le roi. On dit effectivement qu'il a mangé plus de trois cent mille livres. On peut dire que voilà deux frères en grand crédit, occupant les deux premières places du gouvernement. Les quatre places de secrétaires d'État sont dans deux seules familles et dans deux noms : Phelypeaux et d'Argenson.

— Les bruits qui s'étaient répandus au sujet de l'exil de divers seigneurs ne se confirment pas, non plus qu'à l'égard de M. Fitz-James, évêque de Soissons. Ces nouvelles se font sur madame la duchesse de Châteauroux, au sujet de laquelle chacun tient des propos de toute façon et sur lesquels il est cependant prudent d'être circonspect pour éviter la Bastille. Néanmoins, depuis deux jours, le bruit est général dans Paris, et l'on est certain, que le roi a envoyé M. le comte de Maurepas à madame la duchesse de Châteauroux et à madame la duchesse de Lauraguais, sa sœur, leur faire une espèce d'excuse de ce qui s'était passé à Metz, les prier de revenir à la cour, à l'ordinaire, et les assurer de son amitié et de sa protection. Cette nouvelle révolte infiniment tout le public de Paris. On regarde cette démarche comme terrible; les jansénistes en augurent bien des malheurs. Le public prend plaisir à se scandaliser lui-même. Il est certain que l'insulte imprudente qui a été faite à des femmes de la cour de ce rang-là, demandait une espèce de réparation; mais cette réparation n'est point une preuve d'aucun raccommodement blâmable.

— Madame la duchesse de Châteauroux est malade et a été saignée trois fois, à ce que l'on dit dans son hôtel et dans Paris; mais d'autres pensent que cette maladie est une feinte pour la dispenser d'aller au devant de l'infante, comme surintendante de sa maison. D'autres disent que le roi ne lui a rendu sa place de surintendante et tous les honneurs que par une espèce de réparation et que, de concert et de convention, elle s'en désistera pour ne plus reparaître à la cour.

— Il est certain que madame la duchesse de Châteauroux est très-dangereusement malade. Elle a été saignée plusieurs fois. La reine y envoie tous les jours une fois et le roi plusieurs fois. Les princesses et toute la cour viennent chez madame de Lauraguais, où elle demeure, se faire écrire, et on donne régulièrement le bulletin. Elle a reçu ses sacrements et a été confessée par le père Ségaud, jésuite, qui est le grand directeur de Paris.

Décembre. — Il est vrai que M. le duc de La Rochefoucault est à sa terre de La Roche-Guyon, par ordre, sans lettre de cachet. Cela s'appelle être simplement *éloigné* de la cour, jusqu'à ce que le roi dise : « M. de La Rochefoucault est longtemps à sa terre, je ne le vois point. » Alors on reparaît. Comme c'est un homme fort sage, on ne devine pas la raison de cette disgrâce. C'est apparemment sur quelques propos qu'il aura tenus.

— On n'est occupé ici que de la maladie de madame la duchesse de Châteauroux; c'est une fièvre maligne bien plus opiniâtre que celle du roi. Elle a encore été saignée deux fois de la gorge, depuis trois jours, et, par le bulletin d'hier, 7, elle avait eu la nuit un redoublement avec délire et mouvements convulsifs. Cette maladie est un événement extrêmement singulier [1].

— Mercredi, 8, madame la duchesse de Châteauroux est morte à cinq heures du matin, âgée de vingt-sept ans, dans des agitations étonnantes, qui lui étaient causées par un transport qui a duré plusieurs jours. On dit que c'était un dépôt dans la tête, causé par une suppression de règles que l'on attribue au chagrin de sa disgrâce ou à la joie de son rétablissement. On convient néanmoins que lors de la visite qu'elle reçut de M. le comte de Maurepas, de la part du roi, elle avait été prévenue par lettre, puisqu'elle avait fait ses conditions et que c'est cela qui a donné lieu à l'éloignement de plusieurs seigneurs, savoir : M. le duc de Bouillon, M. le duc de Villeroi et M. le duc de La Rochefoucault.

— La veille, lundi, M. le duc d'Ayen dit au roi qu'elle n'était point morte, mais qu'elle était à toute extrémité et qu'il fallait prendre des mesures pour n'en point recevoir la nouvelle à Versailles. Sur-le-champ, le roi dit à M. le duc de Luxembourg de faire mettre des chevaux à son carrosse, dans lequel il partit sans gardes, lui quatrième, avec M. le duc de Luxembourg, le duc d'Harcourt et le duc d'Ayen, pour se rendre à la Muette, dans le bois de Boulogne. Le mardi, le duc de Gramont et trois autres s'y rendirent. On dit que le roi

---

[1] Le bruit courut, dans le temps, que madame de Châteauroux avait été empoisonnée.

est dans une affliction mortelle. Le chagrin qu'il fait paraître est très-pardonnable, par le reproche qu'il peut s'adresser d'avoir été la cause de la maladie et de la mort. Les gens sensés louent sa sensibilité, qui est la preuve d'un bon caractère; mais ils craignent pour la santé du roi. Le vulgaire est plus joyeux qu'autrement de cette mort, et voudrait que le roi, sans sentiment, prît demain une autre maîtresse.

— Le roi est à Trianon depuis le 11 ou le 12, et travaille avec ses ministres, à l'ordinaire. Il n'y a que trois femmes : madame la duchesse de Modène, la marquise de Bellefont et madame de Boufflers. Le roi y a reçu M. le maréchal comte de Saxe et M. le prince de Conti, qui ont eu une réception très-gracieuse et telle qu'ils méritaient. Le maréchal de Saxe est malade, d'une maladie dont il a, dit-on, été manqué déjà deux fois. Il vient apparemment chercher ici guérison. Nous avons grand besoin de ce général.

— On dit qu'il y a une grande quantité de vaisseaux, bâtiments et barques ramassés à Dunkerque. Depuis quelques jours on reçoit même difficilement des lettres de cette ville. On compte que c'est pour quelque expédition secrète. En tout cas le *Prétendant* est toujours ici, qui se montre à tous les spectacles en simple particulier.

— Cette année a fini par un exemple terrible des effets de la jalousie. Le sieur Arnaud, fameux chirurgien[1] pour les bandages, dont le père a aussi été célèbre, âgé de 45 ans, riche, de beaucoup d'esprit, gagnant

---

[1] Georges Arnaud de Ronsil. Il était substitut du démonstrateur d'ostéologie à l'Académie de chirurgie.

sur le pavé de Paris douze mille livres au moins par an, et ayant par conséquent beaucoup d'amis, avait épousé une femme malgré son père. En étant devenu fort jaloux, il y a deux ans, il surprit de M. le comte de Maurepas, ministre, une lettre de cachet pour la faire enfermer à l'hôpital, au moyen d'un certificat de voisins supposés pour justifier de la débauche et du scandale. Un nommé Michel, solliciteur de procès au palais, assez mauvais sujet, qui peut-être pouvait avoir quelque liaison secrète avec la femme, entreprit sa défense, et fit connaître au ministre qu'il avait été trompé. Il lui apporta un certificat des véritables voisins qui reconnaissaient la femme pour être très-raisonnable, et il obtint une lettre de cachet pour la faire sortir et lui permettre de se retirer chez une parente.

Arnaud forma le dessein de se venger et de perdre Michel.

Première tentative : Il gagna une femme dont Michel faisait les affaires qui étaient très-délabrées, et lui promit trois mille livres. Elle avait une petite fille de neuf ans. Arnaud devait lui faire violence un matin que la mère n'y serait pas et que Michel serait attendu dans la maison. Après l'entrée de Michel, la petite fille devait crier. Arnaud, arrêté dans la rue, serait monté avec deux témoins faire arrêter Michel, qui aurait été accusé d'avoir violé la petite fille. La complot était près de s'exécuter. Il manqua par la mère qui, réflexion faite, ne voulut pas s'y exposer.

Seconde tentative : Arnaud devait se trouver la nuit, sur le chemin de Michel, un soir où il aurait soupé en ville, s'arrêter à lui, crier au meurtre, et avoir dans sa poche un poignard qu'il laisserait tomber à ses pieds. Il devait avoir aussi deux hommes à portée d'accourir pour déclarer que c'était Michel, qu'ils connaissaient, qui avait voulu assassiner Arnaud. Je crois que celui-ci a rendu plainte contre Michel ; mais l'affaire a manqué par la réflexion de ces hommes, qui n'ont pas jugé à propos d'achever un rôle qui allait à les faire rompre.

Depuis, Arnaud a fait ce qu'il a pu pour impliquer Michel, par crédit, dans les affaires du jansénisme et dans la *Gazette ecclésiastique*.

Dernière tentative : Arnaud a été à Bruxelles pour sa profession, auprès d'un prince. Il a gagné un homme pour avoir une correspondance à Paris. Arnaud de retour ici, y a fabriqué des lettres de complot avec un nommé Baudouin et un autre, pour supposer une intelligence contre l'État, entre Michel et la reine de Hongrie. Arnaud envoyait ces lettres, où il y avait même des chiffres, à son homme de Bruxelles. Celui-ci les mettait à la poste en les adressant à Michel, qui les recevait sans y rien connaître. Il y avait, dans la dernière, qu'il avait déjà reçu de l'argent et qu'il recevrait le surplus au premier jour. Arnaud qui savait l'arrivée des lettres, avertit le ministre ; on arrêta Michel et on le conduisit à la Bastille. M. de Marville, lieutenant général de police, commissaire en cette partie, l'interrogea plusieurs fois, et lui représenta les lettres qui lui étaient adressées. Michel répondit toujours qu'il n'entendait rien à ce qu'on lui disait, et que, quand il s'agirait de périr mille fois, il ne pourrait pas répondre autre chose. M. de Marville, jugeant à l'air de Michel, qu'il était innocent, lui demanda à la troisième fois, s'il n'avait pas quelque ennemi. Michel répondit naturellement qu'il n'avait fait de mal à personne, à moins que ce ne fût un nommé Arnaud qui avait été jaloux de lui. Il conta son histoire à M. de Marville qui, ayant des faits par devers lui, en parla au ministre. On arrêta Arnaud, Baudouin et un autre, et Arnaud pris, a avoué tous les faits odieux qu'il avait médités depuis deux ans contre Michel.

Comme c'est un homme rare, sa grâce a été sollicitée par toute la cour. Mademoiselle de Modène l'a demandée au roi et même le chancelier, qui sans doute à son âge avait besoin d'Arnaud. M. de Maurepas, qu'il avait trompé le premier, s'y est opposé, et le roi a seulement consenti à lui sauver la vie. Il a été condamné, avec ses deux complices, à faire amende honorable, à avoir le fouet, à être marqué d'un fer rouge et à être envoyé aux galères à perpétuité[1]. Cela a été exécuté au Châtelet, le 30 décembre. Depuis cent ans, on n'a pas trouvé deux exemples d'une pareille dénonciation qui méritait bien la mort, surtout par la noirceur des projets médités depuis deux ans.

Un fait singulier : après l'amende honorable, on les a remis tous trois dans les prisons, où Baudouin s'est coupé la gorge avec un rasoir; en sorte qu'au lieu du fouet, son procès a été fait sur-le-champ, et il a été pendu le soir, par les pieds[2]. Il est peut-être sans exemple qu'un criminel qui n'est point condamné à mort, ait eu ainsi la résolution de se la donner. Mais

[1] Sa grâce entière lui fut sans doute accordée peu de temps après, car dès l'année 1749, il fit paraître à Londres, où il s'était retiré, un *Traité des hernies*, etc., en anglais. Il mourut dans cette ville en 1774.

[2] Les cadavres des suicidés étaient en outre traînés sur une claie.

M. de Marville et les juges sont extrêmement inquiets de savoir comment il a eu ce rasoir et par qui? Les uns disent qu'on le lui a donné dans un mouchoir; d'autres qu'étant pieds nus pour faire amende honorable, ils ont quitté leurs pantoufles à la porte de la chambre, et que quelqu'un aura glissé le rasoir dans la pantoufle de Baudouin. On cherche à découvrir l'auteur du rasoir; son affaire ne serait pas bonne.

ANNÉE 1745.

Janvier. — On a quelque espérance de paix cette année, par la découverte que l'on a faite sur l'hymne *Da pacem, Domine* [1], en marquant les voyelles de chaque mot par des chiffres, de cette manière :

| | a | e | i | o | u |
| | 1 | 2 | 3 | 4 | 5 |

Da	1	*alius*	135
pacem,	12	*qui*	53
Domine,	432	*pugnet*	52
in	3	*pro*	4
diebus	325	*nobis,*	43
nostris;	43	*nisi*	33
quia	531	*tu,*	5
non	4	*Deus*	25
est	2	*noster.*	42
			1745.

Dieu veuille favoriser cette belle découverte!...

[1] Antienne qui se trouve dans le rituel du diocèse de Paris. Elle était au nombre des prières publiques que le mandement de l'archevêque de Paris du 3 mai 1744, ordonna de faire pour la prospérité des armes du roi, lors du départ de celui-ci pour la Flandre.

— Les actions de la compagnie des Indes étaient depuis deux ou trois ans sur le pied de deux mille livres, et variaient seulement de cent ou cent cinquante livres à la Bourse. Le dividende, qui est de cent cinquante livres par action, se paie tous les ans par numéros, mais il y a toujours une année en arrière. Le roi s'est rendu garant de cet effet. Il a délégué à la compagnie le produit de la ferme du tabac qui est, dit-on, de huit millions, pour payer les dividendes sur lesquels on retient le dixième. On prétend qu'il y a, dans le public, quarante-cinq mille de ces effets au porteur qui sont répandus dans les mains de tous les particuliers. Le roi même en a un grand nombre à lui personnellement [1]. Les princes et princesses en ont beaucoup, et il y a même des gens qui y ont toute leur fortune par l'appât de l'intérêt à sept et demi pour cent, ainsi que par la facilité de la perception. Il y en a aussi dans les provinces et dans les pays étrangers. Avant les fêtes de Noël, on a annoncé l'arrivée au port de Lorient [2], de plusieurs vaisseaux richement chargés, ce qui a tranquillisé les porteurs. Cependant il y a eu quelque bruit que le roi, ayant besoin d'argent, allait demander aux porteurs trois ou quatre cents livres par chaque action, dont on joindrait l'intérêt aux dividendes. Ces bruits

---

[1] Le nombre des actions, qui était originairement de cinquante-six mille, se trouvait alors réduit à cinquante et un mille cinq cents, dont onze mille six cents appartenaient au roi.

[2] Lorient, primitivement appelé l'*Orient,* dans la baie de Port-Louis, n'était encore qu'un village au commencement du xviiie siècle. La compagnie française des Indes y établit son entrepôt et fit bâtir la ville actuelle en 1720.

confus et incertains les ont fait tomber à mille huit cents livres.

Le 2 de ce mois, un monde infini, de toute espèce, s'est rendu à la Bourse de la compagnie des Indes, pour voir l'affiche que l'on devait mettre, à l'ordinaire, pour le payement des dividendes par numéros des premiers six mois de l'année 1744. On y a trouvé celle-ci qui était affichée en trois ou quatre endroits.

AVIS AUX ACTIONNAIRES.

« En conséquence de la délibération du 30 décembre 1744, la compagnie des Indes fera sursis au payement des dividendes des actions jusqu'à la vente générale des marchandises qui composent les cargaisons des vaisseaux attendus dans le cours de l'année 1745. »

Cette affiche a mis l'allarme et la consternation dans le public. Suivant cela, point de payement qu'en 1746, qu'il sera dû deux années de dividende. D'ailleurs, ces vaisseaux attendus qui sont la condition, peuvent ne pas venir, ou être pris en route par les Anglais; les actions sont tombées, le même jour, à douze cents livres.

— Suite de l'histoire des deux notaires de l'an passé, Bapteste et Laideguive : Bapteste qui a voulu se noyer est enfermé aux Pères de Charenton [1] comme fou. Ses affaires ne sont pas encore rangées, mais on dit qu'il a plus de bien qu'il ne faut pour payer ses créanciers.

---

[1] Les frères de la Charité, congrégation pour le service des pauvres dans les hôpitaux, instituée par saint Jean-de-Dieu, au XVIe siècle. Leur établissement de Charenton était principalement affecté aux aliénés.

Pour Laideguive il est toujours en fuite, et on continue la levée des scellés. On dit qu'il y a beaucoup d'effets, mais d'une discussion très-difficile pour la direction : effets actifs sur nombre de gens de qualité. On dit aussi que par lettres patentes enregistrées, ces affaires sont renvoyées à la grand'chambre pour éviter les frais, et que c'est M. Lamblin, conseiller, qui est rapporteur. De cette façon le criminel tombera. Cela est bien étonnant pour l'exemple, avec le nombre de faussetés qu'il y a. C'est-à-dire que de plusieurs années tous les particuliers qu'il a attrapés par de faux contrats ne sauront le sort de leur liquidation.

— Lundi, 4, les actions sont tombées à neuf cent cinquante livres. On m'a assuré que plusieurs receveurs généraux des finances et fermiers généraux s'étaient jetés, pour ainsi dire, aux genoux de M. le contrôleur général pour l'empêcher de porter ce coup, entre autres M. Pâris de Montmartel, garde du trésor royal, qui lui aurait offert de lui avancer les sept millions, à six pour cent par an, pour le payement des dividendes de l'année, et qu'il a refusé.

— Depuis le 4, les actions ont remonté à douze cents livres. Il s'en est vendu quelques-unes. On tient des assemblées à la compagnie des Indes pour faire entendre qu'elle a besoin de fonds pour son commerce, d'autant que le nommé Pêchevin, caissier de la compagnie, avait treize ou quatorze millions de billets sur la place à six pour cent, et que le public, par inquiétude, a retiré depuis deux mois tous ses fonds. On fait et débite dans Paris bien des projets sur le sort des actions.

— M. l'abbé Pucelle, conseiller de grand'chambre,

dont il a tant été parlé pour les affaires du jansénisme, est mort à quatre-vingt-neuf ans, le 7 de ce mois.

— Il est arrivé ici, le 24 ou le 25, une nouvelle majeure qui a fait oublier les actions et le reste. L'électeur de Bavière, que nous avions fait élire empereur sous le nom de Charles VII [1], est mort à Munich le 20. Voici un de ces événements qui renversent tous les projets de la politique : il faut recommencer sur de nouveaux frais et travailler à faire un empereur. Les nouvellistes de Paris ont de l'occupation, aussi bien que les conseils des puissances de l'Europe.

Février. — On fait toujours des assemblées à la Compagnie où tous les porteurs de cinquante actions sont admis. On a tiré de ces conférences le présent état [2], pour tranquilliser un peu les actionnaires; et on nomme huit commissaires dont il y en a d'honoraires (comme M. le duc de Béthune et le comte de Lassay), et d'autres plus intelligents (comme banquiers fort riches), pour examiner les comptes. Tout cela gagne du temps.

— Comme le roi a besoin d'argent, surtout par les dépenses considérables du mariage de M. le Dauphin, on fait beaucoup de tontines. Il y en a encore eu une ce mois-ci, dont le fonds est de neuf millions. Avant la publication de l'édit, elle était à moitié remplie. L'augmentation du luxe et de la dépense déterminent à mettre à fonds perdu, pour jouir d'un gros intérêt sans embarras, au préjudice des héritiers.

— On ne parle plus ici d'aucune nouvelle, ni pour

---

[1] Voir ci-dessus, p. 315.

[2] *Précis de l'état actuel de la compagnie des Indes, suivant les extraits communiqués par M. Dumas, un des directeurs.* Barbier en donne une copie.

la guerre ni pour l'élection d'un empereur; on n'est occupé que de l'arrivée de madame la Dauphine, du départ du roi pour aller au-devant d'elle à Étampes, et des fêtes superbes qui se préparent tant à Versailles qu'à Paris. Le Français, en général, oublie toutes ses inquiétudes pour les nouveautés de marque et les plaisirs. Il est certain que ces fêtes vont bien incommoder les gens de cour pour les habits d'homme et de femme. On dit qu'il y a des habits d'homme qui coûtent jusqu'à quinze mille livres, et il en faut trois pour les trois jours. M. le marquis de Mirepoix, dont on parle pour notre ambassadeur à l'élection de l'empereur, a loué, six mille livres, trois habits qu'il ne mettra qu'un jour et qu'il rendra au tailleur. M. le marquis de Stainville, envoyé du grand duc de Toscane, dont le fils est colonel dans nos troupes, a un habit de drap d'argent brodé d'or, doublé de martre. La doublure seule coûte, dit-on, vingt-cinq mille livres. On parle d'une femme qui a loué quinze mille livres, à un joaillier, les diamants qu'elle aura sur elle au bal paré de Versailles.

— Madame la Dauphine avance. On dit qu'elle a beaucoup d'esprit, qu'elle sait plusieurs langues et qu'on lui a donné une éducation au-dessus de son sexe. Elle a près de dix-neuf ans, et est par conséquent en âge de penser et de parler; elle est haute avec dignité. On dit que madame la duchesse de Brancas, sa dame d'honneur, a voulu l'engager à mettre du rouge comme étant l'usage en France, et parce que cela lui siérait mieux qu'à une autre. Elle a répondu que si le roi, la reine et M. le Dauphin le lui ordonnaient, elle en mettrait, mais que sans cela elle n'en mettrait pas. Madame de Brancas étant revenue à la charge, la princesse lui a répondu sèchement qu'elle lui en avait déjà parlé deux fois de trop.

— M. le duc de Richelieu, comme premier gentilhomme de la chambre de service, a été, à Orléans, faire compliment à la princesse de la part du roi, de la reine et de M. le Dauphin, et il lui a porté la permission de mettre du rouge, ce qu'elle a fait le même jour. Autrement elle aurait paru trop pâle à M. le Dauphin qui a les yeux faits au rouge[1].

— Les habitants de notre bonne ville, de tout état, qualité et condition, ont été furieusement en mouvement lundi matin, 22. Le chemin de Paris à Sceaux était rempli de carrosses pour voir arriver et souper la princesse[2], surtout de ceux qui n'auront point de facilité pour voir les fêtes de Versailles. D'un autre côté, le chemin de Paris à Versailles était pareillement rempli des carrosses de ceux qui se rendaient à Versailles où une chambre vaut, dit-on, cent cinquante livres pour les trois jours. On a beau crier misère, le public trouve toujours de l'argent pour les fêtes et les plaisirs.

— Au bal paré, il n'y aura que les gens de cour marqués[3] et invités, et très-peu de personnes particulières qui pourront entrer par des premiers officiers. Tous les

---

[1] « C'est quelque chose de choquant que la quantité de rouge que les femmes mettent aujourd'hui, on a peine à leur voir les yeux. » CLÉMENT, (*Cinq années littéraires.*)

[2] Le roi accompagné du dauphin avait été, le samedi, au devant de l'infante jusqu'à Étampes. Le lendemain, la reine et les princesses étaient également venues au devant d'elle à Sceaux, chez la duchesse du Maine, où, sur les quatre ou cinq heures, il y eut un *dîner-souper*, ainsi que le dit Barbier.

[3] Le mot *marqué* est pris ici dans l'acception de *désigné*.

hommes qui sont marqués pour danser, seront en cheveux longs avec des allonges[1], ou en perruques naturelles[2]. Ceux qui ne danseront pas auront la permission d'avoir deux petites cadenettes[3] à leurs cheveux, mais point de bourse[4], quoique ce soit à présent la coiffure générale de tous les gens d'épée : cela ne convient pas apparemment au cérémonial.

— Il y a aujourd'hui, mardi, après midi, dans la salle d'opéra qui a été construite dans le manége couvert[5] de Versailles, une représentation d'une comédie faite par Voltaire sous le titre de *la Princesse de Navarre*[6], avec des intermèdes exécutés par les acteurs de l'Opéra, dont la musique a été faite par Rameau. En sorte que, pour ces préparatifs et les répétitions, il n'y a point eu, à Paris, opéra ni comédie dimanche, lundi et mardi. On dit déjà, sur ce qu'on en a vu, que cette pièce est longue, ennuyeuse et mau-

---

[1] Cheveux postiches qui s'attachaient à la tête pour simuler de grands cheveux.

[2] *Perruque* se disait autrefois d'une longue chevelure. (*Dictionnaire de Trévoux*).

[3] On appelait *cadenettes* les cheveux qui étaient séparés en deux, derrière la tête, de manière à former deux queues entortillées avec des rubans, qui tombaient sur les épaules.

[4] Petit sac de taffetas noir qui se fermait avec des rubans, comme une bourse, et dans lequel les hommes renfermaient leurs cheveux par derrière.

[5] La salle de spectacle du château de Versailles, commencée en 1733, n'ayant été terminée qu'en 1770, il fallut construire une salle provisoire pour les fêtes du mariage du dauphin. On établit cette salle dans le manége couvert, et elle fut disposée de façon à pouvoir alternativement servir de salle de spectacle et de salle de bal. On en trouve une description détaillée dans le *Mercure de France* du mois d'avril 1745, p. 147.

[6] Comédie-ballet en trois actes et en vers, représentée, pour la première fois, à Versailles, le 23 février 1745.

vaise. On trouve singulier que ce soit M. le duc de Richelieu, comme gentilhomme de la chambre, et chargé de toutes les fêtes royales, qui donne seul les billets pour les places, attendu que le spectacle est dans le manége qui dépend de M. le prince Charles, grand écuyer.

— Par ordonnance de M. le lieutenant de police, toutes les boutiques sont fermées à Paris et il y aura ce soir illumination aux maisons. Le palais tient à l'ordinaire. On dit que le parlement n'est pas content qu'on ne lui ait pas notifié le mariage de M. le Dauphin, et communiqué le contrat de mariage, pour en faire compliment au roi par des députés. Dans ce cas le parlement aurait pris des vacances. Autrefois cela se faisait, mais cela ne s'est pas pratiqué, dit-on, depuis plus de soixante ans. C'est ainsi que les ministres cherchent peu à peu à ôter au parlement le droit de prendre part à ce qui se passe à la cour.

— On a trouvé une prophétie de Nostradamus (cent. 6, nomb. 51), qui inquiète un peu les trembleurs.

> Peuple assemblé voir nouveau exspectacle,
> Princes et rois par plusieurs assistans,
> Pilliers faillir, murs, mais comme miracle
> Le roi sauvé et trente des instans.

On est embarrassé de savoir si cela tombera sur la salle de bal de Versailles, sur celle de l'hôtel de ville, ou sur les salles particulières dans les places de Paris, mais où, suivant les apparences, le roi ne viendra pas, étant uniquement pour le peuple. Il faut espérer que cette belle prophétie est pour quelque autre pays, ou n'est pas pour cette année.

— Hier, 23, jour du mariage, les sept salles publiques ont été illuminées à sept heures du soir. Il y en avait deux à la place de Vendôme, par symétrie, le cheval de bronze [1] entre deux, deux grandes portes aux deux bouts et sept arcades de chaque côté, dans la longueur : elles étaient tout ouvertes. Sous la charpente était un plafond de toile peint en blanc. Le dedans et le dehors peints en treillage avec des figures ; un plancher de planches élevé d'un pied ; dans chacune, quatre buffets et quatre orchestres. Il y avait au moins quatre-vingts instruments dans les deux ; ces salles étaient fort éclairées en dedans par des terrines sur de grands bras peints, à plusieurs branches, et en dehors par quatre espèces de grands ifs en terrines, au milieu de la place, aux coins du cheval de bronze. Toute la place était entourée d'un cordon de terrines sur la corniche des maisons qui sont bâties uniformément.

Une salle fort galante et peinte en verdure comme une bergerie était au Carrousel ; une dans la rue de Sèvres, proche les Petites-Maisons [2] ; une à l'Estrapade ; une belle à la place Dauphine, dont le portail à trois colonnes de chaque côté, avec des figures au-dessus, représentait le Temple de l'Hymen ; et une autre à la porte Saint-Antoine, contre la Bastille.

Ces salles ont coûté considérablement par leur grandeur et la solidité de la charpente. Les buffets élevés par gradins étaient décorés de grands plats de fer-blanc qui étaient cloués. Il y avait pour ces salles

[1] La statue équestre de Louis XIV, érigée le 13 août 1699. Barbier étend ici la signification que l'on donnait alors à l'expression *cheval de bronze*, qu'on employait absolument pour désigner la statue équestre de Henri IV, sur le Pont-Neuf.
[2] Voir tome I, page 222, note 1.

des quartiers de mouton coupés, des dindons, des langues, des cervelas, du pain et du vin. L'objet de M. le prévôt des marchands était de fournir au public, c'est-à-dire aux bourgeois de Paris, un amusement pour danser et se divertir; mais le public n'a pas trouvé cela de son goût. Comme on entrait de tous côtés dans ces salles comme dans une halle couverte, il y avait une confusion misérable. Elles n'étaient pleines que de la dernière populace. On jetait en l'air, du haut des buffets, les langues, les cervelas, le pain, les membres de dindon : attrapait qui pouvait, ce qui faisait du tumulte. La symphonie, bonne et nombreuse, jouait des contre-danses, mais personne ne dansait que quelquefois une bande de polissons, en rond. La femme d'un cordonnier, une couturière, se seraient crues déshonorées de danser là. Il y avait grand ordre de police par du guet à cheval et à pied, à chaque salle, en sorte qu'il n'y est arrivé aucun désordre, malgré le vin dont plusieurs s'étaient sentis. Sur les dix heures du soir, la place de Vendôme, le Carrousel et le Pont-Neuf étaient remplis de carrosses, pour voir ces fêtes, nonobstant le concours du monde qui était à Versailles. Les hommes de tous états descendaient un moment pour voir ces salles de plus près.

En général, cela faisait un très-joli coup-d'œil, et un spectacle singulier, mais une déplorable confusion. M. de Bernage, prévôt des marchands, est malheureux. Cette grande dépense n'a été du goût de personne et ne lui a pas fait honneur. Il est difficile de contenter un public. Il faut suivre les temps et les usages. Aujourd'hui que le luxe est considérable, et que l'argent fait tout, tout est confondu à Paris. Les artisans aisés et les marchands riches sont sortis de leur état. Ils ne se comptent plus au nombre du peuple : et, en effet, dans une aussi grande ville, il y a différence à faire entre le peuple, qui est innombrable, et le bourgeois. Les états supérieurs ont de même haussé de ton. Ce luxe outré, qui ruine et incommode bien des gens de tous états, est néanmoins ce qui fait, d'un autre côté, la richesse et l'abondance de Paris. Ainsi, si M. le prévôt des marchands avait dessein de donner une fête générale, il fallait mieux décorer ces salles en dedans; les éclairer de bougies et non avec des terrines de suif, les fermer, n'y laisser entrer qu'en masque, et donner à boire et à manger au peuple dans les places publiques.

— Jeudi, 25, il y a eu bal masqué dans les grands appartements et galerie de Versailles. On y entrait sans distinction, en habit de masque, sans billets, avec seulement cette cérémonie qu'on entrait le masque à la main et qu'une personne de chaque compagnie donnait son nom et sa qualité qu'on écrivait sur une liste, en présence d'un des premiers gentilshomme de la chambre. Ce n'est qu'une forme pour la sûreté du roi, car tous les gens non connus prennent tel nom qu'il leur plait. Il y a eu grand concours de monde de Paris. Il y avait quatre buffets garnis, pendant toute la nuit, non-seulement de rafraîchissements et de toutes sortes de vins, mais de saumons frais, de pâtés de truites, de poissons au bleu, de filets de sole et de tout ce qu'on pouvait souhaiter la nuit d'un vendredi. Le roi a changé de déguisements et s'est fort amusé, à ce qu'on dit, ainsi que la cour et la ville; car il y a eu des bourgeois de Paris de tous états, surtout en hommes, qui, par la facilité d'entrer, ont été dans des fiacres, parce que les carrosses de Versailles ne suffisaient pas.

— Dimanche gras, 28, s'est donné le grand bal de l'hôtel de ville de Paris, qui n'a pas tourné encore à l'avantage de M. le prévôt des marchands. Quinze jours auparavant, on avait annoncé, dans Paris, qu'il y aurait un bureau chez lui, destiné à inscrire tout ceux qui voudraient avoir des billets pour entrer au bal. Ce bureau a été visité, comme l'on juge, d'un nombre infini de personnes dont un commis écrivait très-poliment le nom, la qualité et même la demeure. On a indiqué en même temps le jeudi, 25, pour venir retirer les billets.

Ce jeudi arrivé, il y a eu chez M. le prévôt des marchands, un concours de laquais, de clercs, de gens en épée et sans état. Dès ce premier jour, la confusion s'y est mise. M. de Bernage de Vaux, le fils, intendant de Moulins, qui était dans un cabinet par bas, avec quelques commis, délivrait les billets sans ordre, et faisait là un fort sot personnage. A peine a-t-on délivré quelques billets; et les deux jours suivants, on a été obligé de mettre des barrières et des gardes dans la cour et à la porte de M. de Bernage, de façon que cela a excité les plaintes, non-seulement des bourgeois, mais de quantité de gens comme il faut, qui descendaient de carrosse sans pouvoir entrer ni parler à personne.

— On dit que M. de Bernage, qui est peut-être enflé de sa parenté avec MM. d'Argenson, ministres, s'est imaginé qu'il ne devait y avoir à son bal de Ville que des gens de la cour et de la noblesse : jusque-là qu'il s'est brouillé à ce sujet avec les échevins, qui auraient dû distribuer des billets comme lui, et à qui il n'a voulu en donner qu'une certaine quantité pour en disposer ¹. Faux, d'autant plus ridicule que le bal de Versailles était fait pour la cour et les gens de qualité, et que le bal de l'hôtel de ville est fait pour les marchands de Paris et les bourgeois.

Comme M. de Bernage a dû trouver sur sa liste peut-être trois mille personnes qui ont pris la qualité d'avocats au parlement, cela peut l'avoir rebuté. On prétend qu'il a dit qu'il ne donnerait pas de billets aux avocats et aux procureurs; que son bal n'était pas fait pour eux et qu'ils avaient eu les *salles* de Paris : pour le tourner en ridicule, on lui prête bien des propos. A la vérité, j'ai vu un avocat qui m'a dit lui avoir écrit pour des billets, attendu qu'il était connu de lui, et qui en a reçu dans un paquet avec la suscription *à M. un tel, avocat, de considération particulière*. En sorte qu'il l'insultait personnellement en lui faisant entendre que, par état, il n'était pas digne d'entrer dans l'hôtel de ville de Paris.

— Au surplus il y a donc eu grand bal la nuit du dimanche gras. La cour, dont on avait fait une salle, comme au mariage de Madame première ², et dont le plafond peint était élevé à la hauteur des toits, était dorée et ornée de glaces. La grande salle d'en haut était décorée de pilastres accompagnés de glaces, avec beaucoup de goût et de galanterie. Le roi et M. le Dauphin y sont venus sur les deux heures. On leur

¹ Il ne voulait donner aux échevins que cinquante billets chacun; ils ont été, en corps, se plaindre à Versailles, et on l'a obligé à leur en donner deux cent cinquante. (*Note de Barbier.*)

² Voir ci-dessus, p. 242.

avait préparé sur l'aile droite un appartement particulier d'où ils voyaient les danses de la salle d'en bas. M. le Dauphin a été longtemps démasqué dans une loge de la salle d'en haut. Au demeurant, il y a eu une foule et une confusion de monde terribles. On ne pouvait ni monter ni descendre les escaliers, on se portait dans les salles, on s'y étouffait, on criait. Il y a eu, au vrai, nombre de personnes qui s'y sont trouvées mal, plusieurs qui ont été blessées; et on ne parlait, dans la huitaine, que de gens, seigneurs et bourgeois, qui sont même morts de la fatigue, de la chaleur et du froid en sortant. Il y avait six buffets, mal garnis ou mal ordonnés : les rafraîchissements ont manqué dès trois heures après minuit. Il n'y a qu'une voix dans Paris pour le mécontentement de ce bal. Après avoir marqué tant de difficulté et de délicatesse pour le choix de ceux qui devaient prendre part à la fête, il faut qu'on ait donné des billets, non-seulement sans nombre et sans mesure, mais à toute sorte de gens, et sans doute à beaucoup d'ouvriers et de fournisseurs de la Ville, car il n'y avait pas mal de chie-en-lit. Les laquais des ministres étrangers et des gens de cour en vendaient le dimanche dans Paris, trois livres, et le soir, à dix heures, on les criait dans la place de Grève à vingt-quatre et à douze sols. Si M. de Bernage n'avait point imaginé cette ridicule inscription, on n'aurait peut-être pas songé à cela ; car, en général, ces sortes de fêtes sont toujours tumultueuses, et doivent même l'être.

— On ne dit plus M. de Bernage prévôt des marchands, mais *prévôt de salle*.

On raconte qu'il a dit à l'un des échevins qu'il

ne fallait avoir dans ce bal que de la noblesse, et que celui-ci lui a répondu que si cela était, ils n'y avaient affaire ni l'un ni l'autre. Au demeurant, M. de Bernage est petit-fils d'un avocat au parlement et arrière-petit-fils d'un procureur au grand conseil. Cela est bien pour faire un prévôt des marchands à la tête des échevins, mais très-mauvais pour vouloir faire l'homme de condition.

Mars. — Pendant tout ce mois il y a eu toutes les semaines opéra, ballet, comédie française et italienne à Versailles. Les acteurs de l'Opéra et les comédiens y ont représenté un second ballet sous le nom de *Platée*[1], qui n'a pas été meilleur que le premier.

— On a parlé, dans ces fêtes, d'une jeune femme de Paris, nommée madame d'Étiolles[2], femme de M. Le Normant, seigneur d'Étiolles, près Corbeil, qui est dans les sous-fermes et neveu de M. Le Normant, fermier général. Elle a vingt-deux ans et est réellement une des jolies femmes de Paris. On dit que le roi l'avait vue à la chasse, dans la forêt de Sénart, et que depuis elle a été dans tous les bals et à toutes les fêtes de Versailles, ce qui a fait présumer qu'il y avait quelque chose de particulier, quoique sans rien de marqué. Cela a donné lieu à une chanson sur le mari, et à la *Gazette de Hollande* de dire que le roi avait donné une charge de trésorier à M. d'Étiolles, ce qui n'est pas vrai. On n'a parlé jusqu'ici que de lui assurer la place de fermier général de son oncle.

---

[1] *Platée*, ballet bouffon en trois actes, avec un prologue, paroles d'Autreau, musique de Rameau, représenté, pour la première fois, à Versailles, le 31 mars 1745.

[2] Jeanne-Antoinette Poisson : elle était née à Paris en 1722.

Avril. — Comme il faut, suivant les lois du mouvement, que chaque pays se ressente à son tour de quelque calamité, la mortalité sur les bestiaux qui avait eu lieu dans les armées en Allemagne, il y a un an ou deux, a passé en France. D'abord dans quelques provinces, comme en Bourgogne, sur les vaches, bœuf et veaux; mais surtout sur les vaches. Cela a gagné les environs de Paris, et même cette ville, dans les faubourgs et extrémités de laquelle il y a, dit-on, plus de quatre mille vaches. Il s'est répandu un conte parmi le peuple : qu'un curé de village, en Allemagne, avait demandé à une femme de son lait; que le mari n'avait pas voulu que sa femme lui en envoyât, et qu'ils y avaient substitué du lait d'une vache; d'où l'on a dit que le dessein du curé était de jeter un sort qui aurait causé la mortalité sur les femmes, et que le sort n'est tombé heureusement que sur les vaches. L'histoire à part, cela est devenu si sérieux dans les faubourgs et environs de Paris, qu'on craignait de prendre du lait aux laitières. Il mourait tous les jours nombre de vaches, d'un mal qui leur prenait à la gorge et qui les emportait en deux jours. Cela ressemblait à une espèce de peste. Plusieurs médecins et gens connaisseurs ont fait journellement des visites. Ils faisaient ouvrir les vaches pour découvrir la cause du mal : ils ont fait des expériences, mais ils n'ont point trouvé de remèdes. Comme Pâques approchait et que cela devenait intéressant pour la provision des bœufs et veaux à Paris, le parlement, qui a la grande police et qui craindrait de perdre ce droit, a fait des règlements pour la visite des vaches, pour la séparation de celles qui pourraient être suspectes, afin d'éviter la contagion, et pour des mesures nécessaires dans les marchés de Sceaux et de Poissy, sur les bestiaux qu'on y amène. Cela a fait croire qu'on manquerait peut-être de viande, ou qu'elle vaudrait dix à douze sous la livre. Cependant, soit que le mal n'ait pas été aussi grand qu'on l'a fait, soit qu'on ait donné de très-bons ordres pour la provision de Paris, les marchés de Sceaux et de Poissy ont été garnis avec abondance le jour de Pâques, et la viande n'est pas plus chère qu'à l'ordinaire.

— M. le maréchal comte de Saxe est parti au commencement de ce mois. Il s'est rendu à Lille et à Valenciennes pour y assembler les troupes. On l'a fait mort, à Paris, pendant deux jours, avant son départ. Il est certain qu'il n'est pas parti en fort bonne santé ; mais on ne sait pas bien au juste en quel état il est, car on disait, ces jours-ci, qu'il était parti un fameux chirurgien de Paris pour aller lui faire la ponction à Lille.

— L'ambassadeur d'Espagne, le prince de Campo-Florido, qui loge à l'hôtel de Conti[1], rue Neuve-Saint-Augustin, donne ses fêtes pour le mariage de madame la Dauphine. Le lundi de Pâques, 19, il y a eu un grand dîner de tous les ambassadeurs et ministres étrangers. Mardi, 20, grand concert, feu d'artifice sur la terrasse de son jardin, qui rend sur le rempart, et grand souper pour les princesses et dames de la cour et de la ville, seigneurs de la cour et ministres du roi. Mercredi, repos, et jeudi, 22, grand bal masqué, pour lequel il n'y aura que deux mille cinq cents billets, pour

---

[1] Il était situé près du carrefour Gaillon. Les rues de La Michodière et de Hanovre ont été en partie ouvertes sur les jardins de cet hôtel.

éviter la confusion des autres bals précédents; en sorte qu'il ne se sert point des salles qui étaient dans Paris, comme on avait dit, dont la charpente n'est pas entièrement défaite, et que le peuple ne gagnera rien à cette fête. L'ambassadeur a peut-être appréhendé une trop grande dépense; on le dit même assez vilain.

— Madame d'Étiolles, dont il a été parlé ci-dessus, a présentement, à Versailles, l'appartement qu'avait madame de Mailly, en sorte que cela fait maîtresse déclarée. Le roi soupe dans son appartement avec madame la duchesse de Lauraguais, la marquise de Bellefont, et les seigneurs favorisés comme le duc d'Ayen, le duc de Richelieu, le duc de Boufflers et autres. Ce sera dans peu à qui y soupera, des princesses et dames de la cour.

— Cette madame d'Étiolles a vingt et un ans, est bien faite et extrêmement jolie, chante parfaitement et sait cent petites chansons amusantes, monte à cheval à merveille et a eu toute l'éducation possible. Sa mère est une madame Poisson, encore plus belle, fille d'un sieur de La Motte, entrepreneur des provisions des Invalides, qui la maria au sieur Poisson, lequel était un intrigant. Un jour M. Le Blanc, secrétaire d'État de la guerre, étant aux Invalides et attendant le sieur de La Motte dans son appartement, aperçut un portrait qui le frappa. Il demanda qui c'était. On lui répondit que c'était la fille du sieur de La Motte, mariée au sieur Poisson. Il dit à La Motte de la lui présenter, en devint amoureux, et elle a été quelque temps sa maîtresse. Elle fut ensuite à un ambassadeur, et enfin elle fit connaissance avec M. Le Normant, fermier général, dont elle a toujours été amie, même jusqu'à présent. C'est depuis cette connaissance qu'est née madame d'Étiolles, que M. Le Normant a toujours eue chez lui avec sa mère, qu'il a regardée comme sa fille, et à qui il a donné une éducation recherchée. M. Le Normant n'ayant point d'enfants, a forcé M. Le Normant, son neveu, à épouser mademoiselle Poisson, âgée de dix-huit ans et belle personne, et il leur a donné en mariage la terre d'Étiolles. Ils logeaient chez l'oncle, défrayés de tout et jouissant de plus de quarante mille livres de rentes, avec l'espérance d'une succession opulente. Elle était adorée de l'oncle, maîtresse absolue dans la maison. Question de savoir si cet état n'était pas préférable, pour une bourgeoise de cette espèce, à la qualité de maîtresse du roi, au milieu de la cour. C'est bien flatteur pour la vanité et bien sujet à des inconvénients! Son mari, M. d'Étiolles, est associé à la place de fermier général de son oncle, et, en cette qualité, a été député pour faire sa tournée en Provence. Cet éloignement de Paris a l'air de durer quelque temps.

— On disait que le roi avait acheté de M. le prince de Conti, le marquisat de Pompadour dont il avait fait don à madame d'Étiolles, pour lui donner au moins un titre de marquise et la changer de nom. Mais il y a eu des difficultés, et l'on songe maintenant, dit-on, au marquisat de la Ferté-Imbault[1].

Mai. — Le maréchal comte de Saxe, qui se porte de mieux en mieux par les remèdes d'un chanoine de Cambrai, dans le chapitre de laquelle ville il y a une

---

[1] La Ferté-Imbault, bourg du département de Loir-et-Cher, à environ vingt kilomètres à l'est de Romorantin, sur la rivière de Saudre.

place toujours occupée par un médecin, a fait ouvrir la tranchée devant la ville de Tournai, le 2 de ce mois.

— Le jeudi, 6, le roi est parti avec M. le Dauphin, dans un même carrosse avec M. le duc d'Ayen, ayant la survivance de la charge de capitaine des gardes du maréchal de Noailles, son père, et le duc de Richelieu, pour se rendre au siége de Tournai. Le 9, il a visité toutes les positions de notre armée, et le 10, les escarmouches ont commencé. Le 11, les ennemis ayant attaqué, il y a eu une bataille sanglante[1].

La maison du roi a fait des miracles, et on dit qu'elle a déterminé la victoire. Nous avons aussi perdu bien de braves officiers. Le duc de Gramont, colonel des gardes françaises, a été tué d'un coup de canon. Le régiment du roi a beaucoup souffert, et il y a eu un grand nombre d'officiers aux gardes tués dans la déroute de leur régiment qu'ils voulaient rallier; car les gardes françaises ont plié et lâché pied, à l'exception du quatrième bataillon qui a soutenu. On dit que le roi a été très-indisposé contre ce régiment, que la résidence continuelle à Paris rend lâche. On croit qu'on prendra des mesures pour y remédier.

— Pour cette année, il n'y a ni princesses ni aucune femme avec le roi. Madame d'Étiolles est à Étiolles, à se tranquilliser.

— M. le duc de Chartres, dont la femme est près d'accoucher, et M. le prince de Clermont ne sont

---

[1] La bataille de Fontenoi. La relation de cette bataille dans le *Journal* de Barbier n'est, comme presque tout ce qui a trait à des faits accomplis hors de France, que l'extrait de la *Gazette de France* et des autres relations officielles.

point à l'armée, dont ils sont bien fâchés. Le premier s'est démis la rotule en jouant au mail¹ à Saint-Cloud, et le second aussi la rotule en jouant au volant avec mademoiselle Le Duc, sa maîtresse. Ils ont été saignés l'un et l'autre plusieurs fois.

— Le parlement a rendu un arrêt, le 18 de ce mois, qui défend de composer et distribuer tous écrits qualifiés de *Gazettes* ou *Nouvelles à la main*, sous peine de fouet et de bannissement, pour la première fois. Un particulier avait obtenu une permission tacite de délivrer des Nouvelles à la main, qui étaient censées néanmoins visitées et approuvées à la police par quelque commis qui avait cette inspection. Cela se distribuait dans les maisons et dans les cafés, deux fois la semaine. On donnait trente ou quarante sous par mois, et cela rapportait un produit considérable. Dans ces Nouvelles à la main, qui contenaient une feuille de papier à lettre, il y avait souvent de fausses nouvelles; on y insérait des faits sur les particuliers, comme mariages, charges, successions, et, sous ce prétexte, il y avait souvent des faits faux et injurieux dont l'on est toujours curieux. On dit même qu'on a envoyé quelqu'un à ce sujet à la Bastille ; mais pour rendre cette défense plus publique, on a eu recours au parlement, qui a la grande police. Cet abus avait déjà été réprimé par des arrêts dès 1666. Il y a, en France, de fort beaux règlements sur toutes choses, mais qui ne s'exécutent point, et auxquels on a re-

¹ Sorte de jeu d'adresse fort en vogue autrefois et qui consistait à faire passer dans un petit arc de fer une boule de buis que l'on poussait avec une masse de bois fort dur, ferrée et dont le manche était long et flexible.

cours quand l'abus devient excessif. Ce règlement pourra aussi contenir les nouvellistes qui se plaisent, comme frondeurs et mauvais citoyens, à critiquer, dans dans les endroits publics, tout ce que fait le gouvernement, à répandre de mauvaise nouvelles et à diminuer toujours les bonnes.

— M. de Voltaire, qui est le grand poëte de nos jours, a fait, en deux jours, un fort beau poëme de *la Bataille de Fontenoi*[1], sur le simple détail qu'il en a eu par lettres.

— Il y a quelque chose de plus intéressant que tout cela : il y a apparence que nous sommes bien avec la cour de Rome. Le saint-père avait accordé un jubilé l'année dernière dans les États d'Italie, par rapport aux différents maux dont ils ont été accablés. Par grâce spéciale, il a accordé, par suite, ce même jubilé à la France seule, en faveur de laquelle il a ouvert les trésors du ciel, principalement pour remercier Dieu du rétablissement de la santé du roi. Nous verrons comment ce jubilé, qui commence à Paris le lundi de la Pentecôte, 7 juin, sera reçu et exécuté par tous nos jansénistes, qui sont en grand nombre.

Juin. — Apparemment que par la lettre qui a été écrite au roi par Messieurs du parlement, ils avaient mandé qu'ils seraient trop heureux, si Sa Majesté pouvait leur accorder la permission d'aller le complimenter à Lille. Le roi a répondu qu'ils vinssent; en conséquence, il y a eu assemblée de chambres et grande députation. On a envoyé des ordres sur toute la route

[1] *La Bataille de Fontenoy*. Ce poëme qui, dès la fin du mois suivant, était déjà arrivé à sa septième édition, fut aussi inséré dans le deuxième volume du *Mercure de France* du mois de juin 1745.

pour avoir grand nombre de chevaux de poste, et les députés sont partis hier, 31, de bon matin. Ils vont en manteau et rabat plissé dans la route, et ils auront leurs robes pour faire le compliment au roi dans la ville de Lille. On dit qu'il n'y a point d'exemple d'une pareille députation du parlement au roi étant à l'armée. Quoi qu'il en soit, cette arrivée de robins dans la ville de Lille, au milieu de toutes les troupes et de ce cortége militaire, fera un plaisant effet. La chambre des Comptes et toutes les cours souveraines envoient aussi des députations. Cela va coûter, pour la poste seulement, de l'argent à chacune de ces cours et cause bien de l'embarras dans la ville de Lille[1]. Aussi cette victoire signalée ne sera pas douteuse dans cent ans. Elle sera constatée par tous les registres des cours souveraines. Les deux premières semaines de ce mois-ci, les chevaux de poste et les confesseurs seront employés et gagneront leur vie.

— Aujourd'hui, lundi, 7, est l'ouverture du jubilé. Pendant les trois fêtes de la Pentecôte, il n'y a point de spectacles que le concert spirituel, ni pendant les fêtes et dimanches qui sont dans le temps du jubilé, c'est-à-dire pendant la quinzaine.

— Toutes les cours ont reçu de grands honneurs dans leur route, c'est-à-dire à Péronne où les députés ont tous couché. Comme ils ont été en poste, ils ne se sont arrêtés que dans cette ville et ils y sont arrivés en corps. La milice qui garde la ville était en haie sous les armes, on a battu aux champs et tiré le canon de la place. Ils avaient des logements marqués, mais ils

---

[1] La députation seule du parlement se composait de vingt personnes.

sont tous descendus à celui destiné au premier président de la compagnie, où ils ont été complimentés par le chapitre, le bailliage, le corps de Ville, l'élection et le grenier à sel. C'est pour cela qu'ils étaient en route en petit manteau et en rabat. A leur départ, le lendemain matin, ils ont eu de même les honneurs militaires : j'oublie deux sentinelles, pendant la nuit, à la porte de tous les présidents des compagnies.

A leur arrivée à Lille ils avaient aussi des logements marqués, mais ils n'ont eu aucuns honneurs, si ce n'est une sentinelle à la porte des présidents. On m'a dit que la raison était parce que le parlement de Paris se trouvait à Lille hors de son ressort, à cause du parlement de Douai, et que ne rendant point d'honneurs au premier parlement du royaume, on n'en avait pas voulu rendre aux autres cours, qui n'avaient point contre elles la raison du ressort. Aux jours et aux heures marqués pour l'audience du roi, les cours sont parties de Lille dans leurs carrosses, avec des chevaux de poste, et se sont rendues au camp devant Tournai[1], qui est à deux ou trois lieues. Elles ont été conduites d'abord dans une tente qui leur avait été préparée, où il y avait de quoi déjeuner, café, thé, chocolat, pâtés et jambons. Là, ils ont été pris par le grand maître des cérémonies et par M. d'Argenson, ministre de la guerre, qui les ont conduits par une allée d'arbres sablée qu'on avait fait planter exprès, qui menait à la tente du roi. Sa Majesté était dans la grande tente dont le Grand Seigneur lui a fait présent[2], et qui est, dit-on, fort belle. Dans cette marche, c'était un concours des

---

[1] Le camp de Pontachin.
[2] Lors de l'ambassade de Zaïd-Effendi, en 1742. Voir ci-dessus, p. 313.

principaux officiers; le roi était accompagné de M. le Dauphin et de sa cour, princes et généraux. Cette cérémonie était auguste. Ensuite M. d'Argenson, ministre de la guerre, a donné à dîner aux cours dans sa tente, surtout au parlement et au grand conseil, car M. d'Argenson, ministre des affaires étrangères, avait aussi une table. L'après-midi, on a donné à ces Messieurs plusieurs carrosses des ministres et des seigneurs pour s'aller promener dans le camp et dans la ville de Tournai[1], après quoi, ils sont revenus dans leurs carrosses, avec leurs chevaux de poste, chez leurs hôtes, des politesses desquels ils ont été très-satisfaits. Ils ne sont pas revenus en corps à Paris, mais séparément; plusieurs ont repris la route de Dunkerque.

— Le roi a reçu très-gracieusement toutes les cours. Les compliments ont été fort beaux. M. Le Camus, premier prasident de la cour des aides, s'est distingué. Non-seulement, son compliment est un vrai galimatias, mais il a eu la sottise de le faire imprimer à Lille. Il en a rapporté un grand nombre qu'il a distribué lui-même, et il en est venu de Lille. Paris en était farci. On en a fait des risées[2], et, faute de demander avis à quelque personne sage, il s'est fait beaucoup mépriser. J'ai pris copie de ce compliment, comme pièce à conserver[3].

« Sire,

« Les conquêtes de V. M. sont si rapides qu'il s'agit de ménager la croyance des descendants, et

[1] La ville de Tournai s'était rendue le 22 mai, et l'on faisait alors le siége de la citadelle.
[2] Cette harangue fut même mise en vers.
[3] On a vu ci-dessus, p. 236, une autre harangue de M. Le Camus.

d'adoucir la surprise des miracles, de peur que les héros ne se dispensent de les suivre et les peuples de les croire.

« Non, Sire, il n'est pas possible qu'ils en doutent, lorsqu'ils liront dans l'histoire qu'on a vu V. M. à la tête de ses troupes, les écrire elle-même au champ de Mars, sur un tambour [1]. C'est les avoir gravées à toujours au Temple de Mémoire.

« Les siècles les plus reculés sauront que l'Anglais, cet ennemi si fier et audacieux, cet ennemi jaloux de votre gloire, a été forcé de tourner autour de votre victoire; que ses alliés ont été témoins de sa honte et qu'ils n'ont tous accouru au combat que pour immortaliser le triomphe du vainqueur.

« Nous n'osons dire à V. M., quelque amour qu'Elle ait pour son peuple, qu'il n'y a plus qu'un secret d'augmenter notre bonheur : c'est de diminuer son courage. Le ciel nous rendrait trop cher ses prodiges, s'il nous en coûtait vos dangers et ceux du héros qui forme nos plus chères espérances. »

— Le roi a accordé au maréchal comte de Saxe, et à l'aîné de ses enfants mâles, les honneurs dont jouissent à la cour les personnes titrées. Cette grâce accordée à l'aîné de ses enfants mâles a étonné, d'autant que le public le regarde comme garçon; mais on m'a dit qu'il avait été marié par le roi de Pologne, son père [2]; qu'il est veuf depuis très-longtemps et qu'il a deux ou trois garçons qui ont toujours été pensionnaires aux jé-

---

[1] Louis XV avait annoncé à la reine la victoire qu'il venait de remporter, sur le champ de bataille même de Fontenoi, et il s'était servi d'un tambour pour lui écrire.

[2] Le maréchal de Saxe avait été marié, à l'âge de quinze ans, avec la comtesse de Loben. Cette union ne fut pas heureuse et se rompit par un

suites. Apparemment qu'ils commencent à être en âge d'entrer dans le monde, car on ne les connaît pas. Moi-même, qui ai vécu avec le maréchal pendant quelque temps, il y a douze ou quinze ans, je n'en avais jamais entendu parler.

— Nous avons perdu, le 1er de ce mois, à l'âge de cinquante-huit ans, M. Le Normand, avocat, qui a poussé cette profession au plus haut degré en tout genre. Après avoir été le plus habile plaidant, il a quitté la plaidoirie à l'arrivée de M. Cochin, qui seul aurait pu peut-être être son rival pour l'éloquence et la judiciaire. Depuis quinze ans, il a été le plus grand consultant de Paris, surtout de tous les gens de cour avec qui il était en société, non-seulement comme conseil, mais comme ami, et comme homme de bonne compagnie pour le jeu et la bonne chère. Il avait pour vingt mille livres de conseils par an, outre le courant de son cabinet; quatre à cinq mille livres de rente qu'il avait conservées de son patrimoine et un gros revenu qu'il s'était fait en rentes viagères; en sorte qu'il jouissait de près de cinquante mille livres de rente, garçon. Il dépensait à proportion. Il y avait peu de gens plus magnifiques que lui en logement, en meubles, mobilier et bijoux, en équipage et pour la dépense de sa table, surtout à sa maison de campagne, pendant les vacances, où il y avait un concours de gens du premier ordre, comme chez le plus gros seigneur. La société et la familiarité des grands l'avaient mis dans ce train, qu'il aimait naturellement. Il avait un grand jugement et une facilité

---

divorce, en 1720. Il n'avait eu de ce mariage qu'un seul fils, né vers 1716, mais qui ne vécut point.

de faire usage de son esprit et de sa science. S'il y avait quelque chose à lui reprocher, c'était le luxe, par le mauvais exemple que cela donnait, même dans tous les différents Ordres de ses confrères qui, par relation et à proportion du grand au petit, s'incommodaient pour l'imiter, quoique de fort loin. Mais tout a péri en un jour, et quoiqu'il laisse du bien à une tante de quatre-vingts ans, sa seule héritière, surtout par le prix de son mobilier, cela est bien éloigné du gain qu'il a fait pendant nombre d'années, et de la fortune considérable qu'il aurait laissée sans cette grande dépense. Mais il a vécu dans le grand et s'est contenté, et il meurt sans faire de tort à personne. Que peut-on souhaiter de plus? Il a eu longtemps pour maîtresse une fille fort jolie qu'il a ensuite mariée à M. Prévost, homme de peu; il a poussé et élevé celui-ci dans les emplois et les affaires, par son crédit, et ils paraissent aujourd'hui le représenter par les mêmes airs de dépense et de magnificence.

— Autre histoire. M. Huchet de La Bédoyère, procureur général du parlement de Bretagne, bon janséniste de son métier, aussi bien que madame sa femme, d'ailleurs homme de bonne noblesse de Bretagne, depuis longtemps dans cette charge de père en fils, a envoyé à Paris un de ses fils [1] qui a d'abord plaidé quelques causes après avoir été reçu avocat, et à qui on a acheté une charge d'avocat général à la cour des aides pour l'exercer à porter la parole. M. de La Bédoyère s'est infiniment distingué dans cette charge,

---

[1] Marguerite-Hugues-Charles-Marie Huchet de La Bédoyère, né le 9 avril 1709. Il est auteur de l'*Indolente*, comédie en trois actes et en vers libres, représentée sur le théâtre Italien le 20 février 1745.

possédant l'éloquence et la facilité de plaider dans un degré supérieur. Il parlait deux heures sans préparation, dans les meilleurs termes, sans hésiter d'un mot et avec tout l'esprit possible. Cela l'a fait aisément connaître dans Paris.

Mais, malheureusement, il était jeune : et cette même vivacité d'esprit l'a tourné au libertinage, au dérangement et à la dépense, de manière qu'il a ruiné des femmes, qu'il a dépensé avec d'autres, qu'il a fait de mauvaises affaires avec des usuriers, et nombre de lettres de change : devant de tous côtés, empruntant à tout le monde; jusque-là même, a-t-on dit, des parties des affaires desquelles il était chargé. Cette conduite décriée a été au point que la cour des aides a cru être obligée d'en porter ses plaintes à M. le chancelier qui a donné ordre à M. de La Bédoyère de se défaire de sa charge; ce qui a été exécuté. Ceux qui veulent le justifier disent qu'il y a bien de la faute du père qui lui avait promis dix mille livres par an pour soutenir une maison convenable, et qui ne les lui a pas envoyées à beaucoup près, ce qui l'a mis dans le dérangement.

En cet état, il a lié connaissance avec Agathe Sticotti, fille de défunt Fabio[1], pantalon de la Comédie italienne, et qui a monté elle-même trois ou quatre fois sur le théâtre[2]. Il s'est attaché à cette jeune fille, assez jolie, fort sage d'ailleurs et fort décente, de l'avis du public, ce qui doit être vrai. Celle-ci, qui s'était pareillement attachée, et qui avait quelque bien, a aidé à soutenir M. de La Bédoyère qui ne savait où donner

[1] Fabien Sticotti, qui avait débuté à la Comédie italienne en 1733 et qui était mort au mois de décembre 1741.
[2] Elle avait dansé dans les ballets.

de la tête. Enfin, par reconnaissance et sur des promesses précédentes, il l'a épousée secrètement au mois de janvier 1744, lui âgé de trente-cinq ans, et elle encore mineure [1]. Ils ont vécu ainsi dans Paris, fort mal à l'aise, dans un troisième étage.

M. et madame de La Bédoyère instruits de ce mariage déshonorant, en ont interjeté appel comme d'abus, cette année, ce qui fait actuellement la matière d'une grande plaidoirie. M. Guéau de Reverseaux, premier avocat du palais, est chargé pour eux. Le neveu du grand Cochin est chargé pour Agathe, et, ce qui a intéressé de plus tout le public, c'est que M. de La Bédoyère a entrepris lui-même de plaider en son nom, à une grande audience en la grand'chambre du parlement, pour soutenir son mariage; entreprise délicate ordinairement, quelque talent que l'on ait.

M. de Reverseaux a plaidé pour faire déclarer le mariage nul et même pour faire défense de le réhabiliter. Vendredi, 18 de ce mois, M. de La Bédoyère commença sa cause et plaida une demi-heure avec un applaudissement général; grande éloquence naturelle, beaucoup de décence et de modestie, ne s'excusant point de ce qu'il avait fait, mais se retranchant sur la religion, sur la conscience, sur la foi des promesses, sur le devoir d'honnête homme de les tenir et encore plus d'en soutenir l'exécution; infiniment plus touché d'avoir perdu par là l'amitié de ses parents que de la perte des biens, par l'exhérédation qu'ils avaient déjà

---

[1] Agathe Sticotti, née le 22 novembre 1722, avait par conséquent près de vingt-quatre ans; mais alors la majorité était fixée à vingt-cinq ans, par la coutume de Paris. Cette jeune fille était, en outre, orpheline; sa mère, Ursule Astori, chanteuse du théâtre Italien, étant morte avant son mari, en 1739.

faite. Il fut admiré et plaint, et tira les larmes des yeux de plusieurs des juges, surtout des conseillers clercs qui connaissent plus les passions que la tendresse paternelle. La grand'chambre était raisonnablement remplie de monde : j'y étais. La cause fut remise au vendredi 25.

— Cette action s'étant répandue dans Paris, hier, 25, à six heures du matin, la grand'chambre commença à se remplir, et il ne fut pas possible d'en faire sortir le monde, comme il est d'usage, après l'audience de sept heures. L'assemblée s'augmenta de nombre de femmes de considération; d'hommes de conséquence, de magistrats, tant du parlement que des autres cours, de façon que les lanternes hautes et basses étaient remplies. Les hauts bancs du sénat furent aussi occupés et surtout par nombre de conseillers des enquêtes, d'autant plus qu'il devait y avoir, après l'audience, une assemblée de chambres pour rendre compte de ce qui s'était passé dans le voyage de Flandre. La cour entra majestueusement, à son ordinaire; elle perça la foule avec grande peine; mais quand elle fut montée, il ne lui fut pas possible de prendre séance ni de trouver place, ni de faire sortir qui que ce soit. On étouffait partout. Dans cet embarras indécent, la cour alla aux opinions, remit la cause à jeudi prochain et s'en alla comme elle était venue, sauf à prendre des mesures plus justes pour avoir place. Voilà ce qui n'est jamais arrivé à la grand'chambre, quelque grande cause qu'il y ait eue. Cette curiosité générale de Paris fait un grand honneur à M. de La Bédoyère et à ses talents.

— Mais voici un autre fait. M. de La Bédoyère a pour amis de jeunes magistrats qui lui ont conseillé, dans sa misère, de trouver une ressource dans la profession d'avocat. Cela s'est répandu dans le palais, et cela n'a pas été du goût de tous les avocats, à cause de la conduite qu'il a tenue, de ses lettres de change et de la honte d'avoir été, pour ainsi dire, chassé de la cour des aides. Cependant il n'y a eu, à ce sujet, aucune assemblée des avocats pour savoir si on refuserait de plaider contre lui à la chambre du domaine, où on lui avait fait donner une cause pour le fermier du domaine contre la veuve d'Arnaud, chirurgien, condamné aux galères, dont l'histoire a été rapportée ci-dessus [1]. On disait déjà, dans Paris, que, dans les difficultés qu'on faisait, il pouvait entrer plus de jalousie de ceux qui tiennent le premier rang dans la plaidoirie, que de délicatesse. Mais il est vrai, néanmoins, que ces difficultés ne s'étaient passées qu'en simples discours pour et contre. Enfin deux ou trois avocats chargés dans la même cause avaient consenti à plaider contre lui, et on ne les avait pas empêchés.

Aujourd'hui, samedi, 26, M. de La Bédoyère a plaidé; tout était plein de monde. Après son plaidoyer, voici le compliment que lui a fait M. Billard de Laurière de Vaux, premier président des trésoriers de France, jeune homme et de ses amis :

« La Bédoyère, la chambre vous a entendu avec plaisir. Continuez d'exercer les rares talents que la nature vous a donnés, et que nous regrettions. Ce ne sera pas sans essuyer, dans l'abord, les souterrains et autres manœuvres de la basse jalousie de vos confrères, mais non pas de ceux qui s'intéressent à l'honneur et à la gloire du barreau. »

[1] Voir p. 426 et suivantes.

Après l'audience, ce compliment s'est répandu sur-le-champ dans la grand'salle, à tous les bancs des avocats, et on a trouvé fort mauvais l'insulte et le reproche de M. Billard de Vaux, du moins à une partie du corps des avocats. On voit bien des impertinences, quand on vit, et ce compliment est également imprudent et indécent.

M. Billard de Vaux est un juge inférieur et un jeune homme qui n'est pas placé pour faire un compliment à titre de supérieur à un homme de trente-six ans, de l'état de M. de La Bédoyère, et qui a été avocat général. Il n'y a pas moins d'imprudence dans ce reproche aux avocats. M. de Vaux est fils de M. Billard de Laurière qui, après avoir épousé une demoiselle de la maison de Saint-Aignan, dont les biens étaient extrêmement embrouillés, s'est fait conseiller au grand conseil. D'une naissance médiocre, avec un bien très-bourgeois, il a plaidé toute sa vie; il est regardé comme le plus grand chicaneur de Paris, et il a été condamné personnellement, plus d'une fois, en des dommages et intérêts envers des parties[1]. Il n'a pas vendu forcément sa charge de conseiller au grand conseil; mais le grand conseil lui a défendu d'y remettre le pied. De plus, c'est ce même M. de Laurière qui avait une grande affaire à la cour des aides, contre les Pères de la Charité de Charenton, qui a contribué à décrier M. de La Bédoyère, dont les conclusions avaient été contre lui, sur les plaintes qu'il a faites partout que M. de La Bédoyère lui avait emprunté et tiré pendant le procès cinquante pistoles

---

[1] Voir ci-dessus, p. 24.

qu'il ne pouvait pas rattraper. Il est donc vrai que quand on a, comme M. de Vaux, des sujets de mortification et de honte attachés de si près à son nom, on ne peut être trop mesuré et trop modeste, et il est très-imprudent de blesser publiquement et gratuitement un corps aussi pur en général et aussi caustique que celui des avocats.

— La bataille du roi de Prusse, en Silésie[1], a eu son supplément comme celle de Fontenoi. Cette nouvelle affaire a commencé par la déroute générale des Saxons. Le roi de Prusse a mandé ici, dit-on, à un homme, qu'il allait entrer dans le royaume de *porcelaine*, parce qu'à présent les ouvrages de porcelaine de Saxe sont aussi chers et aussi estimés qu'autrefois ceux du Japon.

Juillet. — Jeudi, 1er, M. de La Bédoyère a achevé sa cause. Il n'y avait point eu d'audience de sept heures, pour ne laisser entrer que quand la cour serait en place. La grand'chambre était entièrement pleine. M. de La Bédoyère a parlé pendant une heure et demie; il a fait, comme la première fois, l'admiration du public, qui s'est même prévenu en sa faveur pour lui, pour le gain de sa cause, et quasi jusqu'à approuver sa conduite. Le public s'éblouit et se prévient aisément, et presque toujours sans réflexion. Un peu de nouveauté et d'extraordinaire lui suffit. M. de La Bédoyère n'a pas laissé que de maltraiter Guéau de Reverseaux, sur des démarches qu'il avait faites personnellement auprès du curé de Saint-Sauveur[2]; il lui

---

[1] La bataille de Friedberg, remportée par le roi de Prusse sur le prince Charles, le 4 juin.

[2] Agathe Sticotti demeurait dans la circonscription de la paroisse

a reproché qu'il avait agi en partie et non en avocat. Cela a plu au public, qui en a claqué des mains à plusieurs reprises.

M. le duc d'Orléans a eu aussi part à cet événement. Il a pris la peine, par motif de conscience et par conseils religieux, d'aller trouver madame de La Bédoyère, la mère, qui suit ici cette affaire, pour l'engager à pardonner à son fils sur son mariage, et à se réconcilier avec lui. M. de La Bédoyère a plaidé ces faits comme ayant la permission de M. le duc d'Orléans, qui vraisemblablement sollicite pour lui. On dit qu'il a reçu plus de deux mille écus qu'on lui a envoyés pour se soutenir.

Cette affaire, l'éloquence de La Bédoyère, la prévention du public sur son compte, ont mortifié certainement M. Guéau de Reverseaux, qui jouit de la première réputation dans Paris pour la plaidoirie, et qui, à trente-huit ans, a le premier cabinet pour la consultation, formé par la réunion de presque tous les conseils de feu M. Le Normand. Ce qui prouve qu'en quelque état qu'on soit de satisfaction intérieure, on n'est pas à l'abri d'événements piquants et mortifiants. Il y a même eu des chansons faites sur lui dès le lendemain.

— Jeudi, 8, M. de Reverseaux a répliqué et plaidé à merveille, même pour le fond de l'affaire. Les gens sensés sont pour la cause de M. de Reverseaux, sur

---

Saint-Sauveur, dont la limite méridionale traversait la Comédie italienne, établie alors à l'hôtel de Bourgogne, rue Mauconseil. Le curé n'avait voulu publier les bans qu'à la condition qu'elle signerait sa renonciation au théâtre, et ensuite il s'était refusé à célébrer le mariage en l'absence d'un consentement écrit des parents de La Bédoyère. Ce refus obligea celui-ci à s'établir dans la paroisse Saint-Laurent, où se fit le mariage.

les nullités de forme; mais le public est toujours prévenu en tout pour M. de La Bédoyère[1].

— Les Grassins ont fait des merveilles en Flandre[2]. Ce régiment, fabriqué d'abord de décrotteurs et de vagabonds de Paris, devient formidable. M. de Grassin, pressé par les Anglais dans un château où il s'était retranché, a demandé gens de bonne volonté pour aller avertir M. Du Chayla. Il s'agissait de traverser au milieu des ennemis, et il s'en est présenté plusieurs pour tenter l'aventure : il en est parti quinze, dont il n'en est, dit-on, arrivé que cinq à M. Du Chayla. Le roi leur a fait donner à chacun cent louis.

— Il vient d'arriver un événement terrible à quoi on ne s'attendait pas. Ce prétendant à l'Angleterre[3], dont on a tant parlé et dont on ne parle plus depuis un temps, s'est embarqué le 15 de ce mois à Belle-Isle[4], sur les côtes de Bretagne. Il n'est encore parlé

[1] Un arrêt du 22 juillet 1745 déclara le mariage « nul et abusivement célébré, fit défense aux parties de se hanter ni fréquenter, et à Agathe Sticotti de se dire femme Huchet de La Bédoyère. » Tous les mémoires et plaidoyers auxquels cette affaire donna lieu ont été recueillis sous le titre de *Les époux malheureux, plaidoyer pour et de M. de La Bédoyère fils*, etc., Amsterdam, Paris, 1768, 2 vol. in-12. Il y avait déjà eu précédemment d'autres éditions de ce recueil.

[2] Au combat de Mesle, près Alost, le 10 juillet. Les Grassins étaient un corps d'arquebusiers levé, en exécution d'une ordonnance du roi du 1er janvier 1744, par M. de Grassin, lieutenant-colonel à la suite du régiment de Picardie, célèbre partisan qui avait servi avec beaucoup de distinction en Bavière. Ce régiment, composé de trois cents cavaliers et neuf cents fantassins, fut supprimé en 1749 et forma un nouveau corps avec les fusiliers de La Morlière et les volontaires bretons, sous le nom de volontaires de Flandres.

[3] Voir ci-dessus, p. 382.

[4] Barbier dit plus loin qu'il fut conduit en Angleterre par M. Welche, Irlandais de nation, qui avait fait une fortune considérable dans le commerce de Nantes.

de ce fait dans aucune *Gazette*, mais cette nouvelle est générale dans Paris.

Août. — Depuis longtemps on parle du retour du roi à Paris pour y passer trois jours au Louvre. Ce bruit se confirme sérieusement par des ordres adressés au prévôt des marchands et aux échevins de tout préparer pour une entrée du roi, à cheval, par la porte Saint-Martin, le 2 septembre; d'autres disent que ce ne sera que le 5. En conséquence, Messieurs de la Ville ont déjà arrêté deux maisons à la Villette. On travaille à force dans la grande salle à l'hôtel de ville, parce que le roi et toute la famille royale doivent y faire un grand repas. On décore la porte Saint-Martin et on travaille à des arcs de triomphe dans les rues du passage. La Ville sera à cheval.

— Madame Feydeau, femme du lieutenant général de police, a tenu, ce mois-ci, sur les fonts, le fils d'un des premiers secrétaires de son mari, et elle a choisi pour compère et pour parrain les six corps des marchands de cette ville, tout à la fois. En effet, l'enfant a été tenu par le sieur Véron, ancien échevin et grand garde de la draperie, qui est le premier corps [1], assisté des gardes en charge de chacun des six corps des marchands. Il y a eu des présents magnifiques tant à la marraine qu'à la mère de l'enfant qui ne manquera pas de protection dans Paris. Cette imagination est toute nouvelle.

Septembre. — Le parlement, qui a la grande police,

---

[1] Les six corps étaient rangés dans l'ordre suivant : drapiers, épiciers et apothicaires, merciers, pelletiers, bonnetiers et orfèvres. Chacun de ces corps nommait à l'élection six *gardes* qui veillaient à l'observation des statuts et règlements.

n'a pas voulu laisser au lieutenant général de police et au prévôt des marchands le droit d'ordonner les fêtes et cérémonial pour l'arrivée du roi. Il a rendu un arrêt, le 2 de ce mois, pour tapisser les rues par où passera le roi, pour illuminer les maisons de toute la ville le jour où le roi ira à l'hôtel de ville, et pour faire sonner la cloche du palais en la manière accoutumée, qui est un grand cérémonial qui n'a pas néanmoins été ordonné l'année passée quand le roi est venu à l'hôtel de ville.

— On fait de très-grands préparatifs dans la rue de la Ferronnerie et dans la rue Saint-Honoré où était la barrière des Sergents[1], que l'on a abattue et que l'on ne rétablira pas, à ce que l'on dit, à cause du grand passage en cet endroit. Cela a donné lieu à quatre petits vers :

> Louis, rien ne résiste à ta valeur guerrière ;
> Tu ne peux souffrir de barrière,
> Et tu détruis en même temps
> Celles des Hollandais, et celle des Sergents.

— Mardi, 7, le roi arriva à la Villette, avec M. le Dauphin, avant quatre heures après midi. Il ne s'est point arrêté dans la maison que la Ville lui avait préparée, et où l'on croyait même qu'il dînerait. Il n'a fait que changer de carrosse. Il a trouvé jusqu'à la Villette, et même par delà, un concours étonnant de peuple et de carrosses, qui avaient été au-devant et qui s'étaient rangés sur le chemin. Le roi arriva à quatre heures et demie à la porte Saint-Martin, et s'y arrêta pour recevoir les clefs qui lui furent présentées par M. le duc de

---

[1] La barrière des Sergents se trouvait dans la rue Saint-Honoré, entre les rues Croix-des-Petits-Champs et de Grenelle Saint-Honoré.

Gèvres, gouverneur de Paris, M. le prévôt des marchands, les échevins et les quartiniers de Ville, tous à genoux. M. le gouverneur de Paris avait à son ordinaire un train magnifique; trois carrosses, coureurs, pages et au moins vingt-cinq personnes de livrée. A l'égard de l'entrée, elle était très-simple et ne ressemblait en rien à une entrée de triomphe. Le roi avait avec lui les officiers du vol [1] et les détachements de sa maison avec des habits très-passés, et trois carrosses ordinaires, le tout comme un retour de campagne.

— Mercredi, 8, le roi, la reine, M. le Dauphin et Mesdames de France, se rendirent à Notre-Dame, à onze heures. Madame la Dauphine y arriva seule, à dix heures, pour voir la cérémonie de quelques drapeaux pris sur les ennemis et apportés à Notre-Dame par les Cent-Suisses. Après la messe on chanta un *Te Deum* pour la prise de Nieport [2]. Le parlement y était en grand nombre, quoique les vacances fussent commencées, et Messieurs les présidents à mortier y avaient leur grande fourrure et le mortier, qui est l'habillement d'hiver, pour faire voir, dit-on, cet habillement à madame la Dauphine. A huit heures du soir le roi vint à l'hôtel de ville avec sa famille, tous les six dans un même carrosse. C'est la première fois que la reine est venue à l'hôtel de ville. Après leur arrivée on a tiré, dans la place, un feu d'artifice qui n'a pas été du goût de tout le monde. Il y a eu ensuite un beau concert exécuté par les acteurs de l'Opéra, et un souper. Le roi et toute la cour ont

[1] Officiers de la vénerie chargés de la direction des oiseaux de proie dont on se servait encore pour la chasse.
[2] Cette ville avait été prise le 5 septembre par le comte de Lowendal

ensuite été dans leurs carrosses voir les illuminations, à la rue de la Ferronnerie qui avait été accommodée des deux côtés aux dépens des six corps des marchands, à la place des Victoires, à la place de Vendôme, et ils ne sont rentrés au Louvre, que sur les deux heures après minuit. Il y avait, cette même nuit, bal à l'Opéra où la cour a été ensuite, et, à trois heures du matin, à peine pouvait-on passer par la rue Saint-Honoré, à cause du concours de carrosses et de peuple qui se promenaient et qui allaient de tous côtés au Carrousel.

— Le 9, sur le soir, le roi, la reine, M. le Dauphin, madame la Dauphine et Mesdames de France, se sont promenés dans le jardin des Tuileries, en trois bandes séparées pour faire diversion. Toute la journée il y a eu une affluence étonnante de monde de toute espèce dans les cours et le jardin, et le lendemain, vendredi, après dîner, tout est parti pour Versailles, avec la même affluence de monde. On dit qu'il devait y avoir dans cette ville de grandes réjouissances pour la réception du roi. D'autres disent, néanmoins, que les habitants de Versailles n'ont pas lieu d'être contents, attendu que, ces jours-ci, on a imposé des droits d'entrée sur cette ville, qui en avait été exemptée jusqu'ici.

— Madame d'Étiolles, créée et érigée en marquise de Pompadour, a été présentée sous ce nom et en cette qualité, à Versailles, au roi et à la reine, mardi, 14 de ce mois, et en même temps madame la marquise d'Estrade, jeune mariée : en sorte que madame de Pompadour a pris possession du titre de dame de la cour. Jeudi, 16, le roi a été à sa maison de Choisy. Les femmes du voyage étaient madame la duchesse de Lauraguais, madame la marquise de Bellefont, madame d'Estrade et madame de Pompadour. Le roi a été incommodé et saigné deux fois, samedi, 18, pour une douleur à la langue et à la gorge, et une fluxion. Cela a suffi pour donner de l'inquiétude à Paris. La reine, M. le Dauphin et madame la Dauphine ont été dîner à Choisy, dimanche, 19. Madame la marquise de Pompadour a dîné pour la première fois avec la reine, qui lui a fait beaucoup de politesses.

Octobre. — On ne sait point positivement quel jour le roi reviendra le mois prochain[1]. La cour est brillante à Fontainebleau. Madame la marquise de Pompadour y tient toujours son même rang, au grand regret des femmes de cour. On dit qu'elle se comporte parfaitement bien, surtout à l'égard de la reine. Elle a eu des conseils de madame Poisson, sa mère, qui a de l'esprit comme quatre diables, et de madame de Tencin, sœur du cardinal, qui est devenue son amie, et qui est plus parfaite politique encore que son frère.

Novembre. — On vend dans Paris, de temps en temps, des imprimés anonymes sur la politique et les affaires présentes. Ce sont autant de manifestes sur les intérêts des Anglais, des Hollandais et des princes d'Allemagne, pour prévenir sur les événements.

— L'on prépare, pour cet hiver, plusieurs ballets et de grandes réjouissances à Versailles, de même que s'il n'y avait point de guerre ni de dépenses extraordinaires à faire. C'est afin de montrer aux étrangers la grandeur et les ressources de cet État.

[1] La cour était établie à Fontainebleau depuis le 2 octobre.

Décembre. — Voici du changement dans le ministère. M. Orry, contrôleur général, en place depuis quatorze ans, a eu une querelle avec les sieurs Pâris, qui ont la conduite des vivres de Flandre et d'Allemagne, gens puissants. Pâris de Montmartel est garde du trésor royal et fait la banque générale du royaume pour toutes les correspondances des pays étrangers. Cette dispute avec Pâris Duverney était au sujet d'un supplément que celui-ci demandait sur le marché des entrepreneurs des vivres qui perdaient, disait-on, c'est-à-dire qui ne gagnaient pas autant qu'ils auraient voulu. M. Orry a refusé avec opiniâtreté. Cela a donné lieu à des mémoires respectifs au roi, dont il a même été ennuyé. Il y a eu, à cette occasion, brigue de cour de la part du duc de Richelieu, même de la part de madame la marquise de Pompadour, qui règne plus que jamais; on dit aussi de M. d'Argenson, ministre de la guerre. Bref, M. Orry a vu qu'on lui en voulait de plus loin et qu'il n'était pas le plus fort; il a demandé à se retirer, et il a été remercié. On a nommé là-dessus bien des gens : M. de Boulogne, intendant des finances, qui a été toute sa vie premier commis des finances[1], par conséquent au fait de la matière; M. Trudaine, autre intendant des finances, grand travailleur; M. Meigret, intendant de Besançon, beau-frère des sieurs Pâris. Rien de tout cela. Le roi a nommé, le 12 de ce mois, M. Machault d'Arnouville, intendant de Hainault, fils de M. Machault, conseiller d'État, qui a été lieutenant général de po-

---

[1] M. de Boulogne, nommé intendant des finances au mois de juin 1744, après la mort de M. Fagon, avait été chargé pendant vingt ans de la direction du trésor royal.

lice[1]. C'est un homme de quarante ans, qui a beaucoup d'esprit. Ce sont gens de probité, extrêmement riches par eux-mêmes. Le père, qui vit encore, est un homme sévère. On dit que le fils a l'obligation de cette place à M. d'Argenson, de qui il est très-ami et même parent. Il avait voulu refuser dans les circonstances présentes, mais on dit publiquement que le roi lui a écrit à Valenciennes pour lui ordonner d'accepter. Au surplus M. Orry sort de sa place avec l'estime publique et grand éloge. Il n'a pas plus de soixante mille livres de rente[2], après quatorze ans de ministère pendant lesquels il a eu trois baux des fermes qui valent de droit trois cent mille livres chacun. On ne lui reproche que d'avoir été dur, mais il faut l'être dans cette place, et la grande politesse y est difficile. Du reste, il remplissait bien sa place, et il avait tous les fonds prêts pour la campagne prochaine. Reste à savoir s'il était de la saine politique de changer de contrôleur général dans les circonstances d'une guerre telle que celle-ci. Celui qui pourra en souffrir le plus est son frère, Orry de Fulvy, intendant des finances, premier directeur et commissaire de la compagnie des Indes, qui a toujours fait une dépense considérable; car pour M. Orry, il y a déjà longtemps qu'il avait demandé à se retirer pour vivre en liberté et tranquillité[3].

---

[1] En 1718; sa sévérité l'avait fait surnommer Machault *coupe-tête*.

[2] Il a fait voir qu'il n'a que cinquante mille livres de rente de biens présents, indépendamment de ses pensions, et il avait cinquante mille écus de patrimoine. (*Note postérieure de Barbier.*)

[3] Il mourut au mois de novembre 1747, à sa terre de la Chapelle, près Nogent-sur-Seine.

— M. de La Bédoyère, qui a perdu son procès cette année pour son mariage, avait voulu trouver une ressource dans la plaidoirie en se mettant au nombre des avocats. Ceux-ci n'ont point voulu de lui, et la querelle s'est renouvelée depuis la rentrée. M. de La Bédoyère avait été chargé d'une cause à la grand'chambre. On ne voulait pas plaider contre lui : on s'est retiré de part et d'autre auprès de M. le premier président, à qui on a dit en particulier des faits graves. Cela a enfin été décidé pour son exclusion. Hier, 13, M. le premier président a envoyé ordre au procureur de retirer le sac de M. de La Bédoyère, et aux procureurs de communauté d'en avertir leurs confrères. C'est bien déshonorant pour un homme de sa naissance, et c'est un avis pour les jeunes gens, s'ils sont libertins pendant leur jeunesse, de ne rien faire, du moins, contre l'honneur et la probité qui sont également de tout âge[1].

— Il est mort, ces jours-ci, l'abbé Guyot Desfontaines, homme d'esprit connu par ses écrits[2]. Il avait donné toutes les semaines une feuille qui faisait l'analyse de tous les ouvrages qui paraissaient, et en même temps une critique très-mordante contre les ouvrages et les auteurs, de façon même qu'on avait été obligé de lui

[1] M. de La Bédoyère, contraint de se restreindre au rôle d'avocat consultant, continua de vivre avec sa femme. Enfin, en 1759, son père, désarmé par l'esprit et la vertu d'Agathe, se réconcilia avec lui et consentit à le recevoir, ainsi que ses deux enfants. Il ne rentra néanmoins que dans une très-faible portion de son héritage.

[2] Pierre-François Guyot Desfontaines, né à Rouen en 1685, connu surtout par ses compositions satiriques et par la violence de ses démêlés avec Voltaire.

en défendre l'impression[1]; mais ces feuilles n'en paraissaient pas moins. Cet abbé était débauché et d'une débauche fort désapprouvée des femmes. Il est mort d'une hydropisie. Voici une épitaphe en peu de mots latins :

> *Periit aqua, qui meruit igne.*

— Ces jours-ci est mort aussi M. Bernard de Rieux, président des enquêtes au parlement, fils du fameux Samuel Bernard, et qui avait pour sa part plus de trois cents mille livres de rente, dont, heureusement pour son fils, il y a quatre-vingt mille livres de rente substituées. M. de Lamoignon, président à mortier, a épousé sa fille[2] du vivant de Bernard père. Elle avait été richement dotée. Le président de Rieux a mangé des sommes immenses et presque tout son bien, à la réserve de la substitution, à des dépenses folles de toute espèce; magnificence d'une belle maison à Passy, meubles, équipages, table. Il a dépensé surtout avec les filles de mode à Paris, dont il changeait souvent et qu'il enlevait aux plus grands seigneurs. Cet article va loin. Voici une épitaphe en deux vers pour lui et l'abbé Desfontaines :

> Guyot et de Rieux ont repli leurs destins :
> Riez auteurs, pleurez catins.

— M. Orry, ci-devant contrôleur général, avait la

---

[1] *Le Nouvelliste du Parnasse, ou Réflexions sur les ouvrages nouveaux*, Paris, 1732, 3 vol. in-12, et les *Observations sur les écrits modernes*, etc., Mars 1735—Août 1743, 34 vol. in-12. Ces deux publications périodiques furent successivement interrompues par ordre.

[2] Barbier se trompe; c'est le marquis de Mirepoix qui était gendre de Bernard de Rieux. M. de Lamoignon avait épousé la fille de Bernard aîné, maître des requêtes. Voir ci-dessus, p. 22 et 23.

place de directeur général des bâtiments. La charge de surintendant ayant été supprimée, il a remis aussi cette commission. Le roi l'a donnée à M. Le Normant de Tournehem[1], fermier général, oncle de M. Le Normant d'Étiolles, mari de madame la marquise de Pompadour. Il a prêté serment la semaine dernière. La place de fermier général appartient à M. d'Étiolles.

— Cette année est pour les faits extraordinaires. En 1645, il y a cent ans, M. le duc d'Arpajon, apparemment duc à brevet simplement, commandant les troupes de l'Ordre de Malte, a sauvé cette île contre les Turcs[2]. En reconnaissance de cet important service, le grand maître et l'Ordre ont nommé le duc d'Arpajon grand'croix de l'Ordre de Malte, avec le droit de conserver cette dignité et ce titre dans sa maison à perpétuité. En sorte que depuis ce temps, à la naissance d'un fils dans la maison d'Arpajon, on lui passait le cordon de Malte, et il était chevalier et grand'croix de droit. Le comte d'Arpajon, dernier de cette grande maison, est mort à Paris il y a quelques années, et n'a laissé qu'une fille unique fort riche[3], qui a épousé le comte de Noailles, second fils du maréchal. Naturellement, ce droit devait se perdre et s'éteindre par le défaut de mâles; mais le maréchal de

---

[1] Ce fermier général prétendait descendre d'une famille distinguée du Berri qui portait ce nom, et à laquelle le roi Charles VII avait donné pour armes *d'azur à la fleur de lis d'or*.

[2] Le vicomte Louis d'Arpajon (il ne fut nommé duc qu'en 1651) avait conduit à Malte, menacée par les Turcs, un corps de deux mille hommes levés à ses frais, et plusieurs vaisseaux chargés de munitions. Voir l'*Histoire des chevaliers de Malte*, par Vertot, et le *Mercure* des mois de mai 1719 et août 1736.

[3] Anne-Claude d'Arpajon, née en mars 1729.

Noailles, par son grand crédit, a obtenu de l'Ordre de Malte la conservation d'un aussi beau droit pour le transmettre dans sa maison de Noailles. Pour cet effet, le 13 de ce mois, madame la comtesse de Noailles, comme seule héritière de la maison d'Arpajon, a été reçue grand'croix de l'Ordre de Malte, par M. le commandeur de Froulay, ambassadeur de l'Ordre, fondé de pouvoirs du grand maître. Cela s'est fait en grande cérémonie dans l'église du Temple, en présence de M. le Grand-Prieur, des commandeurs et des chevaliers de l'Ordre qui sont à Paris. De façon que madame la comtesse de Noailles portera le cordon et la croix de l'Ordre de Malte. Cette cérémonie a dû être belle et fort singulière pour cet Ordre qui est militaire, et pour des hommes qui ne peuvent même conserver cet Ordre de chevalerie qu'autant qu'ils restent dans le célibat. Il faut en effet faire des vœux pour posséder une commanderie. Je croyais ce fait sans exemple, mais on a marqué dans quelques *Gazettes* trois princesses qui ont aussi le privilége d'être grand'croix de Malte[1] et madame la comtesse de Noailles est la quatrième de l'Europe.

—Quant à l'embarquement de Dunkerque[2], on en est fort inquiet, car nous sommes au dernier décembre et

---

[1] La princesse de Rochette, en Italie; la duchesse de Wurtemberg, et la princesse de La Tour Taxis, en Allemagne. La *Relation de la réception de madame la comtesse de Noailles*, etc., est imprimée dans le deuxième volume du *Mercure de France* du mois de décembre 1745, p. 126.

[2] Malgré la mauvaise issue du premier embarquement (voir ci-dessus, p. 388, note 1), un nouveau corps d'armée avait été réuni à Dunkerque, sous les ordres du duc de Richelieu, et semblait destiné à faire une descente en Angleterre pour appuyer le prince Charles-Édouard. Cependant ces troupes ne s'embarquèrent pas. On supposait que le duc de Richelieu en

il n'est point encore fait, ce qui donne lieu à chacun de faire des nouvelles à sa fantaisie. Ces incertitudes découragent le Français qui publie déjà que notre expédition n'aura pas lieu, ou du moins qu'elle ne réussira pas. On se dédommage à dire de bons mots : que le duc de Richelieu est un *barbet* à qui on fait passer l'eau pour *rapporter un bâton*, à cause du bâton de maréchal de France; que les Anglais sont bien malades, puisque nous leur envoyons notre *dernier bouillon*, à propos du prince de Turenne [1] qui est parti, et autres plaisanteries semblables.

— Les événements fâcheux donnent toujours matière aux poëtes d'exercer leur humeur critique : ils ne respectent rien. Voici ce qui a été fait sur le projet et le commandant de l'embarquement :

> S'il fallait faire un sacrifice
> Pour vous rendre la mer propice,
> Quand vous voguerez sur les eaux,
> Jetez-y, pour première offrande,
> Le plus fameux des m......... :
> Son élément le redemande.

— Madame Poisson, mère de madame la marquise de Pompadour, est morte ce mois-ci, à Paris, après une longue maladie. Sur-le-champ il a paru une épi-

---

avait eu le commandement afin de lui fournir l'occasion d'être nommé maréchal de France.

Barbier s'occupe à diverses reprises de ce projet d'embarquement et rapporte tout ce qu'il apprend concernant la marche du *Prétendant*. Mais il n'est que l'écho des *Gazettes* et des bruits sans fondement répandus dans Paris, par les faiseurs de nouvelles. Son *Journal* ne renferme rien à cet égard qui mérite d'être conservé.

[1] Il était parti quelques jours auparavant avec le duc d'York, frère de Charles-Édouard, pour se rendre à Dunkerque.

taphe mordante, qui est plutôt faite par quelque poëte de cour ennemi que par un poëte de profession :

> Ci-gît qui, sortant du fumier,
> Pour faire sa fortune entière,
> Vendit son honneur au fermier,
> Et sa fille au propriétaire.

Quoi qu'il en soit, madame Poisson a été une des plus belles femmes de Paris, avec tout l'esprit imaginable.

ANNÉE 1746.

Janvier. — On parle fort, depuis quelques jours, d'une brouillerie entre le maréchal comte de Saxe et M. le comte d'Argenson, ministre de la guerre, touchant les opérations de ce ministère. Si cela est vrai, il serait prudent au ministre de plier. Le roi a de grandes obligations à ce général et il a bien besoin de lui. On a fait venir cette brouillerie au sujet de l'entreprise du comte de Saxe pour surprendre Saint-Guillain pendant la gelée, il y a quelque temps. Il en avait donné avis au roi, sur lequel avis il y avait eu ici un ordre à tous les colonels de se rendre en Flandre, ce qui a été effectivement fait. On a dit que la surprise avait manqué par le changement de temps et par les mauvais chemins qui avaient empêché l'artillerie d'arriver assez tôt, de façon que tout était en défense dans Saint-Guillain. Mais on a dit que c'était l'ordre du départ des colonels, dont M. le comte de Saxe n'avait pas besoin, qui avait trahi le secret de son entreprise, et que cet ordre n'avait été donné par

M. le comte d'Argenson que pour la faire échouer. Cependant on dit aujourd'hui que cette brouillerie est apaisée. Si cela est vrai, c'est que le roi les aura apparemment réconciliés. Quelques personnes disent même qu'il n'en a jamais été question.

Mars. — Le 3, on a chanté un *Te Deum* à Notre-Dame pour la prise de Bruxelles [1], où les Cent-Suisses de la garde ont apporté une grande quantité de drapeaux. On ne sait quasi plus où les placer.

— Le 4, M. l'archevêque de Paris [2] s'est trouvé fort mal, et il a reçu les sacrements. Le lendemain, il y a eu exposition du saint sacrement dans toutes les églises de Paris et les prières des quarante heures qui ont continué depuis, comme pour le roi. Sa plus grande maladie est d'avoir quatre-vingt-douze ans. Il y a apparence que son mandement pour Bruxelles sera le dernier.

— M. le maréchal, comte de Saxe, est arrivé à Paris, vendredi 11, à cinq heures du soir. Il a été, dès le soir ou le lendemain, à Versailles. Sa présence, et la réception du roi, auront déplu à plus d'un seigneur de cette cour. Le roi a fait quelques pas pour aller au-devant de lui, et l'a embrassé des deux côtés. Il lui avait aussi accordé, pour son arrivée, les grandes entrées, c'est-à-dire le droit d'entrer chez le roi le matin, lorsqu'il est même encore dans son lit. Cet honneur est très-rare : on ne connaît, parmi les seigneurs, que M. le duc de Charost, comme ancien gouverneur du roi, qui ait les grandes entrées.

[1] Le maréchal de Saxe s'était emparé de cette ville le 20 février, après un siége de douze jours.
[2] M. de Vintimille. Voir t. I, p. 297.

— Vendredi, 18, M. le maréchal comte de Saxe vint à l'opéra d'*Armide* [1]. Tout était plus que plein. Il avait fait retenir les deux premiers bancs du balcon du côté du roi [2]. Plusieurs de ses aides de camp étaient au second banc. M. le major des gardes françaises avait fait garder ces deux bancs par une sentinelle. Le maréchal arriva avec M. le duc de Biron, colonel des gardes, et M. le duc de Villeroi, et il était entre eux au balcon, à la troisième place. Le duc d'Holstein, jeune seigneur, neveu du maréchal, était le premier; le duc de Biron, le second. On dit que M. Berger, directeur de l'Opéra, vint au-devant de lui, lui fit un compliment et lui présenta le livre, honneur qu'il ne fait qu'au roi et aux princes du sang. A l'arrivée du maréchal, il y eut grands battements de mains du parterre en criant : *Vive le maréchal de Saxe!* Il salua très-poliment le parterre. Mademoiselle de La Rocheguyon, qui était dans une petite loge sur le théâtre, lui fit dire que si c'était l'usage aux femmes de claquer des mains, elle l'aurait fait la première pour partager la joie du public, ce qui a paru très-bien de sa part, d'autant qu'il y a un peu de jalousie de métier à cause du prince de Conti, son neveu. Ce n'est pas tout. Dans le prologue d'*Ar-*

---

[1] Tragédie lyrique en cinq actes, le dernier opéra de Quinault, musique de Lulli, représentée, pour la première fois, le 15 février 1686. C'était la sixième reprise de cet opéra.

[2] On appelait *côté du roi* la partie à droite du spectateur, et *côté de la reine* la partie opposée. Ces dénominations tiraient leur origine de la place qu'occupaient les loges du roi et de la reine au théâtre de l'Opéra. Dans la suite, lorsque l'Opéra eut été transféré aux Tuileries, en 1764, on leur substitua les désignations de *côté cour* et *côté jardin* par rapport à la situation de la salle du palais. Ces dernières expressions, qui furent étendues à tous les autres théâtres, sont encore en usage aujourd'hui pour le service de la scène.

mide, qui était fait en l'honneur de Louis XIV, la Gloire paraît tenant une couronne de lauriers à la main et chante ces paroles :

> Tout doit céder dans l'univers
> A l'auguste héros que j'aime, etc.

Ce qui est suivi d'un grand chœur et de danses des suivants de la Gloire. A la fin du prologue, l'actrice qui faisait la Gloire [1], s'avança sur le bord du théâtre du côté du balcon du roi, et présenta sa couronne de lauriers à M. le maréchal de Saxe qui fut surpris et qui la refusa avec de grandes révérences. Mais la Gloire insista en lui disant quelque chose de gracieux, et comme le maréchal était trop éloigné dans le balcon pour qu'elle pût lui mettre dans la main, le duc de Biron prit la couronne de la main de la Gloire et la passa dans le bras gauche de M. le maréchal de Saxe. Cette action d'éclat donne lieu à de nouvelles acclamations : *Vive M. le maréchal de Saxe!* à de grands battements de mains, et à un bruit général dans tout l'Opéra, où je n'arrivai qu'au premier acte. C'était le sujet de la conversation dans l'escalier et dans le derrière des loges qui étaient remplies de monde.

Il faut convenir qu'un honneur aussi éclatant vaut un triomphe des Romains. M. le maréchal de Saxe se trouve couronné par la Gloire même personnifiée, dans un spectacle public et dans la plus belle assemblée de l'Europe, avec l'applaudissement et l'approbation de tout le spectacle : on ne peut rien de plus flatteur [2]. On a été persuadé aussi que cela ne s'était fait

---

[1] Cette actrice se nomme mademoiselle Metz, assez jolie, nièce de mademoiselle Antier, ci-devant fameuse actrice. (*Note de Barbier.*)

[2] Le maréchal de Villars avait été l'objet de la même ovation en 1712,

que de l'agrément et de la permission du roi. Le rôle de la Gloire qui avait été donné par faveur à l'actrice, ne lui a pas été infructueux. Le maréchal lui a envoyé dès le jour même une paire de boucles d'oreilles de huit ou dix mille livres.

— Tous les gens sensés et non militaires disaient, à l'Opéra, que ces honneurs mérités et décernés à un étranger devraient bien donner de l'émulation à nos seigneurs destinés pour les grands emplois militaires : non pas pour la bravoure, car ils en ont tous, mais pour travailler et apprendre leur métier, parce qu'il est certain que c'est la tête, la capacité et la connaissance de cent parties différentes qui composent et forment un général supérieur à un autre.

— On dit que M. le maréchal doit partir jeudi, 24, pour Chambord [1], que le roi lui a donné pour sa vie et qu'il a même ordonné de meubler. Indépendamment de tous ces honneurs, on dit que le maréchal est extrêmement riche et puissant à présent, seulement de ses sauvegardes qui, dans une étendue de pays considérable, lui ont valu des sommes immenses. On ne peut pas lui envier cette bonne fortune.

— Deux jours après la mort de M. l'archevêque de Paris [2], le roi lui a nommé pour successeur M. Gigault de Bellefont, archevêque d'Arles, qui est un prélat

lorsqu'il vint pour la première fois à l'Opéra après la bataille de Denain. On donnait précisément le même opéra d'*Armide*, où mademoiselle Antier remplissait le rôle de la Gloire.

[1] Magnifique château bâti par François Ier, à vingt kilomètres de Blois, sur la rive gauche de la Loire. Stanislas Leczinski y avait fait sa résidence de 1725 à 1737. En 1821, il fut acheté avec le produit d'une souscription pour être donné au duc de Bordeaux.

[2] M. de Vintimille était mort le 13 mars.

de quarante-cinq ans. On a été un peu surpris de ce choix, pour une aussi grande place; mais cela s'est fait par le crédit de madame la marquise de Bellefont qui est de toutes les parties du roi et parfaitement en cour. Elle était fort amie de madame la duchesse de Châteauroux et elle l'est aujourd'hui de madame de Pompadour. L'archevêque d'Arles est de la maison du maréchal de Bellefont, aïeul du marquis, cidevant colonel du régiment de Champagne, à présent maréchal de camp et mari de la marquise de Bellefont.

Avril. — M. le maréchal de Saxe est parti le 1er de ce mois, avec plusieurs seigneurs et aides de camp, pour aller prendre possession du château de Chambord. M. Le Normant de Tournehem, oncle du mari de madame de Pompadour, et à présent directeur général des bâtiments, a eu ordre du roi de l'y accompagner pour y faire tous les ajustements que M. le maréchal souhaitera. Il ne doit être que six jours dans ce voyage.

— Les femmes font parler d'elles dans Paris. J'ai dû raconter ci-dessus[1] que M. Portail, président à mortier, fils du premier président, s'est séparé, il y a environ deux ans, de sa femme, fille d'un premier lit de M. de Vatan, prévôt des marchands, très-riche par son grand-père, M. Fontaine, homme d'affaires et de papiers dans le temps du Système. Cette fille a été mariée à douze ans. M. Portail a continué plusieurs intrigues dans la jeunesse de sa femme qui était très-jolie; cela a inspiré à celle-ci de la jalousie et envie de se

---

[1] Barbier n'en avait fait aucune mention dans son *Journal*.

venger, qu'elle a, à la vérité, poussée trop loin, jusqu'au libertinage qui n'a même fait qu'augmenter depuis sa séparation d'avec son mari. Elle logeait avec M. Fontaine, son grand-père, qui est un bonhomme. Il y a environ deux mois qu'on a enlevé en plein jour le portier de M. Fontaine, dans un fiacre, en le faisant sortir de sa porte sous prétexte qu'un homme dans le fiacre voulait lui parler, et, dans le moment, trois autres le mirent dedans par force. Cette aventure a fait du bruit. M. de Marville, lieutenant général de police, a dit qu'il n'avait donné aucun ordre de cette nature. M. Portail, mari, s'est défendu d'y avoir aucune part, en sorte qu'on n'a pas su au vrai le fond de l'aventure du portier. On avait répandu le bruit, dans Paris, qu'on avait trouvé celui-ci dans les filets de Saint-Cloud, mais cela n'est pas vrai. On a dit aussi qu'un prince avait été en liaison avec madame Portail, et que le portier l'avait peut-être trahi par l'introduction secrète de quelque autre, malgré des défenses à lui faites. Cela a donné lieu de tenir bien des discours différents; mais, quoi qu'il en soit, cela a apparemment paru trop fort à M. Portail qui, dans sa place, a du crédit. Il y a huit jours que M. le comte de Maurepas alla rendre visite à madame Portail, et, en conséquence de cette visite, elle s'est retirée dans le couvent du Calvaire [1], au Marais; en sorte que cette visite était un ordre verbal. Voilà les suites d'un déréglement outré.

---

[1] Communauté de femmes fondée, en 1633, par Joseph Le Clerc, capucin, si connu sous le nom du *Père Joseph*. Ce couvent était situé rue Saint-Louis, à l'angle de la rue des Filles-du-Calvaire. Les rues Neuve-de-Ménilmontant et Neuve-de-Bretagne ont été ouvertes sur son emplacement.

Cette femme, jolie, qui n'a pas trente ans, qui ne manquait de rien avec son grand-père, pouvait vivre fort heureuse séparée de son mari qui, de son côté, se passait bien d'elle. Cela a renouvelé les histoires de la première présidente Portail, qui vit encore, avec le président de Torigny, mort de la petite vérole dans l'appartement du premier président, au palais [1].

—Autre histoire, d'une autre façon. M. Le Camus, premier président de la cour des aides, grand officier de l'Ordre du Saint-Esprit, s'était brouillé publiquement avec sa femme [2], il y a près de deux ans, au sujet du jansénisme auquel elle s'était livrée et qu'il avait souffert assez volontiers d'abord. La femme mangeait séparément avec sa fille, et le premier président avec son fils qui a près de vingt ans, dans le même hôtel. M. Le Camus est un bonhomme, fort poli, mais d'un jugement borné : témoin la harangue qu'il fit au roi du temps du pain cher [3], mal venu en cour, peu considéré de sa compagnie, peut-être aussi un peu dérangé dans ses affaires. Il y a huit jours,

---

[1] Voir t. I, p. 241.

[2] Nicolas Le Camus, nommé premier président de la cour des aides, en survivance de son grand-père, et qui avait pris possession de cette charge au mois de mars 1715, avait épousé, en secondes noces, Marie-Anne Le Maistre. Celle-ci ayant voulu s'opposer à ce que son mari vendît la terre de Montrouge, près Paris, où elle tenait des assemblées de jansénistes, s'était séparée de lui, en 1743, et s'était retirée à Neuilly, chez l'abbé Boucher, son oncle.

[3] Au mois de juin 1739. (Voir ci-dessus, p. 236.) M. Le Camus avait aussi été fort maltraité par le duc d'Orléans, peu d'années après son entrée en fonctions. La cour des aides ayant adressé des remontrances au sujet de l'édit du mois de juin 1718 qui prescrivait une refonte des monnaies, ces remontrances irritèrent le régent qui prit le premier président par son cordon et lui dit : « B..... de gueux, tu mériterais que je te f......

il prit la peine d'aller à Versailles trouver le roi, et, sous quelque prétexte de division dans sa famille, il lui donna sa démission de la place de premier président de la cour des aides, et demanda en même temps la pension. Le roi accepta la démission et lui répondit, pour sa pension, qu'il en parlerait au conseil, ce que l'on regarde comme un refus. Cette demande est la plus grande sottise que M. Le Camus pût faire. Il perd la fortune de son fils qui a de l'esprit et qui n'est pas encore en charge; il prendra peut-être le parti de l'épée.

— M. de Lamoignon de Blancmesnil a obtenu du roi l'agrément de la charge de M. Le Camus, qui est taxée à cinq cent mille livres et qui produit trente-six mille livres de rente. Il a été premier avocat général du parlement, et il a exercé pendant six ans une charge de président à mortier pour M. de Novion, en attendant qu'il fût en âge; depuis très-longtemps il ne faisait plus autre chose que d'accommoder sa terre de Malesherbes, sans qu'on ait pu trouver à lui donner une place : il n'était pas même riche. En voici donc une qu'il pourra conserver pour son fils qui, depuis un an, est conseiller au parlement, à qui ce sera une place convenable que d'être à la tête d'une cour souveraine. M. de Blancmesnil est un homme plus savant qu'il ne faut pour cette place, de l'esprit, honnête homme, mais haut et un peu dur; et cette vie privée depuis longtemps ne lui aura pas donné de la douceur. Il aura peut-être le crédit de relever la cour des

---

cent coups de pied dans le ventre, etc. » Ces remontrances de la cour des aides sont imprimées dans les *Mémoires de la Régence*, etc., t. II, p. 98.

aides, dont on enlevait tous les jours les plus grandes affaires par des évocations au conseil.

Mai. — Le roi s'est mis en route pour la Flandre la nuit du 1er au 2 de ce mois. Paris est pour le coup désert, car tout le militaire est parti. A l'égard des ministres, on dit que les *rouges* sont partis et que les *bleus* restent, parce que M. le marquis et M. le comte d'Argenson, qui suivent le roi, ont tous les deux le grand cordon rouge comme grands officiers de l'Ordre militaire de Saint-Louis, et M. le comte de Maurepas et M. le comte de Saint-Florentin, secrétaires d'État, qui ont tous les deux le cordon bleu, restent à Paris.

— M. de Voltaire, fameux poëte, qui a été refusé, il y a déjà quelques années, pour être reçu à l'Académie française, pour fait d'impiété dans ses écrits, a obtenu un ordre du roi pour s'y faire recevoir. Cela a inspiré les beaux esprits, naturellement mauvais et jaloux. On a fait imprimer un prétendu discours qui lui a été fait à la porte de l'Académie par le directeur, et une pièce de vers, en forme de calotte, qui sont deux pièces outrageantes[1], où on lui reproche son impiété et son irréligion, des aventures de coups de bâton qui lui sont arrivées et ses exils. On y reconnaît aussi quelques traits contre M. le marquis du Châtelet et M. le

---

[1] *Discours prononcé à la porte de l'Académie française, par M. le Directeur, à M****. Ce discours attribué au poëte Roy, avait paru en 1743, lorsque Voltaire, pour la seconde fois, avait voulu se présenter à l'Académie. Le second libelle mentionné par Barbier, était intitulé *Le triomphe poétique*, et avait aussi paru en 1739. Ce fut un violon de l'Opéra, nommé Louis Travenol, qui fit réimprimer ces deux pièces et qui les distribua lui-même. Voltaire le traduisit devant les tribunaux ; mais on arrêta le père Travenol au lieu de son fils, ce qui donna lieu à un nouveau procès.

duc de Richelieu, ses grands amis. Cela a donné lieu à des ordres très-rigoureux pour la recherche de l'auteur et de l'imprimeur. On a fait, ces jours-ci, des perquisitions à cinq heures du matin chez plusieurs libraires, ce qui rend ces pièces rares. En effet, dans un État bien policé, ces libelles imprimés ne devraient point être soufferts.

— Lundi, 9, M. le président de Lamoignon de Blancmesnil a été reçu premier président par la cour des aides. Il y avait un grand concours de gens de distinction ; le duc de Gèvres, le maréchal de Montmorency, le premier président Nicolaï et plusieurs présidents à mortier. Il y avait aussi ses deux filles, qu'il a mariées, avec soixante mille livres de dot, l'une à M. Castanier d'Auriac, maître des requêtes, l'autre à M. le président de Sénozan, les deux plus riches partis de Paris, qui, comme gens très-nouveaux et de fortune, n'ont cherché que des alliances.

M. de Blancmesnil a fait un discours qui a été trouvé beau. Il n'a fait d'autre éloge de son prédécesseur qu'en disant qu'il succédait à un homme dont le nom serait à jamais respectable dans la compagnie, ce qui était vrai, mais relativement à la mémoire de l'ancien président Le Camus, grand-père du dernier. M. de Blancmesnil a donné un grand dîner, chez lui, à ses parents qui avaient assisté, aux présidents et à six conseillers de la première chambre. Il continuera de régaler la compagnie par chambre, les unes après les autres, pendant quatre jours.

— Le même jour M. de Voltaire a été reçu à l'Académie française et il a fait un très-beau discours.

— Le roi, avant de partir, a accordé sept cent

mille livres à madame la marquise de Pompadour pour acheter le marquisat de Crécy[1], en Brie, qui est d'un revenu proportionné, le marquisat de Pompadour ne servant que de nom et n'étant que de quatre mille livres de rente. Un particulier, par bonne volonté pour un tiers, s'est avisé d'aller proposer un expédient à M. le contrôleur général, pour qu'il n'en coûtât rien au roi. Voici le fait :

M. le comte de Braque avait la charge de trésorier général des écuries du roi. C'est un homme de condition fort au-dessus d'une pareille charge, mais elle était entrée dans sa maison par un mariage, il y a plus de cent ans ; le produit en avait toujours augmenté et elle rapporte, dit-on, à présent, soixante mille livres de rente. On a peine à quitter et à perdre ces morceaux-là. Le comte de Braque avait épousé la fille de Lorimier, autrefois notaire, qui a fait une grosse fortune dans le Système de 1720, et qui est maintenant maître de la chambre aux deniers du roi. Le comte de Braque étant devenu en enfance, Lorimier a d'abord exercé la charge, et enfin il a eu le crédit de se la faire vendre par le comte de Braque pour deux cent cinquante mille livres. Son argent était assez bien placé. Le particulier en question a remontré ces faits à M. le contrôleur général et lui a offert un million de la charge, dont il aurait de quoi rembourser Lorimier, et acheter le marquisat de Crécy. La proposition a été acceptée par M. le contrôleur général et même par le roi, et il s'agit maintenant de savoir si Lorimier conservera la

---

[1] Petite ville du département de Seine-et-Marne, sur la route de Coulommiers, à douze kilomètres de Meaux et quarante de Paris.

moitié de la charge, en donnant un supplément de deux cent cinquante mille livres, et si le dénonciateur aura l'autre moitié. Cela prouve l'abus qu'il y a dans la plupart de ces charges de finances.

— Le particulier ci-dessus est le sieur Tessier, ci-devant notaire de Samuel Bernard et du garde des sceaux Chauvelin, qui a fait fortune. Il est garde des rôles[1]. Il avait été fort lié d'amitié et d'affaires d'argent avec Lorimier. Ils se sont brouillés et il lui a rendu ce service d'ami[2].

Juin. — Monseigneur Gigault de Bellefont, nouvel archevêque de Paris, a étrenné par un *Te Deum* qui a été chanté à Notre-Dame, le 10, pour la prise de la ville et citadelle d'Anvers[3]. Il a toujours devant lui huit laquais de livrée. Il est bel homme, a bonne mine, quarante huit ans et représente bien.

Juillet. — M. l'archevêque de Paris qui a officié samedi dernier, 16, au *Te Deum*[4], ne se portait pas bien. La petite vérole, mêlée de pourpre, lui a pris le dimanche, et il est fort mal. Il a reçu les sacrements hier, 19, et on sonne pour lui des prières. Il ne sera pas regretté. Il a fait des sottises, soit par fierté, soit par bêtise. Les officiers des gardes du corps ont été le saluer quand il a été en place, suivant, à ce qu'on dit, un usage, et il ne les a pas reçus convenablement : c'était peut-être à l'occasion du premier *Te Deum*. Il

---

[1] A la grande chancellerie de France. Les gardes des rôles étaient chargés de recevoir les oppositions au sceau des lettres de provisions.

[2] Ils ont chacun la moitié de la charge, ce qui en fait deux à présent sur le pied de cinquante mille livres chacune. (*Note postérieure de Barbier.*)

[3] La citadelle d'Anvers, où la garnison de la ville s'était retirée, avait capitulé le 30 mai.

[4] Pour la prise de Mons, qui s'était rendue le 10 juillet.

ne les a pas fait asseoir : aussi les gardes qui sont maîtres du chœur au *Te Deum*, ont empêché d'entrer sa livrée, laquelle, du temps de M. de Vintimille, était toujours dans le chœur et debout. Depuis peu, la chambre des comptes lui a envoyé son arrêt d'enregistrement du serment gratis, par deux auditeurs des comptes; on dit aussi qu'il les a mal reçus, sans les faire asseoir, et que la chambre, qui est haute, se repent d'une politesse à laquelle elle n'était pas obligée. Les frais de cet enregistrement vont ordinairement à près de deux mille livres.

— Monseigneur Gigault de Bellefont, est mort aujourd'hui, mercredi, 20, entre quatre et cinq heures après midi, âgé de quarante-huit ans. Quelle destinée! après avoir obtenu la première place de l'Église en France. Sans avoir eu le temps de faire de mal à personne, il a trouvé le secret de se faire haïr. Les jansénistes ne l'aimaient pas, et ils diront que c'est une malédiction du ciel. Il paraissait extrêmement régulier dans ses devoirs ; mais l'aventure est triste pour ceux qui lui ont prêté et avancé pour faire sa maison, d'autant qu'il n'a pas de bien.

— M. l'archevêque a été enterré ce matin, 21, à huit heures, sans cérémonie, sans le chapitre, seulement avec les prêtres nécessaires pour dire les prières, et mis dans le caveau du chœur, à cause de la puanteur et de la corruption. Cela fera aussi une grande dépense de moins.

— Mardi, 19, madame la Dauphine était accouchée d'une fille[1]. Aujourd'hui, 22, dans la matinée, l'ordre

---

[1] Marie-Thérèse de France, dite *Madame*.

est venu de Versailles de dire les prières de quarante heures, pour madame la Dauphine qui est très-mal. On a exposé le saint sacrement à Notre-Dame, à plus de midi, et on a envoyé l'ordre aux paroisses où l'on a entendu sonner, ce qui a d'abord fort inquiété dans Paris. Mais cette cérémonie n'a pas été longue. On a retiré le saint sacrement à Notre-Dame avant deux heures, et on a envoyé de nouveaux ordres dans les paroisses sur la nouvelle qui s'est répandue partout que la princesse était morte.

Voilà d'étranges événements pour le roi, coup sur coup en peu de jours, et celui-ci intéresse tout l'État. Le Dauphin est très-puissant, il aimait fort sa femme, et cela peut prendre sur sa santé. D'ailleurs il ne peut être remarié que dans quelque temps, et nous avons grand besoin de princes. On dit que la cour était à Versailles dans une désolation étonnante, jusqu'au roi qui aimait fort la princesse. On jure beaucoup contre les médecins, à l'ordinaire, sans songer que ces événements humains, sont dans les destinées supérieures à tout ; mais ils n'ont personne au-dessus d'eux, pour leur faire, à cet égard, leur procès. Il est probable que ce sera la dernière couche que fera M. Payrat, accoucheur de la reine.

— J'ai oublié de marquer les changements dans le parquet du parlement.

M. Joly de Fleury[1], procureur général, a donné sa démission ; son fils aîné qui avait la survivance a pris la place.

---

[1] On l'appelait, à raison de son esprit et de sa science, *le vieux renard*. (*Note de Barbier d'Increville*). Il mourut en mars 1755.

M. Chauvelin, ci-devant garde des sceaux, qui est revenu à Paris, a donné sa démission de sa charge de président à mortier, ce qui est assez étonnant. Il l'a vendue à M. Gilbert, premier avocat général. M. Chauvelin a un fils âgé de vingt-huit ans, mais c'est un si mauvais sujet, que, quoique élevé sous un père d'un grand mérite, celui-ci n'a pu rien en faire, pas même un conseiller au parlement, pour lui donner sa charge de président à mortier. C'est bien triste pour ce père!

— Le vendredi, jour du décès de madame la Dauphine, on rendit l'argent à l'Opéra et aux autres spectacles. Il n'y en aura point jusqu'après l'enterrement.

Août. — Lundi, 1er, a été faite la pompe funèbre de madame la Dauphine. Cette pompe n'était pas aussi magnifique qu'elle l'aurait été dans un autre temps, n'y ayant ici ni gendarmes, ni chevau-légers, ni mousquetaires et très-peu de gardes du corps. La marche commençait par un corps de jeunes gens de Paris, petits polissons la plupart, qu'un M. de Lussan, ingénieur, a assemblés, il y a plusieurs années, sous le nom du *régiment Dauphin*[1], et à qui il fait faire des exercices, des siéges. Ce petit corps a un habit d'ordonnance, des officiers; en sorte qu'il a eu l'honneur du convoi en qualité de troupe réglée, ayant tambour à la tête.

---

[1] Les relations de la pompe funèbre de la Dauphine, et les journaux du temps ne font nulle mention de ce prétendu régiment, sur lequel les archives du ministère de la guerre ne fournissent non plus aucun renseignement. Il n'existait même pas, à cette époque, d'ingénieur militaire du nom de Lussan.

— Les spectacles ont recommencé aujourd'hui, 5, qui est précisément la quinzaine du décès de madame la Dauphine.

— Le roi a nommé à l'archevêché de Paris, M. de Beaumont du Repaire, ci-devant évêque de Bayonne et depuis six mois archevêque de Vienne, qui a refusé à cause de toutes les dépenses qu'il a faites en peu de temps; mais on lui a écrit, de la part du roi, de venir. C'est un prélat de quarante-cinq ans et homme de très-bonne condition, s'il est des Beaumont connus dans l'histoire, comme on le dit[1].

— M. le prince de Conti est arrivé en poste à Paris le 14, et le 15 au matin il a été à Versailles. Ce voyage a beaucoup étonné tout Paris et causé de grands raisonnements. On dit qu'après la reddition de Charleroi[2], ayant joint son armée avec celle du maréchal de Saxe, il a été tenu un conseil de guerre, où M. le prince de Conti et les officiers généraux qui lui sont attachés étaient d'avis d'attaquer l'ennemi, tandis que M. le maréchal de Saxe était d'un avis contraire. Le prince de Conti prétendait qu'ayant des patentes du roi de général, et étant prince du sang, il ne pouvait recevoir d'ordre de personne. M. le maréchal a prétendu, de son côté, que le roi lui ayant confié le commandement de son armée, et lui ayant donné le titre de généralissime, c'était à lui à faire les dispositions qu'il jugeait convenables pour le bien du service. Sur

---

[1] Christophe de Beaumont appartenait, en effet, à l'ancienne maison de Beaumont, originaire du Dauphiné. Voir le *Mercure de France* du mois d'août 1746, page 167, et *les Mazures de l'Ile-Barbe-lès-Lyon*, par Le Laboureur. Paris, 1682, in-4°.

[2] Cette ville avait été prise le 2 août, par le prince de Conti.

cela ils ont écrit chacun au roi pour décider de leur pouvoir.

Tout le monde blâme fort M. le prince de Conti, qui, dans cette occasion, aurait dû s'instruire dans l'art militaire sous un homme tel que M. le maréchal de Saxe.

— Le roi est parti le 16, pour un voyage de Choisy, ce qui continue à faire croire qu'il n'ira pas en Flandre. Les chevaux de poste qui étaient sur la route ont été renvoyés. On dit que cela coûtait trois mille livres par jour.

Septembre. — Lundi, 5, on a fait, à Saint-Denis, le service de madame la Dauphine. Le chœur était magnifiquement et galamment décoré, avec un très-beau catafalque. Toutes les cours y ont été invitées et y ont assisté. Elles ont été reçues d'abord dans les salles de l'abbaye, où on leur a donné un déjeuner très-succinct, composé de beurre, d'œufs durs et de petits pâtés. Le service n'a commencé qu'à midi et n'a fini qu'à quatre heures et demie, en sorte que tous ces assistants avaient grand faim; et, en effet, je les ai vus presque tous mangeant du pain et des talmouses [1] dans leurs carrosses en sortant de Saint-Denis. Ils étaient presque tous par quatre dans des carrosses à quatre chevaux. Les premiers présidents et quelques présidents à mortier avaient des carrosses à six chevaux, et chaque compagnie était escortée par des archers de robe courte ou autres.

— Après la cérémonie, Mesdames de France sont entrées dans l'intérieur de l'abbaye, où on leur a servi quelques rafraîchissements, et elles ont vu la maison.

---

[1] Sorte de pâtisserie qui se fabrique particulièrement à Saint-Denis.

A cette occasion, Mesdames sorties, l'abbaye est restée ouverte pour tout le monde, hommes et femmes, et pour toute la populace. Comme les bâtiments nouveaux en sont superbes, cela a été curieux, pour les femmes surtout, qui autrement ne peuvent point entrer dans l'abbaye.

Octobre. — Le 12, les Cent-Suisses de la garde du roi ont apporté à Notre-Dame trente-deux drapeaux et un étendart, et on y a chanté un *Te Deum* pour la prise de la ville et des châteaux de Namur[1]. La lettre du roi et le mandement font de grands éloges sur la prudence du maréchal comte de Saxe, d'achever la conquête de tous les Pays-Bas à la vue d'une armée de quatre-vingt-dix mille hommes des alliés, sans effusion de sang et sans hasarder de bataille, ce qui donne sur les doigts indirectement au prince de Conti, qui est à présent à l'Isle-Adam. Le comte de Clermont, son oncle, est bien plus prudent de servir sous le maréchal de Saxe, et il s'acquiert une grande gloire.

— M. le marquis d'Armentières, maréchal de camp, est arrivé le 13 à Fontainebleau[2] pour apporter au roi la nouvelle d'une victoire remportée sur les ennemis par le maréchal comte de Saxe; cette bataille, appelée la bataille de Raucoux, a été gagnée un mardi, et le 11 d'un mois, comme à Fontenoi.

— On dit hautement dans les lettres de l'armée, et j'en ai vu, que M. le marquis de Clermont Gallerande[3]

---

[1] Cette ville s'était rendue au comte de Clermont le 19, et les châteaux, où la garnison de la ville s'était retirée, le 30.

[2] Le roi était parti pour cette résidence le 8 octobre, et devait y faire un séjour de six semaines.

[3] Pierre Gaspard, marquis de Clermont Gallerande, né en 1682, lieu-

a attaqué trop tard, malgré les ordres réitérés que lui a envoyés le maréchal par ses aides de camp. C'est ce qui a empêché la cavalerie de déboucher, et l'on mande que si elle avait donné, il ne serait pas resté un ennemi. Ceci fait du bruit parmi les gens de qualité. J'ai entendu raconter qu'après l'action, M. le maréchal de Saxe n'avait pu s'empêcher de dire qu'il ne concevait rien à la jalousie de plusieurs officiers généraux contre M. de Lowendal et contre lui, et qu'il s'en expliquerait avec le roi.

— M. le prince, comte de Clermont, a fait des merveilles[1] à la bataille de Raucoux, et il s'est acquis une grande réputation dans cette campagne. On ne badine plus sur sa qualité d'abbé, ni sur l'abbesse mademoiselle Le Duc. Il n'y a rien à dire sur la conduite de la ville, quand on se comporte ainsi en homme de guerre. Après la prise de Namur, M. le duc de Chartres et les prince de Dombes, comte d'Eu et duc de Penthièvre sont revenus ici. On dit qu'on demanda au comte de Clermont quand Son Altesse partirait et qu'il répondit : « Il n'y a que les princes qui partent; pour moi, je reste. » Cela est beau et malin. Le duc de Penthièvre, qui est fort brave, est retourné quand il a appris quelques mouvements de l'armée; mais l'affaire était faite lorsqu'il est arrivé au camp.

— Vendredi, 28, le prince Édouard[2] qui a souffert

tenant général du 1er mars 1738. Il était chargé du commandement de l'une des colonnes d'attaque.

> Deux Clermont ont été présents à cette affaire;
> L'abbé parut combattre en brave militaire,
> Et le militaire en abbé.
>
> (*Chanson du temps.*)

[2] Il avait débarqué à Saint-Malo au mois de septembre, et avait été reçu par le roi, à Fontainebleau, le 18 ou 19 octobre.

des maux et des aventures inouïes dans les montagnes d'Écosse, vint à l'Opéra. Il était dans la loge du roi avec le duc d'Yorck, son frère, et le duc de Bouillon qui a l'honneur d'être leur oncle [1]. On claqua très-longtemps des mains à son arrivée, et autant à sa sortie, à quoi il parut très-sensible par de profondes révérences. Tout était plein. J'y étais. On y disait généralement qu'on meuble Saint-Germain, où il va demeurer avec son frère ; que le roi lui a fait présent, à son arrivée à Fontainebleau, d'une très-belle tabatière dans laquelle il y avait une ordonnance de huit cent mille livres sur le trésor royal, etc.

— Depuis le retour du prince Édouard de Fontainebleau, on arrête à Paris tous les Anglais et Anglaises, que l'on campe à la Bastille. Milord Molton, qui était ici depuis deux ans, a été arrêté à Fontainebleau, en sortant de souper chez l'ambassadeur de Naples, et conduit à la Bastille. On ne sait pas au juste le sujet de ces prises [2].

— Tous les officiers qui arrivent journellement de Flandre, dans le récit qu'ils font de la bataille de Raucoux, en plein Opéra, parlent avec admiration des dispositions de M. le maréchal de Saxe, et il n'y a qu'une voix sur la conduite de M. le marquis de Clermont Gallerande. Ils conviennent tous qu'il n'a attaqué que deux heures après les autres ; que le maréchal lui a envoyé cinq ou six aides de camp ; qu'il s'est détaché

---

[1] Par son mariage avec Marie-Charlotte Sobieski, sœur de la mère de Charles-Édouard. Voir ci-dessus, p. 382, note 3, et t. I, p. 219.

[2] On lit dans *la Bastille dévoilée* que le comte de Morton, sa femme, ses enfants et ses domestiques furent arrêtés comme *étrangers soupçonnés d'espionnage*.

pour venir lui-même parler à M. le maréchal, lui donner une excuse, disant qu'il n'avait pas assez de monde, que c'était l'endroit le mieux défendu; mauvaise raison pour ne pas exécuter les ordres du général; que le maréchal lui a répondu qu'il ne voulait ni l'entendre ni le voir que quand il serait au delà du village de Leers, qu'il était chargé d'attaquer. Ils disent encore qu'en allant et revenant il a été au pas de son cheval. Enfin il a attaqué et emporté le village, mais ce retard a empêché la cavalerie de déboucher et de couper l'ennemi dont la déroute a été incroyable. Au surplus, comme on connaît le Clermont Gallerande bon officier, et fort en état d'avoir conçu tous les effets du projet et des dispositions du maréchal de Saxe, on ne paraît pas douter qu'il n'y ait eu mauvaise intention de sa part, ce qui donne matière à raisonner. Les uns disent qu'il est attaché à la maison d'Orléans [1] et par conséquent au prince de Conti, dont la sœur est madame la duchesse de Chartres; d'autres, qu'il est intime ami du comte d'Argenson. On sait que le maréchal a presque toute la cour pour ennemis, par basse jalousie. Cela a fait même courir le bruit que le maréchal de Saxe, qui ne tient à rien et qui n'a besoin de rien, veut se retirer et ne plus servir, ce qui serait une grande perte pour la France.

—Le roi a nommé trois maréchaux de France : le marquis de Balincourt, le marquis de La Fare et le duc d'Harcourt. Hors ce dernier qui n'a pas mal fait, on compte que c'est pour se défaire d'eux et ne s'en plus

[1] Sa femme avait été successivement dame de compagnie et dame d'atours de la duchesse d'Orléans, femme du régent, et lui-même premier écuyer de Louis, duc d'Orléans.

servir. La politique est plaisante, de donner à de mauvais généraux la récompense la plus éclatante du mérite militaire.

On avait parlé du comte de Lowendal [1], mais il ne l'est pas. Toutes les femmes de la cour enragent de voir triompher des étrangers.

Novembre. — Le maréchal comte de Saxe, est arrivé à Fontainebleau le 14, et a été reçu par le roi comme il le mérite. Dimanche, 20, il vint ici, à l'Opéra, dans le balcon. Il a été reçu du public comme l'année dernière, avec de grandes démonstrations de joie et d'applaudissements, par des claquements de mains réitérés, et il a eu une grande marque de distinction. La toile ayant été levée, au lieu de commencer le prologue, mademoiselle Chevalier, première actrice de l'Opéra, a paru et a chanté une cantate à la louange du maréchal, avec trompettes et timballes, ce qui a renouvelé les claquements du public. Le maréchal a été surpris et décontenancé. On dit même qu'il a été mécontent d'une réception aussi marquée. Cependant il n'est pas à présumer que cela se passe sans permission de la cour, ou pour mieux dire du roi. Ni le directeur de l'Opéra, ni même M. le comte de Maurepas n'auraient, de leur chef, décerné une espèce de triomphe à un sujet dans un spectacle public tel que l'Opéra. L'on convient que si le roi y venait lui-même au retour d'une campagne victorieuse, on ne pourrait lui rien faire de plus éclatant [2].

[1] Waldemar, comte de Lowendal et de l'Empire, né le 6 avril 1700 ; il était lieutenant-général du 1er septembre 1743.
[2] La *Gazette de France*, le *Mercure de France* et le *Journal de Verdun* ne mentionnent même pas la venue du maréchal de Saxe à l'Opéra.

— Voici les paroles de la cantatille :

Un murmure flatteur que le plaisir inspire,
  Se fait entendre en ce séjour :
Du célèbre guerrier, si cher à cet empire,
Tout m'annonce aujourd'hui le fortuné retour.

AIR.

Sur les ailes de la victoire
  Revenez, héros, revenez :
Jouissez, près de nous, des lauriers que la Gloire,
  Aux champs de Mars, vous a donnés.

Quel prix, quelle reconnaissance
Ne doit-on pas à ce vainqueur ?
Il fait voir la guerrière ardeur
Conduite par l'expérience,
Et les conseils de la prudence
Exécutés par la valeur.

Sur les ailes, etc.

— Jeudi, 24, il y a eu à Notre-Dame un service solennel, avec oraison funèbre, pour madame la Dauphine. Mesdames de France, et madame la duchesse de Chartres faisaient les honneurs. Elles sont venues de Choisy à l'archevêché, sur les onze heures, et, en sortant de la rue Saint-Victor, elles ont pris par la rue des Noyers, les rues des Mathurins, des Cordeliers, passé devant la Comédie, la rue Dauphine, le Pont-Neuf, le quai des Orfèvres et le Marché-Neuf, pour ne point passer sous le petit Châtelet, qui était le plus court, parce qu'il aurait fallu délivrer quelques prisonniers pour dette [1], ce qui

---

[1] A la façon dont s'exprime Barbier, l'usage de délivrer des prisonniers pour dettes semblerait être devenu, en quelque sorte, une obligation pour les membres de la famille royale lorsqu'ils passaient sous la

aurait coûté. Après le service, qui a fini à trois heures et demie, elles ont été à l'archevêché, se rafraîchir, et elles ont retourné à Choisy, à cinq heures, par le même chemin.

— La veille du service, aux Vigiles, les gardes du corps s'emparèrent de l'église. Il y a eu une grande dispute, et fort vive, entre M. le marquis de Dreux, grand maître des cérémonies, et M. le duc d'Harcourt, depuis peu maréchal de France, capitaine des gardes du corps, sur la distribution des places à donner dans les galeries qui sont autour du lieu de la cérémonie, pour les droits respectifs de leurs charges ; mais M. le duc d'Harcourt s'est fait justice lui-même. Le jour du service, les gardes du corps ont refusé l'entrée à toutes les personnes qui avaient des billets de M. le marquis de Dreux, et ont déchiré ceux-ci, ce qui a causé beaucoup de désordre, en renvoyant une grande quantité de femmes et d'hommes de considération qui, dès huit et neuf heures du matin, s'étaient présentés pour prendre leurs places. Cela a beaucoup fait crier contre M. le duc d'Harcourt, et avec raison. Le roi doit décider cette contestation ; mais ils auraient dû la faire décider avant la cérémonie [1].

Décembre. — Le roi a déclaré le mariage de M. le Dauphin avec la princesse Marie-Josephe, âgée de

---

voûte du Petit-Châtelet. Cependant on ne trouve rien qui ait trait à cette coutume, soit dans les anciens ouvrages de jurisprudence, soit dans les divers historiens de Paris.

[1] Au service qui eut lieu dans la même église, le 15 du mois suivant, pour le roi d'Espagne, Philippe V, il fut réglé que le marquis de Dreux donnerait les billets pour assister à la cérémonie.

quinze ans[1], troisième fille du roi de Pologne, électeur de Saxe.

— Le roi fait tous les préparatifs nécessaires pour une continuation de guerre. On fait une augmentation considérable dans les troupes, d'un bataillon nouveau dans vingt régiments, et l'on prépare des fonds pour la dépense de 1748. On demande au clergé, qui ne paye point de dixième, un don gratuit extraordinaire de quatre millions de livres, etc.

[1] Marie-Josephe, née le 4 novembre 1731, fille de Frédéric-Auguste III, roi de Pologne, et de Marie-Josephe d'Autriche.

FIN DU TOME DEUXIÈME.

Contraste insuffisant

NF Z 43-120-14

www.ingramcontent.com/pod-product-compliance
Lightning Source LLC
Chambersburg PA
CBHW071719230426
43670CB00008B/1059